제시 리버모어

어느 투자자의 회상

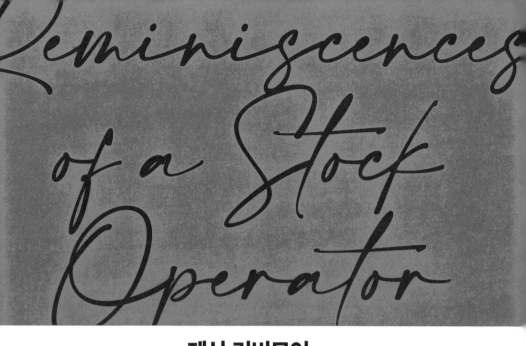

제시 리버모어

어느 투자자의 회상

에드윈 르페브르 지음 | 이미정 옮김

page2

•차례•

1장

새로운 세계를 만나다

REMINISCENCES OF A STOCK OPERATOR

*

나는 초등학교를 갓 졸업한 나이에 일을 시작했다. 증권사(Paine Webber&Co.)에서 주가 시세판(quotation-board)을 정리하는 일이었다. 초등학교에서는 산수를 잘해서 3년 과정을 1년 만에 끝냈다. 암산이 내 특기였다. 시세판에 호가를 기록하는 보드보이(quotation-board boy)로 일할 때는 객장(customer's room)의 커다란 칠판에 주가의 변동을 기록했다. 보통은 고객이 주가 시세 표시기(ticker)[1] 옆에 앉아서 가격을 불렀다. 주가가 빨리 움직여서 숫자가 엄청나게 쏟아져 나와도 나는 항상 하나도 놓치지 않고 기록했다. 전혀 어려운 일이 아니었다.

증권사에는 직원이 많았고, 친하게 지냈던 직원도 몇 명 있었다. 하지만 오전 10시부터 오후 3시까지는 일이 너무 바빠서 동료들과 이야기 나눌 시간이 별로 없었다. 어차피 근무시간이라서 크게 상관없었다.

몸이 바쁜 와중에도 주식 생각은 한순간도 머릿속에서 떠나지 않았다. 호가(quotation)는 1주에 몇 달러로 표기됐는데 아무리 큰 액수라도 내게는 그냥 숫자에 불과했다. 그런데 그 숫자가 항상 변한다는 사실이 의미 있게 다가왔다. 나는 숫자가 변하는 양상에 관심이 있었다. 숫자는 왜 변하는 것일까? 이유를 몰랐지만 알려고 하지도 않았다. 그냥 숫자가 어떻게 변하는지만 지켜봤다.

---

1   증권거래소에서 주식이 거래되는 동안 실시간으로 주가 변동 정보를 전달했던 기계다. 거래가 가장 활발한 종목이나 시장에서 가장 주목도가 높은 종목, 가격 변동이 가장 큰 종목이 주가 시세 표시기를 통해 나타났다. 실시간 정보를 기록했지만 거래 시간과 기록 시간 사이에 15에서 20분 정도의 지연이 있었다.

평일에 다섯 시간씩, 토요일에 두 시간씩[2] 숫자가 항상 변한다는 사실에만 온 신경을 쏟았다. 그때 처음으로 가격이 움직인다는 사실에 관심을 가졌다. 다시 말하지만 내 암산 실력은 쓸만했다. 그리고 암산하는 것도 좋아했다. 이 재능을 살려 전날 주가 상승이나 하락 전 가격이 어떻게 변했는지 자세하게 기억했다.

주가 상승과 하락에는 일정한 특징이 있었다. 나는 비슷한 사례를 끝없이 관찰해서 지침으로 삼았다. 그때 나는 겨우 열네 살로 어린 나이였지만 수백 가지 사례를 기억했다가 현재와 과거의 주가 변동을 비교하면서 얼마나 정확하게 예측할 수 있는지를 스스로 검증했다. 얼마 지나지 않아 나는 주가 변동을 예측할 수 있게 되었다. 과거의 주가 변동을 토대로 나만의 주가 기록표(dope sheets)[3]를 머릿속에 그려놓고서 일치하는 주식을 찾아보고 기억했다. 이런 식으로 매도보다 매수가 좀 더 나은 시점이 어디인지를 찾아냈다. 주식시장에서는 치열한 경쟁이 벌어진다. 주가 시세표(ticker tape)[4]는 경마장에서 경주를 지켜볼 때 사용하는 망원경과 같아서 열에 일곱은 믿을 수 있다.

그러면서 얻은 교훈은 월가에서는 무엇 하나 새로운 일이 일어

---

2 세계 최대 규모의 뉴욕증권거래소 거래 시간은 1887년 5월부터 월~금요일(10:00~15:00), 토요일(10:00~12:00)이었다. 1952년 9월부터 토요일 거래가 사라지고 거래 시간이 30분 연장됐다.

3 도프시트는 일반적으로 경주마의 목록, 과거 경기 기록이 적힌 일종의 회람으로 노름꾼들을 위한 자료를 말하지만 본문에서는 주가 기록표의 의미로 사용되었다.

4 주가 시세 표시기를 통해 전달된 정보는 영수증처럼 좁고 긴 종이에 인쇄되었다. 정보가 담긴 이 종이를 티커테이프라고 하며 티커테이프에는 종목의 기호(티커 심볼), 종목의 거래량, 거래가격, 전일 대비 등락 여부, 전일 종가와의 차액이 표시되었다.

나지 않는다는 것이다. 오랜 투기(speculation)[5]의 역사에서 오늘 주식 시장에서 일어난 일은 과거에도 일어났고, 미래에도 일어난다. 나는 이 사실을 명심하고 무슨 일이 언제 어떻게 일어나는지 잘 기억해두었다. 과거의 경험을 잘 떠올려야 써먹기도 쉽기 때문이다.

주가를 예측하는 나만의 게임에 푹 빠져서 활발하게 거래되는 모든 주가의 상승과 하락을 어떻게든 예측하려고 했다. 급기야 작은 공책에다 내가 관찰한 모든 사실을 기록했다. 돈 좀 벌었다고 자만하기 위해 또는 빈털터리 될 일 없이 수백만 달러가 들어왔다 나가는 모의 거래 기록이 아니었다. 그보다는 내 예측이 들어맞았는지 틀렸는지 기록해서 내가 옳았는지를 검증하는 데 온 정신을 쏟아부었다.

예컨대 거래가 활발한 종목의 주가가 어떻게 변하는지 분석해서 8에서 10포인트 하락 전의 양상이 항상 같다는 결론이 나왔다고 치자. 그럼 월요일 주가를 기록하고, 주가를 분석한 것을 토대로 화요일과 수요일 주가를 예측한다. 나중에 주가 시세표를 보고 실제 거래가 어떻게 이루어졌는지 확인하는 작업을 했다.

그러다 보니 시세 테이프에 찍혀 나오는 주가 변동에 관심이 쏠렸다. 오르락내리락하는 주가 변동은 내 마음을 사로잡았다. 물론 주가 변동에는 다 이유가 있지만 주가 시세표는 그 이유 따위는 아랑곳하지 않고 설명해주지도 않는다. 열네 살 때도 그랬지만 마흔

---

5 증권이나 파생상품(선물, 옵션 등)의 변동성을 이용하여 수익을 올리는 것이 투기의 목적이다. 실제로 필요해서 이루어지는 매매가 아니라 가격의 오르내림에 따른 차익을 얻기 위해 이루어지는 매매를 말한다.

이 된 지금도 나는 그 이유를 묻지 않는다. 오늘 어떤 주가가 변동했다면 그 이유가 밝혀지는데 이틀에서 사흘, 혹은 몇 주나 몇 달이 걸릴 수도 있다. 그렇든 말든 그게 뭐가 중요하겠는가? 주가 변동 이유는 기다리면 반드시 알게 된다.

그러나 주가 시세표를 보고 거래한다면 내일이 아니라 오늘 당장 결정을 내려야 한다. 이런 경우가 아주 흔하다. 요전 날 할로 튜브(Hollow Tube)가 3포인트[6] 하락했을 때 다른 주식들은 급상승했다. 이는 명명백백한 사실이었다. 그다음 월요일에 할로 튜브 임원진이 배당금 지급 보류를 발표했다. 주가가 변동한 이유가 밝혀졌다. 할로 튜브 임원들은 배당금이 지급되지 않을 거란 사실을 사전에 알고 있었다. 그들은 그 소식 때문에 주가가 하락할 것이라 예측하고 주식을 매도하지 않았지만, 또 매수하지도 않았다. 호재를 암시하는 내부자 매수가 없었으니 주가가 하락할 만도 했다.

주가 변동을 기록하는 작업을 약 반 년 동안 꾸준히 했다. 일을 끝내고 나서도 바로 집에 가지 않고 남아서 분석하고 싶은 주가 변동을 기록해놓고 반복되는 양상을 관찰하여 이와 유사한 경우를 찾아보았다. 그 과정에서 나도 모르게 주가 시세표 읽는 법을 익혔다.

*

어느 날 점심을 먹고 있을 때였다. 나보다 나이 많은 직원이 다

---

6 주식시장에서 1포인트는 1달러와 같다. 어떤 주식에서 몇 포인트가 떨어지거나 올랐다면 몇 달러를 잃거나 얻었다는 뜻이다. 백분율을 계산한 포인트를 말할 때와 다른 의미로 쓰인다. 본문에 쓰인 포인트는 달러를 의미하며 원전의 표현을 존중하여 통일하지 않았다.

가오더니 돈이 좀 있는지 슬쩍 물었다.

"그건 왜 물어요?"

"아, 그게 벌링턴(Burlington)에 관한 좋은 소식을 들었거든. 같이 할 사람 있으면 한 번 놀아보려고."

"놀아본다니 그게 무슨 말이죠?"

나는 돈 많은 고객들만 주식 정보를 갖고 놀 수 있다고 생각했기 때문에 이렇게 물었다. 수백, 어쩌면 수천 달러가 필요한 일이 아니었던가? 그 돈은 실크 모자를 쓴 마부가 딸린 전용 마차를 구입하는 데 필요한 비용과 맞먹었다.

"뭐긴 뭐야? 주식 거래를 하자는 거지! 돈 얼마 있어?"

"얼마가 필요한데요?"

"5달러를 걸면 5주를 살 수 있어."

"그래서요?"

"사설거래소(bucket shop)[7]에서 증거금을 걸고 벌링턴 주식을 살 수 있는 만큼 다 사는 거지. 벌링턴 주가는 분명히 오를 거야. 그럼 돈을 주워 담는 거라고. 단번에 돈을 두 배로 불릴 수 있어."

"잠깐만요!"

나는 작성해둔 주가 기록표를 꺼냈다. 돈을 두 배로 불릴 수 있다는 말보다 벌링턴 주가가 오를 거라는 말에 귀가 솔깃해졌다. 진

---

7 버킷숍, 즉 사설거래소는 경마에 내기를 거는 것과 같이 주식에 도박을 걸 수 있는 곳이었다. 사고 싶은 주식의 10%만 현금으로 가지고 있으면 거래할 수 있었다. 10%의 현금을 주식에 걸고 (매수) 주가가 상승하는지 하락하는지를 봤다. 주가가 상승하면 매수한 수량과 가격에 따라 돈을 받고, 반대로 주가가 10% 하락하면 자동으로 반대매매가 되어 걸었던 돈을 버킷숍이 가져갔다. 이때 고객이 주식을 매수하는 돈은 증권거래소로 전달되지 않고 버킷숍이 쥐고 있었다.

짜로 벌링턴 주가가 오른다면 내가 써 놓은 것을 확인해봐야 했다. 아니나 다를까 내 주가 기록표에서도 벌링턴 주가가 상승하기 직전에 대체로 나타내던 양상을 볼 수 있었다. 그때까지 난 주식을 사고 판 적이 한 번도 없었고, 도박을 했던 적도 없었다. 그렇지만 그동안 취미로 했던 분석 작업이 얼마나 정확한지를 시험할 수 있는 좋은 기회가 왔다고 생각했다. 순간 내가 예상한 주가가 실제와 다르다면 아무도 관심을 갖지 않을 거라는 생각이 들었다. 그래서 가진 돈 전부를 내놓았다. 내 돈을 챙겨간 직장동료는 가까운 사설거래소에 가서 자기 돈까지 합쳐 벌링턴 주식을 매수했다. 이틀 후 우리는 벌링턴 주식을 팔아서 3.12달러의 수익을 올렸다.

첫 거래 이후에는 나 혼자 사설거래소에서 거래를 했다. 점심시간에 가서 주식을 사고팔았다. 내게는 매도나 매수나 다 똑같았다. 선호하는 종목이 있거나 타당한 이유가 있어서 주식을 사고파는 게 아니었다. 그냥 숫자만 보고 거래했다. 주가 시세표 수치 변동에 베팅하는 사설거래소에서는 그 방식이 가장 이상적이었다.

오래지 않아 나는 보드보이로 일하며 버는 돈보다 더 많은 돈을 사설거래소에서 벌어들였다. 결국은 증권사 일을 그만뒀다. 가족들은 처음에 날 말렸지만 내가 번 돈을 보고는 입을 다물었다. 당시에 나는 어렸고 그런 어린아이에게 주는 월급은 많지 않았다. 그럼에도 나는 혼자서도 아주 잘 해냈다.

열다섯 살에 처음으로 1,000달러를 벌어 어머니 앞에 내놓았다. 그동안 집에 갖다 드린 돈 말고도 몇 달 동안 사설거래소에서 번 돈이었다. 어머니는 불안한 표정으로 그 돈을 쓰지 않도록 저축하자고 했다. 어린 남자아이가 가진 것 없이 시작해서 그렇게 큰돈을 벌었다는 소리는 들어본 적이 없다고도 했다. 어머니는 걱정과 불안을 떨쳐내지 못했다. 하지만 나는 예상이 정확한지를 증명하는 데만 정신이 팔려있었다. 내가 예측한 대로 결과가 나오는 걸 보는 게 재미있었다. 10주를 갖고 테스트해서 내 예상이 적중하면, 100주를 거래해서 내 예상이 적중했을 때 정확도는 열 배 더 높아진다. 증거금이 많아진다는 것은 내 예상의 정확도가 높아진다는 뜻이었다. 증거금을 많이 걸수록 더 용감한 것이라 생각하지는 않았다. 100만 달러를 따로 챙겨놓고 남은 100만 달러를 거는 것보다 전 재산 10달러를 거는 게 더 용감한 일이라고 여겼다.

열다섯 살의 나는 주식시장에서 번 돈으로 풍족하게 살았다. 처음에는 규모가 작은 사설거래소에서 거래를 시작했다. 하지만 그런 곳에서는 20주를 한꺼번에 거래하면 신분을 위장한 존 게이츠(John W. Gates)[8]나 J.P. 모건(John Pierpont Morgan)[9]으로 의심받기 십상이었다. 당시 사설거래소는 좀처럼 고객들을 규제하지 않았다. 사실 그럴 필요가 없었다. 고객들이 주가를 정확하게 예측해서 돈을 벌어도 그 돈을 빼낼 다른 방법이 있었기 때문이었다. 사설거래소는 상당히 수익성 높은 사업이었다. 합법적이었지만 변동성이 높은 운영

---

8 존 게이츠(1855~1911): '100만 불 내기' 게이츠는 월가에서 가장 사랑받는 투기꾼이었다. 기발한 안목으로 시장을 꿰뚫어 보는 데 능했다. 당시 처음 발명된 '철조망'에 깊은 감명을 받아 철조망 판매 사원으로 활동하던 중 아메리칸스틸 앤드 와이어를 설립했다. 석유 사업에 뛰어들어 텍사스 오일 컴퍼니(現 Texaco)를 통해 큰 부를 축적하며 자신의 성공을 지켜냈다.

9 J.P. 모건(1837~1913): 미국 역사상 가장 강력한 경제적 영향력을 발휘한 기업가이자 은행가. U.S.스틸, AT&T, 제너럴 일렉트릭을 포함한 다국적 기업의 설립을 주도했다. 19세기 후반 미국 공업과 철도산업에 막대한 자금조달을 하며 산업 발전에 기여했다. 1907년 대공황 당시 모건의 주도로 자금이 공급되어 시장을 안정화시키기도 했지만 철강산업 지배권을 독점하는 등 경제를 억압했다는 비난을 면치 못했다.

방식으로 고객들의 푼돈이 손쉽게 날아갔다. 0.75포인트밖에 안 되는 증거금(margin)을 바닥내는 건 일도 아니었다. 게다가 신용불량자(welsher)[10]는 다시는 거래할 수 없었다.

나는 마치 1인 기업을 운영하는 것 같이 혼자서 거래했다. 이 일은 내 머리만 있으면 되었다. 주가는 친구나 동료의 도움 없이도 내가 예상한 대로 움직이거나 예상을 빗나갔다. 날 위한답시고 가격을 멈춰 세울 수 있는 사람은 아무도 없었다. 그렇다 보니 다른 누군가에게 내 사업을 이야기할 필요도 없었다. 물론 친구는 있었지만 크게 달라지는 것은 없었다. 혼자 거래하는 것에 익숙해질 뿐이었다.

사설거래소에서 돈을 쓸어 담자 나를 냉대하는 곳이 늘어났다. 자신 있게 걸어 들어가 증거금을 털썩 내려놓아도 직원들은 쳐다보기만 할 뿐 여기서 거래 못하니까 나가라고 나를 문전 박대했다. 어느샌가 나를 '몰빵 투기꾼 소년(boy plunger)[11]'이라고 부르고 있었다. 결국 사설거래소 이곳저곳을 번갈아 드나들면서 가명을 쓰기에 이르렀다. 처음에는 15주나 20주 정도로 가볍게 거래했다. 가끔씩 의심을 사면 일부러 돈을 잃어주다가 반격에 나섰다. 어느 정도 시간이 지나면 내 수익이 지나치게 높다는 게 들통났고, 사설거래소는 자기들 몫을 가로채지 말고 다른 곳에 가라고 했다.

한 번은 몇 개월 동안 거래했던 큰 사설거래소에서 출입 금지를 당했지만 아랑곳하지 않고 돈을 좀 더 벌어보기로 마음먹었다. 그

---

10 일반적으로 웰셔는 갬블링을 하면서 카지노에 채무를 변제하지 못하거나 떼어먹는 이들을 지칭한다.

11 플런저는 무모하게 도박을 하는 사람이나 투기하는 사람을 일컫는다.

사설거래소는 도시 전역과 호텔 로비, 근처 마을에 여러 개의 지점을 갖고 있었다. 나는 호텔에 딸린 지점으로 들어가서 매니저에게 몇 가지를 확인하고 거래를 시작했다. 하지만 나만의 특별한 방식으로 인기주를 거래하자마자 호텔 매니저는 누가 거래하고 있는지 묻는 본사의 연락을 받았다. 매니저가 이름을 물었을 때 나는 케임브리지에서 온 에드워드 로빈슨(Edward Robinson)이라고 대답했다. 매니저는 그 반가운 소식을 본사 책임자에게 전했다. 하지만 곧이어 내 인상착의도 물어본다고 했다.

"검은 머리에 턱수염이 덥수룩한 키 작고 뚱뚱한 남자라고 전해요!"

매니저는 내 말을 듣지 않고 외양을 그대로 묘사했다. 상대의 말을 유심히 듣던 매니저의 얼굴이 붉게 달아올랐다. 곧이어 매니저는 전화를 끊고서 내게 꺼지라고 했다. 나는 정중하게 물었다.

"뭐라고 하던가요?"

"네. 뭐라고 했는지 그대로 말씀드리죠. '야, 이 멍청아! 래리 리빙스턴(Larry Livingston)과 거래하지 말라는 말 못 들었어? 너 때문에 700달러를 날렸잖아!'라는데요."

매니저는 또 무슨 말을 들었는지 말해주지 않았다. 다른 지점들도 가봤지만 다들 내 정체를 알아차렸고 돈을 내봐도 소용없었다. 몇몇 직원들이 봐주지 않으면 주가 시세판을 들여다보러 갈 수도 없었다. 한 장소에서 죽치지 않고 여러 곳을 드문드문 드나들면 되지 않을까 싶었지만 그 방법도 먹히지 않았다.

그쯤 되자 내가 갈 곳은 한 곳밖에 남지 않았다. 가장 부유하고 거대한 곳이었던 코스모폴리탄. 업계 최고 신용등급이었던 'A1'을 자랑하며 뉴잉글랜드의 모든 공업 도시에 지점을 두고 있을 만큼 엄청나게 큰 기업이었다. 나는 그곳에서 수개월 동안 주식을 사고팔면서 손실도 보고 수익도 올렸다. 하지만 결국은 별다를 바 없는 결말을 맞이했다. 코스모폴리탄은 소규모 사설거래소에서 그랬던 것처럼 공공연하게 거래 금지라는 패를 내놓지는 않았다. 뭐, 공정경쟁 정신에 어긋나서라기보다는 돈 좀 버는 고객은 받지 않는다는 평판이 날까 봐 두려웠기 때문이었다. 대신 그다음으로 파렴치한 짓을 했다. 주당 증거금 3포인트에다 추가 수수료까지 요구했는데 추가 수수료는 처음에 0.5포인트에서 1포인트, 급기야는 1.5포인트까지 올랐다. 이 얼마나 불리한 조건이란 말인가! 뭐가 어떻게 불리했는지 간단하게 설명하자면 이렇다. 만약 강철 관련주를 90에 매수했다면 주문표에는 보통 수수료를 포함하여 '90.125에 매수'라고 기록된다. 이때 증거금 1포인트를 걸고 매수했다면 주가가 89.25 아래로 떨어졌을 때 반대매매가 자동으로 이루어진다. 그러면 사설거래소에서 거래하는 고객은 추가 증거금을 내거나 주식을 팔아달라고 힘들게 요청할 필요가 없다.

그런데 코스모폴리탄이 추가 수수료를 요구하는 비열한 짓을 했기 때문에 내가 90에 주식을 매수하면 주문표에는 '90.125에 매수'가 아니라 '91.125에 매수'라고 기록됐다. 이 바람에 주가가 1.25 올라서 매도한다 해도 나는 여전히 손해였다. 게다가 증거금으로 3포인트를 걸었기 때문에 내 주식 거래량도 3분의 2가 줄어들었다. 하지만 내가 거래할 수 있는 곳이 코스모폴리탄뿐이었기 때문에 그처럼 불리한 조건도 받아들일 수밖에 없었다.

나는 돈을 벌기도 잃기도 했지만 전반적으로는 수익을 봤다. 그런데 코스모폴리탄은 누구라도 쓰러뜨릴 법한 악조건을 걸어놓고도 만족하지 못했는지 거기서 한술 더 떠서 내 뒤통수를 치려고까지 했다. 그렇지만 성공하지 못했다. 내 직감으로 그 수작을 알아차리고 빠져나왔기 때문이다.

코스모폴리탄은 내게 남은 마지막 사설거래소였다. 뉴잉글랜드 최대 규모였던 그곳은 거래에 제한을 두지 않았다. 개인 고객 중에는 내가 매일 들락거리며 거래를 가장 많이 하는 단골이었던 것 같다. 객장은 근사했고, 주가 시세판도 내가 봤던 그 어떤 것보다 크고 완벽했다. 객장의 한쪽 벽면을 채운 커다란 크기의 시세판에는 상상할 수 있는 모든 상품의 가격이 기록되어 있었다. 뉴욕증권거래소와 보스턴증권거래소의 거래상품뿐만 아니라 면화와 밀, 식품, 금속 등 뉴욕과 시카고, 보스턴, 리버풀에서 거래되는 상품을 코스모폴리탄에서도 전부 볼 수 있었다.

잘 알고 있겠지만 사설거래소 거래 방식은 이렇다. 직원에게 돈을 내고 매수하거나 매도하고 싶은 주식을 말한다. 그럼 직원이 주가 시세표나 주가 시세판을 보고 주가를 적는다. 이때 주가는 당연히 최종체결가 기준이다. 거래 체결 시간이 적힌 사설거래소의 주문표는 증권거래소 주문표와 비슷하게 생겼다. 그리고 주문자가 낸 돈과 주식 가격, 주식 체결 일시가 기록된 주문표에 따라 많은 주식이 거래되었다. 거래를 그만두고 싶으면 직원에게 가서 말하면 되었다. 거래소에 따라 주식 주문 담당 직원과 주식 거래 종료 담당 직원이 다를 수 있다. 거래 종료 담당 직원은 최종체결가를 적는다. 활발하게 거래되지 않는 주식이라면 다음 호가가 주가 시세표에 찍혀나올 때까지 기다린다. 그렇게 정해진 가격과 체결 일시를 주문표에 기록하고 고객에게 건네준다. 그 이후에 고객은 출납원에게 가서 주문표를 현금으로 바꾼다. 물론 고객의 예상이 빗나가서 손실액이 증거금을 초과하면 거래는 자동으로 종료되고 주문표는 휴지조각이 된다.

영세한 사설거래소에서는 소량으로 5주도 거래할 수 있었고, 매수 주문표와 매도 주문표의 색깔이 달랐다. 가끔은 강세장에서 매수에 나선 고객들의 예상이 적중해서 사설거래소가 큰 손해를 입기도 했다. 그러자 사설거래소는 매도 수수료와 매수 수수료를 모두 포함해서 고객이 20에 주식을 사면 주문표에 '20.25에 매수'라고 기록했다. 결국 주가가 1포인트 올라도 고객은 0.75 수익만 가져갔다.

그럼에도 코스모폴리탄은 뉴잉글랜드 최고의 거래소였고, 고객도 수천 명에 달했다. 그중에서 가장 무서운 고객은 나였던 것 같다. 터무니없이 높은 추가 수수료와 3포인트 증거금을 요구했지만 내 거래량은 줄지 않았다. 나는 가능한 많은 주식을 계속 사고팔았다. 때로는 5,000주까지 거래했다.

*

그러던 어느 날 나는 설탕주(株) 3,500주를 공매도했다. 내 손에 든 커다란 분홍색 주문표 7장에는 각각 500주 공매도 주문이 기록되어 있었다. 코스모폴리탄은 추가 증거금을 적어 넣을 수 있는 큼직한 주문표를 사용했지만 추가 증거금을 요구하는 일은 절대 없었다. 고객의 자본금이 적을수록 고객은 쉽게 파산하고 얻는 수익은 더욱 많아지기 때문이다. 소규모 사설거래소에서는 증거금을 더 내려는 고객에게 주문표를 새로 발행해주었다. 매수 수수료를 부과하려는 수작이었다. 게다가 매도 수수료도 새로 부과했기 때문에 1포인트가 하락하면 고객에게 돌아가는 수익은 0.75에 불과했다.

그날 나는 증거금 1만 달러를 걸었다. 현금으로 1만 달러를 처음 마련했을 때 내 나이는 스물두 살이었다. 그런 아들에게 내 어머니가 뭐라고 했는지 들어봤어야 했는데. 존 록펠러(John D. Rockefeller)[12]가 아니고서야 보통 현금 1만 달러를 갖고 다니는 사람은 없었다. 어머니는 거기서 만족하고 평범한 일자리를 알아보라고 하셨다. 내가 도박을 하는 게 아니라 계산을 해서 돈을 번다고 몇 번을 말해도 쉽사리 이해하지 못하셨다. 내 어머니의 눈에는 현금 1만 달러가 엄청 큰돈이었지만 내 눈에는 증거금이 더 많이 불어났을 뿐이었다.

나는 설탕 3,500주를 105.25에 공매도했다. 같은 객장에 있던 헨리 윌리엄스(Henry Williams)도 2,500주를 공매도했다. 나는 주가 시세 표시기 옆에 앉아서 보드보이에게 호가를 불렀다. 가격은 내 예측대로 움직였다. 즉각 몇 포인트 하락했다가 잠시 멈춰 숨을 고르고는 다시 급락했다. 일반적으로 시장은 약세를 보였고 예상대로 내 수익에 대한 전망은 좋아 보였다. 그때 갑자기 주가가 멈칫하는 게 마음에 들지 않았다. 왠지 모르게 마음이 불편해졌다. 이만 빠져야 할 것 같았다. 설탕주 매도 가격은 103으로 낮았는데도 자신감이 커지기는커녕 불안감만 가중되었다. 뭔가 문제가 있다는 느낌이 왔지만 어떤 이유인지 정확하게 짚어낼 수가 없었다. 원인을 알 수 없

---

12 존 록펠러(1839~1937): 역사상 가장 부유한 미국인. 스탠더드오일의 창립자로 석유 독점을 통해 미국 석유량의 90% 이상을 장악하며 부를 축적했다. 1896년 경영 일선에서 물러나 생애 남은 시간을 대부분 자선 사업에 몰두했다. 1913년 록펠러 재단을 설립했고 1937년 사망 당시 록펠러의 자산은 그해 미국 총생산량의 1.5%를 차지했다고 알려져 있다.

는 문제에는 대응할 수가 없다. 이런 경우에는 시장에서 빠지는 게 낫다.

나는 아무것도 모르는 상태에서 행동하지 않는다. 그러고 싶지도 않고, 무슨 일이 있어도 그렇게 하지 않는다. 어렸을 때도 뭔가를 하기 전에는 꼭 이유가 있어야 했다. 그런데 이번에는 명확하게 나오지 않는 것이 불안해서 견딜 수가 없었다. 결국 나는 잘 아는 동료 데이브 와이먼(Dave Wyman)을 불러서 이렇게 부탁했다.

"데이브, 여기 내 자리에 앉아서 내가 하라는 대로 좀 해줘. 설탕주의 바뀐 가격이 나와도 바로 부르지 말고 잠시 기다리는 거야. 어때? 할 수 있겠어?"

데이브는 내 부탁을 선뜻 들어주었다. 나는 데이브가 주가를 보드보이에게 불러줄 수 있게 시세 표시기 옆자리를 내어주었다. 그러고는 설탕 관련주 주문표 일곱 장을 주머니에서 꺼내 들고 거래 종료 담당 직원이 있는 창구로 걸어갔다. 하지만 시장에서 빠져나와야 하는 이유를 찾을 수가 없어서 그냥 창구에 기대어 서 있었다. 주문표는 손에 쥐고 있어서 직원이 보지 못했다. 얼마 후, 딸깍하는 전신기 소리가 들렸다. 그와 동시에 톰 버넘(Tom Burnham)이라는 직원도 재빨리 고개를 돌리더니 귀를 기울였다. 나는 즉각 이상한 낌새를 알아차렸고 더 이상 기다리지 않기로 했다. 바로 그때 주가 시세 표시기 옆에 앉아 있던 데이브 와이먼이 "설탕"이라고 소리치기 시작했다. 나는 잽싸게 주문표를 창구에 내려놓고 외쳤다.

"설탕주 거래 종료해주세요!"

데이브가 아직 호가를 다 부르지 못했을 때였다. 결국 그 직전의 마지막 호가로 주식을 정리해야 했다. 데이브가 부른 주가는 103이었다. 주가 기록표를 확인하니 설탕 주가는 103선 아래로 떨어져야 했다. 그런데 예상이 빗나갔다. 뭔가 함정이 도사리고 있는 것 같았다. 시세 표시기가 미친 듯이 돌아가는데도 톰 버넘은 내 주문표에 주가를 기록하지 않은 채 뭔가를 기다리는 것처럼 딸까닥거리는 소리만 듣고 있었다. 그래서 나는 그에게 소리쳤다.

"이봐요, 대체 뭘 기다리는 겁니까? 주문표에 103이라고 주가를 기록해요! 당장이요!"

객장 안의 모든 사람이 내가 소리 지르는 걸 듣고는 와서 무슨 일인지 물었다. 코스모폴리탄이 거래를 거부한 적은 없었지만 잘못했다가는 대규모 은행예금 인출사태와 같은 상황이 벌어질 수도 있었다. 한 명의 고객이라도 의혹을 품으면 너도나도 의심하기 마련이다. 결국 톰은 부루퉁한 표정으로 내 주문표에 '103에 거래 종결'이라고 기록하고는 주문표 일곱 장을 밀어주었다. 톰의 얼굴에는 떨떠름한 표정이 역력했다.

톰의 자리에서 현금 출납원 자리까지는 2미터 50센티미터도 되지 않았다. 그런데 내가 현금 출납원 자리에 도착하기도 전에 데이브 와이먼이 주가 시세 표시기 옆에서 흥분한 목소리로 소리쳤다.

"이럴 수가! 설탕 108!"

하지만 때는 이미 늦었다. 나는 싱긋 웃으면서 톰에게 소리쳤다.

"뜻대로 안 돼서 속상하시겠네요. 이거 미안해서 어쩌나?"

당연히 짜고 치는 판이었다. 나는 헨리 윌리엄스와 함께 설탕주 6,000주를 공매도했다. 그 외에도 설탕을 공매도하는 사람이 많아서 주문량은 아마 8,000주에서 1만 주에 달했을 것이다. 나와 헨리의 증거금도 거래소에 예치되어 있었다. 거래소에서 설탕주 증거금으로 확보한 금액이 2만 달러쯤 된다면 뉴욕증권거래소의 시장을 조작해서 고객 자금을 싹 쓸어 담고 싶을 만큼 유혹적인 금액이었다. 과거에 사설거래소는 특정 주식의 매수가 너무 많으면 조작 세력을 동원해 주가를 급락시켜서 매수 고객 전부를 파산시키곤 했다. 몇백 주의 주가를 몇 포인트만 조작해도 수천 달러를 벌었다.

이게 바로 코스모폴리탄이 나와 헨리 윌리엄스, 그 밖에 다른 공매도 고객들에게 써먹으려던 수법이었다. 뉴욕의 주가 조작 세력이 코스모폴리탄의 지시를 받아 설탕 주가를 108까지 끌어올린 것이었다. 당연히 주가는 그 직후에 바로 하락했지만 헨리와 다른 공매도 고객들은 쪽박을 찼다. 당시 신문에서는 원인을 알 수 없는 주가 급락 직후 즉시 반등이 이어질 때마다 '사설거래소의 한탕 털기'가 일어났다고 보도했다.

그런데 내가 사설거래소의 한탕 털기 수작에 당할 뻔했던 그날로부터 채 열흘도 지나지 않아 뉴욕의 트레이더 한 사람이 7만 달러 이상을 벌었다는 소식을 들었다. 당시 시장에 상당한 영향력을 행사했던 뉴욕증권거래소 회원으로 1896년 대불황기에 명성을 떨친 사람이었다. 이 사람은 동료 회원들에게 피해가 갈 일을 계획했지만 언제나 뉴욕증권거래소 규칙에 가로막혀 실행하지 못했다. 그러던 차에 사설거래소의 부당한 이득은 좀 가로채도 뉴욕증권거래소나 경찰 당국에서 뭐라 하지 않는다는 사실을 알아차렸다. 그 즉시 서른다섯 명을 고객으로 위장시켜서 사설거래소 본사와 대형 지점에 보냈다. 그러고는 특정 일시에 특정 주식을 최대한도까지 매수하고 일정 수익을 낸 다음 빠져나오라고 지시했다. 이렇게 준비를 마친 후, 친구들에게 그 주식의 주가가 상승할 거라고 소문을 퍼트렸다. 직접 객장에 가서는 공정한 거래를 하는 척하며 장내 트레이더들과 합세해 목표로 삼은 주식의 주가를 끌어올렸다. 이 작전을 계획한 장본인은 작전주를 신중하게 골랐기 때문에 주가를 3, 4포인트 끌어올리는 건 일도 아니었다. 사설거래소에 투입된 작전 세력은 사전에 계획한 대로 주식을 현금화했다.

동료한테 들기로는 이렇게 벌어들인 순이익이 작전 세력에게 지급해야 하는 비용을 제하고도 7만 달러에 달했다고 했다. 뉴욕과 보스턴, 필라델피아, 시카고, 신시내티, 세인트루이스 등 전국 곳곳의 대형 사설거래소에서 이 같은 일이 몇 차례 더 벌어졌다. 작전주로 지목된 종목은 몇 포인트 정도 주가 조작이 쉬운 웨스턴유니언(Western Union) 주식이었다. 세력은 웨스턴유니언을 특정 가격에 매수했다가 2포인트 수익을 내고 매도했고, 공매도 시에는 3포인트이상의 수익을 올렸다. 며칠 전 이 작전을 지휘했던 주포(세력을 지휘하는 사람)가 사람들에게 잊혀진 채 가난하게 살다 죽었다는 소식을 들었다. 1896년이었다면 뉴욕에 있는 모든 신문 1면을 장식했을 이 소식이 두 줄짜리 신문 부고로 5면에 실려 있었다.

2장

배움 없는 경험은 없다

코스모폴리탄은 3포인트 증거금과 1.5포인트 추가 수수료를 걸고도 성에 차지 않았는지 부정한 수를 써서라도 날 무너뜨릴 태세였다. 아예 거래하기 싫은 눈치였다. 그래서 나는 뉴욕에 가기로 했다. 뉴욕증권거래소의 회원사 객장에서 거래를 할 수 있었다. 전보로 호가를 확인하는 보스턴 지점에서는 거래하고 싶지 않았다. 주식 거래의 중심으로 가까이 가고 싶었다. 스물한 살 뉴욕에 도착했을 때 전 재산은 2,500달러(현재 한화 가치로 약 3750만 원)였다.

앞서도 말했지만 스무 살에 1만 달러를 벌었고, 설탕주 증거금이 1만 달러가 넘었다. 항상 수익을 올린 것은 아니었지만 내 거래 계획은 괜찮은 편이어서 손실보다는 수익이 더 자주 났다. 계획대로 밀고 나가기만 했다면 열 번 중 일곱 번은 성공했을 것이다. 거래 전에 예감이 좋으면 항상 돈을 벌었다. 나한테 유리한 상황에서만 거래해야 하는데 그러지 못한 것이 나의 패인이었다. 모든 일에는 때가 있다는 걸 몰랐다. 나를 비롯한 월가의 많은 사람이 풋내기도 아니면서 실패하는 이유였다. 어디를 가나 항상 그른 짓을 하는 멍청이가 있다. 월가에서는 계속 계속 거래해야 한다고 생각하는 사람이 멍청이다. 매일 주식을 사고팔아야 할 필요는 없다. 그러나 지식을 충분히 갖춘 뒤에 언제나 현명하게 거래할 수 있는 사람도 없다.

몸소 경험한 것으로 깨달았다. 경험에 비추어 테이프를 판독하면 항상 수익이 났지만 멍청한 짓을 하면 어김없이 손실을 입었다. 예외는 없었다. 내가 커다란 주가 시세판을 주시하고 있는 동안 주가 시세 표시기는 쉴 새 없이 돌아갔고, 사람들의 주문표는 현금 아니면 종잇조각으로 변했다. 정신없이 돌아가는 주식시장에서 흥분을 주체하기도 힘들었던 내가 제대로 된 판단을 내릴 수 있을 리 없었다. 증거금이 적은 사설거래소에서는 주식을 오래 보유하지 않는다. 그랬다가는 아주 쉽고 빠르게 파산한다. 이런 기본 사항을 염두에 두지 않고 계속 거래하다가는 크게 손해 본다. 심지어는 전문가들도 월급쟁이처럼 매일 돈을 벌어야 한다는 생각에 사로잡혀 월가에서 낭패를 당한다. 당시에 나는 풋내기였다. 15년 후에는 달라졌지만 말이다. 안전한 매수 시기를 노리면서 2주 동안 지켜봤던 주식이 30포인트 상승했다. 그러나 파산 상태에서 재기하려고 애쓰던 때라 무모하게 거래할 수가 없었다. 옳은 판단을 내려야 해서 기다렸다. 그때가 1915년이었다. 다 말하자면 길어서 이 이야기는 나중에 다시 하겠다. 여기서는 수년 동안 사설거래소에서 벌었던 수익의 상당액을 어쩌다가 빼앗겼는지 풀어놓겠다.

두 눈 빤히 뜨고 그런 일을 당하다니! 그것도 여러 번이나 말이다. 주식 트레이더는 내면의 많은 적과 싸워야 한다. 당시에 나는 2,500달러를 갖고 뉴욕에 도착했지만 믿을 만한 사설거래소가 없었다. 증권거래소와 경찰이 합심하여 사설거래소를 다 폐쇄했기 때문이었다. 나는 보유 자산 규모만 보고 거래를 제한하는 곳을 찾고 싶었다. 당시에 가진 돈은 많지 않았지만 영원히 그럴 거라고 생각하지는 않았기에 제일 먼저 아무 걱정 없이 공정하게 거래할 수 있는 곳을 찾았다. 그래서 처음에는 고향에 지점이 있어서 몇몇 직원들과 알고 지냈던 뉴욕증권거래소 회원사를 찾아갔다. 지금은 없는 회사지만 당시에도 파트너가 마음에 들지 않아서 오래 머물지 않고 풀러턴 증권사(A. R. Fullerton&Co.)로 갔다. 누군가가 내 어린 시절에 관해 이야기했는지 오래지 않아 다들 날 '소년 트레이더'라고 불렀다. 나는 어려 보이는 편이라서 많은 사람이 날 이용하려고 했다. 그렇지만 나쁜 점만 있는 것은 아니었다. 우선 내 것을 지키려는 투지가 남다르게 강해졌다. 사설거래소 사람들은 생긴 것만 보고 나를 요행만 바라는 멍청이라고 여겼다. 나는 그러한 선입견을 이용하여 사설거래소에서 자주 성공을 거두었다.

그런데 뉴욕에 간 지 반 년도 채 되지 않아 파산했다. 상당히 활발하게 활동하면서 주식시장의 승자라는 명성을 쌓았는데도 그랬다. 내가 내는 수수료도 상당히 컸고, 내 주식계좌 규모도 커졌지만 결국에는 패배의 쓴맛을 보았다. 신중하게 거래했음에도 파산했다. 그 이유를 들으면 믿지 않을지도 모르겠다. 정말 믿기 어렵겠지만 사설거래소에서 크게 성공했던 경험 때문이었다!

나는 지금껏 변동성에 베팅해서 돈을 벌었다. 사설거래소에서만 통하는 나만의 투자 기법이었다. 주가 시세표를 판독하는 것도 마찬가지였다. 사설거래소에서는 주가 시세판에 기록된 가격을 보고 바로 주식을 매수했다. 심지어는 매수 전에도 매수가를 정확하게 알 수 있었다. 주식은 항상 즉석에서 매도할 수 있었다. 덕분에 번개처럼 빠르게 주식을 매매해서 차익을 남겼다. 그렇게 내 운을 계속 시험해보거나 즉각 손절할 수 있었다. 예컨대 주가가 최소 1포인트 변한다고 확신할 때는 1포인트 증거금을 걸고 두 배의 수익을 올리거나 적어도 0.5포인트의 수익을 건질 수 있었다. 하루에 그렇게 100, 200주씩 거래하면 월말에는 꽤 괜찮은 결과가 나왔다. 다만 사설거래소가 지속적인 대량 손실을 견뎌낼 수 있음에도 그렇게 하지 않는다는 것이 문제였다. 매번 수익을 올리는 트레이더는 받지 않으려고 했다.

그런데 사설거래소에서는 완벽했던 내 거래 방식이 풀러턴에서 통하지 않았다. 사설거래소와 달리 풀러턴에서는 주식 실물이 거래되기 때문이었다. 풀러턴에서 주가 시세표에 설탕주 가격이 105로 찍혀 나올 때 3포인트 하락을 예상했다고 해보자. 그런데 주가 시세표에 105가 인쇄되는 동안 거래소에서는 실물 주식이 104나 103에 거래될 수 있다. 내가 1,000주에 매도 주문을 넣었어도 풀러턴 객장에서 거래가 실제로 체결될 때는 가격이 더 하락한 상태일 수도 있다는 말이다. 결국은 나중에 체결 내역을 받아봐야 정확하게 얼마에 주식이 매도됐는지 알 수 있다. 사설거래소에서라면 3,000을 벌수 있는 거래였지만 증권거래소에서는 한 푼도 벌지 못할 수 있었다. 풀러턴의 주가 시세표는 항상 과거의 주가를 의미했는데 나는 그 사실을 깨닫지 못했다.

게다가 내가 매도 주문을 대량으로 넣으면서 가격 하락을 부추겼다. 사설거래소에서는 내가 체결한 거래의 파급효과를 생각할 필요가 없었다. 결국 규칙이 완전히 달랐기 때문에 뉴욕에서 실패했다. 합법적으로 거래해서가 아니라 무지했기 때문이었다. 나는 뛰어난 주가 시세표 판독가라는 소리를 들었지만 전문가처럼 해봤자 도움이 되지 않았다. 내가 장내 트레이더였다면 눈앞에서 벌어지는 상황을 보고 내 거래 방식을 즉각 변경했을 수도 있다. 설령 그랬다 하더라도 지금처럼 대량으로 매매했다면 내 거래가 가격에 미치는 영향 때문에 실패했을지도 모른다.

간단히 말해서 난 주식 투기의 게임 법칙을 몰랐다. 물론 그중에 상당히 중요한 일부분은 알고 있었지만. 그래봤자 초짜였고 문외한이었다. 그런 사람이 주식 투기에 성공하거나 현금을 벌어들일 가능성이 얼마나 되겠는가?

오래지 않아 방법이 뭔가 잘못됐다는 사실을 깨달았지만 정확한 문제점을 짚어내지는 못했다. 내 방식이 눈부시게 잘 먹혔던 시절도 있었다. 그러다가도 갑자기 연이어 일이 틀어졌다. 당시 나는 겨우 스물두 살이었다. 나 자신의 결점을 알고 싶지 않았다기보다는 아직 지식이 많이 부족했던 나이였다.

풀러턴에서는 필수적으로 요구하는 증거금이 있어서 내 양껏 거래할 수 없었지만 A.R. 풀러턴 씨를 비롯한 직원들이 무척 친절해서 6개월 동안 활발하게 거래했다. 결국에는 내가 갖고 왔던 돈과 거기서 벌었던 돈을 모두 잃었고, 몇백 달러 빚까지 졌다.

처음으로 고향에서 멀리 벗어나 낯선 땅에 도착했던 나는 완전히 파산했다. 자신이 아니라 내 거래 방법에 문제가 있음을 깨달았다는 것이 그나마 위안이었다. 주식시장에서 내 의견을 분명히 말한 적은 있을지 몰라도 성질을 부린 적은 결코 없었다. 주가 시세표가 잘못됐니, 어쩌니 하고 언성을 높이지 않았다. 주식시장에서는 화를 내봤자 아무 소용이 없기 때문이다. 나는 한시라도 빨리 거래를 다시 시작하고 싶어서 풀러턴 씨를 찾아가 이렇게 부탁했다.

"풀러턴 씨, 500달러만 좀 빌려주세요."

"뭐 하려고?"

"돈이 필요해서 그러죠."

"어디에 쓰려고?"

풀러턴 씨가 다시 물었다.

"그야 당연히 증거금으로 쓸 돈이죠."

"500달러?"

풀러턴 씨가 인상을 찌푸렸다.

"증거금 비율이 10퍼센트라서 100주를 사려면 1,000달러가 필요하겠는데. 신용거래를……."

"아뇨. 여기서 신용거래 하는 건 싫어요. 이미 증권사에 빚도 졌는걸요. 풀러턴 씨가 개인적으로 500달러를 빌려주시면 크게 불려 올게요."

"어떻게?"

풀러턴 씨가 물었다.

"사설거래소에 갈 거예요."

"여기서 해."

"싫어요. 여기서는 성공할 자신이 없어요. 하지만 사설거래소에서는 확실하게 돈을 벌 수 있어요. 거기 규칙은 잘 알거든요. 여기서 실패한 이유도 이제 알겠어요."

*

나는 풀러턴 씨에게 500달러를 빌려서 풀러턴 증권사 객장을 나왔다. '사설거래소의 골칫덩어리'라 불렸던 내가 큰돈을 잃었다. 그렇지만 고향으로 돌아갈 수는 없었다. 고향의 사설거래소에서는 날 받아주지 않을 테니까. 1890년대 뉴욕 브로드스트리트(Broad Street)와 뉴스트리트(New Street)에는 사설거래소가 가득했다고 들었다. 하지만 내가 찾을 때는 이미 사라지고 없었다. 그래서 생각 끝에 세인트루이스(St. Louis)로 가기로 했다. 중서부 지역 전역에 막강한 영향력을 행사하는 증권사 두 곳이 있다고 들었기 때문이다. 수익금도 엄청나게 많은 게 분명했다. 10여 개 도시에 지점도 두고 있었다. 사업 규모로 그와 맞먹을 만한 기업이 동부 지역에는 없다고 했다. 투명한 운영방식에 명망 높은 사람들이 마음 놓고 거래하는 곳이었다. 그중 한 증권사 소유주가 상공회의소 부회장이라는 소리도 있었지만 세인트루이스에서는 말도 안 되는 소리였다. 어쨌든 나는 500달러를 갖고 세인트루이스로 갔다. 뉴욕증권거래소 회원사 A.R. 풀러턴의 객장에서 증거금으로 쓸 돈을 마련할 생각이었다.

세인트루이스에 도착해서 호텔을 잡았다. 씻고 난 후 사설거래소를 찾으러 나갔다. J.G. 돌란사(社)와 H.S. 텔러사(社) 사설거래소 두 곳이 있었다. 그곳에서는 돈을 벌 수 있었다. 나는 신중하게, 전통적인 방식으로, 안전하게 거래할 작정이었다. 누군가가 날 알아보고 쫓아낼까 봐 두려웠다. 전국의 사설거래소에는 '소년 트레이더' 소문이 자자했다. 그곳은 도박장처럼 고수에 관한 소문이 빠르게 퍼졌다.

나는 좀 더 가까운 돌란사의 사설거래소에 먼저 들렀다. 그곳에서 쫓겨나기 전에 며칠 동안이라도 거래를 할 수 있길 바랐다. 안으로 들어가자 엄청나게 큰 객장이 눈앞에 펼쳐졌다. 주가 시세판을 들여다보는 사람들이 적어도 200명은 되는 것 같았다. 사람들이 많아서 내 정체를 쉽게 들키지 않을 것 같아 다행이었다. 나는 가만히 서서 주가 시세판을 살펴보며 처음으로 거래할 주식을 신중하게 찾아보았다. 주변을 둘러보자 주문 담당 직원이 보였다. 마침 그 직원과 눈이 마주쳐서 그에게 다가가 이렇게 물었다.

"여기가 면화와 밀을 거래하는 곳인가요?"

"네, 맞아요."

"주식도 살 수 있어요?"

"현금이 있으면요."

"아, 돈이야 당연히 있죠."

나는 잘난 척하는 아이처럼 뻐기며 말했다.

"돈이 있다고요?"

직원은 미소 지으며 말했다.

"100달러로 몇 주를 살 수 있나요?"

"100주요. 100달러가 있다면 말이죠."

"100달러 있어요. 있고말고요. 200달러도 갖고 있어요!"

"그럴 수가!"

"200주 살게요."

"어떤 주식을 드릴까요?"

내가 똑 부러지게 말하자 거래가 시작됐다는 걸 안 직원은 진지해졌다. 나는 신중하게 생각하는 것처럼 주가 시세판을 한 번 더 쳐다보고 말했다.

"오마하(Omaha) 200주요."

"알겠습니다!"

직원은 돈을 받아 헤아려보고는 주문표를 작성했다.

"성함이 어떻게 되시나요?"

직원이 물었을 때 나는 '호러스 켄트(Horace Kent)'라고 했다. 직원한테서 주문표를 받아 고객들 사이로 들어가 앉아서 돈이 불어나기를 기다렸다. 빠르게 움직여서 그날 하루에도 몇 건을 거래했다. 다음 날에도 거래를 계속해서 이틀 동안 2,800달러를 벌었다. 적어도 한 주 동안 거래가 지속되기를 바랐다. 한 주간 그 상태를 유지하면 수익이 나쁘지 않을 것 같았다. 그 후에 다른 사설거래소에서도 비슷하게 운이 따라준다면 자본금을 두둑하게 마련해서 뉴욕으로 돌아갈 수 있을 것 같았다. 사흘째 되던 날 아침, 멋쩍은 표정으로 창구 직원에게 가서 B.R.T. 500주를 매수 주문했을 때였다.

"저 켄트 씨, 사장님이 뵙고 싶다고 하시네요."

이제 거래는 다 했구나 싶었다. 그럼에도 나는 이렇게 물었다.

"이유가 뭔가요?"

"그건 잘 모르겠습니다."

"사장님은 어디 계시죠?"

"개인 사무실에요. 저쪽으로 가시면 됩니다."

직원이 가리킨 문 안으로 들어가자 돌란 씨가 책상에 앉아 있었다. 돌란 씨는 몸을 홱 돌리더니 이렇게 말했다.

"자리에 앉지, 리빙스턴."

내 이름을 듣는 순간, 마지막 남은 희망이 사라졌다. 내 정체를 어떻게 알아차렸는지 알 수가 없었다. 호텔 숙박부를 봤을지도 모르겠다는 생각이 들었다.

"왜 절 보자고 하셨나요?"

"리빙스턴, 내 말 잘 듣게나. 무슨 감정이 있어서 이러는 게 아냐. 그런 건 전혀 없어."

"무슨 말씀을 하시려는 건지 모르겠는데요."

돌란 씨가 회전의자에서 일어났다. 생각보다 덩치가 큰 사람이었다.

"여기 좀 와보겠나, 리빙스턴?"

돌란 씨가 이렇게 말하며 문으로 걸어갔다. 그러고는 문을 열고서 커다란 객장에 들어찬 고객들을 가리켰다.

"저들이 보이겠지?"

"뭘 보라는 거죠?"

"저 사람들 말이야. 저 사람들을 잘 봐. 300명이나 되는 호구들을! 손쉬운 먹잇감들이지! 저들이 나와 내 가족을 먹여 살린다고. 그런데 네 녀석은 내가 2주 동안 저들한테서 빼먹은 것보다 더 많은 돈을 이틀 만에 쓸어갔어. 이래서는 사업이 안 돼. 나한테 수지맞는 장사가 아니라고! 악감정을 품은 건 아니야. 지금까지 번 돈은 가져도 좋아. 하지만 더는 안 돼. 여기서는 절대 안 돼!"

"하지만……."

"그만! 그저께 네가 여기 들어오는 걸 봤어. 솔직히 마음에 들지 않았지. 딱 봐도 선수가 분명했으니까. 그래서 저기 저 멍청이를 불렀지."

돌란 씨가 죄지은 듯한 표정의 직원을 가리켰다.

"네가 뭘 했는지 물어보고는 이렇게 말했어. '저 녀석이 마음에 안 들어. 선수가 분명해!' 그랬더니 저놈이 그러더군. '사장님, 제 눈이 정확합니다! 호러스 켄트라는 녀석인데 어른 행세하는 꼬맹이죠. 걱정할 거 없습니다!' 그래서 그런가 보다 했는데 저 망할 멍청이 때문에 2,800달러를 손해 봤어. 유감은 없지만 그렇다고 너한테 금고를 열어줄 마음도 아니야."

"저기요……."

"아니, 내 말 들어. 너에 관한 소문은 잘 알고 있어. 난 저 호구들을 이용해서 돈을 벌거든. 그러니까 넌 여기서 거래 못 해. 난 지금 공정하게 굴려고 노력하고 있어. 지금까지 네가 번 돈은 가져도 좋아. 하지만 더는 안 돼. 그랬다가는 내가 호구가 될 판이니까. 이제

네 정체가 들통났으니 그만 떠나!"

나는 2,800달러 수익금을 갖고 돌란의 객장을 빠져나왔다. 텔러의 사설거래소가 근처에 있었다. 텔러는 도박장도 여럿 운영하는 아주 큰 부자라고 알려져 있었다. 그래서 나는 텔러의 사설거래소로 향했다. 처음에는 적당히 거래하다가 1,000주까지 거래량을 늘리는 게 나을지, 아니면 하루 만에 쫓겨날지도 모르니 시작부터 대량으로 거래하는 게 나을지 고민했다. 거래소는 손해를 보면 빠르게 행동에 나선다. 나는 4, 5포인트 수익을 예상했기 때문에 B.R.T. 1,000주를 사고 싶었다. 하지만 사설거래소의 의심을 사거나 B.R.T.를 매수하는 고객이 너무 많으면 거래를 못 할지도 몰랐다. 처음에는 조금씩 여러 주식을 사는 게 좋을 수도 있었다.

텔러의 사설거래소는 돌란의 객장만큼 크지 않았지만 시설이 훨씬 좋았고, 고객들 수준도 더 높아 보였다. 나한테 딱 맞는 곳이다 싶어서 B.R.T. 1,000주를 사기로 마음먹었다. 그래서 적당한 창구를 찾아가 물어보았다.

"B.R.T.를 좀 사고 싶은데 한도가 있나요?"

"한도는 없어요. 돈만 있다면 원하는 만큼 살 수 있어요."

"그럼 1,500주 살게요."

나는 이렇게 말하고 주머니에서 돈을 꺼냈다. 창구 직원은 주문표를 작성하려고 했다. 그때 빨간 머리 남자가 창구 직원을 밀쳐내고 자리를 차지하더니 몸을 쑥 내밀어 이렇게 말했다.

"어이, 리빙스턴. 당장 돌란의 객장으로 돌아가. 여기서는 거래 못 해."

"주문표는 주서야죠. 방금 B.R.T. 주식을 샀다고요."

"주문표 따위 없으니까 꺼져."

이제는 다른 직원들까지 창구 직원 뒤쪽에 몰려들어서 날 쳐다봤다.

"다시는 여기 올 생각하지 마. 넌 여기서 절대 거래 못하니까. 알겠어?"

그 자리에서 화를 내고 따져봤자 소용없는 짓이었다. 나는 호텔로 돌아가 숙박비를 지불한 뒤 뉴욕행 첫 기차를 잡아탔다. 마음이 씁쓸했다. 돈 좀 벌어보고 싶었는데 텔러의 객장에서는 한 건도 거래하지 못했다.

＊

나는 뉴욕으로 돌아가 풀러턴 씨에게 500달러를 갚았다. 그리고 남은 돈으로 다시 거래를 시작했다. 돈을 잃기도 벌기도 했지만 전체적으로는 수익을 올렸다. 주식을 거래할 때 바꿔야 할 점이 많지는 않았다. 다만 풀러턴에 오기 전 터득했던 주식투자 규칙이 다가 아니라는 사실을 깨달아야 했다. 나는 일요일 신문에 나오는 십자말풀이를 좋아하는 퍼즐 애호가와 비슷했다. 퍼즐 애호가는 답을 알아낼 때까지 만족하지 않는다. 나도 내 문제의 해결책을 끝까지 찾아내고 싶었다. 사실 사설거래소에서 찾았다고 생각했는데 그게 아니었다.

내가 뉴욕으로 돌아온 지 몇 달 됐을 때 풀러턴 씨를 아는 사람이 풀러턴 객장을 찾아왔다. 예전에 풀러턴 씨와 함께 경주마 몇 필을 보유했던 사람이라고 누군가가 그랬다. 한때는 잘 나갔던 사람인 게 분명했다. 맥데빗(McDevitt)이라는 그 사람은 서부의 경마장 사기꾼들 이야기를 떠벌렸다. 세인트루이스에서 속임수를 썼던 사기꾼 패거리였는데 주도자가 '텔러'라는 도박장 주인이었다고 했다.

"성이 뭔데요?" 내가 물었다.

"하이 텔러(Hi Teller). H.S. 텔러였지."

"아, 그 인간 잘 알죠."

"좋은 사람이 아냐."

"좋지 않다 못해 아주 악독한 인간이죠. 저도 그 인간에게 당한 일이 있어서 갚아주려고 벼르고 있어요."

"어떻게 할 건데?"

"그 인간 주머니를 터는 수밖에 없죠. 지금은 세인트루이스에 있어서 건드릴 수 없지만 언젠가는 당한 만큼 갚아줄 거예요."

나는 이렇게 불만을 털어놓았다.

"쯧쯧, 그렇군. 텔러는 여기 뉴욕에서도 한판 벌이려다가 잘 안

돼서 호보컨(Hoboken)에 사업체를 차렸어. 그곳에는 거래 제한이 없다더라고. 지브롤터(Gibraltar) 바위산만큼이나 많은 돈이 쌓였는데 그게 다 벼룩 같은 녀석의 수중으로 들어갔다더군."

"어떤 곳인데요?"

나는 도박장을 말하는 게 아닌가 생각했다.

"사설거래소야."

맥데빗이 말했다.

"사설거래소가 문을 열었다고요? 확실해요?"

"그럼. 여러 사람한테서 들은 소식이야."

"그거야 그냥 소문일 수도 있죠. 사설거래소가 진짜로 운영되고 있는지, 거래 한도는 얼마인지 확실하게 알아볼 수 있어요?"

"물론이지, 젊은이. 내일 아침에 직접 가서 알아보고 알려줄 테

니까 기다리라고."

맥데빗이 전해준 바에 따르면 텔러는 이미 큰 사업을 벌여놓고 돈을 있는 대로 다 쓸어 담는 것 같았다. 때는 금요일이었다. 20년 전이지만 그 주 내내 가격이 치솟아서 기억한다. 그런 탓에 토요일에는 은행의 준비금이 대폭 감소할 게 분명했다. 거물급 장내 트레이더가 뛰어들어 소자본 계정을 털어가기 좋은 상황이었다. 장 마감 30분 전에는 으레 그렇듯 반등이 일어난다. 특히 인기주 반등이 두드러진다. 텔러의 고객들은 당연히 반등하는 인기주를 대거 매수할 것이다. 여기서 공매도 물량이 나온다면 사설거래소에게는 더없이 기쁜 소식이다. 호구들을 이용해서 돈 버는 방법으로는 이보다 나은 게 없으니 말이다. 증거금 1포인트를 건 고객들의 돈을 후려먹기는 아주 쉽다.

토요일 아침, 나는 호보컨에 위치한 텔러의 객장으로 향했다. 근사한 주가 시세판이 딸린 커다란 객장에는 직원들이 가득했고, 회색 제복을 입은 경찰관도 있었다. 고객은 스물다섯 명쯤 있었다.

직원이 도와줄 일이 있는지 물었을 때 나는 없다고 대답했다. 그러자 직원은 장황하게 설명을 늘어놓았다. 며칠 동안 기다려서 푼돈을 버는 게 아니라 전 재산을 걸고 몇 분 만에 수천 달러를 벌 수 있다고 했다. 게다가 주식시장이 얼마나 안전한지, 몇몇 고객들, 그것도 객장에서 실제로 주식을 사고파는 일반 트레이더가 얼마나 많은 돈을 벌었는지 떠들어댔다. 어디 그뿐인가? 대규모 거래만 하는 사람도 충분히 만족시킬 수 있다고 했다. 직원은 내가 경마장에 가려는 줄 알고 조랑말들에게 돈을 뜯기기 전에 한몫 떼어가고 싶은 모양이었다. 토요일에는 12시에 시장이 마감하니까 서두르라고 재촉했다. 오전에 거래를 끝내고 나면 오후 내내 자유롭게 다른 볼일을 볼 수 있고, 적당한 주식을 골라 거래하면 좀 더 많은 자금을 모을 수 있다고 했다. 내가 못 믿겠다는 표정을 짓자 직원은 계속 주절거렸다. 나는 시계를 쳐다보았다. 오전 11시 15분이었다.

"좋아요."

나는 이렇게 말하고 여러 주식을 공매도하는 주문을 넣었다. 매도 증거금으로 2,000달러를 내밀자 직원은 매우 기쁘게 받아 넣었다. 내가 큰돈을 벌 것 같다면서 자주 들르라고까지 했다. 가격은 내 예상대로 움직였다. 트레이더들이 내가 하락을 예상한 주식의 가격을 끌어내렸다. 장 마감 5분 전에는 반등이 일어나기 마련인데 나는 그 직전에 거래를 청산했다. 그때 5,100달러가 내 손에 들어올 예정이어서 나는 현금을 받으러 갔다.

"반가워요."

나는 같은 직원에게 인사하고 내 주문표를 내밀었다.

"저기요, 이 돈을 전부 다 드릴 수는 없어요. 이렇게 환매가 쇄도할 줄은 몰랐거든요. 월요일 오전에는 꼭 돈을 준비해놓을 테니까 그때 다시 오세요."

"알겠어요. 하지만 지금 줄 수 있는 돈은 다 주세요."

"먼저 소자본 고객들의 돈을 지불하게 해주세요. 그리고 나서 남은 돈과 손님의 증거금을 드릴게요. 다른 주문표를 처리하는 동안 좀 기다려주세요."

그래서 나는 차분하게 기다렸다. 내 돈을 못 받을 리는 없다고 확신했다. 사업이 잘되고 있는데 텔러가 환매금을 지불하지 않을 리는 없었다. 만약 그런다면 객장에 남은 돈을 전부 가져오는 수밖에 없지 않겠는가? 나는 증거금 2,000달러와 객장에 남은 돈 800달러 정도를 받았다. 그러고는 월요일 아침에 다시 오겠다고 했다. 직원은 반드시 돈을 준비해놓겠다고 했다.

월요일 날 나는 12시가 되기 전에 호보컨으로 향했다. 그런데 내가 아는 직원과 이야기를 나누는 사람이 보였다. 그는 바로 세인트루이스의 텔러 객장에서 돌란의 객장으로 가라는 소리를 들었던 날에 봤던 남자였다. 지점 직원의 연락을 받고 본사에서 조사를 나온 게 분명했다. 사기꾼들은 아무도 믿지 못하니까.

"제 돈을 찾으러 왔어요."

내가 직원에게 말했다.

"이 사람인가?"

세인트루이스 직원이 물었다.

"네."

직원이 대답하고는 주머니에서 노란색 돈다발을 꺼냈다.

"잠깐만!"

세인트루이스 직원이 호보컨 직원의 말을 가로막고는 나를 돌아보았다.

"어이, 리빙스턴, 너랑은 거래하고 싶지 않다는 말 못 들었어?"

"내 돈 먼저 주세요."

내가 이렇게 말하자 호보컨 직원이 500달러 네 다발과 300달러 한 다발을 건네주었다.

"방금 뭐라고 했어요?"

내가 세인트루이스 직원에게 물었다.

"넌 우리 객장에서 거래 못 한다고."

"아, 그거요. 그래서 여기 왔죠."

"앞으로 다시는 오지 마. 꺼지라고!"

세인트루이스 직원이 으르렁댔다. 그러자 제복 차림의 경찰이 다가왔다. 세인트루이스 직원은 호보컨 직원에게 주먹을 휘두르며 소리쳤다.

"이 멍청이, 저 녀석을 객장에 들이다니. 잘 알고 처신했어야지. 저 녀석이 리빙스턴이야. 지시를 받았을 텐데 뭘 한 거야?"

"잠깐만요."

내가 세인트루이스 직원에게 말했다.

"여기는 세인트루이스가 아니에요. 여기서는 당신 사장이 새파란 애송이한테 써먹었던 그런 속임수를 쓸 수 없다고요."

"여기서 당장 나가! 넌 여기서 거래 못 해."

세인트루이스 직원이 소리쳤다.

"내가 여기서 거래 못하면 다른 사람들도 거래 안 할걸요. 여기서는 그런 수작을 부릴 수 없어요."

그러자 세인트루이스 직원의 목소리가 달라졌다.

"이봐, 친구."

잔뜩 흥분한 목소리였다.

"우리 좀 도와줘. 이성적으로 굴라고! 매일 이런 일이 생기면 우리가 어떻게 버티겠어? 사장님이 자네 정체를 알면 화가 나서 길길이 뛰실 거라고. 우리 입장도 좀 생각해줘, 리빙스턴!"

"앞으로는 적당히 할게요."

내가 말했다.

"이성적으로 생각해서 제발 떠나줘! 우린 이제 막 사업을 시작했다고. 좋게 출발할 수 있게 도와줘, 응?"

"다음번에는 이런 식으로 오만하게 굴지 않았으면 좋겠군요."

나는 세인트루이스 직원이 호보컨 직원에게 빠르게 다그치는 소리를 뒤로한 채 떠났다. 이렇게 돈을 뜯어내 세인트루이스에서 당했던 모욕을 갚아주었다. 화를 내거나 객장을 폐쇄시키는 건 무의미한 짓이었다. 나는 풀러턴 객장으로 돌아가 맥데빗에게 무슨 일이 있었는지 다 말했다. 그러고는 텔러의 객장에 가서 20주에서 30주 규모로 거래를 시작해보라고 했다. 그러다가 크게 한탕 할 기회가 생기면 말해주겠다고 했다.

나는 맥데빗에게 1,000달러를 건네주었다. 맥데빗은 호보컨에 가서 내 지시대로 거래했고, 단골이 되었다. 그러던 어느 날, 급락세를 예측하고 맥데빗에게 알려주었다. 그는 즉시 한도까지 다 팔았다. 그날 나는 맥데빗에게 비용을 지불하며 한몫 챙겨주고 나서도 2,800달러 수익을 올렸다. 맥데빗은 개인 자금까지 더 투자해서 수익을 올린 것 같았다. 그로부터 채 한 달도 되지 않아 텔러는 호보컨 지점을 닫았다. 경찰 단속이 강화되었기 때문이다. 게다가 내가 두 번밖에 거래하지 않았는데도 호보컨 지점은 수익을 별로 내지 못했다. 당시는 초강세장에 들어선 시기라 어지간한 주가 변동에도 1포인트 증거금을 바닥내기 어려웠다. 게다가 모든 고객이 매수해서 수익을 올렸고, 계속 매수를 늘려나갔다. 결국 전국의 많은 사설거래소가 문을 닫았다.

게임의 규칙이 달라졌다. 구식 사설거래소 거래는 평판 좋은 증권사에서 거래할 때보다 좋은 점이 몇 가지 있었다. 우선 증거금이 바닥나면 거래가 자동 청산된다는 장점이 있었다. 이보다 더 좋은 손절매 방법은 없었다. 덕분에 증거금보다 많은 돈을 잃을 위험이 없었다. 그 밖에도 주문이 늦게 체결될 일이 없다는 장점이 있었다. 뉴욕에서는 서부에서만큼 고객들이 자유롭게 거래하지 못한다고 들었다. 뉴욕의 사설거래소는 특정한 축구 주식을 2포인트로 제한하곤 했다. 설탕주와 테네시석탄 및 강철주도 마찬가지였다. 이 주식이 10분 만에 10포인트 변동이 일어나도 고객에게 돌아가는 수익은 2포인트에 불과했다. 고객이 1달러 손실에 10달러 수익을 올리는 식으로 너무 큰돈을 벌 수 있다고 생각해서 제약을 걸었다. 게다가 당시에는 최대 사설거래소를 비롯한 모든 사설거래소가 특정 주식의 주문을 받지 않았다. 1900년도 대통령 선거 전날이었다. 윌리엄 매킨리(William McKinley)의 승리가 확실시되자 전국의 모든 사설거래소가 매수 주문을 받지 않았다. 매킨리가 당선될 확률이 3대 1이었다. 월요일에 주식을 매수하면 3에서 5포인트나 그보다 많은 수익을 올릴 수 있었다. 브라이언에게 베팅하고 주식을 매수해 수익을 올릴 수도 있었다. 하지만 그날 모든 사설거래소는 주문을 받지 않았다.

사설거래소에서 거부당하지 않았다면 나는 결코 사설거래소 거래를 그만두지 않았을 것이다. 또, 그랬다면 몇 포인트 변동에 베팅하는 것이 주식 거래의 전부가 아니라는 사실을 깨닫지 못했을 것이다.

3장

문제도 모르는데 어떻게
답을 찾을 수 있을까?

자신이 한 실수에서 교훈을 얻기까지는 오랜 시간이 걸린다. 모든 것에는 양면이 있다지만 주식시장에는 오직 하나의 원칙만 존재한다. 강세장이든 약세장이든 상관없이 적중시키는 자만이 살아남는다. 투기할 때 필요한 기술적인 원칙보다 일반적인 원칙을 마음 깊이 새기기까지 더욱 오랜 시간이 걸렸다. 어떻게 주식을 거래하면 수익이 날지 상상하면서 자신의 예상 적중률을 증명하고 즐거워하는 사람들이 있다는 이야기를 들었다. 이런 도박꾼들이 때로는 수백만 달러를 벌기도 한다. 그리고 무모한 도박꾼이 되기는 쉽다.

옛날 옛적에 다음 날 결투를 앞둔 어떤 사람도 무모하기 짝이 없었다. 그에게 결투 입회자가 이렇게 물었다.

"총을 잘 쏩니까?"

"뭐, 스무 발자국 정도 떨어진 곳에서 와인 잔 손잡이를 맞출 실력은 되죠."

결투자가 겸손하게 말했다.

"실력이 좋긴 한데 그 와인 잔이 장전된 총을 들고 당신의 심장을 겨누고 있어도 손잡이를 맞출 수 있나요?"

결투자의 실력에 그다지 감명 받지 못한 입회자가 다시 물었다.

나는 돈을 벌어들이는 것으로 내 예상이 적중했음을 증명해야 했다. 예상이 빗나가면 돈을 잃었다. 그 경험에서 '하락할 리 없다'는 확신이 들 때까지는 매수하지 말아야 한다는 교훈을 얻었다. 매수하지 못하면 꼼짝도 하지 않았다. 예상이 빗나갔는데도 손절하지 말아야 한다는 말이 아니다. 손절은 당연히 해야 한다. 다만 우유부단에 빠지지 않도록 주의해야 한다. 나는 평생에 수없이 실수를 저지르면서 돈은 잃었지만 경험을 얻었고 무엇을 해서는 안 되는지 배웠다. 파산도 여러 번 했지만 전부 다 잃지는 않았다. 그랬다면 지금의 나는 없었을 것이다. 항상 또 다른 기회가 온다고 믿었고, 같은 실수를 반복할 리 없다고 확신했다. 나는 그렇게 자신을 신뢰했다.

주식의 세계에서 살아남으려면 자신과 자신의 판단을 믿어야 한다. 그래서 나는 비밀정보를 믿지 않았다. 만약 스미스라는 사람의 정보를 믿고 주식을 매수했다면, 그 사람의 정보를 듣고 매도 시기를 결정해야 한다. 결국 스미스에게 목매는 신세가 되고 만다. 스미스가 여행을 떠났는데 매도 시기가 임박했다는 느낌이 들면 어떡하겠는가? 남이 하라는 대로 해서는 큰돈을 벌지 못한다. 남이 준 정보보다 자신의 판단을 믿고 따를 때 큰돈을 번다. 내가 경험해봐서 잘 아는 사실이다. 내가 큰돈을 벌 정도로 현명하게 거래하는 법을 배우기까지 5년이라는 세월이 걸렸다.

나는 사실 파란만장한 경험을 그렇게 많이 하지 않았다. 주식 투기 방법을 배우는 과정은 멀리서 보면 그다지 극단적으로 보이지 않는다. 물론 나도 몇 차례 쪽박을 차기는 했다. 유쾌한 경험은 아니었지만 월가에서 그런 식으로 돈을 날려보지 않은 사람은 없다. 투기는 어렵고 힘든 일이다. 모든 거래에 전심전력으로 임하지 않는 투기자는 머지않아 떨어져 나가고 만다.

풀러턴에서 실패를 맛본 이후에 깨달았어야 했다. 투기를 다른 관점에서 바라봐야 한다는 간단한 사실을 말이다. 사설거래소에서 배울 수 있는 것이 전부가 아니라는 사실을 몰랐다. 내 예상이 사설거래소에서 적중했으니 곧 주식 세계에서 승리한 것이라 생각했다. 게다가 주가 시세표 판독 능력과 기억력이라는 귀한 자산이 있었다. 둘 다 내가 쉽게 터득한 능력이었다. 초창기 시절에는 내 두뇌나 지식이 아니라 그 두 가지 능력 덕분에 성공할 수 있었다. 주식 거래라는 게임을 하면서 게임이 무엇인지를 배웠다. 그 와중에 채찍질도 마다하지 않고 받았다.

뉴욕에 도착했던 첫날이 기억난다. 사설거래소에서 출입 금지당하고 이름 있는 정규거래소로 내몰렸던 때였다. 첫 직장에서 만났던 직원이 뉴욕증권거래소 회원사인 하딩 브러더스(Harding Brothers)에서 일하고 있었다. 아침에 뉴욕에 도착했던 나는 오후 1시가 되기도 전에 하딩 브러더스에 계좌를 개설하고 거래 준비를 마쳤다.

나는 더없이 자연스럽게 사설거래소에서 했던 대로 거래했다. 작아도 확실한 변화를 포착해서 변동성에 베팅하는 것이 사설거래소 거래 방식이었다. 사설거래소와 정규거래소가 근본적으로 어떻게 다른지 가르쳐주거나 내 방식을 바로잡아주는 사람이 아무도 없었다. 사실 내 방식이 통하지 않는다는 지적을 받았다 해도 나는 정말로 그런지 시험해봤을 것이다. 돈을 잃어봐야 내가 틀렸다는 확신이 들기 때문이다. 반대로 내가 옳다는 증거는 수익뿐이었다. 이것이 바로 투기다.

시장이 활황을 맞아 분주하게 돌아가던 시절이었다. 이런 상황에서는 누구랄 것 없이 의욕이 왕성해진다. 나는 마치 집처럼 편안한 느낌을 받았다. 낯익은 주가 시세판이 보였고, 열다섯 살이 되기도 전에 배웠던 시장의 용어가 들렸다. 내가 첫 직장에서 했던 일을 하는 사환도 있었다. 주가 시세판을 쳐다보거나 주가 시세 표시기 옆에 서서 주가를 외쳐 부르고, 시장에 관해 떠들어대는 고객들도 예전과 다를 바 없었다. 거래소 장비도 예전에 봤던 것과 똑같았다. 처음 벌링턴 주식으로 3.12달러를 벌고 안도의 한숨을 내쉬었던 분위기 그때 그대로였다. 똑같은 주가 시세 표시기에, 똑같은 유형의 트레이더. 그러니 돌아가는 방식도 똑같았다. 당시에 나는 겨우 스물두 살이었지만 주식 거래에 관해서는 하나에서 열까지 모르는 게 없다고 자신했다. 안 될 이유가 없었다.

나는 주가 시세판을 보다가 전망이 좋아 보이는 종목을 발견했다. 주가 흐름이 괜찮아 보여서 84에 100주를 매수했다. 그러고는 30분도 채 지나지 않아 85에 매도했다. 그 후에 또 괜찮은 종목이 보여서 똑같이 거래했다. 그렇게 아주 짧은 시간에 0.75포인트 수익을 올렸다. 시작이 괜찮았다.

하지만 끝까지 잘 듣기 바란다! 이름 있는 정규거래소 고객으로 활동했던 첫날, 겨우 두 시간 만에 1,100주를 사고팔았다. 그날 거래 순수익은 정확하게 마이너스 1,100달러였다. 다시 말해 첫날 거래에서 투자 원금을 절반 가까이 날려 먹었다. 물론 수익이 난 거래도 몇몇 있었다. 하지만 그날 나는 1,100달러 손실로 장을 마감했다.

나한테 문제가 있다고 생각하지 않았기 때문에 걱정하지 않았다. 내 거래 방식도 그런대로 괜찮았고 코스모폴리탄 사설거래소였다면 본전치기에 성공하고도 수익까지 올리는 쾌거를 이루었을 것이다. 그런데 내가 믿고 따랐던 주가 시세 표시기가 예전 같지 않았다. 1,100달러 손실이 바로 그 증거였다. 기계가 고장 난 게 아니라면 마음 졸일 필요가 없었다. 이 얼마나 무지한 생각이란 말인가? 스물두 살이라는 나이를 감안하면 무지가 구조적 결함은 아니다.

며칠 후, 난 혼잣말을 중얼거렸다. '여기서는 이런 식으로 거래 못하겠어! 주가 시세 표시기가 전과 달리 도움이 안 돼!' 이렇게 생각하면서도 근본적인 원인을 찾아보지 않고 그냥 하던 대로 했다. 수익과 손실을 넘나들다가 결국 깡통을 찼다. 포기하지 않고 풀러턴에게 500달러를 빌려 일전에 그랬던 것처럼 세인트루이스로 향했다. 언제나 백발백중 수익을 올릴 수 있는 사설거래소에서 밑천을 마련한 것이다.

그 후로 한동안은 신중하게 거래해서 결과가 훨씬 좋았다. 뉴욕에 홀로 사는 앳된 청년의 주머니로 쉽게 번 돈이 술술 들어갔다. 그때 내 나이는 스물세 살도 채 되지 않았다. 좀 살만해지자 씀씀이도 커졌다. 친구도 사귀고 마음껏 놀았다. 게다가 청년은 뭔가 달라진 주가 시세 표시기도 파악했다고 자신했다.

나는 주문이 거래소 장내에서 실제로 체결되기까지 시간이 걸린다는 사실을 고려했고, 전보다 더 신중하게 움직였다. 그런데도 여전히 주가 시세표에 연연했다. 다시 말해 일반적인 원칙을 여전히 무시했다. 그래서는 내 거래 방식의 정확한 문제점을 찾아낼 수 없었다.

*

1901년 대호황 시대가 열리면서 나는 돈을 상당히 많이 벌었다. 젊은이가 번 것 치고는 큰돈이었다. 그 시기를 기억하는가? 유례를 찾아볼 수 없이 풍요로운 시절이었다. 과거 어떤 시대에도 비할 데 없는 산업계 합병과 자본의 통합이 이루어졌고, 대중은 주식에 열광했다. 월가는 호황기에 액면가 2,500만 달러, 총 2,500만 주의 증권이 거래됐다고 자랑하곤 했다. 모두가 돈을 버는 시대였다. 강철

업계 백만장자들이 몰려들어 만취한 선원들처럼 돈을 물 쓰듯 뿌렸다. 이들의 구미에 맞는 유일한 곳은 주식시장이었다. 몇몇 큰손들이 월가에 나타났다. 존 게이츠는 100만 달러를 걸어 명성을 얻었고, 존 드레이크(John Drake)와 로열 스미스(Loyal Smith)같은 게이츠의 친구들도 활약했다. 리즈-리드-무어(Leeds-Reid-Moore)[1] 패거리는 강철주 일부를 팔아 그 수익금으로 공개시장에서 록아일랜드 시스템(Rock Island System) 주식을 대거 사들였다. 슈와브(Charles M. Schwab)[2]와 프릭(Henry C. Frick)[3], 핍스(Henry Phipps Jr.)[4] 등 피츠버그(Pittsburgh) 패거리도 월가에 뛰어들었다. 이 밖에도 다른 때였다면 최고의 도박꾼이라 불릴 법한 인물들이 있었지만 주목받지는 못했다. 한 사람이 어떤 주식이든 사고팔 수 있었다. 주식 중개인 제임스 킨(James R. Keene)[5]은 시장을 조작해서 U.S.스틸 주가를 끌어올렸다. 몇 분 만에 10만 주를 매도한 주식 중개인도 있었다. 기가 막히게 놀라운 시

---

1 윌리엄 리즈, 대니얼 리드, 헨리 무어, 제임스 무어는 미국 양철산업의 '빅 4'로 불렸다. '양철왕'이란 별명을 가진 윌리엄 리즈는 1898년 나머지 세 명과 합심하여 아메리칸 틴플레이트(American Tin Plate Co.)를 설립했다.

2 찰스 슈와브(1862~1939): 미국의 철강산업을 선도했던 사람 중 하나다. 앤드류 카네기의 제철소에서 엔지니어로 일을 시작했다. 1897년 35세의 나이로 카네기 철강(Carnegie Steel Company) 사장으로 임명되었다. 이후 베들레헴철강으로 자리를 옮겨 베들레헴철강이 세계에서 두 번째로 큰 철강회사로 자리매김하도록 공헌했다.

3 헨리 프릭(1849~1919): 미국의 기업가이자 금융가, 자선 사업가. HC 프릭(HC Frick&Company)을 설립하여 카네기 철강에 코크스를 공급했고 회사가 합병되며 카네기 철강의 회장을 지내기도 했다. U.S.스틸 설립에도 중요한 역할을 했다. 세상을 떠날 때 그림과 가구 컬렉션을 기증하여 미술관 프릭 컬렉션(Frick Collection)을 만들었다.

4 헨리 핍스 주니어(1839~1930): 앤드류 카네기의 소꿉친구였던 핍스는 또한 비즈니스 파트너로서 카네기 철강의 주주였다. 1901년 카네기 철강이 J.P. 모건에게 매각되면서 그는 이 거래로 약 5000만 달러를 벌어들였다. 또 성공적인 부동산 투자자이기도 했다.

5 제임스 킨(1838~1913): '월가의 백여우'. 시장 조작의 대가였던 킨은 거래 시점을 자신이 정하고 심지어 시장까지 만들어 수익을 내는 것에 아주 능했다. 샌프란시스코광산거래소에서 다른 투기자들의 위탁매매를 처리하는 브로커로 일하면서 재산을 불려 월가에 입성했다. 혼자 행동하면서도 누구에게도 뒤지지 않은 능력을 발휘했던 수완가였다.

대였다! 몇몇 사람들은 엄청나게 큰돈을 벌었다. 게다가 주식을 팔 때 내는 증권거래세도 없었다! 심판의 날이 닥칠 것 같지도 않았다.

물론 얼마 후에는 여기저기서 재앙을 경고하는 소리가 들렸다. 시장에서 잔뼈가 굵은 인물들은 자기들 빼고 다들 정신이 나갔다고 외쳤다. 하지만 이렇게 외치는 사람들 빼고는 다들 돈을 벌었다. 하지만 상승세는 한계가 있고, 마구잡이 식의 매수 광풍도 끝나기 마련이다. 그래서 나는 하락세를 예측하고 공매도했다. 하지만 상승세가 꺾이지 않아 매도할 때마다 손실을 봤다. 빨리 그만두지 않았다면 손실이 엄청났을 것이다. 나는 주가 폭락을 예상했음에도 안전하게 거래했다. 매수해서 돈을 벌었다가 공매도해서 까먹는 식이었다. 그렇다 보니 어렸을 때부터 신물 나게 주식을 거래했던 사람치고는 호황기에 별로 돈을 벌지 못했다.

내가 공매도하지 않은 주식은 단 하나, 노던퍼시픽(Northern Pacific)의 주식뿐이었다. 나는 주가 시세표를 읽는 능력을 유용하게 사용했다. 대부분 주식은 매수해도 별 변동이 없었는데 노던퍼시픽 보통주 주가는 더욱 상승할 것 같았다. 다 알겠지만 당시에는 쿤 (Abraham Kuhn)[6]과 러브(Solomon Loeb)[7], 해리먼(Edward H. Harriman)[8]이 공모해서 노던퍼시픽 보통주와 우선주를 꾸준히 매집했다. 나는 거래소의 모든 사람이 말렸는데도 노던퍼시픽 보통주 1,000주를 매수

---

6   에이브러햄 쿤(1819~1892): 금융가. 미국 투자은행 중 하나인 쿤 러브사(社)를 설립했다.

7   솔로몬 러브(1828-1903): 금융가. 미국 투자은행 중 하나인 쿤 러브사(社)를 설립했다.

8   에드워드 해리먼(1848~1909): 어린 나이에 뉴욕증권거래소 중개인으로 시작하여 22세 거래소 회원이 됐다. 투자에 성공하며 철도산업으로 관심을 옮겼다. 1898년 미국 유니언퍼시픽 회장으로 취임한 이후 센트럴퍼시픽과 서던퍼시픽을 합병하며 미국 철도산업 발전에 공헌했다.

했다. 주가가 110달러 정도까지 오르자 30포인트 수익이 나서 재빨리 챙겨 넣었다. 덕분에 내 잔고가 거의 5만 달러로 불어났다. 몇 달 전만 해도 돈을 몽땅 날렸던 거래소에서 그 어느 때보다 많은 돈을 벌었으니 나쁘지 않은 결과였다.

그러던 차에 해리먼 진영은 모건과 힐에게 벌링턴과 그레이트노던(Great Northern), 노던퍼시픽을 먹어 치우려는 야욕을 드러냈다. 이에 모건 진영은 노던퍼시픽 경영권을 지키려고 처음에 주식 중개인 킨에게 노던퍼시픽 5만 주를 매수하라고 지시했다. 내가 들은 바로는 킨이 모건의 파트너 로버트 베이컨(Robert Bacon)에게 15만 주를 매수하라고 했고, 모건 진영 중개인들이 매수에 나섰다. 킨이 노던퍼시픽 진영에 보낸 중개인 에디 노턴(Eddie Norton)은 10만 주를 매수했다. 그 이후에 추가로 5만 주 매수가 이어졌던 것 같다. 이렇게 그 유명한 '노던퍼시픽 매집사건(Panic of 1901)'이 벌어졌다. 1901년 5월 8일, 장 마감 이후였다. 금융계 거물들 사이에 전쟁이 벌어졌다는 소식이 전 세계로 퍼져나갔다. 그토록 어마어마한 연합 자본이 대립한 사건은 미국 역사상 찾아볼 수가 없었다. 해리먼 대 모건, 파죽지세 대 요지부동의 대결이었다.

5월 9일 오전, 내게는 5만 달러에 가까운 현금이 있었고, 주식은 하나도 없었다. 앞서도 말했듯이 나는 며칠 전부터 하락세를 예상했고 마침내 기회를 포착했다. 무슨 일이 터질지 직감했다. 주가 급락으로 저가 매수가 이어지면서 주가가 재빠르게 반등해 저가 매수자가 큰 수익을 올릴 게 분명했다. 셜록 홈스가 아니더라도 능히 예측할 수 있는 사태였다. 큰돈을 확실하게 벌 수 있는 기회였다.

모든 일이 내 예상대로였다. 예상이 적중했다. 그런데 나는 가진 돈을 모두 잃었다! 예기치 못한 암초에 걸려 침몰했다. 예기치 못한 사건이 없다면 사람은 다 거기서 거기요, 인생도 따분하기 그지없다. 인생은 단순한 더하기 빼기에 그치고 그렇게 살다 보면 결국은 회계장부만 꾸역꾸역 기록하는 신세가 된다. 인간의 지능은 추측하면서 발달한다. 정확하게 추측하려면 머리를 써야 하니까.

시장은 예상대로 시끄럽게 들끓었다. 거래량이 엄청났고 변동성이 전례 없이 심해졌다. 나는 매도 주문을 엄청 많이 넣었다. 시작가가 끝 간 데 없이 폭락해서 기가 막힐 노릇이었다. 내 주문을 받아 성사시킨 중개인들은 아주 유능하고 성실했다. 하지만 그들이 내 주문을 성사시킬 무렵에는 주가가 20포인트 더 떨어졌다. 주가 시세표가 시장가를 반영하지 못했고, 거래량 증가로 주문 체결 내역서도 늦게 들어왔다. 결국은 내가 주가 시세표 가격으로 100에 매도 주문했던 주식이 시장가 80에 매도되는 사태가 벌어졌다. 전날 종가보다 가격이 30에서 40포인트까지 하락했다. 그러자 내가 저가 매수하려고 했던 가격에 공매도하는 꼴이 된 것 같았다. 시장 가격이 바닥을 뚫고 지구 반대편까지 하락할 것 같지는 않았다. 나는 즉시 공매도를 청산하려고 매수 주문을 넣었다.

내 주문을 받은 중개인들이 매수를 하기는 했다. 다만 내가 매수로 전환했던 시점의 가격이 아니라 중개인이 내 주문을 체결할 당시 증권거래소 가격에 매수했다. 내가 계산했던 금액보다 평균적으로 15포인트 높은 가격이었다. 단 하루 만에 35포인트 손실을 입고도 견뎌낼 수 있는 사람이 어디 있겠는가?

주가 시세 표시기가 시장가를 한발 늦게 반영하면서 나는 무너지고 말았다. 주가 시세 표시기는 최고의 친구였다. 나는 친구를 믿고 베팅했다. 그렇게 믿었던 친구가 나를 배신했다. 주문서에 기록된 가격과 시장가가 달라서 망했다. 예전에 똑같이 당해놓고도 같은 실수를 되풀이했다. 중개인의 주식 체결 능력과 상관없이 주가 시세표 판독 능력만 갖고는 충분하지 않은 게 분명했다. 그때는 왜 내 문제점을 보지도 못하고 고치지도 못했을까?

사실 그보다 더 끔찍한 실수를 저질렀다. 주문 체결에는 신경도 쓰지 않고 거래를 계속했다. 나는 한계를 정해놓고 거래하지 않는다. 기어코 시장에서 내 운을 시험해봐야 직성이 풀린다. 이것이 바로 내가 가격이 아니라 시장과 싸워서 승리하는 방법이다. 팔아야겠다 싶으면 팔고, 주가가 오를 것 같으면 산다. 이러한 투기 원칙을 고수한 덕분에 나는 살아남았다. 정해놓은 가격에 주식을 사고파는, 사설거래소에서만 통했던 낡은 거래 방법을 이름 있는 정규거래소에서 써먹으려고 애썼지만 별 성과를 거두지 못하고만 꼴이었다. 이 사실을 깨닫지 못했다면 주식 투기가 무엇인지도 모른 채 한정된 경험만 믿고 계속 베팅했을 것이다.

주가 시세 표시기가 시장가를 바로 반영하지 못해 생기는 불이익을 최소화하려고 정해놓은 가격에 거래를 시도했다. 하지만 그때마다 시장은 점점 더 멀어져 내 손에 잡히지 않았다. 그런 일이 너무 자주 생겨서 결국은 그 방법도 그만두었다. 짧은 시간 동안의 호가 변화를 예측하고 베팅하기보다는 시장이 크게 어떻게 움직이는지 예측해야 한다는 사실을 깨닫기까지 오랜 세월이 걸렸다.

5월 9일, 그날의 실패에도 나는 굴하지 않았다. 가다듬기는 했지만 여전히 결함 있는 거래 방식을 계속 고수했다. 돈을 한 푼도 벌지 못했다면 좀 더 일찍 정신을 차렸을지도 모른다. 손실금과 생활비를 모두 충당할 정도로 돈을 많이 벌지는 못했지만 풍족한 삶을 누릴 정도로는 벌었다. 친구들과 즐겁게 어울려 노는 것도 좋았다. 그해 여름에는 월가의 부유한 사람들처럼 저지코스트(Jersey Coast)에 살았다.

고집이 세서 거래 방식을 바꾸지 않은 것은 아니다. 단지 내 문제점을 정확하게 짚어내지 못했다. 문제가 뭔지도 모르는데 어떻게 해결할 수 있겠는가? 왜 이런 이야기를 계속하냐면 진짜로 돈을 벌기까지 내가 무슨 일을 겪었는지 알려주고 싶어서다. 낡은 엽총과 납탄으로는 큰 사냥감을 잡지 못한다. 고성능 연발 소총이 필요하다.

055

그해 가을 초입에 이르러 나는 또다시 빈털터리가 됐다. 게다가 계속 실패만 맛보는 주식 거래에도 신물이 나서 뉴욕을 떠나 다른 곳에서 다른 일을 하기로 했다. 주식 거래는 열네 살 때부터 한 일이었다. 열다섯 살 어린 나이에 처음으로 1,000달러를 벌었고 스물한 살이 되기 전에 처음으로 1만 달러를 손에 넣었다. 1만 달러를 벌었다 날려버린 적도 한두 번이 아니었다. 뉴욕에서는 수천 달러를 벌었다가 또 잃었다. 5만 달러를 벌어서 이틀 후에 날려 먹기도 했다. 다른 일은 해본 적이 없고 알지도 못했다. 그랬던 내가 몇 년 만에 다시 출발점으로 돌아오게 되었다. 상황은 옛날 그때보다 훨씬 더 나빴다. 사치스러운 생활에 익숙해져 있었기 때문이다. 호화로운 생활을 포기해야 하는 현실보다 내 예상이 계속 빗나간다는 것이 가장 괴로웠다.

4장

이 말이 무슨 뜻인지
안다면,
이미 배우기 시작한 것이다

REMINISCENCES OF A STOCK OPERATOR

그렇게 나는 집으로 돌아갔다. 하지만 집에 돌아간 순간, 나에게 주어진 미션은 단 하나뿐이라는 사실을 깨달았다. 판돈을 모아서 월가로 돌아가는 것, 그것이 내 인생 미션이었다. 월가는 이 나라에서 내가 활발하게 거래할 수 있는 유일한 곳이었다. 언젠가 내 게임이 제대로 풀릴 때 받쳐줄 곳이 필요했다. 자신이 옳았다 싶을 때는 그에 따라오는 모든 것을 손에 넣고 싶기 마련이다.

많은 희망을 품지는 않았지만 나는 어김없이 사설거래소로 돌아가려고 했다. 사설거래소는 몇 되지 않았고, 그중 몇 군데는 전혀 모르는 사람들이 운영했다. 나는 트레이더로 성장한 내 모습을 보여주고 싶었지만 날 아는 사람들은 그럴 기회조차 주지 않았다. 그래서 솔직하게 다 말했다. 내가 고향에서 얼마를 벌었든 뉴욕에서는 다 잃었다고. 내가 좀 안다고 생각했는데 그렇지 않았다고. 내 거래를 받아주면 득이 될 거라고 주절주절 늘어놓았다. 하지만 내가 뭐라 해도 꿈쩍도 하지 않았다. 게다가 새로운 거래소는 신뢰성이 떨어졌다. 자신의 예상이 적중할 것 같아서 매수하려는 고객의 매수 한도를 20주로 정했다.

어떻게든 돈을 벌 방법을 찾아야 했다. 대형 사설거래소는 단골 고객들의 돈을 무더기로 챙겨 넣고 있었다. 나는 친구를 사설거래소로 불러서 거래를 맡겨놓고는 어슬렁거리며 주변을 살펴봤다. 그러다가 주문 담당 직원을 구슬려서 50주라도 좋으니 소량 주문을 넣어보려고 했다. 하지만 직원은 단칼에 거절했다. 어쩔 수 없이 신호를 정해서 언제 어떤 주식을 사고팔지 친구에게 알려주기로 했다. 하지만 그렇게 해서 버는 돈은 얼마 되지 않았다. 그런데도 사설거래소는 내 친구의 주문을 탐탁지 않게 여겼다. 그러던 어느 날, 내 친구가 세인트폴(St. Paul) 100주를 팔려다가 거절당했다. 알고 보니 우리가 밖에서 이야기 나누는 모습을 목격하고 거래소에 알려준 고객이 있었다. 내 친구가 주문 담당 직원에게 세인트폴 100주 매도 주문을 했을 때 결국 일이 터졌다.

"손님의 세인트폴 매도 주문은 안 받습니다."

"아니, 조(Joe), 이유가 뭐죠?"

"안 되니까 그런 줄 알고 그냥 가시죠."

"이 정도 돈이면 충분하잖아요. 자, 봐요. 돈 있다고요."

내 친구가 10달러짜리 열 장을 내밀었다. 물론 내가 준 100달러였다. 친구는 화가 난 척하려고 애썼고, 나는 관심 없다는 듯 행동했다. 하지만 다른 고객들이 대거 몰려들었다. 거래소에서 직원과 고객이 조금이라도 다투거나 큰소리를 내면 항상 일어나는 일이었다. 사건의 옳고 그름을 따지고 거래소의 지불 능력을 알아낼 수 있는 기회였기 때문이다.

주문 담당 직원 조는 보조 매니저쯤 됐는데 창구에서 걸어 나와 내 친구와 나를 번갈아 쳐다봤다.

"참나, 웃기지도 않네요. 리빙스턴이 없을 때는 손 놓고 있는 거다 압니다. 그냥 가만히 앉아서 내내 주가 시세판만 쳐다보죠. 진짜로 눈 한 번 안 떼더군요. 그러다가 리빙스턴이 들어오면 갑자기 부산스럽게 움직이는 꼴이라니. 뭐, 누구한테 지시받은 적 없을지도 모르죠. 어쨌든 여기서는 더 이상 거래 못 합니다. 리빙스턴이 당신 뒤에서 수작 부리는 거 다 아니까 속일 생각 말아요."

그렇게 내 돈줄이 막혔다. 그나마 몇백 달러를 모았지만 뉴욕에 돌아갈 자금으로는 충분하지 않았다. 어떻게든 자금을 불리는 게 가장 시급한 문제였다. 다음에는 더 잘 할 수 있을 것 같았다. 어리석었던 내 거래 방법을 차분하게 되짚어보았다. 좀 멀리 떨어져서 보면 보이지 않던 게 보이는 법이다. 무엇보다 판돈을 모으는 시급한 문제부터 해결해야 했다.

어느 날 호텔 로비에서 아는 사람들과 이야기를 나누고 있었다. 다들 꾸준하게 거래하는 트레이더였고 화제는 주식시장이었다. 나는 나처럼 중개인들에게 거래 체결을 맡겼다가는 수익을 올릴 수 없다고 말했다. 특히 시장가로 거래해서는 더더욱 승산이 없다고 했다.

그러자 한 남자가 어떤 중개인들에게 거래 체결을 맡겼는지 물었다.

"이 나라 최고의 중개인들이었죠."

내가 이렇게 말했지만 남자는 구체적으로 누구였는지 캐물었다. 내가 일류 거래소에서 거래했다는 사실을 믿지 못해서 그러는 것 같았다.

"뉴욕증권거래소 회원사 소속 중개인들이요. 속임수를 쓰거나 덜렁대는 중개인들은 아니었어요. 하지만 시장가 매수 주문을 넣으면 주문 체결 내역을 받아봐야 실제로 얼마에 주식이 매수됐는지 알 수 있죠. 주문 시점과 체결 시점 사이에 시장가가 10에서 15포인트나 변하기도 하지만 그보다는 1, 2포인트 달라지는 경우가 많아요. 주문 시점과 체결 시점이 다르기 때문에 장외 트레이더는 소폭 상승이나 하락을 포착할 수 없죠. 대량 거래만 허락해준다면 이번 주에 아무 때나 사설거래소에 가서 거래하고 싶다니까요."

나는 이렇게 설명했다.

내게 말을 건 남자는 처음 보는 사람이었다. 이름은 로버츠 (Roberts)였고, 붙임성이 상당히 좋아 보였다. 남자는 나를 한쪽으로 끌고 가더니 다른 거래소에서도 거래해봤는지 물었다. 내가 그런 적 없다고 대답하자 남자는 면화거래소와 농산물거래소, 소규모 증권거래소에서 거래하는 증권사 몇 곳을 좀 안다고 했다. 특별히 주문 체결에 신경을 많이 쓰는 아주 신중한 회사들이라고 했다. 그뿐만 아니라 이 회사들은 개인적인 인맥을 통해 뉴욕증권거래소의 수완 좋은 대형 회원사들과 은밀한 관계를 맺고 있다고 했다. 거기다가 매달 수십만 주의 대량 거래를 약속한 덕분에 개인 투자자가 훨씬 나은 서비스를 받는다고 했다.

"소액 투자자에게 신경을 많이 쓰는 회사죠. 장외 트레이더 거래를 전문적으로 취급하고, 10주 주문을 받아도 1만 주 주문처럼 성실하게 체결해준다니까요. 아주 유능하고 정직하죠."

"하지만 일반 수수료 0.125를 지불해야 할 텐데 그럼 대체 어떻게 돈을 번답니까?"

"아, 수수료를 지불해야 하기는 하죠. 하지만 잘 아시면서 왜 그럽니까?"

남자가 윙크를 했다.

"네, 잘 알죠. 하지만 증권거래소 회원사는 절대 수수료를 나눠 먹으려 들지 않을 걸요. 합법적인 수수료보다 적게 받고 비회원과 거래하느니 차라리 회원이 살인, 방화, 중혼을 저지르게 내버려 둘 겁니다. 그 단 하나의 규칙을 지켜나가는 게 증권거래소의 생명 줄과 같으니까요."

남자는 내가 증권거래소 사람들과 이야기해봤다는 걸 알아차렸
는지 이렇게 말했다.

"제 말 좀 들어봐요. 가끔 건실한 증권거래소 회원사도 그 규칙
을 위반해서 1년간 영업 정지를 먹잖습니까? 누구도 끽소리 못하게
돈을 좀 찔러 넣어주는 방법이야 많고도 많죠."

남자는 못 믿겠다는 내 표정을 읽었는지 계속 말을 이어나갔다.

"전자통신 장비를 갖춘 대형증권사(wire house)는 0.125에다가
0.03125의 추가 수수료를 부과하잖아요. 그에 비하면 아주 조건이
좋죠. 특별한 경우나 장기간 거래가 없는 비활동성 계좌에만 추가
수수료를 부과하거든요. 그것도 하지 않으면 남는 게 없죠. 전적으
로 자기들 잇속만 채우려는 그런 회사가 아닙니다."

이쯤 되자 남자가 사기성 짙은 증권사를 소개해주려고 하는구나
싶었다.

"그중에서도 믿을 만한 회사를 알고 있나요?"

내가 물었다.

"미국에서 가장 큰 증권사를 알고 있어요. 저도 거래하는 회사
죠. 미국과 캐나다 전역의 78개 도시에 지점을 갖고 있어요. 사업
규모도 무척 크죠. 정직을 고수하지 않았다면 매년 그렇게 사업이
잘 될 리가 있겠습니까?"

"그렇겠죠. 뉴욕증권거래소에서 취급하는 주식과 똑같은 주식
을 거래하나요?"

"그럼요. 이 나라나 유럽의 장외시장과 다른 모든 거래소에서 취
급하는 주식을 거래할 수 있어요. 밀과 면화, 식료품이랑 그 밖에도
고객이 원하는 모든 상품을 거래하죠. 실명으로나 암암리에 모든

거래소에 회원으로 가입되어 있고, 사방에 통신원을 두고 있어요."

나는 남자의 속셈을 알아차렸지만 남자를 좀 더 부추겼다.

"그렇군요. 하지만 누군가가 주문을 체결해야 하는 건 마찬가지 아닙니까? 시장이 어떻게 될지, 주가 시세표 가격이 거래소의 실제 주문 체결 가격과 얼마나 비슷할지는 아무도 모르죠. 여기서 호가를 보고 주문을 넣어도 뉴욕에 전달되기까지 귀한 시간이 흐른단 말입니다. 차라리 뉴욕으로 돌아가 이름 있는 거래소에서 돈을 잃는게 나을지도 모르겠어요."

"돈을 잃다니요. 그런 건 저희 사전에 없습니다. 저희 고객들은 그런 습관 같은 거 없어요. 다들 돈을 벌죠. 저희가 다 알아서 해드리거든요."

"당신 고객이라고요?"

"아, 제가 그 회사에 관심이 좀 있어서요. 할 수 있으면 그 회사 방식대로 일을 처리하죠. 항상 공정하게 대우해주는 회사라서 거기서 돈을 많이 벌었어요. 관심 있으시면 그 회사 매니저를 소개해드릴게요."

"회사 이름이 뭔가요?"

*

남자가 말해준 회사는 들어본 적 있는 증권사였다. 그 증권사는 자기 회사에서 내부자 정보를 얻어 인기주를 거래한 고객들이 큰돈을 벌었다는 광고를 신문이란 신문에는 다 냈다. 그런 쪽으로 특화된 증권사였다. 사설거래소를 운영하지는 않았지만 그와 동일한 거래 방식을 고수하면서도 합법적인 거래를 하는 증권사로 감쪽같이 위장한 이런 부류의 회사 중에서도 아주 오래된 곳이었다.

이들 회사가 원조가 되어 우후죽순 쏟아져 나왔던 증권사들이 올해 대거 파산했다. 이들의 일반적인 원칙과 방식은 동일했다. 다만 고객들의 돈을 강탈하는 방식이 다소 달랐다. 오래된 수법이 너무 잘 알려지면서 세부 사항을 바꿔나갔기 때문이다.

이들은 특정 종목을 매수하거나 매도하기 좋다는 정보를 흘리곤 했다. 일부 고객에게 그 주식을 즉각 매수하는 게 좋다는 전보를 수백 통 보내놓고는 다른 고객들에게는 같은 주식을 매도하라고 권하는 전보 수백 통을 보냈다. 그러면 매수 주문과 매도 주문이 쏟아져 들어온다. 이때 이 주식 1,000주를 이름 있는 증권거래소 회원사를 통해 매수하고 매도한 다음, 주문 체결 내역을 받아놓았다. 혹시라도 고객들의 주문을 실제로 체결하지 않는다고 의심하는 사람이 있으면 그렇지 않다는 증거로 주문 체결 내역을 보여주려는 심산이었다.

이들은 또한 객장에서 자유롭게 끌어다 쓸 수 있는 자금을 모아두곤 했다. 자신들의 판단이 최고라고 자부하면서 명의를 빌려주는 데다 돈까지 다 맡기겠다는 서면 위임장을 고객들한테서 받아냈다. 이러면 제아무리 성질 사나운 고객이라도 돈을 잃었다고 항의해봤자 법적인 보상을 받지 못했다. 게다가 이들은 주문을 실제로 체결하지 않고 주가를 부풀려서 고객들을 끌어들인 다음, 사설거래소와 마찬가지로 고의로 주가를 떨어뜨려 고객들의 증거금을 가로챘다. 여성, 학교 교사, 노인 할 것 없이 아무도 봐주지 않았고 최고의 먹잇감으로 삼았다.

"주식 중개라는 소리는 이제 듣기만 해도 속이 쓰려요."

나는 눈앞의 성가신 호객꾼에게 말했다.

"생각 좀 해봐야겠어요."

나는 호객꾼이 더 이상 떠들어대지 못하게 바로 자리를 떴다. 그러고는 호객꾼이 말했던 증권사를 조사해봤다. 고객 수는 수백 명에 달했고, 그렇고 그런 소문은 좀 있었지만 수익을 올린 고객에게 돈을 주지 않은 적은 없었다. 하지만 돈을 벌었다는 사람도 찾기 어려웠다. 증권사의 전략이 잘 먹혀 들어가는 모양이었다. 그렇다면 상황이 자신들에게 불리하게 흘러가도 딴소리를 할 것 같지 않았다. 물론 이런 부류의 증권사는 대부분 파산한다. 은행 한 곳이 파산하면 다른 은행들도 예금 인출 사태에 직면하는 것처럼 이런 증권사도 연이어 파산하는 사태가 벌어진다. 한 증권사의 파산 소식에 다른 증권사 고객들도 겁에 질려 돈을 빼내기 때문이다. 이런 위험성에도 은퇴하고 사설거래소를 운영하는 사람들이 많았다.

특정주 매수를 권하는 전보를 하루에 600통 보내놓고, 그와 동시에 동일 주식 매도를 강력하게 재촉하는 전보 600통을 또 다른 고객들에게 보내는 광경을 목격했다는 사람도 있었다.

"아, 그 수법 알아요."

내가 그 사람에게 말했다.

"근데 말이죠. 다음 날 똑같은 고객들에게 어제 매매를 권했던 주식을 모두 청산하고 다른 주식을 매수하거나 매도하라는 전보를 보내는 거예요. 전 이상하다 싶어서 상급 직원에게 물었죠. '왜 그렇게 하는 거죠? 어제는 왜 그랬는지 알겠어요. 일부 고객들은 한동안 돈을 번 셈이 되니까요. 물론 결국에는 매수자나 매도자 모두 손해를 보겠지만요. 하지만 오늘 이런 전보를 보내면 다 끝장나는 거잖아요. 무슨 숨은 의도가 있는 건가요?'라고요. 그러자 이렇게 대답하더군요. '고객은 언제 어떻게 어디서 어떤 주식을 사든 결국은 돈을 잃게 마련이죠. 고객이 돈을 잃으면 우리도 고객을 잃는 거예요. 그러니까 최대한 고객의 돈을 많이 뜯어내고 새로운 고객을 찾아야 하는거죠.'"

솔직히 말해서 그 회사의 기업윤리가 어떻든 그건 내 관심 밖이었다. 텔러의 사설거래소에서 당한 일로 화가 나서 당한 만큼 갚아준 적이 있기는 했다. 하지만 그 회사에는 별다른 감정이 없었다. 사기꾼일 수도 있지만 소문만큼 속이 시커먼 회사가 아닐 수도 있었다. 나는 그 회사 측에 매매를 위임하지 않았고, 그들의 정보나 거짓말을 믿고 거래하지도 않았다. 내 유일한 목표는 판돈을 모아서 뉴욕으로 돌아가는 것이었다. 뉴욕에서는 사설거래소에서처럼 경찰의 급습을 두려워할 필요가 없다. 혹은 우체국에서 자금을 묶는 바람에 1년 반이나 지나서 1달러당 8센트를 받아도 다행인 꼴이 될 일도 없다.

어쨌든 나는 합법적인 증권사에 비해 어떤 이점을 얻을 수 있는지 알아볼 요량으로 그 회사에서 거래하기로 마음먹었다. 증거금으로 걸 돈이 많지 않았지만 사설거래소처럼 사기성 짙은 회사들은 보통 증거금에 훨씬 너그러운 편이라 몇 달러만 있어도 훨씬 많은 주식을 거래할 수 있었다.

나는 그 증권사에 가서 매니저를 직접 만나봤다. 매니저는 나와 이야기를 나누다가 내가 오랫동안 주식 거래를 했고, 뉴욕의 증권거래소 회원사에 정식 계좌를 개설했다가 전 재산을 다 날렸다는 사실을 알았다. 그래서인지 투자금을 맡겨주면 단박에 100만 달러로 불려주겠다는 약속은 하지 않았다. 매니저는 내가 주가 시세표만 보고 거래하다가 항상 잃기만 하는 '주가 시세표 사냥개' 부류, 즉 영원한 호구라고 생각한 모양이었다. 이런 부류는 사설거래소와 비슷한 증권사든 수수료에 만족하는 증권사든 상관없이 모든 증권사의 꾸준한 수입원이었다.

나는 매니저에게 주문 체결을 잘해주는 회사를 찾고 있다고 했다. 항상 시장가에 거래하기 때문에 체결 가격이 주가 시세표 가격과 0.5포인트나 1포인트 차이가 나는 체결 내역서는 받아보기 싫다고 했다.

그러자 매니저는 자기 명예를 걸고서 내가 원하는 대로 다 해주겠다고 했다. 최고의 중개 실력을 보여주겠다면서 나를 붙잡으려고 했다. 최고의 인재를 보유한 회사는 맞았다. 실제로도 주문 체결로 유명한 회사였다. 주가 시세표 가격과 체결 가격에서 차이가 나더라도 언제나 고객에게 유리했다. 물론 항상 그렇게 된다고 보장해주지는 않았다. 중개인들이 뛰어나서 내가 계좌를 개설하면 전신으로 받은 가격에 주식을 매매할 수 있다고 자신 있게 말했다.

그렇다면 사설거래소에서처럼 거래할 수 있다는 소리였다. 바로 다음에 나오는 호가에 거래할 수 있다는 뜻이었다. 나는 당장 거래하고 싶어 안달 난 속마음을 들키기 싫어서 고개를 가로젓고는 오늘 말고 나중에 다시 연락하겠다고 했다. 매니저는 돈을 벌기 좋은 시기라면서 당장 시작하라고 재촉했다. 증권사가 돈을 벌기 좋은 시기였다. 주가가 소폭으로 등락을 거듭하고 있어서 고객들의 매수를 유도했다가 주가를 급락시켜서 고객들의 주머니를 털어가기 좋았다. 나는 어렵사리 매니저를 떨쳐내고 나왔다.

내 이름과 주소를 남겨두고 나왔더니 바로 그날부터 선불 전보와 편지가 날아들었다. 내부 자금 투자로 50포인트 상승 조짐이 있다면서 무슨무슨 주식을 매수하라는 내용이었다.

나는 바쁘게 돌아다니면서 그와 비슷한 부류의 다른 증권사들을 조사했다. 내가 번 돈을 확실히 받아낼 수만 있다면 사설거래소와 비슷한 그곳에서 거래하는 것이 큰돈을 만질 수 있는 유일한 길이었다.

알아볼 건 다 알아보고 나서 그런 부류의 증권사 세 곳에서 계좌를 개설했다. 작은 사무실도 하나 얻어서 증권사와 직통으로 연결되는 전화를 설치했다.

처음에는 시선을 끌지 않게 소규모로 거래했다. 하지만 내가 돈을 벌자 머지않아 직통 전화를 이용하는 고객과 진짜 거래다운 거래를 하고 싶다는 증권사의 연락을 받았다. 증권사는 내가 거래를 많이 할수록 돈을 잃을 확률이 높고 내가 빨리 전 재산을 탕진해서 자기들 배를 채워줄 거라고 생각하는 모양이었다. 그렇게 생각할 만도 했다. 그런 증권사를 찾는 사람들은 으레 일반인들이었고, 일반 고객들은 재정적으로 오래 버티지 못했으니까. 파산한 고객들은 더 이상 거래를 할 수 없다. 하지만 자산이 반토막 난 고객들은 우는 소리에다 넌지시 비꼬는 소리를 하고, 회사에 피해가 가는 이런저런 문제를 일으킬 수 있었다.

나는 뉴욕증권거래소 회원사와 직통 전화로 연결된 지방 증권사와도 연락망을 구축했다. 그러고는 주가 시세 표시기를 들여놓고 조심스럽게 거래하기 시작했다. 앞서도 말했지만 속도만 조금 느릴 뿐, 사설거래소에서 거래하는 방식과 무척 비슷했다.

내가 이길 수 있는 게임이었고 실제로도 내가 이겼다. 백발백중으로 항상 돈을 벌지는 못했지만 한참을 매주 수익을 냈다. 나는 또

다시 상당히 여유로운 생활을 만끽했지만 월가로 돌아갈 판돈을 불리려고 일부는 저축을 했다. 사설거래소와 비슷한 다른 중개소 두 곳과도 직통 전화를 개설해서 직통 전화는 다섯 개로 늘어났다.

주가가 내 예상을 벗어나기도 했다. 하지만 그것은 주가가 선례와 반대로 움직인 탓이었다. 어찌 됐든 그런 경우에도 나는 그다지 큰 타격을 입지 않았다. 증거금이 워낙 적어서 타격을 입을 것도 없었다. 중개인들과는 그럭저럭 친밀한 관계를 유지했다. 그들이 제시하는 계좌 내역과 체결 내역이 내 것과 다를 때도 있었는데 그때마다 그 결과는 항상 내게 불리했다. 기묘한 우연의 일치라고 여길수도 있겠지만 절대 아니었다. 나는 내 몫을 되찾기 위해 싸웠고, 보통은 내 뜻을 이뤘다. 그런데 알고 보니 증권사 측은 내게 빼앗긴 돈을 되찾아가겠다는 희망을 품고 있었다. 아마도 내 수익금은 자기들이 임시로 빌려준 돈이라고 생각하는 모양이었다.

이런 식으로 공명정대하지 못한 이들은 수수료에 만족하지 못하고 어떻게 해서든지 돈을 벌 궁리만 했다. 호구들은 어차피 진정한 주식 투기를 하지 않고 항상 도박으로 돈을 잃는다. 그런 도박꾼들을 등쳐먹는 사업이니까 불법 사업이기는 해도 정의롭다고 생각했을지도 모르겠다. 하지만 실제로는 그렇지 않았다. "고객의 돈을 한 푼 한 푼 깎아 먹어야 부자가 된다."는 오래된 속담을 그들은 들어보지도 못했는지 불법적 행각을 멈추지 않았다.

그들이 오래된 수법으로 날 속여 먹으려고 든 적도 수차례였다. 내 눈을 피해서 몇 번은 성공했다. 내가 평소보다 많이 거래하지 않을 때는 어김없이 그랬다. 내가 공정하지 못하다, 최악이라고 비난을 퍼부어대도 그런 적이 없다고 부인했다. 결국 나는 평소대로 거래하는 수밖에 없었다. 다만 사기꾼은 상대가 자기와 거래를 끊지 않는 한 속임수를 써도 봐준다는 좋은 점이 있었다. 기꺼이 많은 것을 양보해주려고 한다. 참 너그럽기도 하시지!

꾸준히 늘어났던 내 판돈이 사기꾼들의 수작에 줄어들자 나는 손을 좀 봐주기로 마음먹었다. 투기주로 인기를 끌었지만 지금은 거래량이 별로 없는 주식 몇 개가 눈에 들어왔다. 주가가 바닥으로 떨어진 주식들이었다. 거래량이 거의 없었던 주식은 갖고 놀다가 의심을 받을 수 있어서 제외했다. 나는 거래하던 다섯 개 증권사에 눈여겨봐둔 주식의 매수 주문을 넣었다. 그들이 주문을 받고 주가 시세 표시기에 다음 호가가 찍혀 나오길 기다리는 동안 나는 증권거래소 회원사를 통해 동일 주식 100주를 시장가에 공매도했다. 급하니까 빨리 팔아달라고 부탁했다. 매도 주문을 받은 증권거래소에서 무슨 일이 일어날지 상상이 가지 않는가! 사외 회원사에서 거래량이 별로 없는 비인기주를 급하게 매도하려고 한다? 결국은 주가가 떨어져 싼값에 주식을 매수하는 사람이 나온다. 주가 시세표에는 하락한 가격이 찍히고, 내 매수 주문도 그 가격에 체결된다. 그렇게 나는 총 400주를 헐값에 매수했다. 증권사에서 무슨 소문을 들었냐고 물어서 나는 좋은 정보를 얻었다고 말했다. 장 마감 직전에는 공매도 주문을 넣었던 증권거래소 회원사에 동일 주식 100주를 지체 없이 환매해달라는 주문을 넣었다. 무슨 일이 있어도 공매도하기 싫다고 얼마든 상관없이 무조건 환매하라고 했다. 뉴욕에 100주 환매 주문이 들어가자 주가가 빠르게 급등했다. 물론 그 전에 이미

500주 매도 주문을 넣어두었다. 일이 만족스럽게 풀렸다.

그런데도 달라지는 게 없자 그 수법을 몇 차례 더 써먹었다. 하지만 당한 만큼 다 갚아줄 수는 없어서 100주당 1, 2포인트 정도만 수익을 올렸다. 그래도 월가행 자금을 불리는 데는 도움이 됐다. 가끔 수법을 바꿔서 몇몇 주식을 적당히 공매도했다. 한 번에 600에서 800달러 정도 수익을 올린 것에 만족했다.

어느 날은 내 수법이 기가 막히게 먹혀 들어서 10포인트 넘는 수익을 올렸는데 예상치 못한 횡재였다. 나는 보통 100주 주문을 넣는데 네 곳을 제외한 증권사 한 곳에 200주 주문을 넣었다. 그러자 해도 너무 한다 싶었는지 증권사 측에서 미친 듯이 화를 내면서 전화로 항의를 쏟아냈다. 그래서 증권사 매니저를 만나러 갔다. 만나보니 처음에 계좌를 개설하라고 끈질기게 날 설득했고, 날 속이려다 들켰지만 그때마다 내가 너그럽게 봐줬던 사람이었다. 남자는 자기 입장은 생각 못하고 큰소리를 땅땅 쳤다.

"그 주식 주가는 조작된 겁니다. 맥한테는 한 푼도 줄 수 없어요!"

"내 매수 주문을 받았을 때는 그렇지 않았죠. 당신이 날 끌어들여 놓고 이제는 내쫓으려고 하는군요. 설마 공정해야 한다느니 하는 소리로 이 상황을 모면할 수는 없을 텐데요."

"아니, 할 수 있어요. 누군가가 수작을 부렸다는 걸 증명할 수 있다고요."

매니저가 소리쳤다.

"그게 누군데요?"

내가 물었다.

"누군가가 했겠죠!"

"누가 누굴 속였다는 거죠?"

"당연히 댁 친구들이 일을 벌였겠죠."

"내가 혼자 거래한다는 거 잘 알 텐데요. 이 동네 사람들은 다 아는 사실이죠. 알다시피 주식 거래를 시작한 이후로 쭉 혼자 했고요. 댁한테 친절하게 충고 하나 해주고 싶군요. 당장 내 돈 내놓는 게 좋을 겁니다. 무례하게 굴고 싶지 않으니까 당장 내 말대로 해요."

"돈 못 주니까 그렇게 아시죠. 이건 다 조작된 겁니다."

나는 더 이상 말도 섞기 싫어서 이렇게 말했다.

"당장 내 돈 내놔요."

매니저는 더 시끄럽게 소리치면서 염치도 모르는 사기꾼이라고 날 비난했다. 하지만 결국에는 현금을 꺼내놓았다. 다른 증권사에서는 그렇게 시끄럽게 굴지 않았다. 어느 증권사 매니저는 거래량이 적은 주식을 이용하는 내 수법을 분석했다. 내가 주문을 했을 때 실제로 주문을 체결해 주식을 매수했고, 자신도 장외 거래로 그 주식을 몇 주 사서 돈을 벌었다. 그런 자들은 고객들에게 사기죄로 고소당해도 신경 쓰지 않았다. 보통은 그에 대한 법적 대응 절차를 다 마련해놓았기 때문이다. 다만 내가 증권사 기물을 압류할까봐 두려워했다. 증권사 자금은 보호책이 마련되어 있어서 압류할 수 없지만 말이다. 교활한 수를 쓴다는 소문은 별거 아니었지만 수익금을 지불하지 않는다는 소문은 회사에 치명적이었다. 고객이 증권사에서 돈을 잃는 일이야 비일비재했다. 하지만 수익을 낸 고객에게 돈을 주지 않는 것은 투기꾼 법령집에 규정된 최악의 범죄였다.

나는 모든 증권사에서 돈을 받아냈다. 하지만 10포인트 상승 사건으로 사기꾼을 속여먹는 유희는 끝이 났다. 사기성 증권사들은 불쌍한 고객들 수백 명에게 사기 쳤던 수법에 자기들이 당하는 꼴을 면하려고 경계를 늦추지 않았다. 결국 나는 본래 하던 방식으로 거래를 했다. 하지만 내 방식이 항상 시장 상황에 적합한 것은 아니었다. 거래량에 제한을 받아서 큰돈을 벌 수가 없었다.

*

나는 1년 넘게 거래하면서 돈을 벌 수 있는 모든 방법을 다 강구했다. 그동안 자동차를 사고 그 밖에 필요한 것들을 아낌없이 사면서 안락한 생활을 즐겼다. 판돈도 모아야 했지만 생활비도 써야 했다. 시장에서 내 예상이 적중해서 돈을 벌었더라도 다 쓸 수는 없어서 항상 조금씩 저축했다. 내 예상이 빗나가서 돈을 벌지 못하면 쓸 돈이 없었다. 이렇게 상당액을 저축했다. 다섯 개 증권사에서도 그다지 많은 돈을 벌 수 없어서 마침내 뉴욕으로 가기로 했다.

트레이더 친구에게 함께 뉴욕에 가자고 했더니 친구가 좋다고 해서 내 차에 태워 출발했다. 가는 길에 저녁을 먹으려고 뉴헤이븐 (New Haven)에 들렀다. 그곳 호텔에서 오랜 지인을 만났다가 통신시설을 갖춘 사설거래소가 시내에서 성황리에 영업 중이라는 소식을 전해 들었다.

우리는 뉴욕으로 가려고 호텔을 나섰지만 지나가면서 겉모습이라도 구경하려고 사설거래소가 있는 거리로 향했다. 하지만 막상 사설거래소를 보자 들어가 보고 싶은 유혹을 뿌리칠 수가 없었다. 내부는 그다지 호화롭지 않았다. 낡은 칠판이 있었고, 고객들이 거래를 하고 있었다.

매니저는 무슨 배우나 거리 연설가 같았다. 어찌나 인상적인 남자인지 좋은 아침이라고 인사했는데 그 인사말이 현미경으로 10년 동안 연구해서 아침이 얼마나 좋은지 발견하고, 하늘과 태양, 회사 자금과 함께 좋은 아침을 선사하는 것처럼 들렸다. 매니저는 날렵한 자동차를 타고 온 젊고 경박한 우리 두 사람을 보고는 예일대 학생이라고 생각한 모양이었다. 내 어디가 스무 살로 보였을까 싶었지만 매니저의 착각을 바로잡아주지는 않았다. 사실 매니저는 그럴 틈도 주지 않고 일장연설을 늘어놓았다.

"만나서 반갑습니다. 편하게 앉아서 이야기할까요? 오늘 아침 시장이 돈을 막 뿌리고 있답니다. 총명한 대학생들치고 용돈을 넉넉하게 받는 경우는 없죠. 그런 학생들 용돈을 벌어주려고 지금 시장이 난리가 났답니다. 지금 여기서 조금만 투자해도 수천 달러를 벌 수 있어요. 주가 시세 표시기가 아주 후하게 베풀고 있거든요. 주식시장이 누구보다 많은 용돈을 쥐어 주려고 안달이 났어요."

사설거래소의 사람 좋은 매니저가 간절하게 애원하는데 매정하게 뿌리치고 가는 건 좀 아니다 싶었다. 나는 주식시장에서 큰돈을 번 사람이 많다고 들었다면서 한 번 해보겠다고 했다. 처음에는 조심스럽게 거래를 시작했지만 수익이 나면서 거래량을 늘렸다. 내 친구도 내가 하는 대로 거래했다.

우리는 뉴헤이븐에서 하룻밤을 자고 나서 다음 날 오전 10시 정각이 되기 5분 전에 전날 환대받았던 사설거래소에 도착했다. 말발 좋은 매니저는 우리를 반갑게 맞이했다. 오늘은 자기한테 운이 있을 거라고 생각하는 모양이었다. 하지만 내가 1,500달러에 가까운 돈을 쓸어 담았다. 다음 날 아침 또 찾아가 설탕주 500주 매도 주문을 했다. 매니저는 잠시 머뭇거리다가 주문을 받았다. 그렇게 말발 좋던 사람이 말 한마디 없이 말이다! 그 주식은 주가가 1포인트 넘게 하락했고, 나는 거래 청산 전표를 웅변가 직원에게 건넸다. 내게 들어올 수익금은 정확하게 500달러였고, 거기에다 500달러 증거금까지 있었다. 매니저는 금고에서 20달러짜리 지폐 50장을 꺼내 아주 느릿느릿 세 번이나 헤아렸다. 그리고 나서도 내 앞에서 한 번 더 확인했다. 손가락에서 끈끈한 점액이라도 나오는지 지폐가 달라붙어 떨어지지 않는 것 같았다. 하지만 매니저는 결국 내게 돈을 건네주고는 팔짱을 꼈다. 그 자세로 아랫입술은 꽉 깨문 채 내 뒤쪽의 창문 꼭대기만 쳐다봤다.

나는 철강주 200주도 매도하고 싶다고 했다. 하지만 매니저는 아무런 반응이 없었다. 내 말을 듣지도 않았다. 나는 300주로 바꿔서 다시 매도 주문을 했다. 그러자 매니저가 고개를 돌렸다. 이번에는 또 무슨 말을 할까 기다렸는데 매니저는 나를 쳐다보기만 했다. 그러다 입술을 적시더니 침을 꿀꺽 삼켰다. 그 모양새가 마치 이루 말할 수 없이 부패한 반대당 정치 사기꾼들의 50년 악행을 비판하려는 것 같았다.

마침내 매니저가 내 손에 든 노란 지폐 다발을 향해 손을 휘저었다.

"그 나부랭이 갖고 꺼져!"

"나부랭이라뇨?"

나는 무슨 말인지 잘 이해하지 못하고 물었다.

"학생, 어디로 가는 길이지?"

매니저가 큰소리로 물었다.

"뉴욕이요."

"그거 잘됐군."

매니저는 스무 번쯤 고개를 끄덕이고 말했다.

"아주 좋아. 너희 둘, 당장 여기서 떠나. 내가 두 가지 사실을 알아냈거든. 두 가지나 말이야! 너희들이 누구인 척하는지, 진짜 누구인지 알아냈다고! 그래, 그거야!"

"그러신가요?"

내가 아주 예의 바르게 물었다.

"그래, 너희 둘은……."

매니저가 잠시 말을 멈췄다. 곧이어 의회에서 연설하는 양 점잔 떨던 태도를 집어치우고 사납게 외쳤다.

"너희 둘은 미국 최악의 사기꾼이야. 학생이라고? 하! 신입생 다 죽었네! 하!"

우리는 혼자 떠드는 매니저를 남겨두고 떠났다. 매니저는 돈을 얼마나 잃었는지 따위에는 신경 쓰지 않는 것 같았다. 전문 도박꾼 다웠다. 그들은 돈을 잃든 따든 다 게임일 뿐이고, 운은 돌고 돈다고 생각하니까. 매니저는 우리한테 속아서 자존심이 상했을 뿐이었다.

그렇게 나는 세 번째로 월가에 발을 디뎠다. 과거에 A.R. 풀러턴에서 실패했을 때는 내 거래 방식이 뭐가 잘못됐는지 알아내려고 애썼다. 스무 살에는 처음으로 1만 달러를 벌었다가 다 잃었다. 왜 그렇게 됐는지는 알고 있었다. 항상 때가 아닌데도 거래를 했기 때문이다. 분석 결과와 경험으로 미루어보아 내 거래 방식대로 할 수 없을 때도 시장에 뛰어들어 도박을 했다. 내가 지금껏 해온 걸로 봐서 이길 거라고 예측하기보다는 실제로 이기고 싶었다. 스물두 살쯤

됐을 때는 5만 달러까지 벌었다가 5월 9일에 다 날렸다. 어쩌다가 그렇게 됐는지 정확하게 파악했다. 주가 시세표가 시장가를 반영하지 못했고, 그날 시장의 변동성이 전례 없이 높았기 때문이었다. 하지만 세인트루이스에서 돌아온 이후나 5월 9일에 된통 당하고 나서 또 돈을 잃었던 이유는 알아내지 못했다. 내 거래 방식에서 몇몇 허점을 고칠 방법을 알아내기는 했지만 이론일 뿐이어서 실전에서 적용해봐야 했다.

　전 재산을 잃어봐야 해서는 안 되는 일이 무엇인지 깨닫는다. 무엇을 하지 말아야 돈을 잃지 않는지 알고 있는가? 그렇다면 무엇을 해야 돈을 버는지 배우기 시작한 것이다. 무슨 말인지 알겠는가? 당신은 이미 배우기 시작했다!

Reminiscences of a Stock Operator

5장

알다시피
강세장이지 않은가!

'주가 시세표 사냥개', 혹은 '테이프벌레'라는 부류는 지나치게 전문적이라서 오류를 범한다. 하나만 전문적으로 파고들다가 융통성이 부족해지기 때문이다. 투기의 세계가 엄격하게 정해진 법칙을 따라 움직인다고 해도 수학적 계산이나 규칙이 전부가 될 수는 없다. 나도 연산만 해서 주가 시세표를 읽어내는 게 아니라 주가 움직임의 양상을 살펴본다. 그 양상은 주가가 그동안 관찰했던 선례대로 움직이는지 아닌지를 판단할 수 있는 근거다. 그래서 제대로 된 양상이 보이지 않는 주식은 건드리지 않는다. 뭐가 어긋났는지 정확하게 진단할 수 없다면 앞으로 어떻게 될지도 예상할 수 없기 때문이다. 진단을 못하면 예상도 못하고, 예상을 못하면 수익도 내지 못한다.

주가 움직임을 살펴보고 과거의 성과를 연구하는 기법은 그 역사가 아주 오래됐다. 내가 뉴욕에 처음 도착했을 때 어느 증권사 객장에서 차트에 관해 열변을 토하는 프랑스인이 있었다. 처음에는 증권사가 너그러워서 저런 괴짜를 내쫓지 않는 거라고 생각했다. 그런데 알고 보니 괴짜는 설득력과 말솜씨가 뛰어났다. 괴짜 프랑스인은 거짓을 말하지 않는 유일한 학문이 수학이라고 했다. 수학은 거짓을 말하려야 할 수가 없기 때문이다. 괴짜는 그래프로 주식시장의 움직임을 예측할 수 있었다. 게다가 그래프를 분석해서 킨이 어떻게 그 유명한 애치슨(Atchison) 선호주 강세 조작에 성공했는지, 그 이후에 서던퍼시픽(Southern Pacific) 주가 조작에는 왜 실패했는지를 설명했다. 몇몇 전문 트레이더들이 괴짜 프랑스인의 분석기법을 여러 차례 시험해보았지만 결국에는 비과학적인 예전의 거래방식으로 회귀했다. 기존의 한방 작전이 공이 덜 들기 때문이었다.

괴짜 프랑스인은 킨 또한 차트의 정확성을 100퍼센트 인정했지만 거래가 활발한 시장에 적용하기에는 차트 분석 속도가 너무 느리다고 말했다면서 주변을 설득했다.

일일 주가 동향 차트를 보유한 증권사도 있었다. 각각의 주가가 몇 달 동안 어떻게 움직였는지 보여주는 차트였다. 개별 종목 차트와 전체 시장 차트를 비교해보고 특정 규칙들을 염두에 두면 특정 주식의 매수를 권하는 근거 없는 정보를 접했을 때 그 주식이 오를지 판단할 수 있다. 차트를 일종의 보조 정보원으로 이용하는 것이다. 오늘날에는 거래차트를 보유한 증권사들이 상당히 많다. 통계 전문가들이 주식 차트뿐만 아니라 상품 차트를 미리 작성해둔다. 차트를 읽을 수 있거나 차트 분석 내용을 자기 것으로 만들 수 있는 사람에게는 차트가 도움이 된다. 하지만 평범한 차트 분석가는 고점과 저점, 장기 변동, 중기 변동이 주식 투기의 전부라는 생각에 빠지기 쉽다. 도가 넘는 자신감에 취해 거래하다 보면 파산하고 만다. 한때 유명한 증권거래소 회원사의 파트너이자 뛰어난 수학자였던 남자가 있었다. 명문 기술학교 졸업생인 남자는 주식시장, 채권시장, 곡물시장, 면화시장, 금융시장 등 많은 시장에서 가격 변동을 아주 세세하게 연구해 차트를 만들었다. 수년 전의 가격 움직임까지 거슬러 올라가 상관관계와 시기별 동향까지 분석했다. 남자는 그렇게 작성한 차트를 이용해 수년 동안 주식 거래를 했다. 주식을 일정 기간 꾸준히 매수해서 평균 매수 단가를 낮추는 극히 지능적인 방법을 주로 애용했다. 수익도 자주 올렸다고 들었다. 그러다 세계대전이 터지면서 모든 선례가 소용없어졌다. 결국 그 남자와 남자의 추종자들은 수백만 달러를 잃고 손을 뗐다. 하지만 세계에 전쟁이 일어나도 강세 여건이 형성되면 강세장이, 약세 여건이 조성되면 약세장이 찾아온다. 따라서 시장 여건을 분석해야 돈을 벌 수 있다.

갑자기 왜 이런 이야기가 나왔나 싶겠지만 내가 월가에 처음 들어온 뒤 보낸 몇 해가 생각나서 하지 않을 수가 없었다. 그때는 몰랐던 사실을 지금은 알고 있다. 무지해서 저질렀던 실수가 어찌나 많았는지 투자자들은 아직도 그와 같은 실수를 매년 저지른다.

증권거래소 회원사에서 성공을 거두겠다는 포부를 안고 세 번째로 뉴욕에 돌아온 후, 나는 매우 활발하게 거래했다. 사설거래소에서 했던 만큼 잘할 거라고 기대하지는 않았지만 얼마 후에는 거래 규모가 커져서 훨씬 나아질 거라고 생각했다. 그런데 지금은 훤히 보이지만 그때는 몰랐던 중대한 문제점이 있었다. 주식 도박과 주식 투기의 차이를 몰랐다는 거였다. 그럼에도 7년간의 주가 시세표 판독 경험과 타고난 거래 감각 덕분에 한밑천 잡지는 못해도 높은 수익을 올렸다. 예전처럼 돈을 따기도 잃기도 했지만 평균적으로는 수익이 났다. 하지만 사람들 대부분이 그러하듯 돈을 많이 벌수록 씀씀이도 늘어났다. 돈을 쉽게 번 사람뿐만 아니라 절약 정신이 여간 투철하지 않으면 모든 사람은 그렇게 된다. 물론 러셀 세이지(Russell Sage)[1] 같은 몇몇 사람들은 돈을 버는 재능과 돈을 모으는 재능이 모두 뛰어나서 정나미 떨어지게도 돈 많은 부자로 죽었다.

오전 10시에서 오후 3시까지는 시장과 승부하는 재미에 단단히

081

---

1   러셀 세이지(1816~1906): 금융가, 사업가, 정치인. 제이 굴드의 파트너로 다양한 거래에서 부를 축적했다. 휘그당 하원의원을 지냈고, 정계에서 은퇴한 후 뉴욕에 정착하여 풋옵션과 콜옵션, 단기옵션을 판매했다. 미국의 스톡옵션 시장을 개발하고 '스프레드' 및 '스트래들' 옵션 전략을 발명하여 '풋과 콜의 창시자'라고 불렸다.

빠져 살았고, 오후 3시 이후에는 내 인생을 즐기는 재미에 세월 가는 줄 몰랐다. 그렇다고 내 주업을 소홀한 것은 아니니 오해하지 말기 바란다. 내 예상이 빗나가서 돈을 잃었을 뿐, 방탕하거나 방종한 생활을 했기 때문이 아니었다. 신경쇠약에 걸리거나 술에 절어 휘청거리다가 내 일을 망치지는 않았다. 육체적으로나 정신적으로 해가 되는 것은 무엇도 용납하지 않았다. 지금도 나는 보통 오후 10시에 잠을 청한다. 젊었을 때는 절대 늦게 자지 않았다. 숙면을 취하지 못하면 다음 날 내 일을 제대로 못했다. 나는 본전치기에 만족하지 않고 수익을 냈다. 그러므로 쾌락을 추구하는 삶을 포기할 이유가 없었다. 게다가 시장이 영원한 자금줄로 든든하게 버티고 있었다. 나는 냉철한 판단으로 자신만의 생계 수단을 고수해나가는 사람처럼 자신감을 얻었다.

내 거래 방식 중에서 제일 먼저 달라진 것은 시간에 관한 문제였다. 사설거래소에서 그랬던 것처럼 확실한 순간을 포착해 1, 2포인트 수익을 올릴 수 없었기 때문이다. 풀러턴에서는 주가 움직임을 파악하기 위해 훨씬 일찍 움직여야 했다. 다시 말해 주가 변동을 예측하기 위해 사전에 연구를 해야 했다. 상식 중의 상식을 굳이 여기서 언급하는 이유를 알 만하지 않은가? 그것이 바로 나의 달라진 태도였기 때문이다. 그러한 태도는 내게 무척이나 중요했다. 나는 변동성에 베팅하는 도박이 필연적인 상승과 하락을 예측하는 투기와 어떻게 다른지를 조금씩 깨우쳐갔다.

주식시장을 예측하려면 한 시간 넘게 거슬러 올라간 과거의 주가 움직임을 연구해야 했다. 세계 최대 사설거래소에 가서도 배우지 못했을 방식이었다. 나는 매매 내역뿐만 아니라 철도회사 수익,

재무통계, 상업통계에 관심을 가졌다. 물론 여전히 대량 거래를 좋아해서 '몰빵 투기꾼 소년'이라 불렸지만 주가 움직임 분석도 좋아해서 소홀히 하지 않았다. 좀 더 지능적으로 거래하는 데 도움이 된다면 무엇이든 귀찮게 여기지 않았다. 문제는 명확하게 파악해야 해결할 수 있다. 해결책을 찾았다 싶으면 효과가 있는지 증명해야 한다. 효과는 내 돈으로 증명하는 수밖에 없다.

내 발전 속도가 더디어 보이지만, 계속 수익을 내온 것까지 생각하면 그나마 빨리 요령을 터득한 셈이다. 좀 더 자주 돈을 잃었더라면 주가 분석에 더욱 꾸준히 매진했을지도 모르겠다. 실수도 더욱 많이 찾아냈을 게 분명하다. 하지만 손실을 통해 얻는 것이 얼마나 가치 있는지는 잘 모르겠다. 내가 더욱 자주 돈을 잃었다면 자금이 부족해서 개선된 내 거래 방법을 시험해보지 못했을 테니까.

풀러턴에서 돈을 벌었던 경험도 분석해보았다. 시장 상황과 일반적 추세를 바르게 진단한 결과, 나의 시장 예측이 100퍼센트 적중한 적이 종종 있었다. 그런데 100퍼센트 적중률에도 수익은 그렇게 많이 나지 않았다. 왜 그랬을까?

우리는 실패를 통해서도 배우지만 부분적 성공을 통해서도 배운다. 강세장이 막 시작됐을 때 상승을 예측하고 주식을 매수한 적이 있었다. 내 예상대로 주가가 상승하면서 일이 순조롭게 흘러갔다. 그런데 내가 무슨 짓을 했는지 아는가? 한 노(老)정치가의 충고를 새겨듣고는 크게 한판 벌이고 싶은 청년의 혈기를 억눌렀다. 현명하게, 신중하게, 보수적으로 거래하기로 마음먹은 것이다. 다 아는 사실이지만 보수적인 거래 방법은 차익을 실현한 후 조정기에 재매수하는 것이다. 그래서 정확하게 그 방법대로 했다. 아니, 하려고 했다. 차익을 실현하고 아무리 기다려도 주가 조정기가 오지 않는 경우가 흔하기 때문이다. 주가가 10포인트 넘게 치솟았을 때 보수적으로 거래한 내 주머니 속에는 4포인트 수익이 안전하게 들어 있었다. 수익을 내면 결코 가난해지지 않는다고 한다. 물론 그렇다. 하지만 강세장에서 4포인트 수익을 내서는 부자도 되지 못한다.

*

결론적으로 말해서 나는 보수적으로 거래한 탓에 2만 달러를 벌었어야 하는 시장에서 2,000달러 수익만 건졌다. 내가 벌 수 있는 돈의 아주 적은 일부만 벌었다는 걸 알았을 때 또 다른 사실도 깨달았다. 호구에게도 각자의 경험에 따른 등급이 있다는 것이다.

초보 호구는 아무것도 모른다. 자신도 알고, 다른 사람들도 다 아는 사실이다. 중수 호구는 자기가 상당히 많이 안다고 생각하고, 남들에게도 그런 이미지를 심어준다. 경험이 좀 있고 연구도 한다. 하지만 시장 자체가 아니라 고수 호구한테서 주워들은 몇 마디로 시장을 평가하고 연구한다. 중수 호구는 초보 호구가 범하는 몇 가지 실수를 피하는 법을 알고 있어서 그나마 낫다. 하지만 증권거래소에 1년 내내 돈을 갖다 바치는 후원자는 초보 호구가 아니라 중수 호구다. 월가 생존 수명이 3주에서 30주인 초보 호구에 비해서 중수 호구는 평균적으로 3년 반 정도 살아남는다. 유명한 주식 명언과 다양한 주식 거래 규칙을 인용하는 자들도 중수 호구다. 중구 호구는 베테랑 트레이더들이 경고하는 신탁과도 같은 금기 사항을 모두 알고 있다. 단 하나, '호구가 되지 마라'는 기본적인 금기 사항만 빼고.

중수 호구는 철이 들어서 약세장에 매수하기 좋아한다고 생각하는 부류다. 하락을 기다렸다가 고점 대비 몇 포인트 낮게 팔리는지 보고 저가 매수를 가늠해본다. 규칙도 선례도 전혀 모르는 이 순진한 호구들은 대형 강세장에서 맹목적으로 잘될 거라고 생각하며 맹목적으로 매수한다. 돈을 벌다가도 단 한 차례의 대폭적인 주가 조정을 맞이해 한방에 털린다. 개중에서도 신중한 호구는 한때 나 역시 지혜롭다고 생각하고 써먹었던 거래 방식을 택한다. 다름 아니라 다른 사람들의 지략을 빌려 거래하는 것이다. 나는 사설거래소에서 통했던 거래 방식을 바꿔야 한다는 사실을 깨닫고 수정해 문제를 해결했다고 생각했다. 특히 베테랑 트레이더의 의견을 잘 따라해서 가치주를 평가하는 방식을 바꿨다고 생각했다.

대부분의 호구, 아니 일반투자자들은 다 비슷하다. 솔직하게 말해서 월가에 돈을 갖다 바치지 않았다고 할 사람은 거의 없다. 풀러턴 객장에도 일반투자자들이 있었다. 저마다 급이 다른 호구들이었다. 그런데 눈에 띄는 노인이 있었다. 일단 나이가 상당히 많았다. 나서서 충고를 하지도 않았고 수익을 냈다고 자랑하지도 않았다. 다른 사람들의 이야기를 잘 들어주는 편이었다. 하지만 주식 정보를 얻으려고 애쓰지 않는 것 같았다. 그렇다 보니 무슨 소식을 들었는지, 뭐 아는 게 있는지 물어보는 일이 절대 없었다. 하지만 주식 정보를 얻어들으면 항상 고맙다고 정중하게 인사했다. 그렇게 받은 정보가 제대로 맞아 들어가면 정보 제공자에게 고맙다고 다시 인사하기도 했다. 하지만 정보가 적중하지 않아도 불평하지 않았기 때문에 노인이 들은 정보를 무시했는지 어쨌는지 알 수가 없었다. 객장에는 그 노인이 부자에다 대량 거래를 한다는 소문이 돌았다. 하지만 노인은 수수료를 많이 내지 않았다. 적어도 겉보기에는 그랬다. 노인의 본명은 패트리지(Patridge)였지만 다들 뒤에서 '칠면조'라고 불렀다. 떡 벌어진 가슴팍에 턱을 딱 붙인 채 돌아다니는 모습이 칠면조 같았기 때문이다.

강요당해서 마지못해 거래하는 게 좋다는 사람들이 있다. 그래야 실패해도 남 탓으로 돌릴 수 있으니까. 이런 사람들은 패트리지를 찾아가서 내부자 친구의 친구한테서 어떤 주식에 관한 정보를 들었다고 말했다. 그러고는 아직 아무런 조치도 취하지 않았는데 어떻게 해야 하는지 물었다. 그런데 그들이 말한 정보가 매수 정보든 매도 정보든 노인의 대답은 언제나 똑같았다.

복잡한 자신의 상황을 다 말하고 난 사람은 이렇게 물었다.

"제가 어떻게 해야 할까요?"

칠면조 노인은 고개를 갸우뚱 기울이고는 아버지처럼 푸근한 미소를 지으며 아주 당당하게 말했다.

"잘 알잖나! 지금은 강세장이야!"

노인은 같은 말을 몇 번이나 되풀이했다. 그 모양새가 마치 100만 달러짜리 상해보험증서로 귀한 부적을 돌돌 말아 주는 사람 같았다. 당연히 나는 그 말이 무슨 뜻인지 전혀 감이 오지 않았다.

어느 날 엘머 하우드(Elmer Harwood)라는 사람이 객장으로 뛰어들어 주문서를 작성해 직원에게 건네주고는 패트리지에게 달려갔다. 패트리지는 존 패닝(John Fanning)의 이야기에 열중하고 있었다. 존 패닝은 킨이 중개인에게 주문한 내용을 엿듣고 100주를 매도했는데 겨우 3포인트 차익을 실현했고, 3일 후에 주가가 24포인트나 올랐다는 이야기를 하는 중이었다. 존이 적어도 네 번째 그 우울한 이야기를 늘어놓고 있는데 노인은 처음 듣는 것처럼 동정 어린 미소를 짓고 있었다.

엘머는 한창 이야기 중인 존 패닝에게 양해조차 구하지 않고 곧장 노인에게 다가가 이렇게 말했다.

"패트리지 씨, 전 방금 클라이맥스 모터스(Climasx Motors) 주식을 팔았어요. 제 정보통 말로는 조정기가 다가오니까 더 싸게 매수할 수 있대요. 패트리지 씨도 저처럼 하시는 게 좋을 거예요. 아직 그 주식을 갖고 있다면요."

엘머는 애초에 자기가 매수하라고 했던 그 주식을 아직 갖고 있는지 의심스럽다는 표정으로 노인을 쳐다봤다. 이런 아마추어는 호의로 정보를 제공해놓고 그 대가로 상대의 몸과 마음을 자기 멋대로 주무르려고 한다. 그 정보가 들어맞는지 아닌지도 확실하지 않은데 말이다.

"그럼 아직 갖고 있지. 당연히 갖고 있고말고!"

노인은 자기를 생각해줘서 고맙다는 투로 말했다.

"지금 매도해서 수익을 챙겨요. 다음에 하락할 때 다시 매수하고요."

엘머는 노인에게 입금전표라도 써주는 것처럼 말했다. 그런데도 노인이 크게 기뻐하는 기색이 보이지 않자 이렇게 말했다.

"전 방금 전부 다 팔았어요!"

엘머는 목소리와 태도로 보아 적게 잡아도 1만 주는 판 것 같았다. 패트리지는 안타깝지만 어쩔 수 없다는 듯 고개를 가로저으며 푸념하듯 말했다.

"그건 안 돼! 그렇게는 못해!"

"왜요?"

"그냥 못해!"

패트리지는 난처한 표정을 지었다.

"제가 매수 정보를 드렸잖아요."

"그랬지. 그건 무척 고맙게 생각하고 있어. 진심으로 고마워, 젊은이. 하지만……."

"잠깐만요! 제 말 먼저 들어보세요! 클라이맥스 모터스가 열흘 만에 7포인트 상승한 건 아시죠?"

"알지. 정말 고맙게 생각해. 하지만 그 주식은 안 팔아."

"안 판다고요?"

엘머는 자기가 틀렸나 싶어 의심스러운 표정을 지었다. 정보 제공자는 대부분 정보를 받는 쪽이 될 때 그러곤 한다.

"그래, 안 팔아."

"왜요?"

엘머가 노인에게 더 가까이 다가섰다.

"그거야 강세장이니까!"

노인은 아주 길고 상세하게 설명하기라도 한 것처럼 말했다.

"또 그 소리군요."

엘머는 실망감에 화가 난 것 같았다.

"저도 강세장인 거 잘 알아요. 하지만 그 주식은 지금 팔고 조정기에 다시 사는 게 나아요. 그렇게 투자비용을 줄이는 게 좋을 텐데요."

"하우드, 내가 지금 클라이맥스 모터스를 팔면 포지션이 없어지는 거야. 그럼 내가 뭘 하겠나?"

엘머 하우드는 양손을 치켜올리고 고개를 가로저으며 내게 걸어와 하소연했다.

"진짜 어처구니없지 않아?"

엘머가 다 들리게 말하면서도 내게만 속삭이는 것처럼 굴었다.

"내가 물었잖아!"

내가 대답하지 않자 엘머는 계속 말했다.

"내가 저 노인한테 클라이맥스 모터스 매수 정보를 줬어. 500주를 사라고 했지. 내 정보 덕분에 7포인트 수익을 올린 노인네라고. 이번에는 그 주식을 매도하고 조정기에 매수하라는 정보까지 줬어. 그런데 저 노인네가 뭐라는 줄 알아? 그 주식을 팔면 할 일이 없어진 대. 대체 왜 저러는지 아는 거 좀 있어?"

"미안하지만 하우드, 난 할 일이 없어진다고 하지 않았어."

노인이 끼어들었다.

"포지션이 없어진다고 했지. 나만큼 나이를 먹고 나만큼 많은 불황과 호황을 겪어보면 알 거야. 존 록펠러라도 포지션이 없어지면 어쩔 줄 모를 걸. 조정기가 와서 자네가 상당히 싼 가격에 재매수할 수 있다면 좋겠구먼. 하지만 난 오랜 경험을 믿고 거래할 수밖에 없어. 비싼 대가를 치르고 얻은 경험이지. 또다시 수업료를 내고 싶지는 않아. 자네한테는 정말 고마워. 자네가 말하는 수익금은 계좌에 들어온 거나 마찬가지라고 생각하고 있다네. 알다시피 강세장이잖나."

노인은 멍한 표정의 엘머를 남겨둔 채 터덜터덜 걸어 나갔다.

*

당시에 나는 패트리지의 말을 그냥 흘려들었다. 이후 나의 시장 예측이 적중했는데도 예상만큼 많은 돈을 벌지 못하는 일이 빈번하게 일어나자 그 말이 큰 의미로 다가왔다. 시장을 연구하면 할수록 패트리지가 얼마나 현명했는지 깨달았다. 패트리지는 젊은 시절에 나와 같은 실패를 경험하면서 자신의 인간적 약점을 깨달은 게 분명했다. 그 경험을 통해서 저항하기 어렵고 언제나 비싼 대가를 요구하는 유혹에 넘어가서는 안 된다는 교훈을 얻은 것이었다. 나 또한 그러했다.

패트리지가 입에 달고 다녔던 말, "강세장이잖아!" 하는 소리가 진정으로 무엇을 뜻하는지 깨달았을 때 비로소 나는 큰 배움을 얻었다. 그것은 바로 개별 종목의 등락이 아니라 주요 추세를 볼 줄 알아야 큰돈을 번다는 뜻이었다. 다시 말해 큰돈을 벌려면 주가 시세표를 읽기보다는 전체 시장과 추세를 평가해야 했다.

여기서 하나 더 짚고 넘어가고 싶은 것이 있다. 내가 월가에서 수년 동안 거래하며 수백만 달러를 벌었다 잃었다 하면서 얻은 교훈이다. 큰돈을 벌어다 준 공로는 내 사고 능력에서 나오지 않았다. 포지션을 고수하는 능력에서 나왔다. 이제 알겠는가? 한 번 포지션을 잡았으면 끝까지 버텨야 성공한다! 올바른 시장 예측은 비결이랄 것이 없다. 언제나 강세장 초기에는 상승하는 주식이 많고, 약세장 초기에는 하락하는 주식이 많기 마련이다. 주가 동향의 시기를 정확하게 예상한 사람들이 많았다. 이들은 가장 큰 수익이 나는 시기에 주식을 매수하거나 매도했다. 하지만 이들도 나와 마찬가지로 진짜 큰돈은 벌지 못했다. 시장 동향을 정확하게 예상하고 포지션을 고수하는 두 가지 능력을 모두 갖춘 사람이 흔치 않았기 때문이다. 이것이 가장 터득하기 어려운 능력이다. 하지만 이 능력만 갖추면 큰돈을 벌 수 있다. 아무것도 모르는 시절에 수백 달러 벌기는 힘들지만 요령을 알고 나면 수백만 달러도 수월하게 번다는 말은 거짓이 아니다.

시장을 예리하게 꿰뚫어 보고도 시장이 자신의 예상대로 빠르게 움직이지 않으면 초조해하거나 의구심을 품는다. 바로 이 때문에 초보 호구도 아닌 수많은 월가 사람들이 돈을 잃는다. 시장을 예측하지 못해서가 아니라 영리한 두뇌를 갖고도 포지션을 고수하지 못해 실패한다. 칠면조 노인 패트리지는 한번 시작한 일을 끝까지 밀어붙였다. 자신의 신념을 끝까지 지켜나가는 용기와 한 번 포지션을 잡았다 하면 끝까지 버티는 지혜로운 인내심을 모두 갖추었다.

그에 비해서 나는 시장의 주요 추세를 무시한 채 수시로 주식을 사고팔았다. 그것이 치명적인 패인이었다. 모든 등락을 포착할 수 있는 사람은 아무도 없다. 강세장에서는 주식을 매수해서 강세장이 끝난다 싶은 변곡점까지 보유해야 한다. 그러려면 개별 주식에 영향을 미치는 주식 정보나 특정한 요인이 아니라 전체적인 시장 상황을 분석해야 한다. 그러고는 변곡점에서 모든 주식을 청산한다. 버려야 얻는다.

변곡점이 보일 때까지, 장세 역전이 시작될 때까지는 기다려야 한다. 확신이 생기지 않는다면 그런 시기가 왔다 싶을 때까지만 기다려도 좋다. 이 시기를 잡으려면 지능과 예측력을 모두 동원해야 한다. 그렇게 하지 않으면 이러한 조언도 싸게 사서 비싸게 팔라는 어리석은 충고와 다를 바가 없어진다. 누구나 배울 수 있는 유용한 비법이 하나 있다. 처음이나 마지막 가격의 8분의 1까지 잡으려고 하지 말라는 것이다. 이 둘은 세상에서 가장 비싼 대가를 요구한다. 트레이더들이 이 둘을 잡으려다 치른 대가를 모두 합치면 수백만 달러에 달한다. 대륙을 횡단하는 고속도로 하나를 건설하고 남을 돈이다.

좀 더 현명하게 거래하기 시작한 후, 풀러턴에서 했던 내 거래 방법을 분석하다가 어떤 사실을 하나 깨달았다. 내가 초창기에는 좀처럼 손해를 보지 않았다는 것이다. 그렇다 보니 당연히 크게 판을 벌였고, 내 판단이 옳다고 자신했다. 하지만 후반으로 들어서면서 다른 사람들의 조언이나 가끔씩 조급해지는 내 마음에 휩쓸려 내 판단을 신뢰하지 못했다. 자신의 판단을 믿지 못하면 주식시장에서 크게 성공하지 못한다.

내가 얻은 교훈을 총정리하자면 이렇다. 전반적인 시장 여건을 분석하고 포지션을 취해 고수한다. 조바심치지 않고 기다린다. 손해를 보더라도 일시적 패배임을 알고 흔들리지 않는다. 전에 어떤 거래에서는 10만 주를 공매도했다가 대형 강세장을 앞두고 있었다. 나는 다가오는 강세장을 피할 수 없고 심지어는 유익하다고 생각했다. 내 수익에서 100만 달러가 날아갈 것임을 직감했다. 이러한 내 생각은 정확하게 들어맞았다. 그럼에도 그대로 버티다가 수익의 절반을 날렸다. 환매했다가 상승세에 다시 팔 생각은 하지 않았다. 그랬다가는 내 포지션과 함께 크게 한탕 벌 기회도 날릴 게 분명했기 때문이다. 큰 흐름을 노려야 큰돈을 벌 수 있다.

나는 이 모든 비법을 아주 느리게 터득했다. 실수를 통해 배웠기 때문이다. 실수를 하고 깨닫기까지는 언제나 시간이 걸린다. 실수를 깨닫고 나서 정확하게 판단을 내리기까지는 더욱 오랜 시간이 걸린다. 하지만 당시에는 아직 젊고 그럭저럭 잘 지내는 편이라 다른 데서 손실을 메웠다. 수익의 대부분은 여전히 주가 시세표 해독 능력으로 벌었다. 그러한 내 거래 방식이 당시 시장에는 잘 먹혀 들어간 덕분이었다. 뉴욕 새내기 시절만큼 자주 돈을 잃지는 않았다. 2년도 못 돼서 세 번이나 파산했으니 자랑할 만한 과거는 아니지만 앞서도 말했듯이 파산 경험은 아주 효과적인 배움의 길이다.

　나는 많이 벌어도 많이 쓰고 살아서 재산을 아주 빠르게 불리지는 못했다. 나이와 취향이 비슷한 친구들이 좋아하는 많은 것들을 나도 누리고 살았다. 시장에서 돈을 벌 때는 허리띠를 졸라매고 살 필요가 없어서 자동차도 굴렸다. 주가 시세표는 당연히 일요일과 토요일에 멈췄다. 나는 손해가 난 이유나 또 다른 실수를 저지른 원인과 과정을 알아낼 때마다 내 자산 명세서에 '금지' 항목을 새로 추가했다. 그렇게 불린 자산을 생활비에 보태 쓰는 게 제일 좋았다. 즐거운 나날도 있고 그렇지 못한 날도 있었다. 시시콜콜 다 이야기하자면 끝이 없다. 사실 거의 잊어버렸지만 아직까지 기억에 남아 있는 굵직굵직한 사건들이 있다. 트레이딩에서 가치 있는 것이 무엇인지 일깨워주고, 주식시장과 나 자신에 대한 깨달음을 넓혀준 사건들이었다.

6장

용기 내지 못한 대가

*

1906년 봄, 나는 애틀랜틱시티로 짧은 여행을 떠났다. 주식에서 손을 떼고 신선한 공기를 쐬며 편하게 휴식을 취할 생각이었다. 그때 나는 초창기 시절에 거래했던 하딩 브러더스에서 다시 활발하게 거래하고 있었다. 거래규모는 3,000에서 4,000주에 달했다. 스무 살도 되지 않은 때였고 코스모폴리탄에서 거래했던 규모와 비슷했다. 사설거래소에서는 증거금이 1포인트에 불과했지만 뉴욕증권거래소에서 실물 주식을 사고파는 회원사들은 사설거래소와 상당히 차이 나는 증거금을 요구했다. 그러다 보니 거래규모도 달라질 수밖에 없었다.

앞서 이야기했지만 내가 코스모폴리탄에서 설탕 3,500주를 공매도했을 때 감이 좋지 않아서 거래를 청산하는 게 낫겠다고 생각한 것처럼 종종 그렇게 이상한 느낌이 들 때가 있었다. 보통은 그런 느낌을 무시하지 않았다. 하지만 가끔은 콧방귀를 뀌면서 근거도 없이 갑작스럽게 튀어나온 충동에 휩쓸려 포지션을 바꾸는 건 어리석은 짓이라고 치부해버리고는 했다. 담배를 너무 많이 피웠거나 잠을 푹 자지 못해서, 아니면 간에 무리가 갔거나 하는 이유 때문에 신경이 곤두서서 이상한 생각이 든 거라며 무시해버렸다. 이렇게 내 직감을 무시하고 원래 포지션을 고수하면 언제나 후회할 일이 생겼다. 예컨대 감이 왔는데도 주식을 매도하지 않으면 몇 가지 일이 생기는 것이다. 다음 날 시내에 가보면 시장이 상승세를 보이고, 근거 없는 충동대로 매도하는 어리석은 짓을 하지 않아 다행이라고 생각한다. 하지만 다음 날 어디에선가 뭔가가 터져버려 주가가 급락한다. 논리적으로 생각하지 않고 그저 직감을 따랐다면 돈을 벌었을 것이다. 이러한 직감은 분명 생체 작용이 아니라 심리적 작용의 결과다.

바로 내가 그런 일을 직접 겪었다. 여기서는 그중 하나의 사건만 이야기하겠다. 1906년 봄, 애틀랜틱시티에서 짧은 휴식을 취하고 있을 때였다. 나와 함께 있던 친구도 하딩 브러더스 고객이었다. 나는 시장에 관심을 끈 채 휴식을 만끽하고 있었다. 시장이 유례없이 분주하게 움직여서 대량으로 거래할 때라면 모를까, 그렇지 않을 때는 언제나 거래를 중단하고 쉬었다. 내 기억에 그때는 강세장이었다. 전반적으로 전망이 밝았고, 시장의 움직임이 다소 둔화되긴 했지만 기조가 확실했고, 모든 지표는 주가의 상승을 가리켰다.

어느 날 아침, 친구와 함께 아침 식사를 하고 뉴욕 조간신문을 모조리 다 읽어 치웠다. 갈매기들도 조개를 낚아채서 공중으로 6미터 날아올랐다가 단단한 모래 위에 떨어뜨려 깨진 것에서 나온 아침을 즐겼다. 그 광경이 지루해질 무렵, 나는 친구와 함께 판자로 만든 산책로(Boardwalk)를 걸으러 나갔다. 낮 동안 하는 일 중에서는 산책이 가장 흥미진진한 활동이었다.

아직 정오가 되기 전이었다. 우리는 시간을 죽이려고 천천히 걸어 다니며 짠 공기를 들이마셨다. 보드워크에는 하딩 브러더스 지점이 있었고, 우리는 아침마다 그곳에 들러 어떻게 운영되고 있는지 살펴보았다. 달리 아무것도 하지 않았기 때문에 그냥 습관적으로 가는 거였다.

시장은 강세를 보이며 활발하게 움직였다. 친구는 강세장을 예측하고 몇 포인트 낮게 사둔 주식이 좀 있었다. 주가가 더 오를 거라면서 주식을 보유하는 게 현명하다고 말하는 친구에게 관심이 없어서 맞장구를 쳐주지도 않았다. 주가 시세판만 뚫어지게 쳐다보면서 주가 변동을 살폈다. 대부분의 주식이 오르고 있었는데 유니언퍼시픽(Union Pacific)이 눈에 들어왔다. 그때 그 주식을 팔아야겠다는 감이 왔다. 뭐라고 더 설명할 수 없지만 그냥 팔고 싶었다. 왜 그런 생각이 드는지 자문해봐도 이유를 찾을 수가 없었다.

나는 주가 시세판에서 유니언퍼시픽의 마지막 주가를 찾아 뚫어지게 쳐다봤다. 그러다 보니 다른 수치나 그 밖에 다른 것들은 하나도 보이지 않았다. 유니언퍼시픽을 팔고 싶다는 생각만 들었다. 그 이유는 도무지 알 수 없었다.

옆에 서 있던 친구가 이상한 낌새를 알아차렸는지 갑자기 날 쿡 찌르며 물었다.

"너 왜 그래?"

"나도 몰라."

"낮잠이나 자러 갈래?"

"아니. 잘 생각 없어. 저 주식을 팔아야겠어."

직감을 따르면 항상 돈을 벌었다. 나는 주문서가 있는 탁자로 걸어갔고, 친구도 날 따라왔다. 유니언퍼시픽 1,000주를 시장가에 매도하는 주문을 작성해서 매니저에게 건넸다. 내가 주문서를 작성할 때부터 미소 짓고 있던 매니저는 내 주문서를 보더니 미소를 싹 지우고 날 쳐다봤다.

"정확하게 쓰신 건가요?"

매니저가 물었다. 하지만 내가 대답 없이 쳐다보고만 있자 매니저는 주문서를 담당 직원에게 건네주었다.

"너 지금 뭐하는 거야?"

친구가 물었다.

"팔고 있잖아!"

"뭘 판다는 거야?"

친구가 소리쳤다. 자기가 강세장을 예측했는데 내가 약세장을 예측했으니 뭔가 잘못됐다고 생각하는 모양이었다.

"유니언퍼시픽 1,000주."

"왜?"

친구가 흥분해서 물었지만 나도 이유를 몰랐기 때문에 어깨만 으쓱거렸다. 하지만 친구는 내가 무슨 정보를 얻었다고 생각한 게 분명했다. 친구가 내 팔을 잡고서는 다른 고객들과 의자에 죽치고 앉은 사람들의 시선을 피해 복도로 나갔다.

"뭐 들은 거 있어?"

친구가 물었다. 상당히 흥분한 상태였다. 그는 유니언퍼시픽을 선호했고, 수익과 전망이 밝아서 매수해두었기 때문이다. 하지만 약세로 돌아설 거란 정보라면 직접 입수한 게 아니어도 마다하지 않을 사람이었다.

"그런 거 없어!"

"진짜야?"

친구는 의심스럽다는 기색을 숨기지 않았다.

"아무 얘기도 못 들었어."

"그런데 왜 파는 거야?"

"나도 몰라."

나는 사실대로 말했다.

"아, 제발, 래리, 그냥 말해줘."

친구는 근거 없이 거래하지 않는 내 습관을 알고 있었다. 그런 내가 강세장에서 유니언퍼시픽 1,000주를 팔았으니 그럴 만한 이유가 있다고 생각했다.

"모른다니까. 그냥 무슨 일이 일어날 것 같아."

"무슨 일 말이야?"

"모르겠어. 나도 이유를 몰라. 그냥 그 주식을 팔고 싶을 뿐이야. 1,000주를 더 팔아야겠어."

나는 객장으로 돌아가 다시 1,000주 매도 주문을 넣었다. 처음에 1,000주를 판 게 옳은 선택이었다면 더 팔아야 했다.

"무슨 일이 일어나겠어?"

친구는 나를 따라 매도할지 결정하지 못해 끈질기게 물었다. 내가 유니언퍼시픽주 하락 정보를 들었다고 말했다면 친구는 누구한테 들었는지, 왜 하락하는지 묻지도 않고 팔았을 것이다.

"대체 무슨 일이 일어나는데?"

친구가 다시 물었다.

"수백만 가지 일이 일어날 수 있지. 하지만 진짜 어떤 일이 터진다고 장담은 못해. 이유는 몰라. 내가 미래를 점칠 수는 없으니까."

"그럼 정신 나간 거 아냐? 완전히 미친 거지. 아무 이유도 없이 주식을 팔았으니까. 왜 팔고 싶은지 진짜 몰라?"

"몰라. 그냥 팔고 싶어. 아주 미친 듯이 팔고 싶다니까."

정말 죽도록 팔고 싶어서 1,000주를 더 팔았다. 친구는 더 이상 두고 볼 수 없었는지 내 팔을 움켜쥐고 말했다.

"나가자! 당장 여기서 나가자고. 이러다간 네 주식을 전부 다 팔아치우겠어."

나는 팔 만큼 팔았기 때문에 마지막 2,000주 매도 주문 내역을 확인하지도 않고 친구를 따라 나갔다. 합당한 이유가 있어서 팔았다 해도 상당히 많은 양이었다. 이유도 모른 채 공매도하기에는 과하다 싶은 양이었다. 하락 조짐이 어디에도 보이지 않는 강세장에서 팔았으니 말이다. 하지만 매도 충동을 무시했다가 후회한 적이 수차례 있었다.

친구들에게도 그런 이야기를 한 적이 있었다. 그때 몇몇 친구들은 그게 직감이 아니라 무의식, 즉 창조적 마음이라고 했다. 예술가가 어떻게 하는지도 모르면서 작품을 창조해내는 원천이 바로 창조적 마음이다. 내 경우에는 보잘것없던 것들이 쌓여서 강력한 효력을 발휘했는지도 몰랐다. 친구가 아무것도 모르면서 강세장을 확신하는 모습에 괜스레 엇나가고 싶어서 유니언퍼시픽 주식을 골랐을 수도 있었다. 왜 그런 직감에 사로잡혔는지 그 원인이나 동기는 나도 알 수가 없었다. 하딩 브러더스의 애틀랜틱시티 지점을 나섰을 때 강세장에서 유니언퍼시픽 3,000주를 공매도했다는 사실만은 확실했다. 그러고는 걱정은 조금도 하지 않았다.

나는 마지막 2,000주가 얼마에 체결됐는지 알고 싶어서 점심을 먹고 나서 하딩 브러더스 지점을 다시 찾아갔다. 시장은 여전히 강세장이었고, 유니언퍼시픽 주가는 더욱 상승했다.

"넌 이제 끝난 거야."

친구가 말했다. 친구는 유니언퍼시픽을 팔지 않아서 기뻐하는 표정이 역력했다.

다음 날 주가는 좀 더 상승했고, 친구한테서 격려의 말을 들었다. 그럼에도 나는 유니언퍼시픽을 잘 팔았다고 확신했다. 내 예상이 적중했다 싶을 때는 전혀 초조해하지 않았다. 안달해봤자 소용없으니까. 그날 오후, 유니언퍼시픽주가 상승을 멈췄고, 장이 끝날 무렵에 하락하기 시작했다. 머지않아 유니언퍼시픽주 주가는 내가 3,000주를 공매도한 평균 가격보다 1포인트 낮아졌다. 내 직감이 옳았다는 확신이 더욱 강해졌기 때문에 당연히 더 팔아야 했다. 그래서 장 마감 직전에 2,000주를 공매도했다.

그렇게 직감만 믿고 유니언퍼시픽을 5,000주 공매도했다. 하딩 브러더스에서 내 증거금으로 매도할 수 있는 최대 물량이었다. 휴가 중에 공매도하기에는 너무 많은 양이었다. 나는 그날 밤 휴가를 접고 뉴욕으로 돌아갔다. 무슨 일이 일어날지 모르니 그때그때 바로 대처해야 좋을 것 같았다. 뉴욕에서는 필요할 때 빠르게 대처할 수 있었다.

다음 날, 샌프란시스코 지진 소식이 들려왔다. 끔찍한 재앙이었다. 하지만 주가는 개장하면서 2포인트 하락했을 뿐이었다. 강세 여파가 남아 있고, 대중은 뉴스만 듣고 반응하지 않기 때문이다. 이런 경우가 아주 흔하다. 예컨대 강세장에서는 언론에서 아무리 강세장 조작을 경고해도 약세장에서만큼 그 효과가 크지 않다. 시장심리가 작용하기 때문이다. 샌프란시스코 지진 사건이 터졌을 때 월가는 그 재앙의 여파를 가늠하고 싶지 않아서 외면했다. 결국 장 마감 전에 주가가 되살아났다.

나는 5,000주를 공매도한 상태였다. 악재가 떨어졌지만 내가 공매도한 주식 가격은 떨어지지 않았다. 내 직감은 더없이 강력했지만 내 계좌는 불어나지 않았다. 수익을 평가해도 마찬가지였다. 내가 애틀랜틱시티에서 유니언퍼시픽을 공매도할 때 같이 있었던 친구는 기쁘기도 하고 슬프기도 한 모양이었다.

"진짜 직감 한번 기막히게 정확하군. 하지만 다들 강세장에 돈을 거는데 혼자 역으로 나가봤자 무슨 소용이 있겠어? 대세는 꺾지 못해."

"기다려봐. 시간이 걸릴 거야."

주가가 움직이기까지 시간이 걸린다는 뜻으로 한 말이었다. 지진 피해가 막대했던 만큼 유니언퍼시픽이 최대 피해자가 될 게 분명했기 때문에 나는 환매할 생각이 없었다. 하지만 월가의 무지한 행태를 지켜보자니 짜증스러웠다.

"그렇게 계속 기다리다가는 약세장에 건 다른 사람들처럼 너도 볕에 말라비틀어지는 신세가 되고 말 거야."

친구가 내 마음을 돌리려고 애썼다.

"넌 어떻게 할 건데? 서던퍼시픽과 다른 철도회사들이 수백만 달러의 지진 피해를 입었어. 그런데도 유니언퍼시픽을 살 거야? 지진 피해를 복구하고 나면 배당금을 지불할 돈이 있을까? 뭐, 잘하면 피해가 그렇게 심하지 않을지도 모르지. 하지만 그것만 믿고 타격을 입은 철도 주식을 산다고? 너라면 그렇게 할 거야?"

내 얘기를 듣고 친구는 이렇게 말했다.

"그래, 그럴 듯한 소리 같아. 하지만 시장은 네 생각과 다르게 움직이잖아. 주가 시세표는 거짓말하지 않는 거 알지?"

"항상 재깍 진실을 말하는 것도 아니지."

"내 말 잘 들어. 블랙프라이데이를 얼마 앞두고 한 남자가 짐 피스크(Jim Fisk)[1]에게 금값 하락 이유를 열 가지나 말했대. 그러고는 자기 말에 자기가 설득당해서 몇백만 달러의 금을 팔겠다고 피스크에게 말했지. 피스크가 남자를 빤히 쳐다보고 뭐라고 한 줄 알아? '어서 팔아요! 당장! 공매도하고 나면 당신 장례식에 참석할 테니까.'라고 했다니까."

"그래, 그 친구가 공매도했다면 큰돈을 벌었을 거야! 너도 유니언퍼시픽 팔아."

"아니, 싫어! 나는 시류를 잘 타서 성공하는 부류거든."

다음 날 더욱 자세한 소식이 전해지자 주가가 하락하기 시작했지만 피해 규모에 비해서 낙폭이 그다지 크지 않았다. 하지만 이제 태양 아래 그 무엇도 급락을 막을 수 없음을 나는 알고 있었다. 그래서 5,000주를 더 팔아 공매도 물량을 두 배로 늘렸다. 그제야 대부분의 사람들도 시장 상황을 제대로 파악했고, 중개인들도 내 주문을 흔쾌히 받았다. 중개인이나 나나 모두 무모하지 않았고, 내가 시장을 평가하는 방식도 마찬가지였다. 다음 날, 시장이 크게 움직이기 시작했다. 이제 대가를 치러야 했다. 물론 나는 그럴 가치가 있다고 판단하고 내 운을 끝까지 시험해보았다. 또다시 공매도를 두 배로 늘려 1만 주를 더 팔았다. 유일하게 남은 방법이었다.

'내 예상이 100퍼센트 정확하다, 이건 하늘이 내려준 기회다' 이런 생각만 했다. 기회를 이용하느냐 못하느냐는 내 역량에 달린 문

103

---

1   제임스 피스크(1835~1872): '빅 짐' '다이아몬드 짐'이란 별명으로 불렸다. 그는 대니얼 드루의 브로커로서 드루가 지급하는 수수료와 넘겨주는 내부 정보로 이득을 보았다. 이리철도 경영권 문제로 드루를 도와 밴더빌트를 추락시키고 제이 굴드와 협력하여 드루를 파산으로 내몰기도 했다. 제이 굴드와 짜고 금 매집을 시도하여 1869년 '암흑의 금요일' 공황의 원인을 제공했다.

제였다. 나는 공매도를 더 늘렸다. 그렇게 대량으로 공매도하다가는 반등세에 수익뿐만 아니라 원금까지 날릴 수 있었지만 당시에 이런 위험성까지 어떻게 생각했는지는 잘 모르겠다. 설령 그랬다고 해도 크게 신경 쓰지는 않았던 것 같다. 무모하게 돈을 걸지는 않았으니까. 사실 나는 보수적으로 거래했을 뿐이다. 지진이 났는데 모든 것을 원상태로 돌려놓을 방법은 없고 무너진 건물들을 하룻밤 사이에 돈 한 푼 들이지 않고 복구할 묘수가 있는 것도 아니었으니 말이다. 이 세상의 모든 돈을 쏟아붓는다 해도 몇 시간 만에 큰 변화를 이끌어 낼 수는 없었다.

나는 맹목적으로 돈을 걸지 않았다. 약세장에 목숨 거는 미치광이가 아니었다. 성공에 도취되지도, 샌프란시스코가 지도에서 완전히 사라져서 그 잔해 더미가 온 나라를 뒤덮을 거라고 생각하지도 않았다. 공황이 닥치기를 기다린 것도 아니었다. 그런 생각은 절대 해본 적이 없다.

결국 다음 날에 거래를 청산했고, 25만 달러라는 수익을 올렸다. 그렇게 큰돈을 단 며칠 만에 벌다니, 내 평생 처음 있는 일이었다. 지진 발생 첫날이나 다음 날, 월가는 지진에 큰 관심을 기울이지 않았다. 지진에 관한 첫 소식이 결정을 내릴 만한 수준이 아니어서 그랬다고 다들 말하겠지만 내 생각은 달랐다. 증권시장을 대하는 사람들의 관점이 달라지기까지 오랜 시간이 걸렸기 때문이다. 전문 트레이더들도 대부분 근시안적이었고 반응이 느렸다.

이 사건을 논리적으로 파헤치기는커녕 어설프게라도 설명할 재주가 내게는 없다. 다만 내가 무엇을 왜 했는지, 그 결과가 어땠는지 이야기할 수 있다. 나는 직감의 신비를 파헤치기보다 직감을 믿고

25만 달러를 벌었다는 사실에 더 주목했다. 25만 달러를 벌어 봤으니 이제는 때만 잘 잡으면 훨씬 더 큰 규모로 거래할 수 있었다.

*

그해 여름에는 새러토가스프링스(Saratoga Springs)로 갔다. 휴가차 간 곳이었지만 시장에서 눈을 떼지 않았다. 너무 피곤해서 주식시장 생각은 하기도 싫은 상태가 아니었다. 게다가 내가 아는 새러토가스프링스 사람들은 모두 주식에 관심이 있거나 과거에 관심을 가진 적이 있었다. 그렇다 보니 자연스럽게 주식 이야기가 화제로 올랐다. 주식 이야기와 실제 주식 거래는 상당히 차이가 나는 것 같았다. 몇몇 사람들은 성질 나쁜 고용주한테도 지나가는 똥개 대하듯 거침없이 할 말 다 하는 대담한 직원처럼 떠들어댔다.

하딩 브러더스는 새러토가에도 지점이 있었다. 고객들이 많은 곳이기도 했지만 광고효과가 큰 지역이라서 새러토가에 지점을 낸 것 같았다. 휴양지 지점은 최고급 옥외 광고판이나 마찬가지였다. 나는 하딩 브러더스 새러토가 지점에 들러서 사람들 사이에 자리를 차지하고 앉아 있곤 했다. 뉴욕에서 왔다는 매니저는 상당히 친절해서 친구든 낯선 사람이든 모두 반갑게 맞이했고, 가능하면 거래를 터주었다. 새러토가 지점에서는 경마에서 주식시장, 종업원에 관한 이야기 등 온갖 정보를 얻을 수 있었다. 하지만 내가 정보에 관심 없다는 사실을 다들 알고 있었다. 그래서인지 매니저가 다가와 뉴욕에서 은밀하게 받았다는 정보를 내 귀에 속삭여주는 일은 없었다. 매니저는 그냥 전보를 건네주면서 이런 비슷한 말을 던졌다. "이런 게 왔네요."

물론 나는 시장을 살펴보았다. 주가 시세판을 보고 어떤 조짐을 찾아냈다. 그러다가 나의 착한 친구 유니언퍼시픽의 상승 조짐을 포착했다. 주가가 높았지만 누군가가 유니언퍼시픽을 대량으로 매수하는 것 같았다. 나는 이틀 동안 지켜보기만 했는데 유니언퍼시픽주 매집이 진행되고 있다는 확신이 점점 더 강해졌다. 소액 투자자가 아니라 장세를 잘 아는 큰손의 매집이 분명했다. 매집 수법도 아주 교활한 것 같았다.

확신이 생기자 나는 유니언퍼시픽을 160 정도에 매수하기 시작했다. 주가가 계속 만족스럽게 움직여서 한 번에 500주를 매수했다. 매수 물량을 계속 늘렸는데도 급등하는 법 없이 꾸준히 상승해서 만족스러웠다. 주가 시세표로 봐서는 유니언퍼시픽이 계속 상승하지 않을 이유가 없었다.

그때 갑자기 매니저가 다가와 뉴욕에서 연락을 받았다고 했다. 당연히 직통 전화로 온 연락이었다. 매니저는 뉴욕에서 나를 찾더니 이렇게 말했다고 했다. "그 사람한테 어디 가지 말고 기다리라고 해요. 하딩 씨가 할 이야기가 있대요."

나는 기다리겠다고 해놓고 유니언퍼시픽을 500주 더 매수했다. 하딩 씨가 무슨 이야기를 하려는 건지 짐작이 가지 않았다. 주식 거래에 관한 이야기는 아닌 것 같았다. 증거금은 충분히 걸어서 매수에 지장이 생길 일은 없었다. 얼마 후 매니저가 찾아와 하딩 씨가 장거리 전화를 걸어왔다고 했다.

"안녕하세요?"

내가 인사를 건넸다. 그런데 하딩 씨가 대뜸 이렇게 말했다.

"대체 지금 뭐하는 건가? 정신이 나간 거야?"

"네?"

"무슨 헛짓을 하고 있느냐고!"

"헛짓이라니요?"

"주식을 사재고 있잖아."

"그게 뭐 어때서요? 제 증거금은 충분하지 않나요?"

"증거금 문제가 아냐. 자네가 헛짓을 하고 있으니까 그러지."

"그게 무슨 말씀이시죠?"

"유니언퍼시픽 주식을 왜 계속 사는 거지?"

"주가가 오르니까요."

"주가가 올라서 산다고? 하, 미치겠군! 내부자들이 자네한테 내다 버리는 꼴이란 거 모르겠나? 자네는 지금 가장 손쉬운 표적이 됐어. 경마장에서는 돈을 잃어도 재미는 있을 텐데 지금 뭐하는 꼴인가? 그자들 손에 놀아나지 마."

"절 갖고 노는 사람은 아무도 없어요. 유니언퍼시픽을 산다고 얘기한 적이 없는걸요."

하지만 하딩 씨는 이렇게 답했다.

"자네가 그 주식에 크게 걸 때마다 누가 구해줄 거라고 기대하지 마. 빠져나올 수 있을 때 빠져나와. 이 상황에서 그 주식을 매수하는 건 어리석은 짓이야. 사기꾼들이 무더기로 내던지는 주식이라고."

"주가 시세표로 봐서는 매집되는 주식인데요."

내가 고집스럽게 말했다.

"래리, 난 자네 주문을 받고 심장마비에 걸리는 줄 알았어. 제발 호구 짓은 하지 말게. 지금 빠져 나와! 당장! 언제 폭락할지 몰라. 내가 해줄 수 있는 건 다 했어. 잘 있게!"

하딩 씨가 전화를 끊었다. 에드 하딩은 아주 영리하고 남달리 정보이[빠삭한 사람이었다. 사심도 없었고 인정이 많았다. 게다가 이런저런 소식을 들을 수 있는 지위의 사람이었다. 나는 수년간의 경험과 주식 동향 연구를 바탕으로 주가 상승 조짐을 알아차릴 수 있었다. 유니언퍼시픽을 매수한 이유도 그러한 상승 조짐을 발견했기 때문이었다. 그런데 내부자들의 교묘한 수작으로 주가 시세표가 사실과 다른 상황을 반영했다는 것도 모른 채 유니언퍼시픽 매집이 진행 중이라는 엉뚱한 결론을 내렸다는 생각이 들었다. 어쩌면 에드 하딩이 큰 실수를 저지르고 있다고 충고하면서 애써 날 말리려고 했기 때문에 그런 생각을 했는지도 모르겠다. 에드 하딩은 머리도 뛰어날 뿐만 아니라 악의도 없는 사람이었으니까. 정확한 이유는 모르겠지만 나는 하딩의 조언대로 하기로 마음먹었고 실제로 그렇게 했다.

유니언퍼시픽 주식을 모두 팔았다. 매수가 어리석은 짓이라면 공매도하지 않는 것도 어리석은 짓 아니겠는가? 그래서 매수했던 주식을 처분한 후 4,000주를 대략 162 정도에 공매도했다.

다음 날 유니언퍼시픽 이사진이 10퍼센트 배당금을 지급하겠다고 발표했다. 처음 월가에서는 아무도 그 사실을 믿지 않았다. 궁지에 몰린 도박꾼들의 필사적인 발악처럼 보였기 때문이다. 모든 신문사가 유니언퍼시픽 이사진에게 비난을 퍼부었다. 하지만 재능 넘치는 월가 사람들은 주저했고, 시장은 뜨겁게 끓어올랐다. 유니언퍼시픽이 시장을 주도했고, 대량으로 거래되며 신고가를 찍었다. 몇몇 장내 트레이더들은 단 시간에 떼돈을 벌었다. 다소 어설픈 트레이더 한 사람은 실수로 주문했다가 35만 달러를 벌었다는 소리도 나중에 들었다. 이 소문의 주인공은 바로 그다음 주에 거래소 회원권을 팔고 다음 달에 부자 농장주가 되었다.

유례없는 10퍼센트 배당금 지급 소식에 나는 뼈저린 깨달음을 얻었다. 내 경험을 무시한 채 정보원의 이야기를 믿었으니 그 대가를 치러야 마땅했다. 사심이 없고 자기 할 일을 잘 아는 사람이라며 그의 말을 믿고 나 자신의 신념을 버렸으니 당연한 일이었다. 유니언퍼시픽이 신고가를 찍는 순간 나는 이렇게 혼잣말을 중얼거렸다. "공매도하지 말았어야 했어."

그때 내 전 재산은 하딩 브러더스에 건 증거금이 전부였다. 내 앞에 펼쳐진 상황에 기운이 나지도 오기가 생기지도 않았다. 주가 시세표를 정확하게 해석해놓고도 에드 하딩의 말에 흔들리는 멍청한 짓을 했다. 남 탓이나 해봤자 소용없었다. 그럴 시간도 없고, 이미 벌어진 일은 돌이킬 수 없으니까. 그래서 환매 주문을 넣었다. 유니언퍼시픽 4,000주를 시장가로 주문했을 때 주가는 165 정도였다. 그 가격에 환매하면 3포인트 손실이 났다. 뭐, 일부는 172나 174에 체결되기도 했다. 체결 내역을 받아보니 총 손실은 4만 달러였다. 하딩의 친절한 간섭이 낳은 결과였다. 자신의 신념을 밀고 나갈 용기를 내지 못한 대가로는 아주 저렴했다. 싼값에 큰 교훈을 얻었다.

그래도 주가 시세표상 주가가 여전히 상승하고 있어서 걱정하지 않았다. 전례 없는 주가 움직임에 이사진의 행동도 이례적이었다. 이번에는 내 생각대로 밀고 나갔다. 공매도를 청산하려고 처음으로 4,000주 매수 주문을 넣자마자 주가 시세표를 해독해서 수익을 올리기로 마음먹고 실행에 옮겼다. 4,000주를 매수해서 다음 날까지 보유했다가 처분한 것이다. 덕분에 잃었던 4만 달러를 되찾고 추가로 1만 5,000달러 수익을 냈다. 에드 하딩의 말을 듣지 않았더라면 큰돈을 벌었을 것이다. 그래도 에드 하딩 덕분에 완벽한 트레이더로 날 탈바꿈시켜준 교훈을 얻었다. 비밀정보에 휘둘리지 말고 자신의 신념을 따라야 한다는 교훈이었다. 이 밖에도 많은 것을 배우면서 나는 달라졌다. 자신에 대한 확신이 생겼고, 마침내 과거의 거래 방식을 버릴 수 있었다. 운에 맡기는 마구잡이식 거래는 새러토가에서 끝이 났다. 그 이후로는 개별 주식이 아니라 시장의 기본적인 여건을 고려하기 시작했다. 이로써 나는 투기라는 수준 높은 학교에서 상급반에 진입했다. 길고도 험한 길을 헤쳐 나온 것이다.

주식시장에서 성공하는 사람은 많지 않다.
다들 빨리 부자가 되고 싶어 하지만 인내심이 없다.
인내와 지식은 항상 같이 움직인다.
투자해서 성공하고 싶다면 이 간단한 진리를 깨우쳐야 한다.

7장

주식은 팔고 싶을 때가
아니라 팔 수 있을 때 판다

*

시장이 강세인지 약세인지는 주저하지 않고 이야기한다. 하지만 특정한 종목을 사거나 팔라는 이야기는 하지 않는다. 약세장에서는 모든 주식 가격이 하락하고, 강세장에서는 모두 상승한다. 일반적으로는 이렇지만 전쟁으로 형성된 약세장에서는 무기와 관련된 주식 가격이 상승한다. 하지만 보통 사람들은 강세장이니 약세장이니 하는 이야기에 관심이 없다. 그보다는 어떤 주식을 사거나 팔아야 하는지를 알고 싶어 한다. 공으로 얻으려는 심보다. 노력하려고 하지 않는다. 심지어는 생각조차도 하기 싫어한다. 이런 사람은 바닥에 떨어진 돈을 주워도 헤아리기 귀찮아한다.

나는 그 정도로 게으른 사람은 아니었지만 전체 시장보다는 개별 종목을, 전반적 시장 움직임보다는 개별 주식 등락을 살펴보는 게 훨씬 쉬웠다. 하지만 나는 달라져야 했고, 달라졌다.

사람들은 주식 거래의 기본을 파악하지 못하는 것 같다. 누차 말했지만 상승장에서 매수하는 것이 가장 수월한 방법이다. 최대한 싸게 사거나 최고가에 공매도하기보다는 적시에 사고팔아야 한다. 약세장에서 매도할 때는 매번 이전보다 낮은 가격에 팔아야 한다. 매수할 때는 그 반대로 매번 이전보다 높은 가격에 사야 한다. 반드시 상승세에 매수해야 한다. 나는 하락할 때 매수하지 않고 상승할 때 매수한다.

내가 주식을 매수한다고 해보자. 먼저 주가가 110일 때 2,000주를 매수한다. 그 후에 주가가 111로 1포인트라도 오른다면 일시적으로나마 내 예상이 적중한 것이다. 수익이 난 것이니 말이다. 예상이 적중했으니까 2,000주를 더 매수한다. 시장이 여전히 상승세

113

라면 세 번째로 2,000주를 또 매수한다. 주가가 114까지 상승했다. 내가 매수한 6,000주의 평균 매수 단가는 111.66이고, 현재 주가는 114다. 이 정도면 거래의 기본이 깔렸다고 보고 당분간은 더 이상 매수하지 않고 기다린다. 주가 상승 도중에 조정기가 닥치고 나서 어떻게 될지 살펴보고 싶기 때문이다. 주가가 세 번째에 매수한 가격까지 떨어질지도 모른다.

주가가 약간 상승한 후에 112.25까지 하락했다가 반등한다면 어떨까? 113.75까지 주가가 상승한다면 당연히 시장가로 4,000주 매수 주문을 넣는다. 그런데 주문 체결가도 여전히 113.75라면 뭔가가 잘못됐다는 뜻이다. 이때는 시험 삼아 1,000주 매도 주문을 넣고 시장이 어떻게 움직이는지 알아본다. 113.75에 매수 주문을 넣었던 4,000주 중에서 2,000주가 114, 500주가 114.45에 체결된다고 해보자. 나머지도 계속 상승하는 가격에 체결되고 마지막 남은 500주는 115.50에 체결되었다. 그렇다면 내 예상이 적중했다는 뜻이다. 이런 식으로 4,000주를 거래해서 특정 주식을 특정 시기에 매수한 작전이 옳았는지 판단한다. 물론 전반적인 시장 상황도 잘 살펴서 강세장인지 확인해야 한다. 나는 주식을 너무 싸게 사거나 쉽게 매수하려고 하지 않는다.

한때 월가의 큰손으로 활동했던 '집사' S. V. 화이트("Deacon" S. V. White)에 관한 이야기를 들은 적이 있다. 세련된 노신사 화이트는 영리하고 대담했으며 전성기 시절에는 아주 대단했다고 한다.

설탕주가 주도주로 지속적인 인기를 끌었던 시절이었다. 사장이었던 헨리 헤이브마이어(Henry O. Havemeyer)[1]는 권력의 최정점을 차지하고 있었다. 헤이브마이어와 추종자들이 어떤 상황에서도 자사 주식을 성공적으로 거래할 수 있는 자본과 지능을 가졌다는 이야기도 노(老) 선배들한테서 들었다. 헤이브마이어는 소액으로 거래하는 트레이더들의 돈을 털어먹기로 유명했는데 그 어떤 내부자도 따라잡을 수 없었다고 한다. 대체로 장내 트레이더들은 그런 내부자들의 수작을 돕기보다는 저지하려고 했다.

어느 날, 화이트와 알고 지내던 한 사람이 흥분해서 객장으로 뛰어 들어와 화이트에게 말했다.

"좋은 정보가 있으면 가져오라고 하셨죠? 제 정보가 괜찮아서 써먹으면 몇백 주를 주겠다면서요."

남자는 잠시 말을 멈춰 숨을 고르고는 확답을 기다렸다. 화이트는 골똘한 생각에 잠겨 남자를 쳐다보고는 이렇게 대답했다.

"내가 정확하게 그런 말을 했는지는 모르겠지만 괜찮은 정보라면 값을 쳐주겠네."

"네, 제가 좋은 정보를 가져왔어요."

"그거 아주 좋군."

화이트가 온화하게 말하자 정보 제공자는 기가 살아서 이렇게 말했다.

"네, 진짜 좋은 정보예요."

---

1   헨리 헤이브마이어(1847~1907): 미국의 기업가. 3대째 이어오던 설탕 사업을 1891년 아메리칸 설탕정제회사(American Sugar Refining Company)를 설립하여 확장시켰다. 헤이브마이어의 회사는 1900년대 초 미국 설탕산업에서 가장 큰 비중을 차지했다.

정보 제공자는 아무도 듣지 못하게 화이트 곁으로 가까이 다가섰다.

"헤이브마이어가 설탕주를 매수하고 있어요."

"헤이브마이어가?"

화이트는 조금도 놀란 기색 없이 말했다. 그러자 제공자는 애가 타서 다급하게 말했다.

"네, 그렇다니까요. 있는 대로 다 사들이고 있어요."

"확실한가?"

"네, 두말할 것도 없이 확실해요. 내부자들이 손닿는 대로 다 사들이고 있다니까요. 관세와 관련이 있대요. 보통주가 우선주를 뛰어넘는다니까 보통주로 큰돈을 벌 수 있어요. 그럼 처음부터 30포인트를 버는 거죠."

"진짜 그렇게 될 거라고 생각하나?"

화이트는 주가 시세표를 보려고 쓰고 있던 유행 지난 은테 안경 너머로 정보 제공자를 쳐다봤다.

"아니, 그게 무슨 말씀이세요? 제 생각이 아니라 사실이 그렇다고요. 확실해요! 헤이브마이어와 그 친구들이 지금처럼 설탕주를 사들인다면 적어도 40포인트 순이익은 내야 만족할 걸요. 시장이 지금 당장 돌아서서 매집이 끝나기 전에 주가가 상승해도 놀랍지 않을 정도라니까요. 객장에 풀린 물량이 지난달보다 많지 않아요."

"설탕주를 산다고?"

화이트는 여전히 무심하게 말했다.

"그냥 사는 게 아니라 가격 상승에 영향을 주지 않는 한도 내에서 빠르게 쓸어 담고 있다고요."

"그래?"

화이트의 반응은 이게 전부였다. 하지만 정보 제공자의 신경을 건드리기에는 충분했다.

"네, 그렇다니까요! 이만한 정보는 또 없을 겁니다. 아주 제대로 된 정보죠."

"그렇단 말이지?"

"네. 엄청 가치 있는 정보라고요. 어떡하실 거예요?"

"그렇다면 써먹어야지."

"언제요?"

정보 제공자가 의심스럽다는 투로 물었다.

"지금 바로."

화이트는 옆방에 있던 그의 실력 좋은 중개인 프랭크를 소리쳐 불렀다.

"프랭크!"

"네, 부르셨습니까?"

프랭크가 대답했다.

"지금 당장 거래소에 가서 설탕주 1만 주 매도해."

"매도요?"

정보 제공자가 소리쳤다. 어찌나 괴로워하는 목소리인지 달려 나가던 프랭크가 멈춰 섰다. 화이트가 차분하게 말했다.

"그래."

"하지만 헤이브마이어가 매수하고 있다고 말씀드렸잖아요!"

"그래, 알아."

화이트가 침착하게 말하고는 프랭크를 돌아보았다.

"프랭크, 서둘러!"

중개인은 주문을 처리하러 달려 나갔고, 정보 제공자는 얼굴이 벌겋게 달아올랐다.

"제가 최고 중의 최고급 정보를 갖고 왔는데 이러시다니요? 화이트 씨가 공정한 분이시고 또 친구라고 생각해서 드린 정보라고요. 이 정보대로……."

"자네가 준 정보대로 하는 거야."

화이트가 끼어들어 차분하게 가라앉은 목소리로 말했다.

"저는 헤이브마이어 일당이 매수하고 있다고 말씀드렸잖아요!"

"그래, 그렇게 들었지."

"매수요! 매수! 매수하고 있다고요!"

정보 제공자가 소리를 질렀다.

"그래, 사고 있다고 했지. 나도 그렇게 들었네."

화이트가 안심하라는 듯 말했다. 화이트는 주가 시세 표시기 옆에 서서 주가 시세표를 보고 있었다.

"하지만 매도하셨잖아요."

"그래, 1만 주를 매도할 거야. 당연히 팔아야지."

화이트가 고개를 끄덕거렸다.

*

화이트가 말을 멈추고 주가 시세표를 뚫어지게 쳐다보자 정보 제공자도 주가 시세표를 보려고 그 옆으로 다가갔다. 교활한 여우 같은 노인네의 속셈이 뭔지 궁금했기 때문이다. 정보 제공자가 화이트의 어깨 너머를 힐끗거리는데 직원이 들어왔다. 프랭크한테서 체결 내역을 받아온 게 분명했다. 화이트는 체결 내역에 눈길도 주지 않았다. 주가 시세표를 보고 주문이 어떻게 체결됐는지 이미 확인했기 때문이었다.

"1만 주를 더 팔라고 전해."

화이트가 직원에게 말했다.

"대체 왜 이러세요? 헤이브마이어가 진짜로 매수하고 있다니까요!"

"헤이브마이어한테 직접 들었나?"

화이트가 나지막하게 물었다.

"당연히 그건 아니죠! 그런 얘기는 아무한테도 안 하는 사람이니까요. 절친한테 돈 좀 쥐어줄 수 있는 기회가 있어도 눈 하나 깜짝 안 할 위인이죠. 어쨌든 직접 들은 건 아니지만 사실 맞아요."

"그렇게 흥분하지 말게나."

화이트가 한쪽 손을 들어 올리며 말했다. 시선은 주가 시세표에 쏠려 있었다. 정보 제공자가 격하게 소리쳤다.

"제 생각과 반대로 하실 줄 알았다면 이렇게 시간 낭비하지 않았을 겁니다. 게다가 화이트 씨가 엄청난 손해를 보고 환매한다면 제 기분도 좋지 않겠죠. 정말 안타까워요. 진심으로요! 괜찮다면 전 이만 나가서 제 정보를 제대로 이용해야겠어요."

"자네 정보대로 하는 거야. 난 시장을 좀 알고 있는 편이지. 자네나 헤이브마이어만큼은 아닐지 몰라도 좀 알고 있어. 내 경험상 가장 현명한 방법으로 자네 정보를 이용하고 있는 거야. 나만큼 월가에 오래 있다 보면 날 생각해주는 사람을 참으로 고맙게 느낀다네. 그러니까 진정하게나."

남자는 판단력과 배짱이 두둑해서 존경했던 사람을 빤히 쳐다봤다. 얼마 후 직원이 다시 들어와 체결 내역을 화이트에게 건넸다. 화이트는 내역서를 확인하고 이렇게 말했다.

"이제 설탕주 3만 주를 매수하라고 해. 3만 주야!"

직원이 서둘러 나갔고, 정보 제공자는 툴툴거리면서 교활한 회색 여우 같은 노인을 쳐다봤다.

"이봐, 자네가 거짓을 말한다고 의심하지는 않았어. 하지만 헤이브마이어한테 직접 들은 이야기라 해도 난 똑같이 했을 거야. 누군가가 헤이브마이어 일당처럼 주식을 매수하고 있는지 알아내는 방법은 하나뿐이야. 방금 내가 한 대로 하는 거지. 처음 내놓은 1만 주는 아주 쉽게 팔렸어. 그래도 확신할 수는 없었지. 그런데 두 번째 1만 주 매도 주문도 다 체결됐고, 주가는 상승하지 않았어. 누군가가 2만 주를 매수했으니 나오는 대로 다 사들이려고 하는 게 분명해졌지. 그 누군가가 누군지는 중요하지 않아. 어쨌든 난 확신이 생겼기 때문에 공매했던 주식을 환매(還買)하고 1만 주를 더 매수한 거야. 자네가 준 정보는 아주 값진 거였어."

"얼마나 값진 건가요?"

"1만 주의 평균단가로 여기서 500주를 받아 가게나. 잘 가게. 다음에는 너무 흥분하지 말고."

"다음에 매도할 때는 제 것도 팔아주실 수 있나요? 제가 생각만큼 많이 아는 게 아니었나 봅니다."

바로 이런 이유로 나는 절대 주식을 저가에 매수하지 않는다. 물론 시장에서 나에게 유리하게 효과적으로 매수하려고 항상 노력한다. 하지만 주식을 팔려고 해도 사려는 사람이 없으면 팔지 못한다.

대량 거래를 할 때는 항상 이 점을 염두에 두어야 한다. 시장 상황을 연구하고, 신중하게 계획을 세우고, 행동하는 사람이 있다고 치자. 이 사람은 대량으로 거래해서 수익을 크게 올린다. 하지만 마음대로 주식을 팔지는 못한다. 한 종목을 5만 주 거래하는 건 100주만큼 쉽지 않기 때문이다. 매수세를 기다려야 한다. 매수세가 살아났다 싶을 때 기회를 놓치지 말고 팔아야 한다. 그때까지는 기다려야 한다. 팔고 싶을 때가 아니라 팔 수 있을 때 팔아야 한다. 그 시기를 포착하려면 시장을 살펴보고 시험하는 과정이 필요하다. 자신이 내놓은 물량이 언제 소화될지 알아내는 건 그다지 어렵지 않다. 그러므로 시장 상황을 정확하게 판단했다는 확신도 없이 처음부터 전량 거래를 하는 것은 현명하지 못하다. 너무 비싸서 사지 못하거나 너무 싸서 팔지 못하는 주식은 없다. 다만 첫 거래에서 수익이 나지 않았다면 더 이상 거래하지 말아야 한다. 당분간 지켜보면서 기다려야 한다. 이때 주가 시세표 해독 실력을 발휘해서 적절한 거래 시작 시기를 점친다. 거래 시작 시기를 얼마나 정확하게 알아내느냐에 따라 많은 것이 달라진다. 나는 몇 년이 지나서야 이 중요한 사실을 깨달았다. 이걸 깨닫느라 날린 돈이 수십만 달러에 달했다.

그렇다고 시도 때도 없이 이런 피라미드 기법을 사용하라는 말은 아니다. 물론 피라미드 기법을 사용하면 큰돈을 벌 수 있다. 하지만 내 이야기의 요지는 이렇다. 500주 매수를 목표로 잡았다면 한꺼번에 진행하지 말라는 것이다. 주식 투기는 그렇게 해서는 안 된다. 도박을 하고 있으니 하지 말라는 말밖에 해줄 말이 없다. 처음에 100주를 사자마자 손해를 봤는데 왜 그 주식을 더 산단 말인가? 그 즉시 자신의 판단이 틀렸다는 사실을 깨달아야 한다.

8장

강세장에서는
강세론을 취한다

1906년 여름, 새러토가에서 유니언퍼시픽 공매도 사건을 겪은 후로 비밀정보와 소문에 좌지우지되는 일이 훨씬 적어졌다. 친절하거나 능력 있는 사람이 해준 이야기라 해도 다 생각, 추측, 의혹에 불과했다. 나는 그동안의 경험을 통해 내가 누구보다도 뛰어난 주가 시세표 해독 능력을 갖추었음을 알았다. 터무니없는 자만심에서 하는 소리가 아니라 증명된 사실이 그랬다. 나는 투자에 관한 편견이 없었기 때문에 하딩 브러더스의 일반 고객들보다 훨씬 나은 편이었다. 약세론이나 강세론 중 어느 한쪽에만 치우치는 일도 더 이상 없었다. 단 하나, 예상을 적중시키려는 그 고집만은 버리지 못했다.

어렸을 때부터 항상 내가 관찰한 사실에서 의미를 찾아냈다. 의미를 찾아내는 유일한 방법이 관찰이었다. 스스로 관찰한 사실이 아니었으니 다른 사람들이 말해준 사실에서는 아무것도 발견할 수 없었다. 따라서 만약 내가 뭔가를 믿는다면 그래야 한다고 생각했기 때문이다. 주식을 매수한다면 강세장이라고 판단했기 때문이다. '똑똑한 사람들이 주식을 보유하고 있다'는 이유로 강세론을 취하지만 나는 보유 주식이나 선입견에 휘둘려 판단을 내리지 않는다. 그보다는 주가 시세표에 순응한다. 시장이 예기치 못한 방향으로 움직이거나 비논리적으로 움직인다고 화를 내봤자 소용없다. 폐렴에 걸렸다고 폐를 탓하는 것과 다를 바 없는 짓이다.

주식 거래에는 주가 시세표 해독 능력 이상이 필요하다. 패트리지는 강세장에서는 강세론을 취해야 한다고 고집했다. 이 노인 덕분에 나는 시장 상황을 고려해야 하는 필요성을 깨달았다. 큰돈을 벌려면 큰 흐름을 타야 했다. 초기 자극이 무엇이었든 큰 흐름은 작전 세력의 조작이나 자본가들의 계략이 아니라 기본적인 시장 여건에 따라 움직인다. 저항하는 세력이 있더라도 추진력이 남아 있는 한 최대한 멀리, 최대한 빨리, 최대한 오랫동안 뻗어나간다.

새러토가 사건 이후 나는 더욱 정확하게 볼 수 있었다. 어쩌면 좀 더 철이 들었는지도 모르겠다. 전체 종목이 추세를 따라 움직이기 때문에 개별 주식의 등락이나 동향 연구가 생각만큼 크게 필요하지 않다는 사실을 깨달은 것이다. 게다가 큰 흐름을 생각하면 거래에 제한을 두지 않고 종목 전체를 사고팔 수도 있다. 어떤 주식은 전체 주식의 일정 비율 이상을 공매도하면 위험할 수 있다. 그 주식을 누가 어디서 어떻게 보유했는지에 따라서 거래량을 조절해야 한다. 하지만 자금만 있다면 비싼 값에 주식을 사들여 공매도를 청산해야 하는 '공매도 쥐어짜기'를 두려워하지 않고 100만 주를 공매도할 수 있다. 과거에 내부자들은 공매도자들에게 주식 싹쓸이와 쥐어짜기에 대한 두려움을 불어넣어 큰돈을 벌었다.

두말할 것도 없는 사실이지만 강세장에서는 강세론을, 약세장에서는 약세론을 취해야 한다. 이게 무슨 소리인가 싶은가? 하지만 이 원칙부터 확실하게 파악해야 실행했을 때 시장 예상 적중률을 높일 수 있다. 나는 이런 거래 방식을 배우기까지 오랜 시간이 걸렸다. 또 자금이 충분하지 못해서 그와 같은 거래 방식을 시도해보지 못했다. 다시 말해 대량 거래를 해야 큰 흐름을 타고 큰돈을 벌 수 있고 그러자면 증권사 계좌에 잔고가 많아야 한다.

나는 하루도 빠짐없이 주식시장에서 돈을 벌어야 했다. 아니 그래야 한다고 생각했다. 그 바람에 큰돈을 벌지 못했고, 훨씬 느리고 자금이 많이 드는 수익성 낮은 거래를 했다.

점점 나에 대한 믿음이 강해졌고 증권사 직원들도 나를 운 좋은 '몰빵 투기꾼 소년' 취급하지 않았다. 내가 엄청나게 많은 수수료를 지불하면서 우수 고객이 됐고, 실제 거래량 이상의 가치를 창출했기 때문이었다. 모든 증권사에서 수익을 내는 고객은 자산과 같다.

나는 주가 시세표 분석에만 매달리지 않았고, 개별 종목의 등락만 지켜보는 짓도 그만두었다. 그러자 주식투자를 다른 관점에서 분석해야 했다. 주가 시세판과 거리를 두면서 첫 번째 원칙을 고수한 것이다. 다시 말해서 가격의 등락보다는 기본적인 시장 상황을 살피기 시작했다.

물론 다른 투자자들처럼 일간 주식 정보지는 부지런히 읽었다. 대체로 뜬소문과 거짓, 기자들의 개인적인 생각이 정보지를 가득 채우고 있었다. 저명한 주간지에 실린 시장의 기본 상황에 관한 논평도 만족스럽지 않았다. 금융 관계자들의 견해는 대체로 내 생각과 크게 달랐다. 그들은 사실을 정리해서 결론을 끌어내는 과정을 중시하지 않았지만 나는 아니었다. 시간에 대한 견해도 달랐다. 그들이 과거의 주가 변동을 분석했다면 나는 시장 예측을 중시했다.

나는 경험과 자본 부족으로 오랫동안 힘든 시기를 보냈지만 지금은 무언가를 새롭게 발견한 사람처럼 의기양양한 상태였다. 주식시장을 새로운 관점으로 바라보면서 뉴욕에서 큰돈을 벌지 못했던 이유를 알아냈다. 자금과 경험, 자신감을 충분히 갖추고 나자 새로운 열쇠를 한시라도 빨리 사용해보고 싶었다. 그런데 시간이라는 또 다른 자물쇠를 미처 보지 못했다! 지극히 당연한 실수였다. 나는 그 대가를 치른 후에야 한 걸음 더 전진할 수 있었다.

1906년의 경제 상황을 연구해보니 자금 전망이 무척 어두웠다.

전 세계적으로 경제가 무너지고, 모두가 위기감을 느낄 상황이었다. 그런 상황에서는 누구도 남을 돕지 못할 것 같았다. 1만 달러짜리 집을 8,000달러 값어치의 경주마 몇 마리와 바꾸는 바람에 닥치는 재난 정도가 아니었다. 화재로 집들이 쑥대밭이 되고, 철도 사고로 경주마 대부분을 잃어버리는 그런 수준의 재난이 닥치려고 했다. 보어전쟁(Boer War)[1]이 발발하면서 대포에 들어간 대규모 자금이 연기가 되어 사라졌다. 생산적이지 못한 남아프리카 주둔군에게 식량을 제공하느라 수백만 달러가 나가면서 영국 투자자들의 지원도 끊어질 상황이었다. 샌프란시스코에서는 지진과 화재 등 많은 재해가 발생해 제조업자와 농부, 상인, 노동자 등 많은 사람이 피해를 당했다. 개중에서도 철도회사의 손해가 막심했다. 재앙을 막을 수 있는 길은 전혀 없었다. 이런 상황에서 할 수 있는 일은 주식 매도뿐이었다.

거래 방식을 정하자마자 초기 거래에서 수익이 났다. 그래서 매도를 결심했을 때 돈을 크게 걸었다. 약세장이 분명했기에 가장 큰 수익을 올릴 거라고 자신했다.

시장은 하락 후 상승하더니 다시 약세로 돌아섰다가 천천히 상승했다. 결국 수익은 바닥났고, 손실이 커졌다. 약세론자가 모두 사라진 것 같은 날도 있었다. 더 이상 버티지 못해 환매했다. 운이 좋은 편이었기에 망정이지 그렇지 않았다면 엽서 한 장 살 돈도 없었

---

1 남아프리카 전쟁이라고도 한다. 당시 남아프리카 북쪽에는 네덜란드계 백인(보어인)의 트란스발공화국과 오렌지자유국이 있었다. 1867년에 트란스발공화국과 오렌지자유국에서 금광과 다이아몬드가 발견되자 영국이 침략하며 전쟁이 발발했다. 제1차 보어전쟁(1880~1881년)과 제2차 보어전쟁(1899~1902년)로 나누어지지만 일반적으로 제2차 전쟁을 의미한다.

을 것이다. 그래도 포기하지 않고 계속 투쟁하며 나아가는 것이 차라리 나았다.

*

또 실수를 저질렀다. 뭘 잘못했던 걸까? 약세장에서 약세론을 취했으니 현명한 처사였는데 말이다. 주식 공매도도 잘못된 것이 아니었다. 문제는 너무 성급한 행동이었다. 그 바람에 비싼 대가를 치렀다. 포지션은 제대로 잡았지만 매매 방법이 잘못됐다. 다가오는 재앙은 피할 수 없을 것 같았다. 나는 기다렸다가 상승세가 주춤하는 순간 내 증거금 한도 내에서 팔 수 있는 최대 한도까지 공매도했다. 내 예상이 적중했지만 단 하루뿐이었다. 다음 날 시장이 상승세로 돌아섰기 때문이다. 또, 또다시 큰 손해를 입었다! 결국 공매도를 청산하고 주가 시세표를 읽으며 때를 기다렸다. 그러다가 다시 공매도했지만 시장은 하락했다가 다시 상승세로 돌아섰다.

마치 사설거래소에서 사용했던 옛날 거래 방법으로 돌아가라고 시장이 부추기는 것만 같았다. 처음으로 지지 않고 개별 종목 한두 개가 아니라 주식시장 전반을 분석해서 시장 예측을 하고 계획을 세웠다. 힘든 시기를 버텨내기만 하면 승리할 수 있다고 자신했다. 이때는 나만의 거래 방법을 찾지 못한 시기여서 그랬는지 그 거래 방식대로 약세장에서 공매도 물량을 조금씩 늘려나가다가 증거금을 많이 잃었다. 당시에는 사실들을 관찰하기만 할 뿐, 종합하는 법은 터득하지 못해서 이러한 관찰 실력이 내 거래에 도움이 되기보다는 방해만 됐다.

나는 언제나 실수를 분석해서 많은 깨달음을 얻었다. 약세장에서는 약세론을 고수하는 게 좋지만 항상 주가 시세표를 읽어야 적합한 시기에 거래할 수 있다는 사실도 깨달았다. 첫 거래가 좋으면 수익성 포지션이 크게 흔들리지 않고, 오래 버티는 데도 문제없다.

지금은 내 관찰이 정확하다고 확실하게 믿고 있어서 희망이나 선호하는 것에 흔들리지 않는다. 다양한 방법으로 내 생각이 맞는지 검증하고, 수집한 사실들의 진위여부를 시험할 수 있다. 하지만 1906년에는 강세장이 계속되면서 증거금을 크게 잃었다.

당시 스물일곱 살이었던 나는 주식 거래를 한 지 어느덧 12년째에 접어들고 있었다. 그때 처음으로 위기가 닥치지 않은 상황에서 거래했다. 그제야 내가 망원경으로 미래를 내다보고 거래해왔다는 사실을 깨달았다. 다가오는 먹구름을 힐끗 보고 난 후, 대형 급락세에 주식을 현금화하기까지 상당히 긴 시간이 걸렸다. 그러자 내가 본 먹구름이 진짜였는지 의심스러워졌다. 수많은 경고가 시장을 급습했고, 콜금리 인상으로 세상이 발칵 뒤집혔다. 하지만 일류 금융 전문가들이 신문 기자들에게 낙관적인 전망을 제시하고, 주식시장이 뒤이어 상승하면서 비관론자들의 주장이 거짓으로 증명되었다. 내가 약세장이라고 점친 것이 틀렸던 걸까? 아니면 너무 일찍 공매도를 해서 일시적으로 예상이 빗나갔을 뿐일까?

사실 나는 성급하게 결정을 내릴 수밖에 없었다. 시장이 하락세로 접어들었기 때문에 제 발로 걸어온 기회를 놓칠 수가 없었다. 내 경험에 비추어 할 수 있는 데까지 공매도했지만 또 주가는 대폭 반등했다.

결국 나는 빈털터리 신세로 전락했다. 내 예상이 정확하게 들어맞았는데도 다 잃고 말았다!

정말 놀라운 일이지 않은가? 말하자면 이렇다. 앞날을 내다보다가 '가져가는 사람이 임자'라는 팻말이 꽂힌 돈더미를 발견했다. 팻말 옆에는 '로렌스 리빙스턴 운송회사'라고 적힌 손수레가 있었다. 내 손에는 새 삽이 들려 있었고, 주위에는 아무도 없어서 느긋하게 퍼 담으면 되었다. 돈더미를 제일 먼저 발견한 자가 누릴 수 있는 특권이었다. 다른 사람들도 찾고자 했다면 쉽게 찾았겠지만 야구 경기를 보거나 자동차를 몰고 다니거나, 집을 사느라 바빠서 관심이 없었다. 나는 그렇게 큰돈을 본 적이 없었기 때문에 눈앞의 돈더미를 향해 달렸다. 하지만 돈더미에 도착하기도 전에 거센 바람에 등 떠밀려 앞으로 쓰러지고 말았다. 돈더미는 그 자리에 있었지만 손에 들고 있던 삽이 떨어졌고, 수레도 사라졌다. 너무 빨리 달린 탓이었다! 내가 본 게 신기루가 아니라 진짜 돈더미가 맞는지 확인하고 싶어서 너무 서두른 결과였다. 분명히 돈더미를 봤고, 그게 사실임을 알고 있었는데도 발견한 보물을 빨리 차지하고 싶은 마음에 돈더미까지 걸어가도 되는지 생각해보지도 않고 무작정 내달리다 넘어졌다. 달리지 않고 차분하게 걸어갔다면 넘어지지 않았을 텐데.

나는 약세장에서 큰돈을 걸기에 적절한 시기인지 재 보지 않았다. 이럴 때는 주가 시세표라도 읽어야 했지만 그러지 않았다. 이 경험으로 약세장 초기, 적당하게 약세에 돈을 걸더라도 반등 위험이 사라질 때까지는 대량 공매도를 하지 않는 편이 낫다는 교훈을 얻었다.

하딩 브러더스 객장에서는 몇 년 동안 한 번에 수천 주를 거래했다. 게다가 하딩 증권사와 신뢰를 쌓은 터라 증권사와의 관계도 좋았다. 돌이켜보면 하딩 증권사는 머지않아 내 예상이 다시 적중할 것이고 일단 시작했다 하면 밀어붙이는 내 성격상 잃은 돈을 따는데 그치지 않고 큰 수익을 올릴 거라고 판단한 듯했다. 그동안 내 거래로 많은 돈을 벌었던 만큼 앞으로 더 벌 수 있다고 생각한 것 같았다. 나는 증권사에 엄청난 수수료를 갖다 바쳤기 때문에 신용도를 잃지 않는 한 다시 거래를 시작할 수 있었다.

연이어 실패를 겪자 내 확신을 강력하게 밀어붙이는 일이 줄어들었다. 파산 직전에 이르렀기에 경솔한 거래를 삼가야 했다. 큰돈을 걸기 전에 때를 기다리는 것이 최선이었다. 말을 도둑맞고 나서야 마구간을 고치는 짓과는 달랐다. 예전에도 이렇게 했어야 했는데 그러지 못했다. 절대 실수를 저지르지 않는다면 한 달 만에 세상을 다 차지할 수도 있지만 실수를 통해 배우지 못한다면 얻은 것을 지키지 못한다.

날 좋은 어느 오전이었다. 나는 또다시 자신만만하게 시내로 나갔다. 이번에는 의심 한 점 들지 않았다. 모든 신문의 경제란에 실린 광고 하나를 발견했기 때문이었다. 큰돈을 걸기 전에 나타나는 비밀스러운 신호 같은 광고였다. 광고에서는 노던퍼시픽과 그레이트노던(Great Northen)이 신주를 발행한다고 했다. 주주들의 편의를 위해 분할 납부 방식도 제공한다고 했다. 월가에서는 한 번도 제공한 적 없는 혜택이었다. 이 뜻밖의 소식에 나는 단순하게 불안한 정도가 아니었다.

*

그레이트노던의 우선주 주가는 수년 동안 특별배당 지급 발표와 맞물려 어김없이 상승했다. 다시 말해 주주들은 운이 좋다면 특별배당을 통해 그레이트노던 신주를 액면가에 살 수 있었다. 그레이트노던의 시장가는 언제나 액면가보다 높았기 때문에 신주청약권은 그 가치가 높았다. 하지만 당시 시장 상황으로 봐서 어떤 대규모 은행도 주주들이 신주 청약 자금을 마련할 수 있다고 장담하지 못했다. 게다가 그레이트노던 우선주의 당시 가격은 330달러 정도였다!

나는 객장에 들어가자마자 에드 하딩을 찾아갔다. "당장 공매도 해야 해요. 벌써 시작했어야 한다고요. 저 광고 좀 보세요. 보이죠?"

하딩은 이미 그 광고를 본 후였다. 내가 그 광고를 어떻게 생각하고 있는지 말했지만 하딩은 대형 폭락을 예감하지 못했다. 그보다는 최근에 시장이 대폭 상승하는 습관을 드러냈기 때문에 대량 공매도 전에 기다려보는 게 좋다고 판단했다. 가격이 더 떨어지기를 기다리는 편이 더욱 안전하다고 했다.

"에드, 하락세가 늦게 찾아올수록 하락폭은 더 커질 거예요. 이 광고는 은행가들이 자기네들 속마음을 털어놓은 거나 마찬가지라고요. 그들이 두려워하는 사태가 바로 제가 일어나길 바라는 상황이죠. 이건 약세장에 올라타라는 신호예요. 우리가 기다리고 기다렸던 신호라고요. 제게 1000만 달러가 있다면 이번에 다 걸 겁니다."

나는 하딩을 설득하려고 입을 아프게 놀렸다. 하지만 하딩은 정신이 똑바로 박힌 사람이라면 누구나 그 기막힌 광고를 보고 추측할 수 있는 사실을 알아보지 못했다. 나는 그 광고만 보고도 알 수 있었지만 다른 사람들은 그렇지 않았다. 결국 나는 소량밖에 팔지 못했다. 적어도 너무 적었다.

며칠 후, 세인트폴이 아주 친절하게도 유가증권을 발행하겠다고 발표했다. 주식이었는지 채권이었는지는 잘 기억나지 않지만 그다지 중요한 문제가 아니었다. 세인트폴의 청약 대금 납부 날짜가 그 레이트노던과 노던퍼시픽의 납부 날짜보다 빠르다는 사실이 더 중요했다. 이는 세인트폴이 월가에 떠도는 소액 자본을 다른 두 철도 회사보다 먼저 낚아채겠다고 확성기에 대고 떠드는 것과 같았다. 세인트폴은 세 회사가 나눠 갖기에는 자금이 충분하지 않고, 다른 두 회사가 "먼저 가져가세요."하고 말하며 물러서지 않을 것 같아 두려운 모양이었다. 은행가들이 이미 아는 사실처럼 시중에 자금이 부족하면 어떻게 해야 할까? 철도회사들이 절박하게 자금을 모으려고 했지만 시중에 돈이 없었다. 해답은 뭘까?

당연히 공매도다. 주식시장만 쳐다보는 일반 대중은 그 일주일간의 상황밖에 보지 못한다. 하지만 현명한 주식 거래자들은 한 해를 내다본다. 이것이 바로 승패를 가르는 지점이다.

132

이로써 나는 모든 의심과 망설임을 내던지고 결정을 내렸다. 그날 아침, 처음으로 나만의 거래 방식을 따르기 시작했고, 그 이후로 줄곧 그 방식을 고수했다. 에드 하딩에게도 내 생각과 결심을 말했다. 그레이트노던 우선주는 330달러에 공매도하고, 다른 주식들도 높은 가격에 공매도하겠다고 했더니 하딩은 반대하지 않았다. 나는 초창기에 값비싼 실수를 저지른 덕분에 보다 더 현명하게 매도할 수 있었다.

나는 내 명성과 신용을 단번에 되찾았다. 우연이든 필연이든 증권사에서 예상이 적중하여 돈을 벌면 이 같은 일이 벌어진다. 특히 이번에는 내가 맞았다. 직감이나 주가 시세표 해독 능력 덕분이 아니라 주식시장에 영향을 미치는 상황을 정확하게 분석한 결과였다. 그냥 추측한 게 아니었다. 필연적으로 일어날 일을 정확하게 예측한 거였다. 공매도하려고 용기를 낼 필요도 없었다. 가격 하락이 눈에 빤히 보였기 때문에 보이는 대로 행동했을 뿐이었다. 달리 뭘 할 수 있었겠는가?

시장은 곤죽처럼 흘러내려 약세를 보였다. 그런데 주가가 상승하자 다들 약세장이 끝날 거라고 경고했다. 큰손들이 공매도 물량이 많다는 사실을 알고 공매도 쥐어짜기에 돌입해서 주가가 상승한다느니, 비관론자들이 몇백만 달러를 날릴 거라느니, 큰손들은 절대 자비를 베풀지 않는다느니 하는 소리를 떠들어댔다. 나는 그러한 조언자들에게 고맙다고 인사했다. 그들 앞에서 대놓고 반박했다가는 고마운 줄 모른다는 소리를 들었을 테니까.

애틀랜틱시티에 함께 갔던 친구는 어려운 상황에 처해 있었다. 나의 직감이 얼마나 정확한지 잘 아는 친구였다. 친구는 내가 유니언퍼시픽 주식을 충동적으로 공매도해서 25만 달러를 버는 걸 직접 목격했기 때문에 그러한 직감을 믿지 않을 수 없었다. 강세론을 취하는 자신 앞에서 내가 공매도한 것은 신의 섭리라고까지 했다. 새러토가에서 두 번째로 유니언퍼시픽을 거래했던 내 방식도 옳았다고 인정했다. 한 종목 정도는 상승이나 하락 같은 주가 움직임을 보고 거래할 수 있다고 생각했기 때문이다. 이번에는 모든 주식이 하락할 거라고 하자 크게 화를 냈다. 그런 예상을 내놓아봤자 무슨 소용이 있단 말인가? 어떤 조치를 취해야 한단 말인가? 친구는 이렇게 생각하는 모양이었다.

나는 패트리지의 말을 떠올렸다. "지금은 강세장이잖아!" 패트리지는 현명한 사람들에게 비밀정보를 주듯, 사실이 그렇다는 듯 이렇게 되풀이해서 말했다. 주가가 15에서 20포인트 하락해서 엄청난 손실을 입었는데 어떻게 겨우 3포인트 반등에 반가워하며 바닥을 찍고 반등할 거라고 확신할 수 있단 말인가? 이렇게 믿는 게 신기할 따름이었다. 어느 날 친구가 내게 물었다.

"공매도했던 주식을 다시 샀어?"

"아니, 왜?"

"당연히 사야지."

"왜?"

"돈을 벌어야 할 거 아냐. 그 주식들은 바닥을 쳤으니까 상승할 거야. 아냐?"

"그렇긴 하지. 하지만 바닥을 쳐도 바로 올라오지 않고 가라앉아 있다가 올라올 거야. 며칠 동안은 죽은 듯이 가라앉아 있을걸. 아직 은 완전히 죽지 않았어."

그때 한 노인이 내 이야기를 엿들었다. 언제나 과거 회상에 빠져 있곤 하는 사람이었다. 노인은 약세론자였던 윌리엄 트래버스 (William R. Travers)[2]가 강세론자를 만나 시장에 관한 의견을 나누었던 이야기를 하기 시작했다.

"트래버스 씨, 어떻게 지금 같은 강세장에서 약세론을 고수할 수 있는 겁니까?"라고 강세론자가 묻자 "당연히 할 수 있죠! 강세장이 거의 죽어가는 시기니까요." 이렇게 대답했다. 트래버스는 어느 중

2　윌리엄 트래버스(1819~1887): 월가에서 성공한 변호사이자 스포츠맨으로 뉴욕증권거래소 회원 이었다. 새러토가 경마장의 초대 회장이기도 했다. 미국에서 가장 오래된 서러브레드(경주마 품 종) 메이저 대회인 '트래버스 스테이크스'는 그의 이름을 따서 명명된 것이다.

권사를 찾아가서 회계장부를 보여 달라고 한 적도 있었다. "회사 지분을 가지고 있나요?"라는 직원의 물음에 "그런 셈이죠. 이 회사 주식 2만 주를 공매도했으니까요."라고 답했다.

아무튼 상승세가 차차 꺾이기 시작했다. 나는 내 운을 한껏 시험했다. 그레이트노던 우선주를 추가로 수천 주 공매도하자 그때마다 주가는 몇 포인트씩 하락했다. 다른 주식들도 약점을 공략해서 조금씩 공매도했다. 그런데 모든 주식이 하락하는 시점에서 예외가 하나 있었다. 바로 레딩(Reading)이었다.

모든 회사 주식이 급락하는데도 레딩 주가는 지브롤터 바위산처럼 우뚝 치솟았다. 다들 누군가가 레딩 주식을 싹쓸이하는 중이라고 생각했다. 주가 움직임도 그 생각을 뒷받침해주었다. 이런 레딩 주식을 공매도하는 건 자살행위라고 다들 충고했다. 이제 객장에는 나처럼 약세론을 취하는 사람들이 있었다. 그런데 레딩을 공매도하겠다는 사람이 나오면 모두가 득달같이 나서서 말렸다. 나는 소량으로 공매도해둔 레딩 주식이 있었지만 그대로 버텼다. 동시에 웬만한 공격에는 무너지지 않는 주식보다 흔들기 쉬운 주식을 공략했다. 또한 주가 시세표 해독 능력을 발휘해 다른 주식들을 거래해서 쉽게 돈을 벌었다.

레딩의 주가를 부풀리는 거대 세력이 있다는 이야기가 자주 들렸다. 강력한 거대 세력은 엄청나게 많은 주식을 저가에 매수하기 때문에 평균 매수 단가가 현재 주가보다 좋은 가격이라고 했다. 이 세력의 핵심 인사들은 은행가들과도 우호적인 관계를 맺고 있어서 막대한 자금을 확보해 레딩 주식을 매수한다고 했다. 주가가 상승세를 유지하는 한 그들과 은행의 관계도 돈독하게 유지되었다. 한

핵심 인사의 수익은 300만 달러가 넘었다. 이 정도 수준이면 주가가 조금 하락해도 피해를 입지 않는다. 덕분에 레딩은 약세장에서도 하락하지 않았다. 가끔 장내 트레이더들이 레딩 주가를 살펴보다가 입맛을 다시며 1,000주, 2,000주씩 시험적으로 공매도했다. 하지만 주가가 꿈쩍도 하지 않자 환매하고 쉽게 돈을 벌 수 있는 다른 주식을 찾아 나섰다. 나는 레딩 주가를 확인하면서 그때마다 조금씩 더 팔았다. 단지 나의 새로운 거래 원칙에 충실하고 싶어서였다. 선호주라서 거래한 것이 아니었다.

예전이었다면 레딩의 강세에 혹했을지도 모른다. 주가 시세표는 계속 "내버려둬!"라고 말했지만 내 이성은 다른 이야기를 했다. 나는 하락세를 예상했고, 레딩도 그 추세에서 벗어나지 않을 것이라고 자신했다.

나는 항상 혼자 거래했다. 사설거래소 시절부터 그랬다. 그 방식에 내 마음이 갔다. 나는 나만의 방식으로 보고 생각했다. 시장이 내 예상대로 움직일 때는 이 세상에서 가장 강력하고도 진실한 동맹을 발견한 것 같았다. 바로 시장의 기본적인 상황이었다. 시장의 기본 여건은 있는 힘껏 나를 돕고 있었다. 가끔씩 느리게 지원군을 불러내기는 했지만 내가 성급하게 굴지만 않으면 믿을 만했다. 나는 주가 시세표 판독 능력이나 직감을 불러내 경쟁시키지 않았다. 불변하는 논리를 따르면 돈을 벌었으니까.

시장을 제대로 예측하는 것이 관건이었다. 시장의 흐름을 알고 그에 따라 행동해야 했다. 기본적 시장 여건이라는 진정한 나의 동맹은 하락을 외쳤는데 레딩은 다르게 움직였다. 나는 모욕당한 것만 같았다. 아무 일 없다는 듯 평온하게 버티고 선 레딩을 보자 짜증이 스멀스멀 피어올랐다. 레딩은 공매도하기 가장 좋은 주식이 분명했다. 아직 주가가 하락하지 않았고, 거대 세력이 다량의 레딩 주식을 보유하고 있었지만 결국에는 자금 압박에 더 이상 버티지 못할 때가 올 것이기 때문이었다. 언젠가는 은행가들을 친구로 둔 사람들도 혈혈단신인 일반 대중과 다를 게 없는 처지가 되고 그때는 레딩도 다른 주식들과 같은 길을 걸을 것이었다. 레딩의 주가가 하락하지 않는다면 내 예상이 틀렸고, 내가 관찰한 사실과 그를 통해 이끌어 낸 추론도 틀렸다는 뜻이었다.

나는 월가가 레딩 주식의 공매도를 두려워하기 때문에 주가가 유지된다는 사실을 깨달았다. 그래서 증권사 두 곳의 중개인에게 각각 4,000주 매도 주문을 넣었다. 싹쓸이 매수당한 주식을 공매도하는 건 자살행위라고 했다. 하지만 내가 경쟁적으로 매도 주문을 넣자 레딩 주가가 곤두박질쳤다. 나는 수천 주를 추가로 공매도했다. 처음에는 111에 공매도했는데 몇 분 후에는 평균 매도 가격이 92로 하락했다.

그 이후로는 일이 술술 풀렸다. 1907년 2월에야 나는 레딩 주식들을 청산했다. 그레이트노던 우선주는 60에서 70포인트 하락했고, 다른 주식들도 마찬가지였다. 나는 레딩 주식을 청산하면서 상당히 많은 돈을 벌었다고 생각했다. 당시 레딩 주가에는 향후 하락분까지 반영되었다고 판단했기 때문이다. 이후 대폭 반등을 예상했지만 매수에 나설 정도의 강세장은 아니라고 여겨서 약세론을 완전히 버리지는 않을 생각이었다. 한동안은 시장 여건이 거래하기에 좋지 않을 것 같았다. 사설거래소에서 처음으로 1만 달러를 번 후로는 시장 상황을 고려하지 않고 항상 거래했기 때문에 돈을 잃었다. 하지만 그와 같은 실수를 다시는 하지 않으려고 했다. 시장의 하락세를 예측하고도 너무 일찍 매도해서 실패한 일 또한 잊지 않았다. 큰 수익을 올리자 주식을 현금화해서 실제로 돈을 손에 쥐고 싶었다. 강한 반등으로 파산에 이른 적도 있었기 때문이다. 또다시 반등으로 인한 손실을 입고 싶지 않았다. 나는 더 이상 버티지 않고 플로리다로 향했다. 낚시를 좋아했고 휴식도 필요했기 때문이다. 플로리다에서는 낚시와 휴식을 모두 즐길 수 있었고, 팜비치에는 월가와 연결된 직통 전화도 있었다.

매매에 성공한 다음에는 반드시 그중 반을 현금으로 인출하라.
손으로 직접 만지고 눈으로 보고 나면
큰 손해로 이어질 수 있는 무모한 도전 앞에서
좀 더 신중해질 수 있다.

월가의 왕이 되다

*

나는 플로리다 연안에서 항해를 즐겼다. 낚시는 아주 즐거웠다. 주식도 갖고 있지 않아서 마음이 편안했다. 아주 즐거운 시간이었다. 팜비치 연안을 누비던 어느 날, 몇몇 친구들이 모터보트를 타고 찾아왔다. 그중 한 명이 신문을 가져왔다. 나는 며칠 동안 신문을 보지 않았고, 보고 싶지도 않았다. 신문에 나오는 어떤 소식에도 관심없었다. 그런데 친구가 요트에 가져온 신문을 흘끗 쳐다보다가 시장이 대폭 상승했다는 소식을 발견했다. 주가가 10포인트 넘게 상승했다는 소식이었다.

나는 친구들에게 같이 해변으로 돌아가겠다고 말했다. 가끔씩 주가가 적당히 상승할 수는 있었다. 하지만 약세장이 아직 끝나지 않은 상황이었다. 월가나 어리석은 대중, 혹은 절박한 강세론자들이 자금 상황을 무시한 채 주가를 터무니없이 높게 끌어올리고 있거나 그런 분위기를 조장하고 있는 게 분명했다. 도무지 이해할 수 없는 상황이라서 시장을 살펴봐야 했다. 어떻게 할지 감이 잡히지 않았지만 주가 시세판을 꼭 봐야겠다 싶었다.

내가 회원 가입한 증권사 하딩 브러더스는 팜비치에도 지점을 두고 있었다. 팜비치 객장으로 걸어 들어가자 아는 사람들이 많이 보였다. 다들 강세를 예상하고 있었다. 하나같이 주가 시세표를 보고 빠르게 단타로 매매하는 사람들이었다. 이렇게 거래하는 트레이더들은 앞날을 멀리 내다볼 필요가 없어서 시장의 장기적 전망에도 관심이 없었다. 내가 뉴욕에서 어떻게 '몰빵 투기꾼 소년'으로 유명해졌는지 기억나는가. 사람들은 언제나 남의 수익과 거래량을 부풀려 말하곤 한다. 팜비치 객장 사람들은 내가 뉴욕에서 약세에 베팅

141

해 큰돈을 벌었다는 사실을 들어서 알고 있었다. 이번에도 내가 다시 약세에 베팅하기를 기대하는 눈치였다. 자기들은 상승세가 더 오래 지속될 거라고 생각하면서도 나보고는 거기에 맞서 싸우라는 식이었다.

나는 낚시 여행을 즐기려고 플로리다에 왔다. 스트레스를 많이 받았던 터라 휴식이 필요했다. 하지만 주가가 얼마나 회복됐는지 확인하는 순간 더 이상 쉬고 싶지 않았다. 육지에 도착했을 때 뭘 어떻게 하겠다고 미리 생각해둔 것은 없었다. 하지만 지금은 주식을 팔아야 한다고 판단했다. 이러한 내 판단이 옳다고 믿었으므로 유일하고도 오래된 수단, 즉 돈으로 증명해야 했다. 현 상황에서는 전 종목 공매도가 적절하고 신중한 조치요, 수익이 날 뿐만 아니라 심지어는 애국적인 조치일 것 같았다.

주가 시세판을 보자마자 제일 먼저 아나콘다(Anaconda) 주식이 눈에 들어왔다. 아나콘다는 300선을 넘어서려 하고 있었다. 껑충껑충 뛰어오르는 모양새로 봐서 공격적인 매수 세력이 개입한 것이 분명했다. 나만의 오랜 이론에 따르면 처음에 100이나 200, 혹은 300선을 넘어선 주식은 거기서 멈추지 않고 상당히 많이 올랐다. 이런 주식은 그 선을 넘어서자마자 매수하면 거의 확실하게 수익이 난다. 배포가 작은 사람들은 신고가에 주식을 사지 않는다. 하지만 나는 이런 상승세에 주식을 산 경험이 있었다.

아나콘다는 4분의 1로 액면 분할된 주식이라 액면가가 25달러에 불과했다. 그러므로 액면가가 100달러인 다른 주식 100주와 맞먹으려면 아나콘다 주식 400주가 필요했다. 나는 아나콘다가 300선을 넘어서면 계속 상승해서 순식간에 340까지 오른다고 봤다.

물론 나는 약세론을 취했지만 그와 동시에 주가 시세표를 읽고 거래하는 트레이더였다. 내 예상대로 흘러간다면 아나콘다는 아주 빠르게 움직일 것이었다. 빠르게 움직이는 주식에는 항상 관심이 갔다. 인내심 있게 기다리는 법도 배웠지만 개인적으로는 빠른 움직임을 선호했다. 아나콘다는 확실히 조금도 느리지 않았다. 나는 내 안에 깃든 강렬한 열망에 이끌려, 내가 관찰한 바를 확인하고 싶어서 300선을 넘어서자마자 아나콘다를 매수했다.

당시 주가 시세표에 따르면 매도세보다 매수세가 강해서 전반적으로 상승세가 좀 더 오래 이어질 것 같았다. 그러므로 기다렸다가 공매도하는 것이 현명했다. 하지만 기다리는 동안 돈을 좀 벌어도 좋을 것 같았다. 그러자면 아나콘다 주식을 매수해서 30포인트 차익을 실현하고 빠르게 빠져나오는 방법이 있었다. 이렇게 나는 전체 시장의 약세에 베팅하는 동시에 단일 종목의 강세에 베팅하기로 결정했다. 먼저 아나콘다 주식 3만 2,000주를 매수했다. 액면 분할하지 않은 주식 8,000주에 해당하는 물량이었다. 아주 작은 모험이었지만 전제가 확실해서 승산이 있었다. 게다가 여기서 수익을 내면 훗날 공매도에 걸 증거금도 늘어나겠다고 생각했다.

다음 날 북상하는 태풍 때문인지, 아니면 다른 무엇인지 몰라도 전신이 불통이었다. 나는 하딩 브러더스의 팜비치 지점에서 소식을 기다리고 있었다. 거래를 못할 때면 늘 그렇듯 사람들이 불평을 늘어놓고 생기는 온갖 궁금증을 떠들어댔다. 그때 호가가 들어왔다. 그날 딱 한 번 들어온 주가는 아나콘다 292였다.

그때 내 옆에는 뉴욕에서 만났던 중개인이 있었다. 이름이 존이었는데 내가 액면 분할 전 기준으로 아나콘다 8,000주를 매수했다는 사실을 알고 있었다. 존도 아나콘다 주식을 보유하고 있는 것 같았다. 아나콘다 주가를 보자마자 기겁을 했으니까. 존은 그 시점에서 아나콘다가 이미 10포인트 더 하락했을지도 모른다고 했다. 사실 아나콘다가 상승했던 양상을 살펴보면 20포인트가 하락해도 이상하지 않았다. 그럼에도 나는 이렇게 말했다. "존, 너무 걱정하지 마. 내일이면 나아질 거야." 나는 진심으로 이렇게 생각했다. 하지만 존은 날 쳐다보더니 고개를 가로저었다. 다 알고 있다는 눈치였다. 존은 그런 사람이었다. 나는 그냥 웃으면서 또 다른 주가가 들어오기를 기다렸다. 하지만 더 이상은 들어오지 않았다. '아나콘다 292'가 그날 들어온 유일한 주가였다. 그렇다면 내 손실은 거의 10만 달러에 달한다는 뜻이었다. 나는 아나콘다 주가가 빠르게 움직이기를 바랐다. 뭐, 빠르게 움직이긴 했다. 빠르게 떨어졌으니까.

다음 날 전신이 복구되면서 평소처럼 주가가 들어왔다. 아나콘다 주가는 298에서 302.75까지 상승했다. 하지만 곧 다시 하락했다. 게다가 나머지 종목들도 더 이상 상승할 기미가 보이지 않았다. 아나콘다 주가가 301까지 떨어지면 지금까지의 상승세가 가짜였다고 결론짓기로 마음먹었다. 진짜 상승세를 탔다면 주가가 멈추지 않고 310까지 올라가야 했다. 그렇지 않고 가격 조정이 나타난다면 선례들이 소용없어지고 내 판단이 틀렸다는 뜻이다. 자신의 판단이 틀렸을 때는 잘못된 행동을 중단하고 옳은 길을 찾아가는 수밖에 없다. 나는 30에서 40포인트 상승을 예상하고 액면 분할 전 기준으로 아나콘다 8,000주를 매수하는 실수를 저질렀다. 처음 하는 실수도 아니었고, 마지막 실수도 아니었다.

결국 아나콘다는 301까지 떨어졌다. 그 즉시 나는 뉴욕거래소와의 직통 전화를 관리하는 전신 담당자에게 슬그머니 다가가 아무도 듣지 못하게 나지막한 목소리로 말했다.

"아나콘다 주식 전부 매도해주세요."

전신 담당자가 공포에 질리다시피 한 표정으로 날 쳐다봤다. 하지만 나는 고개를 끄덕이며 말했다.

"제가 가진 거 전부 다요."

"잘 알겠습니다, 리빙스턴 씨. 근데 시장가로 매도하라는 건 아니겠죠?"

전신 담당자는 부주의한 중개인의 체결 실수로 자기 돈 몇백만 달러를 날릴 것 같다는 표정을 짓고 있었다. 하지만 나는 고집스럽게 말했다.

"군소리 말고 그냥 팔아요!"

그때 객장에 있던 두 명의 블랙(Black), 짐(Jim)과 올리버(Ollie)는 나와 전신 담당자 사이의 이야기가 들리지 않는 거리에 있었다. 시카고 출신이었던 그들은 한때 대규모 밀 거래로 유명세를 떨쳤고 현재는 뉴욕증권거래소에서 활발하게 거래했다. 이들은 매우 부유했고 내로라하는 큰손이었다.

내가 전신 담당자 곁을 떠나 주가 시세판 앞쪽의 내 자리로 돌아왔을 때 올리버가 내게 고개를 끄덕이며 미소 지었다.

"후회할 텐데, 래리."

나는 멈춰서 물었다.

"그게 무슨 말이야?"

"내일이면 그 주식을 되살 테니까."

"뭘 되산다는 거지?"

나는 전신 담당자 외에는 아무한테도 거래 내용을 말한 적이 없었다.

"아나콘다 말이야. 320에 되사야 할걸. 이번에는 잘못 생각한 거야, 래리."

올리버가 또다시 미소 지었다.

"무슨 소리야?"

나는 아무것도 모르는 척했다.

"아나콘다를 시장가에 다 팔았잖아. 그렇게 해달라고 고집부린 거 다 알아."

올리버가 매우 영리하고 언제나 내부 정보를 얻어 거래한다는 건 잘 알고 있었지만 내 거래 내역을 어떻게 그토록 정확하게 알아냈는지 모를 일이었다. 지점에서 정보를 누설했을 리는 없었다.

"그걸 어떻게 알았어?"

내가 묻자 올리버가 웃으며 말했다.

"찰스 크라처(Charlie Kratzer)한테서 알아냈지."

찰스 크라처는 전신 담당자였다.

"그 사람은 자기 자리에서 움직이지도 않았는데."

"둘이 속삭이는 이야기는 못 들었어."

올리버가 껄껄 웃었다.

"하지만 찰스가 전신기 치는 소리를 다 들었지. 몇 년 전에 전신을 잘못 보낸 일로 크게 다투고 나서 전신부호를 배웠거든. 그때부터는 너처럼 담당자에게 구두로 주문을 한 후에 담당자가 전신기를 제대로 치는지 확인했지. 나는 전신기 소리를 들으면 담당자가 내 이름으로 무슨 내용을 보내는지 알 수 있어. 그건 그렇고 아나콘다를 팔다니 후회할 거야. 500까지 오를 주식이거든."

"이번엔 아냐."

올리버가 날 뚫어지게 쳐다봤다.

"아주 자신만만하게 말하네."

"내가 아니라 주가 시세표가 그렇다는 거야."

그곳 지점에는 주가 시세 표시기가 없어서 주가 시세표도 없었 지만 올리버는 내 말뜻을 알아들었다.

"그런 사람들이 있다고 들었어. 주식이 무슨 기차라도 되는 양, 주가 시세표를 보고 주식의 출발 시간과 도착 시간을 예측한다며? 하지만 그런 사람들은 완충재로 사방이 덮인 정신병동에 들어가 있 는 거나 마찬가지야."

*

때마침 체결 내역서가 도착해서 나는 뭐라고 대꾸하지 않았다. 체결 내역서를 확인했더니 아나콘다 5,000주는 299.75에 팔렸다. 호가가 시장가를 바로 반영하지 못한다는 사실은 이미 알고 있었 다. 내가 전신 담당자에게 매도 주문을 넣었을 때 팜비치의 주가 시 세판 가격은 301이었다. 그 순간 뉴욕증권거래소에서는 아나콘다 주식이 더 낮은 가격에 팔리고 있는 게 분명했다. 이런 상황이었으 니 누군가가 296에 아나콘다 주식을 사겠다고 해도 나는 얼씨구나 하고 넘겨줄 생각이었다. 지정가에 매도하지 않길 잘했다는 사실이 증명되는 순간이었다. 300에 지정가 매도 주문을 넣었다면 어떻게 됐겠는가? 하나도 팔지 못했을 것이다. 단 1주도! 시장에서 빠져나 오고 싶을 때는 바로 빠져나와야 한다.

남은 아나콘다 주식은 모두 300선 언저리에서 체결되었다. 액면 분할 전 기준으로 500주는 299.75에 팔렸다. 그다음 1,000주는 299.625, 이어서 100주는 299.50, 200주는 299.375, 또 다음 200주는 299.25에 체결되었다. 나머지는 298.75에 팔렸다. 하딩의 실력 좋은 장내 트레이더는 마지막 100주를 15분 만에 체결시켰다. 맡은 일을 다 마무리하고 싶었기 때문이다.

아나콘다 주식의 마지막 체결 내역을 받아본 후, 내가 육지에 도착해서 진짜 하려고 했던 일을 시작했다. 다름 아니라 공매도 주문을 넣었다. 그냥 해야 했기 때문에 공매도했다. 터무니없는 상승세를 보이다가 매도해달라고 졸라대는 시장의 애원을 어떻게 무시한단 말인가? 그런데 사람들은 또다시 강세가 이어질 거라고 떠들어댔다. 하지만 나는 시장의 흐름으로 봐서 강세는 이미 끝났다고 판단했다. 공매도하기 안전한 시기였다. 더 생각할 필요도 없었다.

다음 날 아나콘다 시장가는 296도 되지 않았다. 올리버 블랙은 일찌감치 객장에 나와 있었다. 추가 상승을 기다리면서 아나콘다가 320선을 돌파하는 순간 재빠르게 대응하려는 심산 같았다. 사실 올리버가 아나콘다 주식을 얼마나 매수했는지 잘 몰랐다. 어쩌면 아예 매수조차 안 했을 수도 있었다. 하지만 아나콘다 시장가를 확인한 올리버의 얼굴에는 웃음기가 없었다. 이후 주가가 더욱 하락하고 아나콘다를 사려는 사람이 없다는 소식이 팜비치 객장에 도착했을 때도 마찬가지였다.

이제 시장 상황이 어떻게 돌아가는지 확인해줄 증거는 다 나온 셈이라 누가 봐도 상황은 뻔했다. 내가 옳았다는 증거로 내 수익이 시시각각 증가했다. 나는 당연히 공매도를 조금 더 늘렸다. 모든 종목을 다 공매도했다. 약세장이라 모든 종목이 곤두박질치고 있었다. 다음 날은 금요일이었고 조지 워싱턴(George Washington) 탄생일[1]이었다. 나는 공매도 물량을 많이 가지고 있던 바람에 플로리다에서 느긋하게 낚시를 즐길 수가 없었다. 뉴욕에 가야 했다. 오라고 부르는 사람은 없었지만 내가 필요했다. 팜비치는 멀어도 너무 먼 곳이라 전신을 주고받는 것으로 귀한 시간을 다 낭비하고 있다는 생각이 들었다.

나는 팜비치를 떠나 뉴욕으로 향했다. 월요일에는 세인트오거스틴(St. Augustine)에서 세 시간 동안 기차를 기다려야 했다. 하지만 그곳에도 거래소가 있어서 기차를 기다리는 동안 시장이 어떻게 돌아가고 있는지 확인했다. 아나콘다는 마지막 거래일보다 몇 포인트 더 하락했다. 거기서 멈추지 않고 계속 하락하다가 그해 가을에 폭락했다.

뉴욕에 도착해서는 한 4개월 동안 약세에 돈을 걸었다. 시장은 예전처럼 자주 반등했지만 그때마다 나는 환매했다가 다시 공매도했다. 엄격하게 말하자면 진득하게 버티지 않았다. 샌프란시스코 지진 당시 폭락장에서 30만 달러를 벌었지만 한 푼도 남기지 않고 다 잃은 적도 있었다. 예상한 게 정확히 들어맞았는데도 파산했다. 그렇기에 이제는 안전하게 거래했다. 바닥까지 떨어져 본 사람은 꼭대기까지 올라가지 못해도 올라가는 그 과정을 즐긴다. 돈을 벌고 싶으면 버티면 된다. 하지만 큰돈을 벌려면 적시에 정확하게 예

---

1   대통령의 날(Presidents' day)이라고도 한다. 미국의 초대 대통령 조지 워싱턴의 탄생을 기념하여 2월 세 번째 월요일로 제정했다. 이 날 미국 주식시장은 운영되지 않는다.

측해야 한다. 이 세계에서는 이론을 정립하는 동시에 실행에 옮겨야 한다. 배우기만 하는 학생이 아니라 그와 동시에 배운 것을 바로 실행해보는 투기자가 되어야 한다는 의미다.

돌이켜보면 전략적으로 부족한 부분이 보이지만 당시에는 그런 대로 잘하는 편이었다. 여름이 닥치자 시장이 둔화됐고 가을까지는 큰 변화가 없을 게 분명했다. 아는 사람들이 모두 유럽으로 여행을 떠났거나 유럽 여행을 계획 중이었다. 나도 유럽에 가는 게 좋을 것 같아서 주식을 모두 청산했다. 유럽행 배를 탔을 때 내 계좌 잔액은 75만 달러가 좀 넘었다. 그 정도면 상당히 큰 금액 같았다.

나는 엑스레뱅(Aix-les-Bains)에서 휴가를 즐겼다. 내가 번 돈으로 누리는 휴가였다. 돈은 넉넉했고 친구들과 지인들, 그 밖에 다른 사람들도 휴가를 즐길 생각에 신이 나 있었다. 문제될 것은 아무것도 없었다. 월가는 너무 멀리 떨어져 있어서 생각도 나지 않았다. 그래서 미국에 있는 어떤 휴양지보다 좋았다. 주식시장에 관한 이야기를 귀담아들을 일도, 거래할 일도 없었다. 돈도 넉넉해서 상당히 오래 쉴 수 있었다. 게다가 휴가를 마치고 돌아가서는 여름에 유럽에서 쓴 돈보다 더 많은 돈을 벌 방법도 알고 있었다.

그러던 어느 날, 파리에서 발행하는 《헤럴드》(現 《인터내셔널 헤럴드 트리뷴》)에 뉴욕에서 날아온 속보가 실렸다. 스멜터스(Smelters)가 추가 배당을 발표했다는 소식이었다. 이에 스멜터스 주가가 움직였고, 전체 시장이 대폭 반등했다. 그러자 엑스레뱅에서의 내 상황은 완전히 달라졌다. 강세론자들이 여전히 시장 여건에 필사적으로 맞서 싸우고 있다는 소식이 날아든 거였다. 이들은 앞으로 무슨 일이 닥칠지 알고 폭풍이 오기 전에 주식을 떠넘기려고 주가를 끌어올리고 있었다. 상식에 반하는 정직하지 못한 수작이었다. 어쩌면 이들은 내가 생각했던 것만큼 위험이 심각하거나 가까이 다가왔다고 생각하지 않았을지도 몰랐다. 월가의 큰손은 정치가나 호구처럼 낙천가가 되기 쉬웠지만 나는 그럴 수 없었다. 유가증권 제조업체나 신생 기업 기획자라면 그런 희망을 맘껏 품을 수 있지만 투기자에게 그런 태도는 치명적이기 때문이다.

어찌 됐든 약세장에서는 주가의 상승세를 위한 모든 조작이 실패로 돌아간다는 사실을 나는 잘 알고 있었다. 스멜터스의 추가 배당 소식이 나온 마당에 내가 편안해지려면 할 수 있는 일은 단 하나였다. 스멜터스 주식을 공매도하는 것이었다. 내부자들이 금융공황을 앞둔 시점에서 배당률을 높였으니 내 앞에 무릎 꿇고 앉아 공매도해달라고 애걸하는 꼴이었다. 이들은 '감히 네가' 하고 젊은 청년의 혈기를 자극하는 것처럼 자기 회사 주식을 공매도해보라고 내게 도전장을 내밀었다.

나는 전보로 스멜터스 매도 주문을 넣고, 뉴욕의 내 친구들에게도 스멜터스를 공매도하라고 했다. 체결 내역서를 받아보니 《헤럴드》에서 봤던 호가보다 6포인트 낮게 체결되어 있었다. 그것만 봐도 어떤 상황인지 알 수 있었다.

원래는 월말에 파리로 돌아가 3주 더 머문 후 뉴욕으로 갈 계획이었다. 하지만 체결 내역서를 받자마자 파리로 돌아갔다. 파리에 도착해서는 증기선 사무소에 연락해서 다음 날 출발하는 고속 선박을 예약했다. 그렇게 나는 뉴욕행 배에 몸을 실었다.

원래 일정에서 한 달이나 일찍 뉴욕에 도착했다. 뉴욕은 공매도하기 가장 좋은 곳이었다. 나는 50만 달러가 넘는 돈을 증거금으로 걸 수 있었다. 약세장이라서가 아니라 논리적으로 옳다고 생각해서 뉴욕에 돌아왔다.

*

나는 공매도 물량을 늘렸다. 시중에 자금이 부족해지면서 콜금리가 상승했고, 주가는 하락했다. 내가 예측했던 상황이었다. 처음에는 내 예측 때문에 망했지만 이 시점에는 내가 옳았고 돈주머니가 두둑해지고 있었다. 하지만 무엇보다도 트레이더로서 마침내 제대로 궤도에 올라선 것이 기뻤다. 여전히 배울 건 많았지만 무엇을 해야 하는지 잘 알았다. 더 이상 허둥댈 일도 없었고, 반만 들어맞는 방식과도 안녕이었다. 주가 시세표 해독 능력도 중요했지만 적시에 거래를 시작하는 것, 포지션을 유지하는 것도 중요했다. 무엇보다 전반적인 시장 상황을 연구하고 평가해야 가능성을 점칠 수 있다는 가장 중요한 깨달음을 얻었다. 다시 말해 돈을 벌려면 연구를 해야 한다는 사실을 배웠다. 나는 무턱대고 돈을 걸거나 요령에 통달하려고 더 이상 애쓰지 않았다. 부지런히 연구하고 명료하게 사고해서 성공을 거머쥐려고 했다. 그리고 또 하나, 누구나 호구가 될 위험이 있다는 사실도 깨달았다. 호구가 되면 대가를 치러야 한다. 누가 얼마의 대가를 치러야 하는지 계산하는 정산원은 깜빡하고 청구서를 보내지 않는 법이 없다.

내가 이용했던 객장은 엄청나게 많은 돈을 벌었다. 내가 돈을 많이 벌자 사람들이 떠들어대기 시작했고, 당연히 사실보다 부풀려 말했다. 나는 여러 주식의 하락을 부추겼다는 명성을 얻었다. 이름도 모르는 사람들이 찾아와 축하 인사를 건넸다. 그들은 모두 내가 큰

돈을 벌어서 좋겠다는 생각만 했다. 내가 언제 처음으로 약세장을 예측했는지에 대해서는 한 마디도 하지 않았다. 그들은 나를 시장에 불만을 품고 떠들어대는 미치광이라며 경시했던 사람들이었다. 내가 시장의 자금 문제를 예측했다는 사실은 안중에도 없었다. 중개인 장부의 채무자 명단에서 내 이름 밑에 기록된 것이 거의 없다는 사실에만 경악을 금치 못하며 대단하다고 했다.

친구들한테 들었는데 여러 객장에서 하딩 브러더스의 '몰빵 투기꾼 소년'에 대해 떠들어댔다고 했다. 시장 하락세가 더욱 심해질 게 분명해진 이후에도 주가를 끌어올리려는 강세론자들을 위협한 인물이란 말이 돌았다고. 오늘날까지도 내가 강세론자들을 급습한 이야기를 떠들어대는 사람들이 있다.

9월 후반부터 자금 시장은 전 세계에 소리 높여 경고하기 시작했다. 그럼에도 기적을 믿는 사람들은 투기 목적으로 보유한 상품을 팔지 않았다. 한 중개인한테서 10월 첫째 주 상황을 전해 들었는데 그것도 모르고 공매도를 자제했던 나 자신이 한심하게 느껴졌다.

거래소에서는 '머니포스트(Money Post)'라는 장소 근처에서 대출이 이루어진다. 중개인들은 은행 간 단기대출금인 콜론(Call Loan)을 상환하라는 요청을 받으면 일반적으로 자금을 얼마나 더 빌려야 하는지 알고 있었다. 물론 은행들은 빌려줄 수 있는 자금에 관한 자사 입장을 잘 파악하고 있어서 대출 가능한 자금은 거래소에 빌려주었다. 이런 자금은 소수의 정기 대출 담당 중개인들이 관리했다. 당일 대출 금리는 늘 정오 무렵에 개시되었다. 그 이전까지는 평균 금리로 공정하게 대출이 이루어졌다. 거래는 공개적으로 이루어졌기 때문에 모두가 돌아가는 상황을 알 수 있었다. 정오에서 오후 2시 사이에는 보통 거래가 많지 않았다. 하지만 인도 기한인 오후 2시 15분 이후부터는 중개인들이 당일 현금 유동성을 정확하게 알 수 있어서 머니포스트로 향했다. 그곳에서 여유자금을 빌려주거나 필요한 자금을 빌리는 것이었다. 이 거래도 공개적으로 이루어졌다.

앞서 말했던 중개인이 10월 초에 나를 찾아와서는 중개인들이 빌려줄 돈이 있어도 머니포스트에 가지 않는다고 했다. 몇몇 유명한 거래소 회원사들이 머니포스트에서 대출 가능한 자금을 모조리 대출해갔기 때문이다. 공개적으로 대출을 해주는 사람들이 그들 회원사에게 대출을 해주지 않을 수도 없었다. 대출금 상환 능력이 있는 데다 담보도 충분했기 때문이다. 그런데 이들 회원사의 단기 대출금을 상환 받을 길이 없다는 게 문제였다. 회원사에서 대출금을 상환할 수 없다고 하면 울며 겨자 먹기로 대출 기한을 갱신해줄 수밖에 없었다. 이렇다 보니 대출자금을 보유한 거래소 회원사는 직원들을 머니포스트에 보내지 않았다. 대신 직원들에게 객장을 돌아다니며 이렇게 속삭이라고 했다. "100 어때요?" 해석하자면 이런 뜻이었다. "10만 달러 빌릴래요?" 급기야는 은행 간 대출을 담당하는 중개인들도 이와 같은 전략을 구사했다. 머니포스트가 얼마나 황량해졌을지 상상이 갔다.

중개인한테서 다른 이야기도 들었다. 10월에는 돈을 빌리는 채무자가 대출 금리를 정하는 것이 증권거래소 관례였다고 했다. 당시 대출 금리는 연 100에서 150퍼센트 사이를 오르락내리락했다. 채무자에게 금리를 정하라고 떠넘기면 자금을 대출해주는 쪽에서 고리대금업자가 된 느낌을 다소 떨쳐낼 수 있었던 모양이다. 대출을 받는 사람은 당연히 터무니없이 낮은 금리를 요구하지 못했다.

적정한 금리를 제시했고 다른 사람들만큼 지불했다. 돈이 필요한 사람들이라 대출을 받기만 해도 기쁘게 여겼다.

상황은 점점 더 나빠졌다. 마침내 고통스러운 심판의 날이 다가 왔다. 강세론자들과 낙관론자들, 희망에 젖어 있던 사상가들, 초기에 적은 손해도 두려워했던 이들이 이제는 마취제 없이 절단 수술을 받아야 하는 신세가 됐다. 1907년 10월 24일. 나는 이날을 잊을 수가 없다.

시장에 자금이 충분히 돌지 않아서 채무자들이 대출자가 요구하는 만큼 금리를 지불할 것이라는 소문이 돌았다. 자금을 빌리려는 사람들이 평소보다 훨씬 많은 날이었다. 이날 오후 인도 기한이 다가왔을 때 머니포스트 근처에 모여든 중개인은 100명쯤 된 듯했다. 모두 급하게 필요한 자금을 대출하려고 했다. 대출을 못 받으면 증거금만 내고 신용 매수한 주식을 팔아야 했다. 하지만 매수자도 자금만큼이나 부족했기 때문에 얼마든 상관하지 않고 시장가로 팔 수 있다는 것에 만족해야 했다. 하지만 이날 머니포스트 주변에서는 1달러도 구할 수 없었다.

내 친구의 파트너도 나처럼 약세론자였다. 그런 탓에 그 친구 회사는 돈을 빌릴 필요가 없었다. 그런데 앞서 얘기했던 중개인 친구가 머니포스트 근처에서 돌아다니는 초췌한 얼굴들을 보자마자 내게 다가왔다. 그 친구는 내가 전 종목을 대량으로 공매도했다는 사실을 알고 있었다.

"맙소사, 래리! 무슨 일이 일어날지 모르겠어. 이런 상황은 본 적이 없어. 이렇게는 안 돼. 뭔가를 던져줘야 한다고. 전부 다 당장 파산할 것 같아. 이런 상황에서는 주식을 못 팔 거야. 시장에 돈이 한 푼도 없다고."

"그게 무슨 말이야?"

친구의 대답은 이러했다.

"교실에서 종 모양 유리병에 생쥐를 넣어놓고 공기를 빼는 실험을 했다는 이야기 들어봤나? 생쥐는 공기가 차츰차츰 빠져나가는 병 속에서 잔뜩 부푼 풀무처럼 옆구리를 들썩거리며 산소를 들이마시려고 애쓰지. 호흡이 점점 가빠져서 헐떡이고, 눈알이 튀어나올 지경이 되면 질식해서 죽는 거야. 머니포스트에 몰려든 사람들을 보고 그 생쥐가 생각나더라니까! 어디를 봐도 돈은 없지. 주식은 살 사람이 없어서 못 팔지. 월가 전체가 당장 파산하게 생겼어."

친구의 말에 나는 생각에 잠겼다. 폭락을 예상하기는 했지만 역사상 최악의 공황이 닥치리라고는 생각지 못했다. 상황이 더 심각해지면 모두 피해를 입을지도 몰랐다.

마침내 머니포스트에서 기다려봤자 소용없다는 사실이 분명해졌다. 아무 의미도 없는 짓이었다. 그렇게 지옥이 열렸다.

그날 오후에 뉴욕증권거래소 이사장 랜섬 토머스(Ransom H. Thomas)[2]가 월가의 모든 회원사가 재앙을 맞이할 거란 사실을 알고서 구조를 요청하러 나갔다고 들었다. 토머스는 내셔널시티뱅크

---

2   랜섬 토머스(1852~1922): 은행가. 1903년 루돌프 케플러에 이어 뉴욕증권거래소 회장으로 취임했다. 1907년 대공황 당시에 뉴욕증권거래소를 책임지며 J.P. 모건의 자금 지원을 이끌어 냈다.

(National City Bank)의 은행장 제임스 스틸먼(James A. Stillman)[3]을 찾아 갔다. 내셔널시티뱅크는 미국에서 가장 부유한 은행으로 대출 금리를 6퍼센트 넘게 올리지 않는다고 자랑했다.

스틸먼은 이사장 토머스의 이야기를 듣고 이렇게 말했다.

"모건 씨를 찾아가야 합니다."

그리하여 두 사람은 금융 역사상 최악의 공황 사태를 막기 위해 J.P.모건은행(現 JP모건 체이스)을 찾아가 모건을 만났다. 토머스는 모건 앞에서 상황을 설명했다. 토머스가 이야기를 끝내자 모건은 이렇게 말했다.

"증권거래소로 돌아가서 자금이 들어올 거라고 말하세요."

"어디서 들어오는데요?"

"은행이죠!"

그 중대한 순간, 다들 모건을 철석같이 믿었기 때문에 토머스는 자세한 설명을 기다리지도 않고 증권사 객장으로 돌아가 사형 집행을 앞둔 동료들에게 집행 유예를 선고했다.

오후 2시 30분이 되지 않은 시각에 J.P. 모건과 밀접한 관계에 있는 밴엠버러 앤드 애터버리(Van Emburgh&Atterbury)의 존 애터버리(John T. Atterbury)가 돈에 목마른 군중들 앞에 나타났다. 베테랑 중개인 애터버리는 재빨리 머니포스터로 걸어가 부흥회 설교자처럼 한 손을 들어 올렸다. 사람들은 토머스의 이야기를 듣고서 약간 진정

---

3   제임스 스틸먼(1850~1918): '은행업계의 신'. 41세에 은행장 자리에 올라 '예금자를 위한 은행'이라는 보수적인 운영방침으로 소비자에게 높은 신뢰도를 쌓아서 보잘것없던 내셔널시티뱅크를 모건 가문과 겨룰 수 있는 수준까지 올렸다. 내셔널시티뱅크를 예금 보유가 가장 많은 뉴욕 최대의 상업은행으로 만들었고 1907년 공황으로부터 월가를 구제하기도 했다.

됐지만 구제책이 잘못돼서 최악의 사태가 닥칠까봐 다시 두려움에 떨고 있었다. 하지만 애터버리가 나타나 손을 치켜드는 모습에 어안이 벙벙해졌다.

죽음과 같은 정적이 찾아들자 애터버리는 이렇게 말했다.

"제가 1000만 달러 대출 권한을 위임 받았습니다. 모두 진정하세요! 모두 자금을 빌릴 수 있습니다!"

그렇게 애터버리는 대출 업무를 시작했다. 그런데 채무자에게 대출자 이름을 알려주는 게 아니라 그냥 채무자 이름과 대출금을 적고는 이렇게 말했다.

"어디서 대출 받을 수 있는지 알려주겠습니다."

그러니까 채무자가 대출금을 받을 수 있는 은행 이름을 나중에 알려주겠다는 뜻이었다. 이틀 후 모건이 겁에 질린 뉴욕 은행가들에게 증권거래소에 필요한 자금을 융통해주라고 했다는 소식을 들었다.

"하지만 그럴 자금이 없어요. 있는 대로 다 대출해줬다고요!"

은행들이 항의하자 모건이 소리쳤다.

"준비금이 있잖습니까!"

"하지만 이미 법정지급준비율보다 낮은 수준이라고요."

은행들이 으르렁대듯 말했다.

"준비금을 풀어요! 이럴 때 쓰려고 준비금이 필요한 겁니다!"

은행들은 모건의 지시를 따라 준비금을 2000만 달러 정도 풀었다. 이로써 주식시장이 살아났고, 금융공황은 다음으로 유예됐다. 이 모든 일을 이뤄낸 사람이 J.P. 모건이었다. 금융공황이 더욱 악화되지는 않았다.

이날의 기억은 내 주식투자 인생에서 가장 생생하게 남아 있다. 내 수익이 100만 달러를 넘어선 날이자 처음으로 신중하게 계획해서 거래에 성공한 날이었기 때문이다. 내 예상이 현실로 실현되었고 무엇보다도 간절하게 꿈꾸던 일이 이루어졌다. 내가 하루 동안 왕이 되었다!

자세히 설명하자면 이렇다. 뉴욕에서 2년을 지내면서 열다섯 살, 사설거래소에서 잘 나갔던 내가 왜 뉴욕의 증권거래소에서는 실패했는지 이유를 알아내려고 머리를 쥐어짜곤 했다. '언젠가는 무엇이 잘못됐는지 깨달을 거고 그 일을 되풀이하지 않을 거야. 그러면 제대로 판단하겠다는 의지뿐만 아니라 제대로 판단할 수 있는 지식도 생기겠지. 그건 내게 힘이 생긴다는 거야.' 내 생각은 이러했다.

그렇다고 오해하지는 말기 바란다. 그러한 내 생각은 신중하게 계획된 원대한 꿈도, 우쭐대는 자만에서 비롯된 헛된 열망도 아니었다. 그보다는 풀러턴과 하딩 객장에서 패배를 안겨주었던 주식시장이 언젠가는 내 손아귀에 들어올 것 같은 느낌이었다. 그 언젠가가 반드시 올 것 같았다. 1907년 10월 24일이 바로 그런 날이었다.

그날 아침에 어느 중개인이 월가에서 유명한 은행 경영자와 함께 차를 탔다. 내 중개인들과 거래를 많이 해서 내가 약세론에 큰돈을 걸었다는 사실까지 잘 아는 사람이었다. 그 중개인은 은행가에게 내가 운을 한계까지 시험해보려고 대량 거래를 한다고 말했다. 내 예상이 들어맞았는데도 최대한 이용하지 않는다면 무슨 소용이 있겠는가?

어쩌면 중개인이 이야기를 그럴듯하게 과장했는지도 몰랐다. 혹은 나의 추종자들이 생각보다 많아서 내 존재가 부각됐을 수도 있었다. 아니면 은행가가 현재 상황의 심각성을 나보다 훨씬 더 깊이 통감하고 있어서 나를 만나고 싶어 했는지도 몰랐다. 이유야 잘 모르겠지만 내 친구는 이렇게 말했다.

"일전에 네가 한두 차례 위기가 닥치고 나서 진짜 매도가 시작되면 시장이 어떻게 될지 말한 적 있잖아. 내가 그 이야기를 그분한테 했더니 관심 있게 듣더라고. 이야기를 다 끝내고 나니까 그분이 오늘 중으로 나한테 부탁할 게 있을 지도 모르겠다고 하는 거야."

주가가 얼마든 상관없이 증권사들이 주식을 살 돈이 한 푼도 없다는 사실을 알았을 때 나는 때가 왔음을 직감했다. 나는 중개인들을 여러 곳에 보냈지만 유니언퍼시픽을 매수하겠다는 사람이 전혀 없었다. 가격이 아무리 싸도 소용없었다! 어떤 상황인지 상상이 가는가? 다른 주식들 상황도 마찬가지였다. 주식을 보유할 돈도, 매수할 돈도 없는 상황이었다.

내 수익은 엄청나게 늘어났다. 내가 유니언퍼시픽과 배당금이 잘 나오는 좋은 주식 대여섯 개를 각각 1만 주 매도하는 주문만 넣으면 주가가 더욱 폭락해 지옥이 펼쳐질 게 분명했다. 극심한 공황 사태가 닥칠 것 같았고, 거래소 운영위는 1914년 8월 제1차 세계대전이 발발했던 당시처럼 거래소를 닫는 게 바람직하다고 생각하는 것 같았다.

그렇게 된다면 나의 수익은 증가하겠지만 현금화할 수는 없을 터였다. 그 밖에 또 고려할 사항이 있었다. 주가 하락이 이어진다면 유혈사태 이후에 기대하던 경제 회복이 늦어질 것이었다. 이러한 공황 사태로 나라 전반이 피해를 입을 게 분명했다.

나는 이런 상황에서 지속적인 매도 공세는 현명하지 못할뿐더러 탐탁지 않고 논리적이지도 않다는 결론을 내렸다. 그리하여 매수에 나섰다.

중개인들이 내 지시에 따라 주식을 매수했고, 나는 최저가에 주식을 사들였다. 그런데 얼마 후 앞서 말했던 은행가가 내 친구를 불렀다.

"자네 친구한테 전해줬으면 하는 말이 있어서 불렀네. 오늘은 더 이상 주식을 매도하지 않으면 좋겠다고 바로 전해주게나. 시장은 더 이상의 압력을 견딜 수 없는 상황이야. 이 상태라면 심각한 공황을 피하기 어려워. 리빙스턴에게 애국심을 보여 달라고 부탁해주게나. 지금은 모두의 이익을 위해 노력해야 할 때야. 그에게서 답을 들으면 바로 알려주게."

친구는 그 길로 나를 찾아와 이야기를 전해주었다. 눈치 빠른 친구는 내가 시장을 폭락시킬 작정이라서 매도 중지 요청을 받으면 1000만 달러 정도 벌 기회를 날리라는 소리로 들을 거라고 생각하는 모양이었다. 게다가 앞으로 닥칠 일을 예상하고도 일반 대중에게 많은 주식을 떠넘기려는 몇몇 큰손들에게 불만을 품고 있다는 것까지 잘 알고 있었다.

사실 내가 유명 금융기관들의 주식을 저가에 사들였기 때문에 오히려 큰손들이 큰 피해를 입었다. 당시에는 몰랐지만 그게 그렇게 중요한 일은 아니라고 생각했다. 나는 이미 공매도 주식을 모두 사들였고 주식을 저가에 매수했으니 주가 회복에 도움 될 상황인 것 같았기 때문이다. 다른 누군가가 시장을 흔들어놓지만 않는다면 말이다. 그래서 친구에게 이렇게 전했다.

"나도 상황의 심각성을 진작 실감하고 있었기 때문에 그렇게 하겠다고 그분께 전해줘. 오늘은 주식을 더 이상 팔지 않고 최대한 매수할 거야."

이후 나는 약속을 지켰다. 그날 10만 주를 매수했고, 이후 9개월 동안 공매도를 하지 않았다.

이런 일이 있었기에 나는 친구들에게 이날 내 꿈을 이루었고, 잠시나마 왕좌에 앉았다고 말했다. 그날 주식시장은 누군가가 마음만 먹는다면 마음대로 흔들 수 있는 상태였다. 나는 과대망상에 빠져 허우적대지 않았다. 그런데도 내가 시장을 급습했다느니, 내 작전이 어땠다느니 하는 소문이 과장되어 떠돌았다. 그런 소리를 듣는 내 기분이 어땠겠는가.

나는 멀쩡하게 시장을 빠져나왔다. 신문에서는 '몰빵 투기꾼 소년' 래리 리빙스턴이 수백만 달러를 벌었다고 떠들어댔다. 사실 그날 장 마감 이후 내 수익은 100만 달러가 넘었다. 하지만 나는 돈보다 더 큰 것을 얻었다. 내 예상이 들어맞은 게 가장 큰 수확이었다. 나는 앞날을 내다보고 명확한 계획을 세워 실행했다. 큰돈을 벌려면 어떻게 해야 하는지 배웠다. 그렇게 도박꾼 딱지를 영원히 벗어던졌다. 마침내 멀리 보고 현명하게 거래하는 법을 배웠다. 내 인생에서 최고 중의 최고인 날이었다.

Reminiscences of a Stock Operator

10장

주식시장은 경마와
다르지 않다

성공 요인을 분석하며 얻는 이점이 실수를 돌아보고 받게 될 혜택보다 더 많다. 그렇기에 사람은 벌을 받지 않으려고 한다. 실수를 해서 매를 맞고 나면 다시는 실수를 하지 않으려고 한다. 시장에서 실수를 하면 두 개 급소에 직격타를 맞는다. '돈주머니'와 '자부심'에 타격을 입는다. 그런데 흥미로운 사실이 하나 있다. 주식 투기를 하는 사람은 가끔 알면서도 실수를 저지른다. 그래놓고는 왜 그랬을까 하고 자책한다. 고통스러운 대가를 치르고 한참이 지난 후에야 냉정하게 분석해본다. 언제, 어떻게, 정확하게 어떤 거래 시점에서 실수했는지는 깨달을 수 있겠지만 애초에 왜 그런 실수를 했는지는 전혀 모른다. 그냥 다 자기 탓이라고 자책하다 흘려 넘겨 버린다.

물론 현명하면서 운도 좋은 사람이라면 똑같은 실수를 다시 저지르지 않는다. 하지만 예전의 실수와 비슷한 실수를 계속 저지른다. 실수는 비슷비슷하게 생긴 형제나 사촌이 무수히 많아서 뭔가 어리석은 짓을 하기 위해 주변을 둘러보면 언제든지 찾을 수 있다.

나는 100만 달러짜리 실수를 저지른 적이 있었다. 그 이야기를 하려면 1907년 10월 대폭락 직후로 거슬러 올라가야 한다. 거래를 계속하는 한, 100만 달러는 투자 원금이 더 늘어났다는 뜻일 뿐이다. 트레이더는 돈이 많다고 해서 더 편안해지지 않는다. 부자든 가난하든 언제나 실수를 저지를 수 있기 때문이다. 실수를 저질러놓고 편안해 할 사람은 없다. 백만장자가 제대로 판단해서 돈을 벌어도 돈은 단지 부리는 하인에 불과할 뿐이다. 그렇기에 내게 손실액은 큰 문젯거리가 아니었다. 손실을 입어도 그때만 지나면 별로 신경 쓰이지 않았다. 하룻밤이 지나면 다 잊어버렸으니까. 하지만 내 예상이 빗나가면 돈주머니만 비는 게 아니라 영혼까지 털렸다. 딕슨 와츠(Dickson G. Watts)[1]가 들려준 불안에 떠는 한 남자 이야기를 기억하는가? 한 남자가 너무 불안해하자 친구가 무슨 일인지 물었다.

"잠을 못 자겠어."

불안에 사로잡힌 남자가 말하니 친구가 물었다.

"왜?"

"면화를 너무 많이 갖고 있어서 그 생각만 하면 잠이 안 와. 진이 다 빠져버렸어. 어떡하지?"

"편히 잠잘 수 있을 만큼만 남겨두고 나머지는 팔아."

사람은 보통 환경에 아주 빠르게 적응하기 때문에 과거를 돌아보지 못한다. 과거와 현재의 차이를 느끼지 못하는 것이다. 다시 말하자면 백만장자가 되기 이전에는 어떠했는지를 선명하게 기억하지 못한다. 지금은 할 수 있지만 그때는 하지 못했던 것들만 기억한다. 평범한 젊은이는 가난했던 시절의 습관을 쉽게 버린다. 반대로 부자였던 시절의 습관을 버리려면 시간이 좀 더 필요하다. 돈이 있으면 꼭 사고 싶은 게 생기거나 늘어나기 때문인 것 같다. 예컨대 주식시장에서 돈을 번 사람은 절약하는 습관을 쉽게 잃어버린다. 하지만 돈을 잃어서 쓸 돈이 없어도 소비 습관은 쉽게 바꾸지 못한다.

1907년에 공매도했다가 매수한 후, 나는 잠시 쉬기로 마음먹었다. 요트 한 척을 사서 남쪽으로 여행을 계획했다. 낚시에 미쳐 있었던 나는 인생을 즐기고 싶었다. 잔뜩 기대를 품은 채 당장이라도 떠

166

---

1   딕슨 와츠(1845~1902): 1870년 뉴욕면화거래소 초대 회장이었다. 제시 리버모어, 버나드 바루크로 이어지는 추세매매의 시초라 할 수 있다.

날 참이었다. 그런데 떠나지 못했다. 시장이 날 놓아주지 않았다.

나는 주식뿐만 아니라 상품도 거래했다. 젊은 시절에 사설거래소에서 거래를 시작했고, 주식시장만큼은 아니지만 그래도 수년 동안 상품시장을 연구했다. 나는 주식 거래보다는 차라리 상품 거래가 더 나았다. 상품 거래는 주식 거래보다 훨씬 더 합법적이고 상업적인 성격을 띠고 있다. 순전히 상업적인 문제만 가지고 상품 거래를 할 수도 있다. 상품시장에서 특정 추세에 동조하거나 반하는 가설을 내세워 거래할 수도 있다. 그러나 가설에 의존한 승리는 일시적일 뿐 결국에는 사실만이 승리한다. 그러므로 트레이더는 일반사업을 할 때처럼 연구와 관찰에 매진해야 한다. 상황을 지켜보고 평가할 수 있다면 다른 사람들 못지않게 지식을 얻는다. 내부자들에게 당하지 않으려고 경계할 필요도 없다. 면화시장이나 밀, 혹은 옥수수 시장에서는 배당금이 갑작스럽게 지급되거나 하룻밤 사이에 증가하는 일이 없다. 장기적으로 상품 가격을 좌지우지하는 것은 단 하나, 바로 수요와 공급의 법칙이다. 상품시장에서 트레이더는 현재와 미래의 수요와 공급에 관한 사실만 확보하면 된다. 주식시장에서처럼 여러 가지를 추측할 필요가 없다. 그래서 나는 언제나 상품 거래에 매력을 느꼈다.

모든 투기 시장에서는 똑같은 일이 일어난다. 주가 시세표가 전하는 메시지가 똑같다. 문제의 원인을 생각하는 사람은 그 메시지를 명확하게 이해할 수 있다. 자문하고 상황을 고려하면 답이 바로 나온다. 하지만 사람들은 답을 찾으려 애쓰기는커녕 아예 문제의 원인도 생각하지 않는다. 미국인들은 보통 의심이 많아서 언제 어디서나 꼬치꼬치 캐묻는다. 하지만 단 하나 예외가 있다. 주식 거래소든 상품거래소든 거래소에서 주가 시세표를 볼 때는 그러지 않는다. 주식이나 상품 거래는 반드시 사전에 연구해야 하는 분야인데도 신중하게 행동하는 평소와 달리 의혹을 점검하지도 않고 무작정 시작한다. 중저가 자동차 하나를 살 때도 이것저것 다 알아보면서 주식시장에서는 크게 고민하지도 않고 재산의 절반을 쏟아붓는다.

주가 시세표 해독은 생각만큼 그렇게 복잡하지 않다. 물론 경험이 필요하다. 하지만 무엇보다도 기본적 경제지표를 염두에 두어야 한다. 주가 시세표가 미래를 알려주지는 않기 때문이다. 주가 시세표를 본다고 다음 주 목요일 오후 1시 35분에 얼마를 벌지는 알 수 없다. 하지만 어떻게 언제 거래할지는 알 수 있다. 예컨대 매도보다 매수가 현명한지를 판단한다.

주식시장뿐만 아니라 면화나 밀, 옥수수, 귀리 시장에서도 마찬가지다. 시장을 관찰할 때, 그러니까 주가 시세표에 기록된 주가 움직임을 살펴볼 때 목적은 단 하나다. '방향 파악', 즉 가격의 추세 파악이다. 알다시피 가격은 저항 유무에 따라 상승하거나 하락한다. 좀더 쉽게 설명하자면 가격은 다른 모든 것과 마찬가지로 저항이 가장 적은 길, 즉 최소 저항선을 따라 움직인다. 항상 가기 쉬운 방향으로 움직이기 때문에 상승 저항이 하락 저항보다 적으면 상승하고, 그 반대는 하락한다.

추세가 시작된 지 한참이 지났다면 강세장인지 약세장인지 헷갈릴 일이 없다. 열린 마음과 명석한 판단력을 갖춘 사람에게는 추세가 명확하게 보인다. 반면 사실들을 자기 이론에 끼워 맞추는 투기자는 결코 현명하게 거래하지 못한다. 강세장인지 약세장인지 알아내려고 한다. 아니 반드시 알아내야만 한다. 그래야 매수할지, 매도할지를 판단한다. 그러나 이러한 판단은 추세 초기에 이루어져야 한다.

예를 들어 주가가 10포인트 범위에서 오르락내리락한다고 해보자. 최고 130까지 올랐다가 최저 120까지 떨어지기를 반복하는 것이다. 이 경우 주가가 바닥까지 내려갔을 때는 약세장처럼 보이지만 8에서 10포인트 올라가면 강세장처럼 보인다. 이런 징조를 보고 거래를 시작해서는 안 된다. 주가 시세표를 보고 때가 됐다 싶을 때까지 기다려야 한다. 주식이 싼 것 같아서 매도하거나 비싼 것 같아서 매수하기 때문에 수백만 달러가 날아간다. 투기자는 투자자와 다르다. 투기자는 꾸준하게 수익을 올려 상당히 괜찮은 수익률을 얻으려 하지 않는다. 그보다는 투기 대상이 무엇이든 주가 상승이나 하락을 이용해 수익을 올린다. 그러므로 투기자는 거래하는 시점에서 최소 저항선을 알아내야 한다. 최소 저항선이 확실하게 드러나는 순간을 기다려야 한다. 이때가 바로 바쁘게 움직여야 하는 시기다.

주가 시세표를 제대로 읽으면 130에서 매도세가 매수세보다 강해 가격 조정이 이어지는 게 타당해 보인다. 하지만 주가 시세표를 겉만 훑어보는 초보자는 매도세가 매수세를 압도하는 시점에서 주가가 150까지 계속 오를 거라 판단하고 매수에 나선다. 하지만 곧이어 조정이 시작되고 주식을 계속 보유하거나 손절 혹은 공매도하고 약세장이라고 떠든다. 그렇지만 120에서는 하락 저항이 더욱 강하게 나타나 매수세가 매도세를 압도하고 주가는 상승한다. 결국 공매도 물량은 환매하는 수밖에 없다. 일반 대중은 이처럼 걸핏하면 이중으로 손해를 보면서도 뭐가 잘못됐는지 모르니 참으로 신기할 따름이다.

　그러다 마침내 상승세나 하락세를 증가시키는 뭔가가 나타난다. 이에 가장 저항이 적은 지점이 올라가거나 내려간다. 다시 말해서 130에서 처음으로 매수세가 매도세보다 강해지거나 120에서 처음으로 매도세가 매수세보다 강해진다. 마침내 주가는 예전의 장벽이나 한계선을 돌파한다. 일반적으로 120에서 주가가 싼 것 같아 공매도하거나 130에서 강세인 것 같아 매수하는 트레이더는 언제나 존재한다. 이들은 주가가 자신의 예상과 다르게 움직일 때 마음을 바꿔서 반대매매를 하거나 주식을 청산한다. 이런 사람들이 있어서 최소 저항선이 더욱 명확하게 드러난다. 영리한 트레이더들은 끈기 있게 기다리면서 기본적인 거래 상황뿐만 아니라 잘못 예상했다가 실수를 바로잡으려는 사람들의 매매 움직임을 살펴본다. 이들의 매매 움직임 때문에 가격이 최소 저항선을 따라 움직이기 쉽기 때문이다.

＊

　지금 여기서 투기의 자명한 원칙이나 확실한 논리를 제시할 수는 없다. 하지만 내 경험상 이 점만은 분명하다. 최소 저항선을 따라 포지션을 잡으면 예기치 못하거나 예상치 못한 사건이 일어나도 득이 된다. 내가 새러토가에서 유니언퍼시픽을 매수했다가 매도로 돌아섰던 것을 기억하는가? 당시에 나는 최소 저항선이 위쪽을 향한다고 판단하고 매수했다. 그때 내부자들이 주식을 판다는 중개인의 이야기에도 매수 포지션을 유지했어야 했다. 이사진(理事陣)의 생각이 어떤지는 중요하지 않았다. 내가 알 수 없는 것이었으니까. 하지만 주가 시세표가 전하는 '상승 중'이라는 메시지는 알 수 있었고, 명확하게 읽어냈다. 그러던 차에 갑작스러운 배당금 지급 소식이 터져 나왔고, 주가는 30포인트 상승했다. 164까지 치솟은 주가는 엄청비싸 보였지만 앞서도 말했듯이 너무 비싸서 못 사거나 너무 싸서팔지 못하는 주식은 없다. 최소 저항선은 가격 그 자체와는 아무런상관이 없다.

이러한 방식으로 매매해본다면 장 마감 시간에서 다음 날 개장시간 사이에 나오는 중요한 소식이 대체로 최소 저항선의 방향과 일치한다는 사실을 알 수 있다. 그러한 소식이 나오기 전에 이미 추세가 형성되기 때문에 강세장인지 약세장인지에 따라 그에 반하는 소식은 묻히고 그에 부합하는 소식이 과장되어 보도된다. 한 예로 제1차 세계대전이 발발하기 전에 시장은 이미 심각한 약세를 보이고 있었다. 그러던 차에 독일이 연합국과 중립국 선박을 무차별 공격하겠다는 무제한 잠수함 작전을 발표했다. 당시에 나는 15만 주를 공매도한 상태였다. 독일의 잠수함 작전 소식을 미리 알아서 매도한것이 아니라 최소 저항선을 따른 결과가 공매도였다. 독일의 잠수함 작전 소식은 전혀 예상치 못했다. 그러거나 말거나 나는 그 상황을 이용해 공매도 물량을 저가에 환매했다.

주가 시세표를 보고 최소 저항선을 따라 거래하기만 하면 된다는 말은 말만 쉽지, 실제로 쉬운 일이 아니다. 거래할 때는 많은 것을 경계해야 하는데 그중에서도 자기 자신을 가장 경계해야 한다. 다시 말하면 인간의 본성을 조심해야 한다는 의미다. 강세장에서약세를 암시하는 소식을 무시하는 게 인간의 본성이다. 그런데도그 본성이 드러났을 때는 놀람을 금치 못한다. 한 예로 사람들은 한두 지역 날씨가 나빴기 때문에 밀농사가 망했다고, 농부들이 파산했다고 말한다. 하지만 모든 밀농사 지역의 농부들이 수확한 밀을 대형 곡물 창고로 옮기면서 피해가 적다는 사실이 드러났다. 이에 밀 수확량 부족으로 가격 상승을 예측하고 매수했던 강세론자들은 그 사실에 경악한다. 약세를 점치고 공매도했던 사람들을 도와준 꼴이 됐다는 걸 깨닫는다. 이런 이유에서 시장을 제대로 예측하는 사람은 언제나 기본적인 시장 상황뿐만 아니라 잘못 예측한 사람들의 도움을 받는다.

상품시장에서 거래하는 사람은 고정된 생각을 버려야 한다. 그보다는 열린 마음과 융통성을 지녀야 한다. 자신의 작황 예측이나 수요 예측이 어떻든 주가 시세표의 메시지를 무시하는 것은 현명하지 못하다. 나는 출발 신호를 예측하려고 하다가 큰 기회를 놓친 적이 있었다. 이때는 시장 여건이 확실하게 조성된 것 같아서 최소 저항선이 나타날 때까지 기다릴 필요가 없다고 생각했다. 심지어는 조금만 손을 쓰면 최소 저항선이 나타날 것 같아서 내가 나서 볼까 생각하기도 했다.

내가 면화 가격 상승을 예측했던 때였다. 가격은 12센트 정도에서 소폭 상승했다가 하락했다 했다. 주가가 박스권에 갇힌 게 분명했다. 이럴 때는 기다려야 한다는 사실을 알았지만 내가 움직이면 주가가 박스권 상단선을 뚫고 나갈 것 같았다.

그래서 5만 베일(bale)을 매수했다. 주가는 당연히 상승했다. 하지만 내가 매수를 중단하자마자 당연히 주가도 상승을 멈추고 내가 매수했던 시점의 가격으로 돌아갔다. 내가 다 청산하고 나오자 주가 하락이 멈췄다. 그러다 이제 곧 출발 신호가 나오겠다 싶어서 다시 시작해야겠다고 생각했다. 하지만 다시 시작해도 똑같은 일이 반복됐다. 내가 가격을 끌어올려도 매수를 멈추면 주가가 하락했다. 그렇게 네댓 번을 시도하다가 질려서 그만두었다. 20만 달러 손실을 내고서야 끝을 맺었다. 그로부터 얼마 지나지 않아 주가가 상승하더니 큰돈을 벌 수 있는 수준까지 치솟았다. 내가 그렇게 서둘러 시작하지 않았다면 한탕 크게 챙겼을 것이다.

이런 경험을 하는 트레이더가 무수히 많아서 이에 관한 원칙을 제시할 수도 있다. 주가가 어디로도 뻗어나가지 못하고 좁은 박스권 내에서 오르내릴 때 언제 크게 상승하거나 하락할지 예상하는 건 무의미한 짓이다. 이때는 시장을 지켜보고 주가 시세표를 보면서 박스권 경계를 파악하고, 주가가 어느 방향이든 박스권을 탈출할 때까지는 관심을 끄겠다고 마음먹어야 한다. 투기자는 시장에서 돈을 벌 궁리를 해야지 주가 시세표가 자기 생각대로 움직이기를 기대해서는 안 된다. 주가 시세표와 다투지 말아야 한다. 왜 주가가 그렇게 나왔는지 이유나 설명을 요구하지도 말아야 한다. 주식시장에서 사후 해석은 득이 되지 않는다.

얼마 전에 친구들을 만났다. '강세다, 약세다' 하는 밀시장 이야기가 오갔다. 그러다 마침내 친구들이 내 의견을 물었다. 사실 나는 한동안 밀 시장을 분석하고 있었다. 하지만 통계수치나 여건 분석은 말해봤자 다들 관심 없을 것 같아서 이렇게 말했다.

"밀 거래에서 돈을 벌고 싶다면 방법을 알려줄게."

그러자 다들 돈을 벌고 싶다고 했다.

"밀 거래로 돈을 벌고 싶은 게 확실하면 지금은 그냥 지켜봐. 기다렸다가 주가가 1.20달러를 넘어서면 매수해. 그럼 빠르게 한몫 잡을 수 있어."

"지금 매수하면 안 돼? 1.14달러인데?"

한 친구가 물었다.

"아직은 가격이 상승할지 알 수 없으니까."

"1.20달러에서는 왜 매수해야 하는데? 가격이 너무 비싸 보여."

"크게 수익을 올리고 싶어서 무턱대고 도박하고 싶어, 아니면 현명하게 투기해서 그보다는 좀 적지만 훨씬 확실한 수익을 올리고 싶어?"

다들 적지만 확실한 수익을 원한다고 해서 나는 이렇게 말했다.

"그럼 내 말대로 해. 1.20달러를 넘어서면 매수해."

앞서도 말했지만 나는 한참이나 밀 시장을 지켜봤다. 몇 달 동안 밀은 1.10달러와 1.20달러 사이에서만 팔렸다. 그 밖으로 벗어나지 않았다. 그러던 어느 날, 종가가 1.19달러를 넘어섰다. 나는 준비태세를 갖췄다. 내 예상대로 다음 날 시장가가 1.205달러였고 나는 매수했다. 그 후로 주가가 1.21달러에서 1.22, 1.23, 1.25달러까지 치솟았다. 나는 그 추세에 올라탔다.

당시에 무슨 일이 벌어졌는지 설명할 수 없다. 왜 주가가 박스권 내에서 오르락내리락했는지도 모른다. 주가가 박스권을 탈출해도 1.20달러를 뚫고 상승할지, 1.10달러를 뚫고 하락할지는 알 수 없었다. 다만 전 세계에 밀이 충분히 공급되지 않아서 대폭 하락이 있을 것 같지는 않았다.

사실은 유럽이 조용히 밀을 사들였고, 많은 트레이더들이 1.19달러에 공매도한 상황이었다. 유럽의 구매력과 다른 요인들 때문에 시장에서 밀이 대량으로 빠져나갔다. 그러자 마침내 가격이 크게 움직여 1.20달러를 넘어섰다. 바로 내가 기다리던 순간이었다. 다른 것은 필요 없었다. 나는 주가가 1.20달러만 넘어서면 된다고 예상했다. 그 순간 상승세가 힘을 얻어 박스권 탈출이 일어나기 때문이다. 다시 말해서 최소 저항선이 나타난다. 이때부터는 판이 달라진다.

*

내 기억으로는 공휴일이었던 어느 날, 미국 시장은 모두 폐장한 상태였다. 그런데 캐나다 위니펙(Winnipeg)에서 밀 가격이 부셸(bushel)[2] 당 6센트 상승했다. 다음 날 미국 시장이 문을 열었을 때도 밀 가격은 6센트 상승했다. 가격이 최소 저항선을 따라 움직였다.

내 거래 방식의 핵심은 이미 말한 것처럼 '주가 시세표 분석'이다. 나는 주가 시세표를 통해 가격이 움직일 확률이 높은 길을 알아낸다. 그리고 나서 추가적인 실험을 통해 내 거래 방식을 점검하고, 절호의 기회를 포착한다. 거래를 시작한 후 가격 움직임을 지켜보면 할 수 있는 일이다.

나는 상승할 주식은 최고가에 사기 좋아하고, 매도할 주식은 저가가 아니면 아예 팔지 않는다. 이런 이야기를 할 때마다 경험 많은 트레이더들도 못 믿겠다는 표정을 짓는다. 거래 시작을 알려주는 자신만의 신호에 따라 움직인다면 돈 버는 일이 그리 어렵지 않다. 자세히 말하자면 최소 저항선이 나타날 때까지 기다렸다가 주가 시

175

---

2 밀의 무게를 잴 때 쓰는 단위로 보통 건조한 작물의 무게를 세는 단위이다. 미국은 60파운드(27.216kg)를 영국은 62파운드(28.123kg)를 각각 1부셸로 한다. 그러나 귀리, 보리를 포함한 곡물, 과일, 채소 등 각 수확물의 1부셸을 환산한 값은 모두 다르므로 주의가 필요하다.

세표가 상승을 외칠 때 매수하거나 하락을 외칠 때 매도하기만 하면 된다. 여기에 하나 덧붙이면 거래량을 차츰 늘려나가야 한다. 예를 들어 처음에는 전체 투자 물량 중 5분의 1만 매수한다. 이때 수익이 나지 않는다면 예측을 잘못했다는 뜻이므로 보유량을 늘려서는 안 된다. 일시적으로 예측을 잘못한 것이고, 예측을 잘못하면 수익은 나지 않는다. '상승'이라고 외쳤던 주가 시세표가 '지금은 아직 아니야'라고 말을 바꾸었다고 해서 거짓말이라고 단정 지을 수는 없다.

나는 한동안 면화 거래에서 큰 성공을 거두었다. 면화 거래에 있어서는 나름의 이론이 있어서 그 이론을 고수했다. 예를 들어 총 4만에서 5만 베일 정도를 거래한다면 어떨까? 앞서도 말했듯이 매수나 매도 기회를 엿보면서 주가 시세표를 연구한다. 이때 최소 저항선이 위로 향한다고 해보자. 나는 1만 베일을 매수한다. 그 이후에 시장이 나의 최초 매수가보다 10포인트 상승하면 1만 베일을 더 매수한다. 그리고 나서 20포인트나 베일 당 1달러 수익이 나면 2만 주를 추가 매수한다. 이 정도면 기본적인 거래 물량이 마련된다. 하지만 처음에 1만이나 2만 베일을 매수하고 나서 손실을 입었다면 시장에서 빠져나와야 한다. 내가 틀렸기 때문이다. 일시적으로 틀렸을 수도 있지만 앞서도 말했듯이 시작부터 틀리면 잘되지 않는다.

이런 거래 방식을 고수하며 가격이 크게 움직일 때마다 면화 물량을 확보했다. 전체 목표 물량을 확보하는 과정에서 실험적으로 5만에서 6만 달러를 던지기도 했다. 보기에는 값비싼 실험 같지만 그렇지 않았다. 가격이 크게 움직이기 시작하면 정확한 시점에 물량을 늘려가기 위해 실험적으로 던졌던 5만 달러를 회수하기까지 얼마나 걸릴까? 바로 할 수 있다! 적시에 정확하게 예측하면 언제나 돈을 번다.

이미 많이 말한 것 같지만 이것이 내가 거래하는 방식이다. 이길 때만 크게 걸고, 져도 실험적으로 걸었던 돈만 약간 잃을 뿐이니 간단하게 계산해 봐도 현명한 방식이다. 이 방식대로 매매한다면 언제나 크게 걸어서 수익을 낼 수 있는 포지션을 확보할 것이다.

전문 트레이더는 언제나 경험을 토대로 정립한 자신만의 거래 방식을 갖고 있고, 투기를 바라보는 자신의 태도나 열망에 따라 행동한다. 팜비치에서 한 노신사를 만난 적 있었다. 이름은 잘 듣지 못했지만 남북전쟁 때부터 월가에 몸담았던 노인이라고 했다. 호황과 공황을 무수히 겪어본 터라 아주 영악한 영감이라는 소리도 들었다. 그노인이 항상 입에 달고 다니는 소리가 뭔고 하니 "태양 아래 새로운 것은 없고, 새로운 것이 없기로는 주식시장이 최고다."였다.

이 노신사는 내게 많은 질문을 던졌다. 내가 평소의 거래 방식을 설명하자 노신사는 고개를 끄덕이며 말했다.

"그래! 그거야! 자네 방식이 옳아. 자네가 만든 방식, 자네 마음이 가는 방식이 자네한테 좋은 방식이야. 자네라면 판돈 걱정 없이 거래할 수 있을 테니 말을 행동으로 옮기기 쉬울 거야. 팻 헌(Pat Hearne)[3]이라고 들어본 적 있나? 아주 유명한 도박꾼이었지. 그 친구와 거래한 적이 있었는데 아주 영리하고 배짱 좋은 인간이었어. 주식으로 돈을 벌어서 그 친구에게 조언을 구하는 사람들이 많았지. 하지만 그 친구가 조언하는 일은 절대 없었어. 자신들의 매매 방식

---

3 팻 헌(?~1859): 19세기 중반 미국에서 가장 유명한 도박꾼이었다. 뉴욕에 최초로 카지노를 열었다.

이 어떤지 봐달라고 대놓고 부탁하는 사람들이 있어도 자기가 좋아하는 경마 격언만 툭 던지고 말았지. '돈을 걸어봐야 안다'고 말이야. 팻은 우리 중개소에서 거래했어. 인기주를 100주 매수하고는 주가가 1퍼센트 오르면 100주를 더 매수했지. 그렇게 1포인트 오를 때마다 100주를 매수하는 방식으로 거래했어. 남의 주머니 채워주는 짓은 하지 않겠다면서 가장 최근 매수가격보다 1포인트 낮은 가격에 손절매 주문을 걸어뒀어. 주가가 계속 오르면 손절매 지점도 높게 설정했지. 그러다 보니 1퍼센트 조정에도 자동으로 손절매됐어. 투자원금이나 수익에서 1포인트 잃는 것까지는 봐줄 수 있지만 그 이상은 어림도 없다고 했지.

자네도 알겠지만 프로 도박꾼은 승산이 희박한 데 걸지 않아. 확실하게 돈이 되는 것만 노리지. 물론 승산이 희박해도 돈을 따기만 하면 괜찮아. 팻은 주식시장에서 비밀정보에 휘둘리거나 1주에 20포인트씩 상승을 노리지도 않았어. 그보다는 확실하게 돈이 되는 건수를 잡아서 생활비를 넉넉하게 벌 만큼 물량을 늘려 거래했지. 내가 말이야, 월가에서 많은 사람을 만나봤는데 내부자를 제외하고 팻 같은 사람은 없었어. 팻은 주식 투기를 카드게임이나 룰렛처럼 보면서도 비교적 건실한 방식으로 베팅한 사람이야.

팻이 죽고 나서 항상 팻과 함께 거래했던 우리 고객 중 한 사람이 팻의 방식대로 래커와너(Lackawanna)를 거래해서 10만 달러 넘게 벌었어. 그러다가 다른 주식들도 거래했는데 돈을 좀 벌더니 팻의 방식을 고수할 필요가 없다고 생각했는지 조정이 왔을 때도 손절매하지 않고 그냥 끌어안고 있더군. 곧 수익이 날 주식인 것처럼 말이야. 결국에는 동전 한 푼까지 다 날렸지. 마침내 정리했을 때는 수천 달러의 빚만 남았어.

그러고도 2, 3년 동안 객장을 떠나지 않았지. 현금을 다 날리고 오랜 시간이 지나도 원통해서 떠날 수 없었나 봐. 처신만 잘하면 다들 뭐라고 하지 않았어. 그 사람이 팻의 거래 방식을 따르지 않다니 정말 멍청한 짓을 했다고 솔직하게 인정했던 기억이 나. 그런데 어느 날 잔뜩 들떠서 날 찾아오더니 우리 거래소에서 공매도를 좀 할 수 있게 도와달라는 거야. 한창 거래할 때는 좋은 고객이어서 나는 100주를 매매할 수 있게 개인적으로 보증해주겠다고 했지.

그 사람은 레이크쇼어(Lake Shore) 100주를 공매도했어. 마침 빌 트래버스(William Travers)가 시장을 뒤흔들었던 1875년이었지. 로버트는 레이크쇼어를 적시에 공매도했고, 주가 하락에 맞춰 계속 공매도했어. 팻 헌의 거래 방식을 버리고 '조만간 수익이 날 거야'라고 속삭이는 희망의 수작질에 넘어가기 전, 한창 잘나가던 시절에 했던 대로 한 거지. 아참, 로버트가 바로 내가 보증해준 사람 이름이야.

그렇게 사흘 동안 피라미드 기법으로 공매도하자 로버트의 계좌에 1만 5,000달러 수익이 들어왔어. 그런데 손절매 주문을 걸어놓지 않아서 왜 그랬는지 물었더니 아직 본격적인 폭락이 시작되지 않았다며 1포인트 조정은 신경 쓰지 않겠다고 하더군. 그때가 8월이었지. 그런데 9월 중순이 다가올 때쯤 넷째 아이 유모차를 살 돈이 필요하다며 10달러를 빌려 갔어. 효과가 증명된 거래 방식을 고수하지 않았던 거야. 대부분의 사람은 그래서 문제지."

노신사가 고개를 가로저었다.

그의 말이 옳았다. 가끔씩 드는 생각이지만 주식 투기는 자연법칙을 따르지 않는 것 같다. 일반적인 투기자는 자신의 본능을 억누

르기 때문이다. 인간은 누구나 본능이라는 약점에 사로잡히기 쉬운데 본능이 투기에는 치명적이다. 보통은 본능에 쉽게 흔들리는 사람이 주변 사람들의 호감을 산다. 아이러니하게도 주식이나 상품을 거래하는 위험성 큰 시장에서는 속절없이 본능에 휘둘리는 사람이 그만큼 위험하지 않은 분야에서는 본능을 철저하게 경계한다.

투기자의 최대 적은 언제나 내면에서 튀어나오는 본능이다. 이러한 본능과 떼려야 뗄 수 없는 감정이 '희망'과 '두려움'이다. 투기를 하다가 시장이 자기 예상과 다르게 움직이면 오늘로 이 악몽이 끝나겠지 하고 희망만 품은 채 하루하루를 보낸다. 희망의 속삭임에 넘어가지 않았다면 줄어들었을 손실액이 점점 더 커진다. 크고 작은 제국을 건설하는 사람들과 개척자들에게 희망은 성공을 가져다주는 강력한 지원군이지만 투기자에게는 최대의 적이다. 한편 시장이 예상대로 움직일 때는 오늘 번 수익을 다음 날 빼앗길까 봐 두려워 너무 빨리 발을 뺀다. 두려움에 사로잡혀 마땅히 벌어야 할 돈을 벌지 못한다. 트레이더로 성공하려면 이 두 가지 본능적인 감정에 맞서 싸워야 한다. 본능적 충동과 반대로 행동해야 한다. 희망이 피어오를 때 두려워야 하고, 두려움에 사로잡힐 때 희망을 품어야 한다. 다시 말해 손실은 더 커질까 봐 두려워해야 하고, 수익은 더 커지기를 희망해야 한다. 보통 사람들이 그러하듯 주식시장에서 도박하는 것은 전적으로 잘못된 행동이다.

나는 열네 살 때 주식 투기를 시작했다. 그 이후로 줄곧 주식 투기에만 매진했다. 그런 만큼 뭣도 모르면서 떠들어대는 사람이 아니다. 거의 30년 동안 꾸준히 거래한 끝에 이런 결론을 내렸다. 밑천이 푼돈이든 수백만 달러든 다 똑같다. 어느 시기에 한 종목이나 여러 종목이라면 모를까 누구도 주식시장을 이길 수는 없다! 면화나 곡물을 몇 차례 거래해서 돈을 벌 수 있지만 면화시장이나 곡물시장을 이길 수는 없다. 주식시장은 경마 도박과 다를 바 없다. 경마 도박에서 한 번은 승자를 맞혀 이길 수 있지만 매번 이길 수는 없다.

이보다 더 강력하게 강조해서 말할 방법이 있다면 그렇게 하겠다. 누가 반대 의견을 제시해도 아무 소용없다. 내 말은 반박의 여지가 없는 진실이다.

11장

면화의 왕

이제 1907년 10월로 돌아가 보겠다. 나는 요트 한 척을 사서 남해 유람을 떠날 채비를 모두 갖춘 상태였다. 낚시에 미쳐 있다시피 했던 터라 이번에는 요트를 타고 언제든지 마음 내킬 때마다 낚시할 계획이었다. 모든 준비가 끝났고 주식에서 큰돈도 벌어두었다. 그런데 마지막 순간 옥수수 때문에 발이 묶였다.

실은 처음으로 100만 달러 수익을 냈던 금융공황 사태 이전부터 시카고에서 곡물 거래를 하고 있었다. 밀과 옥수수는 각각 1000만 부셸씩 공매도해두었다. 곡물시장을 연구한 지는 한참 됐고, 나는 주식시장에서 그랬던 것처럼 옥수수와 밀 가격의 하락을 예상했다.

생각대로 밀과 옥수수 가격이 모두 하락하기 시작했다. 밀 가격은 계속 하락했고 이 틈을 탄 시카고 거물급 트레이더가 옥수수를 매집하려고 했다. 여기서 이 트레이더 이름을 스트래턴(Stratton)이라 부르겠다. 남해로 요트 여행을 떠나려고 주식을 정리하면서 밀은 크게 수익이 난 상태였다. 그런데 스트래턴이 옥수수 가격을 끌어올리는 바람에 옥수수에서는 크게 손실을 봤다.

옥수수 가격이 오르기는 했지만 전국에 옥수수 물량이 훨씬 많이 풀려 있는 게 분명했다. 수요와 공급의 법칙은 언제나 거스를 수 없다. 그런데 수요가 주로 스트래턴한테서 나왔고, 공급은 전혀 이루어지지 않았다. 교통 정체가 극심하여 옥수수 운송이 원활하지 않았기 때문이다. 당시에 나는 한파가 닥쳐 도로가 꽁꽁 얼어붙기를 바라곤 했다. 그럼 차량이 줄어들 테니 농부들이 옥수수를 시장에 내놓지 않을까 기대했다. 그런 운은 찾아오지 않았다.

그렇게 나는 즐거운 낚시 여행을 계획하다가 옥수수 손실로 주

183

저앉고 말았다. 그런 상황에서는 시장을 떠날 수가 없었다. 물론 스트래턴은 공매도 잔량을 주시하고 있었다. 그는 날 꽉 잡고 있다는 사실을 알고 있었고, 나도 내 상황을 잘 알았다. 그럼에도 나는 앞서 말한 것처럼 날씨의 도움을 받을 수 있기를 바라고 있었다. 하지만 날씨나 기적을 행하는 어떤 친절한 이가 내 뜻을 들어줄 기미가 전혀 보이지 않았다. 그 사실을 깨닫고 문제를 해결할 방법을 찾기 시작했다.

밀 물량은 상당한 수익을 남기고 정리했다. 하지만 옥수수 문제는 해결하기가 쉽지 않았다. 시장가로 1000만 부셸을 환매할 수 있다면 손실이 커도 당장 기쁘게 팔아치울 작정이었다. 하지만 내가 옥수수를 환매하기 시작하면 스트래턴이 나를 압박할 게 분명했다. 게다가 옥수수를 환매하면 내가 가격을 올리는 꼴이 될 테니 나 자신의 목을 치는 것과 같았다.

옥수수 가격이 강세를 보였지만 낚시를 가고 싶은 마음이 더 강해서 당장 빠져나올 방법을 찾아야 했다. 전략적 후퇴가 필요했다. 공매도했던 1000만 부셸을 가능한 손실을 줄이는 방향으로 환매해야 했다.

당시에 스트래턴은 귀리를 거래하면서 귀리 시장도 꽉 잡고 있었다. 나는 작황 소식과 거래소 소문을 입수하면서 곡물시장을 주시했다. 그러다가 영향력을 가진 아머(Armour)가 스트래턴에게 호의적이지 않다는 소문을 들었다. 그리고 스트래턴은 자신이 원치 않는 가격에는 옥수수를 내놓지 않을 게 분명했다. 아머와 스트래턴의 대치 상황을 전해 듣는 순간, 시카고 트레이더들에게 도움을 청할 수 있겠다 싶었다. 시카고 트레이더들이 스트래턴이 풀지 않는 옥수수를 내게 팔기만 하면 나머지 일은 순조롭게 풀릴 터였다.

제일 먼저 옥수수 가격이 0.125센트 하락할 때마다 50만 부셸을 매수하는 주문을 넣었다. 그와 동시에 거래소 네 곳에 귀리 5만 부셸을 시장가에 매도하는 주문을 넣었다. 그러고는 귀리 가격이 하락하길 기다렸다. 나는 아머가 스트래턴을 공격한다고 생각할 트레이더들의 생각을 읽을 수 있었다. 귀리 시장이 공격당했으니 다음에는 옥수수 가격의 폭락을 예상할 것이고 이에 따라 트레이더들은 옥수수 매도를 시작할 게 뻔했다. 옥수수 매점 세력이 크게 당한다면 떨어지는 콩고물이 엄청날 것이다.

나는 시카고 트레이더들의 심리를 아주 정확하게 예측했다. 산발적인 매도 주문으로 귀리 가격이 하락하자 시카고 트레이더들은 즉각적으로 정신없이 옥수수를 매도했다. 덕분에 나는 10분 만에 옥수수 600만 부셸을 매수했다. 옥수수 매도가 중단됐을 때는 시장가에 옥수수 400만 부셸을 사들였다. 그 바람에 옥수수 가격은 다시 상승했지만 시카고 트레이더들의 매도 물량을 사들이기 시작했던 시점의 가격에서 0.5센트를 넘지 않는 가격에 1000만 부셸을 모두 환매했다. 시카고 트레이더들의 옥수수 매도를 끌어내려고 공매도했던 귀리 20만 부셸은 3,000달러 손실을 보고 모두 사들였다. 그 정도면 값싼 미끼였다. 게다가 밀 거래 수익으로 옥수수 거래 손실을 메우자 곡물 거래의 총 손실액은 2만 5,000달러에 불과했다. 이후 옥수수 가격은 부셸당 25센트 상승했다. 스트래턴은 의심의 여지없이 날 마음대로 갖고 놀 수 있었다. 내가 가격을 생각하지 않고 옥수수 1000만 부셸을 매수했다면 얼마나 큰돈을 지불해야 했을지 모를 일이다.

다년간 하나의 일에만 매진하면 평범한 초보자와는 다른 습관이 생긴다. 이러한 습관의 차이가 전문가와 아마추어라는 차이를 만들어낸다. 투기 시장에서 현상을 어떻게 바라보느냐에 따라서 돈을 벌거나 잃는다. 일반 대중은 취미 삼아 자신의 활동을 살펴본다. 지나치게 자존심을 내세우고, 깊이 있거나 철저한 사고는 하지 않는다. 반면 전문가는 돈 버는 일보다 일을 제대로 하는지에 관심을 갖는다. 제반을 갖추면 수익은 저절로 난다는 사실을 알고 있기 때문이다. 전문 트레이더는 눈앞의 한 큐가 아니라 다음 큐를 머릿속에 넣어두는 당구 선수처럼 거래에 임한다. 이것이 바로 본능처럼 배어 있는 전문가의 습관이다.

*

애디슨 캐맥(Addison Cammack)이라는 사람의 이야기를 들은 적이 있었다. 이 이야기에 내가 말하고자 하는 바가 잘 담겨 있다. 내가 들은 대로라면 캐맥은 월가에서 남다르게 유능한 사람이었다. 많은 사람의 생각처럼 툭 하면 약세론을 펼쳤던 사람은 아니었다. 하지만 그가 희망과 두려움이라는 인간의 감정을 이용해 약세장에서 거래하는 방식이 매력적으로 느껴졌다. 캐맥의 유명한 격언이 하나 있다. "수액이 나무줄기를 타고 차오를 때는 주식을 매도하지 마라!" 캐맥이 강세장에서 가장 큰돈을 벌었다는 이야기도 들린 걸 보면 캐맥은 편견에 휩쓸리지 않고 시장 상황에 따라 거래한다는 소리였다. 한 마디로 초고수 트레이더였다. 시간을 거슬러 올라가 강세장이 거의 끝나갈 무렵이었다. 캐맥은 약세를 점치고 있었다. 그때 금융부 기자이자 달변가인 아서 조지프(Arthur Joseph)가 그 사실을 알아차린 것 같았다. 하지만 시장은 강세론자들과 낙관적인 언론보도에 힘입어 여전히 강세였고 상승하고 있었다. 조지프는 캐맥 같은 트레이더가 약세를 암시하는 정보를 어떻게 이용할지 알았기 때문에 어느 날 캐맥의 사무실을 찾아가 반가운 소식을 전했다.

"캐맥 씨, 믿을 만한 친구가 세인트폴 거래소에서 주식 양도 담당자로 일하고 있어요. 그 친구한테 들었는데 캐맥 씨가 꼭 알아야 할 이야기예요."

"그게 뭐지?"

캐맥이 무심하게 물었다.

"생각을 바꾸신 거죠? 이제는 약세를 점치고 있죠?"

조지프가 확인차 물었다. 캐맥이 관심이 없다면 귀한 정보를 허투루 내다버리는 꼴이 될 테니까.

"그렇네. 무슨 좋은 정보가 있나?"

"원래 일주일에 두세 번 정도 정보를 수집하려고 세인트폴 거래소에 들리거든요. 그런데 오늘 갔더니 친구가 그 노인장이 주식을 팔고 있다고 그러는 거예요. 노인장이 누군지 알죠? 윌리엄 록펠러 (William A. Rockefeller Jr.)[1]요. 그래서 제가 정말이냐고 물었더니 이러는 거예요. '그래, 진짜야. 주가가 0.375포인트 오를 때마다 1,500주씩 팔고 있다고. 지금 2, 3일째 그 주식을 양도해주고 있어.'라고요.

---

1   윌리엄 록펠러 주니어(1841~1922): 미국의 사업가이자 금융가. 존 록펠러의 동생으로 그와 함께 스탠더드오일을 설립했다. 1920년 후반 아나콘다의 부분 소유주이기도 했는데, 이때 아나콘다는 세계에서 네 번째로 규모가 큰 회사였다. 원전에는 윌리엄 록펠러(William Rockefeller)로 설명하고 있다. 존 록펠러의 아버지가 아닌 형제, 윌리엄 록펠러 주니어(William A. Rockefeller Jr.)를 지칭한다.

그 길로 바로 이렇게 달려와서 말씀드리는 거예요."

캐맥은 쉽게 흥분하지 않았다. 게다가 각양각색의 사람들이 헐레벌떡 찾아와 온갖 소식과 소문, 비밀정보, 심지어는 가짜 뉴스까지 늘어놓는 일이 비일비재했던 터라 그런 이야기를 잘 믿지 않았다. 그래서인지 반응이 시원찮았다.

"제대로 들은 거 맞나?"

"네? 당연하죠! 제 귀는 잘 들리는데요."

조지프가 말했다.

"그 친구는 믿을 만한 사람이고?"

"물론이죠. 오랫동안 알고 지낸 사람입니다. 저한테 거짓말하지도 않는 친구고요. 절대 그런 짓은 안 하죠. 절대요! 진짜 믿을 만한 사람이에요. 제 목숨을 걸고 보장합니다. 그 친구만큼 제가 잘 아는 녀석은 없어요. 캐맥 씨도 오랫동안 절 봐와서 저에 대해 잘 아시죠. 하지만 전 그보다 더 그 친구를 잘 알아요."

조지프가 단호하게 말했다.

"그렇게 확신한단 말이지?"

캐맥이 다시 조지프를 바라보았다. 그러고는 이어서 말했다.

"뭐, 자네도 알아야겠지."

캐맥은 중개인 W. B. 휠러(Wheeler)를 불렀다. 조지프는 캐맥이 세인트폴 주식을 적어도 5만 주는 매도할 거라고 생각했다. 그 '윌리엄 록펠러'가 강세장에 힘입어 세인트폴 보유 물량을 팔고 있었으니까 말이다. 투자 물량인지 투기 물량인지는 중요하지 않았다. 스탠더드오일(Standard Oil) 주주 중 최고의 트레이더가 세인트폴을 매도한다는 사실이 중요했다. 보통 사람이 믿을 만한 정보통에게서 그런 정보를 얻어듣는다면 어떻게 할까? 사실 물어볼 필요도 없다. 답은 뻔하니까.

하지만 전성기 시절 뛰어난 약세론자였고 당시에도 시장의 약세를 점쳤던 캐맥은 중개인에게 이렇게 말했다.

"빌리, 거래소에 가서 주가가 0.375포인트 오를 때마다 1,500주씩 매수해."

당시 세인트폴 주식은 90달러 선에서 거래되고 있었다.

"매도하는 게 아니고요?"

조지프가 다급하게 끼어들었다. 조지프는 월가 초보자가 아니었음에도 신문기자의 관점에서 시장을 바라봤다. 가끔은 일반 대중의 시각으로 보기도 했다. 내부자 매도 소문이 퍼지면 가격은 당연히 하락해야 했다. 윌리엄 록펠러만 한 내부자가 또 있을까. 스탠더드 오일이 매도하는데 캐맥이 매수한다니! 있을 수 없는 일이었다.

"아니, 난 매수할 거네!"

캐맥이 말했다.

"제 말을 안 믿으시는 건가요?"

"당연히 믿지."

"그럼 제 정보를 믿지 못하나요?"

"믿는다니까."

"약세를 예상하는 거 아닌가요?"

"맞아."

"그런데 왜?"

"그래서 매수하는 거야. 내 말 잘 들어. 자네는 믿을 만하다는 그 친구와 계속 연락을 취하다가 매도가 중단되면 알려주게나. 즉각 말이야! 알겠나?"

"네."

조지프는 캐맥이 왜 록펠러의 매도 주식을 사들이는지 잘 몰랐지만 이렇게 대답하고 떠났다. 시장을 약세로 보는 사람이 매수를 하다니 도무지 이해하기 어려웠다. 하지만 조지프는 주식 양도 담당자 친구를 찾아가 록펠러가 매도를 그만두면 알려달라고 했다. 그 후로도 하루에도 두 번씩 친구에게 연락해서 어떻게 됐는지 확인했다.

어느 날 주식 양도 담당자인 친구가 말했다.

"노인장이 더 이상 주식을 내놓지 않아."

조지프는 고맙다고 친구에게 인사하고는 캐맥의 사무실로 달려갔다. 캐맥은 조지프의 이야기를 주의 깊게 듣더니 휠러를 돌아보고 이렇게 물었다.

"빌리, 우리가 세인트폴 주식을 얼마나 갖고 있지?"

휠러가 고개를 들고는 6만 주를 매수했다고 했다. 약세를 예측한 캐맥은 세인트폴 주식을 매수하기 전부터 그레인저스(Grangers)와 그 밖에 다른 주식들을 공매도하고 있었다. 그렇다 보니 캐맥의 공매도 물량은 어마어마하게 많았다. 캐맥은 휠러에게 매수했던 세인트폴 주식 6만 주를 즉각 매도하고, 공매도도 시작하라고 했다. 자신에게 유리하도록 하락세를 부추기려고 매수 보유한 세인트폴 주식을 매도한 것이었다.

세인트폴 주식은 멈추지 않고 44달러까지 하락했고, 캐맥은 큰돈을 벌었다. 이렇게 뛰어난 솜씨를 발휘해 수익을 올렸다. 내가 강조하고 싶은 점은 캐맥의 주식 거래 습관이다. 캐맥은 곰곰이 생각하지 않았다. 한 종목의 수익보다 훨씬 더 중요한 것이 무엇인지 즉각적으로 파악했다. 그것은 바로 적시에 적절한 초기 압박을 가해 공매도로 크게 벌 수 있는 천우신조의 기회였다. 세인트폴 매도 정보를 듣자마자 약세를 밀어붙일 최고의 무기를 얻었음을 알고 매도 대신 매수를 한 것이었다.

다시 내 이야기로 돌아와서 나는 밀과 옥수수 거래를 끝낸 후 요트를 타고 남해로 향했다. 플로리다 해안을 누비면서 즐거운 시간을 만끽했다. 낚시는 더할 나위 없이 근사했다. 모든 것이 사랑스러워 보였다. 걱정거리 하나 없는 나날이었고, 괜히 걱정거리를 찾으러 다니지도 않았다.

팜비치에 정박했던 어느 날이었다. 그곳에서 월가 친구들과 다른 사람들을 많이 만났다. 다들 당시에 가장 주목받은 면화 투기자 퍼시 토머스(Percy Thomas) 이야기를 하고 있었다. 퍼시 토머스가 마지막 한 푼까지 몽땅 다 날렸다는 소식이 뉴욕에서 날아든 탓이었다. 세계적으로 유명한 트레이더가 완전히 파산했다는 건 아니었지만 면화시장에서 두 번째로 참패를 당했다는 소식이었다.

나는 언제나 퍼시 토머스를 숭배했다. 셸던 앤드 토머스(Sheldon &Thomas) 증권거래소가 파산했을 때 토머스는 면화 매집을 시도했다. 나는 그때 처음으로 기사에서 그의 이름을 접했다. 토머스의 동업자 셸던은 토머스에 비할 만한 비전도, 용기도 없어서 성공을 앞에 두고 얼어붙었다. 적어도 월가에 도는 이야기는 그러했다. 결국은 큰돈을 벌기는커녕 경악할 수준의 실패를 맛보았다. 손실액이 몇백만 달러였는지는 기억나지 않는다. 어쨌든 회사는 문을 닫았고, 토머스는 혼자 일했다. 하지만 면화 거래에 전적으로 매진해서 머지않아 다시 일어섰다. 채권자들에게 진 빚도 다 갚았고, 법적으로 지불 의무가 없는 이자까지 다 지불하고도 수중에 100만 달러가 남았다. 토머스의 이러한 재기 신화는 S. V. 화이트가 1년 만에 100만 달러를 갚은 신화 못지않게 대단했다. 나는 토머스의 용기와 전략을 깊이 존경했다.

팜비치에서는 토머스가 면화 3월물 거래에서 쪽박을 찼다고 떠들어댔다. 소문이 어떻게 불어나는지 잘 알지 않는가. 소문이 돌고 돌면서 사실과 다른 이야기, 과장된 이야기, 살이 붙은 이야기가 귀에 들어온다. 나에 관한 소문 역시 처음 돌기 시작한 후로 24시간도 채 못 되어 새로운 사실에다 사실적인 세부 묘사까지 더해지곤 했다. 처음 그 소문을 퍼뜨린 사람도 그게 자기가 낸 소문인지 알아보지 못할 정도였다.

퍼시 토머스의 불운한 소식에 나는 낚시에서 면화시장으로 관심을 돌렸다. 어떤 상황인지 파악하려고 증권 정보지를 읽어봤다. 뉴욕에 돌아와서는 시장 연구에 매진했다. 모두가 약세를 예측하고 면화 7월물을 매도하고 있었다. 사람들이 어떤지 잘 알지 않는가. 주변 사람들의 행동을 똑같이 따라 하는 인간의 습성은 마치 전염병처럼 퍼져나간다. 어쩌면 이것은 군집 본능의 한 단계이거나 변종인지도 모르겠다. 어느 쪽이든 수많은 트레이더는 면화 7월물 매도가 적절하고 현명하고 안전한 선택이라고 생각했다. 이러한 매도 현상을 단순하게 무모하다고 말할 수 없었다. 무모하다는 말로는 턱없이 부족했다. 트레이더들은 시장의 한 면만 바라보고 큰 수익이 날 거라고 생각했다. 가격 폭락을 기대한 게 분명했다.

이 모든 상황을 지켜보던 중 공매도한 사람들이 환매할 시간이 충분하지 않겠다는 예감이 들었다. 나는 상황을 더욱 철저하게 연구했다. 그러자 생각이 더욱 분명해져서 면화 7월물을 매수하기로 했다. 나는 재빨리 행동에 나서 면화 10만 베일을 매수했다. 매도자가 많아서 매수에는 아무런 문제가 없었다. 면화 7월물을 매도하지 않는 트레이더 한 사람을 생포하든 사살하든 일단 잡아 오기만 하면 100만 달러를 주겠다고 현상금을 걸 수도 있을 것 같았다. 그래봤자 현상금을 타 갈 사람은 아무도 없을 테니까.

5월 말경이었다. 나는 계속 매수했고, 다른 사람들은 계속 매도했다. 그렇게 시장에 풀린 선물 계약을 모두 낚아채자 보유 물량이 12만 베일에 달했다. 이틀 후, 마지막 남은 물량을 매수하자 가격이 상승하기 시작했다. 한 번 상승하기 시작하자 끝없이 계속 올랐다. 하루 만에 40에서 50포인트까지 상승했다.

때는 어느 토요일이었다. 내가 매수 작전을 펼친 지 열흘이 지난 날이었다. 가격이 서서히 올랐다. 면화 7월물이 시장에 더 나올지는 알 수 없었다. 내가 알아봐야 할 사실이었기 때문에 장 마감 10분까지 기다렸다. 이쯤에는 보통 공매도 물량이 나와서 시장이 오름세로 마감하면 안전하게 공매도 물량을 낚아챌 수 있었다. 그래서 나는 시장가로 5,000베일을 매수하는 각기 다른 주문 4건을 동시에 넣었다. 그러자 가격이 30포인트 상승했고, 공매도자들도 매도에 열을 올렸다. 이날 시장은 최고가로 마감했다. 나는 마지막 2만 베일을 매수했을 뿐이었다.

다음 날은 일요일이었다. 월요일에 리버풀 시장이 뉴욕의 상승세를 따라잡으려면 개장할 때 20포인트가 올라야 했다. 그런데 리버풀 시장의 시장가가 50포인트 더 높았다. 리버풀 시장의 가격 상승폭이 뉴욕 시장 상승폭의 두 배를 넘어선 것이었다. 리버풀의 가격 상승은 나와 아무런 상관이 없었지만 내 예상이 적중했음을 증명해주었다. 내가 최소 저항선을 따라 거래하고 있다는 뜻이기도 했다. 하지만 처분해야 할 보유 물량이 엄청나게 많았다. 시장은 가파르게 상승하거나 천천히 상승할 수 있지만 상승한다고 해서 일정량 이상의 매도 물량을 받아낼 수 있다는 의미는 아니었다.

리버풀 시장의 가격 상승 소식이 전해지자 뉴욕 시장이 흔들렸다. 그런데 가격이 상승할 수록 면화 7월물은 더욱 찾아보기 힘들어지는 것 같았다. 나는 내 보유 물량을 풀지 않았다. 흥분에 휩싸인 월요일이었지만 약세론자들에게는 즐거운 날이 아니었다. 그럼에도 약세론자들이 공황 상태에 빠져 마구잡이로 환매하려는 기미는 보이지 않았다. 나는 14만 베일의 보유 물량을 처분할 곳을 찾아야 했다.

화요일 아침이었다. 사무실로 가는 길에 건물 입구에서 친구를 만났다.

"오늘 아침《월드》에 실린 기사 봤어. 대단하던데."

친구가 미소 지으며 말하자 내가 물었다.

"무슨 기사인데?"

"뭐? 그걸 아직 못 봤던 말이야?"

"난《월드》안 봐. 무슨 기사인데?"

"너에 관한 기사야. 네가 면화 7월물을 매집했다던데."

"난 모르는 일이야."

나는 이렇게 말하고 자리를 떴다. 친구가 내 말을 믿었는지는 모르겠다. 친구는 아마도 그 기사 내용이 사실인지 아닌지 말해주지 않는 내가 못마땅했을 것이다.

　나는 사무실에 들어가 《월드》 한 부를 가져오라고 시켰다. 아니나 다를까 신문 1면에 큼직하게 실린 헤드라인이 보였다.

　　"래리 리빙스턴이 면화 7월물을 매집했다."

　순간 시장이 그 기사에 놀아날 게 분명하다는 사실을 알아차렸다. 나한테는 더할 나위 없이 좋은 상황이었다. 14만 베일을 내게 유리하게 처분할 방법을 고심하고 고심했더라도 그보다 더 좋은 상황을 조성하지는 못했을 것이다. 아니, 애초에 그런 기사를 낼 생각도 못했다. 기사는 《월드》나 다른 신문들에 실려 전국으로 퍼져나갔고, 유럽까지도 날아갔다. 리버풀의 가격 상승도 그 기사 탓이 분명했다. 시장이 요동쳤다. 그런 소식이 터졌으니 그럴 만도 했다.

*

　나는 뉴욕 시장이 어떻게 될지, 내가 어떻게 해야 하는지 알고 있었다. 뉴욕 시장이 10시에 개장했다. 10시 10분, 내 수중에는 면화가 하나도 없었다. 단 10분 만에 14만 베일의 면화를 모두 처분한 것이었다. 보유 물량 대부분을 그날 최고가로 팔았다. 트레이더들이 내가 면화를 팔 수 있게 시장을 조성해주었다. 나는 면화를 처분하기 위해 하늘이 내려준 기회를 잡았다. 기회를 봤으니 잡을 수밖에. 달리 뭘 할 수 있겠는가?

　해결하기 쉽지 않겠다 싶었던 문제가 그렇게 풀렸다. 《월드》가 그 기사를 내지 않았다면 수익을 크게 손해 보지 않고는 내가 보유한 물량을 처분할 수 없었으리라. 가격을 끌어내리지 않으면서 14만 베일을 매도하는 것은 내 능력 밖의 일이었다. 그런데 《월드》의 기사가 그 일을 멋지게 해냈다.

《월드》가 왜 그런 기사를 냈는지는 모른다. 전혀 아는 바가 없었다. 기자가 면화시장에서 아는 친구한테 정보를 얻고 특종을 잡았다고 생각했는지도 모른다. 나는 《월드》 관계자를 만난 적이 없었다. 오늘 아침 9시까지도 그런 기사가 났는지 몰랐다. 친구가 말해주지 않았다면 몰랐을 것이다.

그 기사가 아니었다면 내 보유 물량을 처분할 수 있는 시장이 만들어지지 않았다. 대량 거래에서 생기는 하나의 문제점이 바로 이것이다. 서둘러야 할 때도 스리슬쩍 빠져나올 수가 없다. 팔고 싶거나 매도가 현명하다 싶어도 항상 팔 수 있는 게 아니다. 나올 수 있을 때 나와야 한다. 보유 물량을 다 처분할 수 있는 조건이 생성되면 때를 놓쳐서는 안 된다. 그 기회를 놓치면 수백만 달러의 손실을 감당해야 한다. 머뭇대다가는 다 잃고 만다. 경쟁적 매수로 가격을 끌어올리는 묘기를 부려서도 안 된다. 그랬다가는 비싼 가격 탓에 보유 물량을 처분하기가 더욱 어려워진다. 보유 물량을 처분할 기회는 생각만큼 그리 쉽게 보이지 않는다. 그러므로 경계를 바싹 세우고 주시하다가 머리를 들이밀고 들어오는 기회를 잽싸게 낚아채야 한다.

내가 행운을 거머쥐었다는 사실을 모두가 아는 것은 아니었다. 다른 곳과 마찬가지로 월가에서는 큰돈을 벌면 의심을 사기 마련이다. 사실 수익을 내도, 내지 못해도 좋은 소리는 듣기 어렵다. 수익을 내지 못하면 그럴 수밖에 없었던 상황이 아니라 탐욕이나 자만심 탓에 그런 꼴을 당했다는 쑥덕거림을 견뎌내야 한다. 수익을 내면 부당하게 이득을 챙겼다느니, 양심 없는 인간은 잘 되고, 원칙과 예의를 지키는 사람은 잘 안 풀린다는 소리를 들어야 한다.

실패의 쓴맛을 보고 심사가 뒤틀린 공매도자들은 자신들의 무모함을 탓하지 않고 내가 큰돈을 벌려고 만들어놓은 함정에 빠졌다고 날 비난했다. 이들뿐만 아니라 다른 사람들도 그렇게 생각했다.

하루였던가 이틀 후였던가, 전 세계 면화 선물시장의 거물급 인사한테서 이런 소리를 들었다.

"아주 교묘한 신의 한 수였어. 자네가 보유 물량을 처분할 때 얼마나 손실을 볼지 궁금했지. 자네도 알겠지만 시장이 크지 않아서 5만, 6만 베일이 넘는 물량은 싸게 팔아치우지 않고는 처분할 수 없는 상황이었지. 그런 상황에서 어떻게 수익을 잃지 않고 그 많은 걸 처분할지 지켜보는 게 아주 흥미로웠어. 그런데 그런 수를 쓸 줄이야. 정말 솜씨가 좋더군."

"제가 수를 쓴 게 아닙니다."

내가 진지하게 말했지만 상대는 도무지 믿을 기미가 없었다. 그냥 같은 말만 되풀이했다.

"교묘한 신의 한 수였어. 아주 교묘했어! 그렇게 겸손해하지 않아도 되네."

그 사건 이후 몇몇 신문에서는 날 '면화의 왕'이라고 불렀다. 하지만 나는 그렇게 불릴 자격이 없었다. 굳이 말하지 않아도 알겠지만 미국에서는 아무리 돈이 많아도 뉴욕《월드》의 지면을 살 수 없다. 아무리 대단한 인맥이 있어도《월드》에 그런 기사를 실을 수는 없다. 당시에 나는 한 것도 없이 '면화의 왕'이라는 명성을 얻었다.

가끔 자격도 없는 트레이더가 그런 명성을 누린다고 지적하거나 언제 어디서 올지 모르는 기회를 잡아야 한다고 강조하려고 이런 이야기를 꺼낸 게 아니다. 이유는 따로 있다. 면화 7월물 거래로 내게 쏟아졌던 언론의 혹평을 이야기하고 싶어서다. 내가 그런 일을 당하지 않았다면 위대한 인물, 퍼시 토머스를 만나지 못했을 것이다.

투자자들은 시장이 예상과 다르게 움직이면
곧 이 악몽이 끝나겠지 하며 희망을 품고,
시장이 예상대로 움직이면
수익을 빼앗길까 두려워하며 재빨리 발을 뺀다.

12장

끝까지 버티다가는
깡통 찬다

면화 7월물을 생각보다 성공적으로 거래했다. 그 후 얼마 지나지 않아 편지를 받았다. 만나고 싶다는 퍼시 토머스의 요청이었다. 당연히 나는 언제든지 편한 시간에 내 사무실로 찾아와도 좋다는 답장을 보냈다. 다음 날 퍼시 토머스가 찾아왔다.

퍼시 토머스는 내가 오랫동안 존경했던 사람이었다. 면화 재배나 거래에 관심 있는 사람치고 그를 모르는 이는 없었다. 미국뿐만 아니라 유럽에서도 '퍼시 토머스가 이렇게 말했다 저렇게 말했다' 하는 소리를 들을 수 있었다. 전에 스위스의 한 리조트에서 카이로 은행가를 만났다. 고인이 된 어니스트 카셀 경(Sir Ernest Cassel)과 함께 이집트에서 면화 재배에 관심을 보인 사람이었다.

이 카이로 은행가는 내가 뉴욕에서 왔다는 소리를 듣고는 바로 퍼시 토머스에 대해 물어봤다. 그러면서 자신은 매번 퍼시 토머스의 시장 보고서를 받아서 빼놓지 않고 읽는다고 했다.

토머스는 과학적으로 사업하는 사람이었다. 진정한 투기자이자 몽상가의 비전과 투사의 용기를 갖춘 사상가로 남달리 박식해서 면화 거래의 이론과 실제를 꿰뚫고 있었다. 또한 아이디어와 이론, 추론을 경청하고 제안하기 좋아했다. 그와 동시에 면화시장의 실질적인 측면이나 면화 거래자들의 심리도 다 꿰고 있었다. 오랜 세월 거래하면서 많은 돈을 벌기도 하고 잃기도 했던 경험 덕분이었다.

토머스는 오랫동안 일구었던 자신의 회사 셸든 앤드 토머스가 파산한 뒤로는 혼자 일했다. 그리고 기적처럼 거의 2년 만에 재기했다. 《더 선(The Sun)》에서 그에 관한 기사를 읽은 기억이 난다. 토머스가 경제적으로 자립하자마자 채권자들에게 모든 빚을 갚고 100만 달러를 투자하는 최고의 방법을 찾아내려고 전문가를 고용했다는 내용이었다. 이 전문가는 몇몇 기업들의 자산을 조사하고 보고서를 분석해서 델라웨어 앤드 허드슨철도(Delaware&Hudson Railway) 주식을 사라고 했다.

수백만 달러를 잃었지만 다시 재기해서 더 많은 돈을 벌었던 토머스가 면화 3월물 거래로 빈털터리 신세가 됐다. 이런 상황에서 날 만났던 토머스는 지체 없이 협력을 제안했다. 어떤 정보든 입수하자마자 바로 나한테 넘길 테니 실질적인 거래를 해달라는 제안이었다. 자신과 달리 내게는 거래에 특별한 재능이 있다면서 말이다.

하지만 여러모로 끌리지 않는 제안이었다. 나는 그런 협동 작업을 잘할 것 같지도 않고 배우고 싶지도 않다고 솔직하게 말했다. 그런데도 토머스는 우리 둘이 이상적인 콤비가 될 거라고 고집을 부렸다. 결국 나는 다른 사람들의 거래에 영향을 주고 싶지 않다면서 단칼에 거절했다.

"제가 어리석은 짓을 하면 저 혼자 고통받으며 대가를 치르면 됩니다. 납입이 지연되거나 뜻밖의 성가신 일에 휘말릴 일이 없어서 그 편이 편하죠. 전 혼자 선택해서 거래합니다. 그게 가장 현명하고 쉬운 거래 방식이거든요. 다른 거래자들과 두뇌 싸움을 하는 게 즐겁죠. 본 적도, 말을 섞어본 적도, 매수나 매도하라고 충고한 적도 없고, 만나거나 알고 지내고 싶은 생각도 없는 사람들과 싸우는 겁니다. 그렇게 해서 돈을 벌면 제 생각이 옳았다는 뜻이죠. 내 생각을 남한테 팔아서 돈 벌 생각은 없어요. 그건 실제로 제가 번 게 아니니까요. 전 제 방식대로 직접 거래하는 사람이라서 협동 작업은 별로 내키지 않네요."

토머스는 내 생각이 그렇다니 유감이라고 하면서도 자기 제안을 거절하는 건 일생일대의 실수라면서 마음을 돌리려고 애썼다. 하지만 나는 꿈쩍도 하지 않았다. 그 후로는 유쾌한 대화가 오갔다. 나는 토머스에게 다시 재기할 거라고 믿는다면서 내가 금전적으로 도울 일이 있다면 돕겠다고 말했다. 하지만 토머스는 나한테서 돈을 빌릴 수는 없다고 했다. 그러고는 면화 7월물 거래에 관해 물어봐서 자세하게 이야기해주었다. 처음 어떻게 면화시장에 들어가서 면화를 얼마에 얼마나 샀는지 등 구구절절 늘어놓았다. 우리는 좀 더 수다를 떨다가 헤어졌다.

앞서 투기자에게는 적이 많다고 했던 말 기억나는가? 투기자의 적은 대다수가 투기자 내면에 깃들어 있다. 많은 실수를 통해 터득한 사실이다. 독창적인 정신의 소유자요, 오랫동안 습관처럼 독립적으로 사고한 사람도 말발 좋은 사람의 속삭임에 쉽게 넘어간다. 그나마 나는 탐욕과 두려움, 희망 같은 투기 세계의 흔한 질병에 대한 면역력이 상당히 강한 편이다. 그런데도 평범한 사람인지라 쉽게 실수를 저지를 때가 있다.

하지만 이때만은 정신을 바짝 차리고 있었어야 했다. 바로 얼마 전에 누군가의 말에 홀려서 자신의 판단과 바람에 반하는 일을 얼마나 쉽게 저지를 수 있는지 경험했으니 말이다. 그 사건은 하딩의 사무실에서 일어난 일이었다. 당시에 나는 개인 사무실을 갖고 있었다. 나 혼자 쓰는 사무실이었고, 개장 중에는 내 허락 없이 아무도 들어오지 못하는 곳이었다. 내가 방해받는 걸 싫어하는 데다 대규모로 거래하며 상당히 큰 수익을 올리는 고객이라서 사무실은 경비가 잘 되어 있었다.

어느 날 장 마감 직후였다. 누군가의 목소리가 들렸다.

"안녕하세요, 리빙스턴 씨."

그 소리에 뒤를 돌아봤더니 전혀 모르는 사람이 있었다. 30살이나 35살쯤 된 듯한 남자였다. 어떻게 들어왔는지 몰라도 그 자리에 서 있었다. 나한테 볼일이 있다고 둘러대고 들어온 모양이었다. 하지만 나는 아무 말도 하지 않은 채 남자를 쳐다보기만 했다. 잠시 후 남자가 말했다.

"월터 스콧(Walter Scott)[1]에 관해 드릴 말씀이 있어서 왔어요."

그러고는 이야기를 시작했다.

*

알고 보니 남자는 도서 외판원이었다. 붙임성이 유난히 좋다거나 말솜씨가 남다른 사람은 아니었다. 외모가 특출 난 것도 아니었다. 그럼에도 뭔가 이목을 끄는 독특한 사람이었다. 남자가 이야기하면 귀가 솔깃해졌다. 그런데도 남자가 무슨 이야기를 했는지는 잘 모르겠다. 사실 그 당시에도 제대로 알아들은 것 같지는 않다. 이야기 끝에 남자가 만년필과 기입 용지를 건네줘서 작성해주었다. 나도 모르게 500달러에 스콧의 전집을 구매하겠다는 계약서를 작성한 것이었다.

즉시 정신이 돌아왔다. 하지만 남자는 이미 계약서를 자기 주머

---

1   월터 스콧(1771~1832): 스코틀랜드의 시인, 소설가, 역사가다. 스콧이 남긴 작품들은 영문학과 스코틀랜드 문학의 고전이 되었다. 3대 서사시 「마지막 음유시인의 노래」, 「마미온」, 「호수의 여인」과 역사소설 「웨이벌리」 그 외 「아이반호」, 「묘지기 노인」, 「롭 로이」 등의 작품을 남겼다.

니 속에 안전하게 챙겨 넣은 뒤였다. 내가 사고 싶었던 책도 아니요, 보관할 곳도 없는 책이었다. 다시 말해 나한테는 아무짝에도 쓸모없었다. 사 봤자 선물할 사람도 없었다. 그런데도 500달러에 구매하겠다고 했다.

돈이야 숱하게 잃어봐서 실수를 해도 그다지 연연하지 않았다. 중요한 것은 거래 그 자체였기 때문에 그렇게 거래한 이유가 될 때도 있었다. 제일 먼저 나 자신의 한계와 사고 습관을 알아내려고 했고, 다음으로는 같은 실수를 반복하지 않으려고 했다. 실수를 만회하는 방법은 다음번에 수익을 내는 것이었다.

나참. 500달러짜리 실수를 저질러놓고도 뭐가 어디서 잘못됐는지 전혀 모르다니. 나는 대체 어떤 사람한테 당했나 싶어서 외판원을 유심히 살펴보았다. 외판원이 그 마음을 다 안다는 듯 살짝 미소를 짓고 있었다! 그게 아니었다면 울화가 치밀어 죽어버렸을지도 모르겠다. 외판원은 내 생각을 읽는 것 같았다. 덕분에 따로 설명하지 않아도 되겠다 싶어서 대뜸 이렇게 물었다.

"500달러짜리 계약을 따면 수수료는 얼마나 받죠?"

외판원은 고개를 가로저으며 말했다.

"아이고, 그렇게 안 돼요! 죄송합니다."

"얼마 받는데요?"

내가 고집스럽게 물었다.

"3분의 1이요. 하지만 안 돼요!"

"3분의 1이면 166달러 66센트군요. 현금으로 200달러를 드릴 테니 계약서를 돌려주세요."

나는 이렇게 제안하고는 주머니에서 돈을 꺼냈다.

"안 된다니까요, 고객님."

"고객들이 다 나 같은 제안을 합니까?"

"아뇨."

"그런데 어떻게 내가 이렇게 나올 줄 알았죠?"

"고객님 같은 분들은 원래 그러니까요. 지는 것도 이기는 것도 다 1등급이죠. 죄송하지만 그렇게 해드릴 수는 없어요."

"수수료보다 더 많은 돈을 주겠다는데 왜 싫다는 겁니까?"

"그게 전부가 아니거든요. 전 수수료만 보고 일하는 게 아닙니다."

"다른 게 뭐가 있다는 겁니까?"

"수수료도 벌고 실적도 올리는 거죠."

"무슨 실적이요?"

"제 영업 실적이요."

"실적을 올려서 뭐 하려고요?"

"고객님은 돈만 보고 일하십니까?"

"당연하죠."

"아뇨, 아닐 겁니다."

외판원이 고개를 가로저었다.

"돈만 보고 일해서는 재미가 없을걸요. 은행 계좌에 고작 몇 달러 더 채워 넣으려고 일할 리 없어요. 돈 벌기 쉽다고 월가에 있는 것도 아닐 테고요. 뭔가 다른 재미가 있겠죠. 저도 그렇습니다."

나는 반박하지 않고 이렇게 물었다.

"대체 무슨 재미가 있어서 그 일을 합니까?"

"뭐, 누구나 약점을 갖고 있죠."

외판원이 뭔가를 털어놓을 듯 뜸을 들였다.

"당신 약점은 뭐죠?"

"과시욕이요."

"나한테서 계약을 따냈으니 당신 실력은 충분히 과시한 셈 아닙니까? 이제는 계약을 철회하고 싶군요. 10분 동안 고생한 대가로 200달러를 드리죠. 그 정도면 우월감을 느낄 만하지 않겠습니까?"

"아뇨. 잘 아시겠지만 다른 외판원들은 몇 달 동안 월가를 들락거리면서 경비도 벌지 못했어요. 상품이 나쁘다, 장소가 안 좋다고 투덜댔죠. 그래서 사무실에서 저를 보낸 겁니다. 상품이나 장소가 아니라 그치들 영업 실력이 안 좋다는 걸 증명하라고요. 도서 외판원은 보통 25퍼센트 수수료를 받아요. 전 클리블랜드(Cleveland)에서 2주 만에 전집 82세트를 팔았어요. 여기에도 책을 팔러 왔죠. 그것도 책을 사주기는커녕 외판원들을 만나주지도 않는 사람들한테 말입니다. 그래서 전 3분의 1인 33.33퍼센트를 수수료로 받기로 했어요."

"당신이 어떻게 나한테 책을 팔았는지 전혀 모르겠어요."

"아, 그거야 뭐, J.P. 모건 씨한테도 한 세트 팔았는걸요."

"말도 안 돼."

당황스러운 마음에 내가 외치자 외판원은 화도 내지 않고 그냥 이렇게 말했다.

"진짜로 팔았다니까요!

"모건 씨라면 품질 좋은 판본에 소설 원본도 여럿 갖고 계실 텐데 그런 모건 씨에게 월터 스콧 전집을 팔았다고요?"

"네, 여기 서명 있잖아요."

외판원은 J.P. 모건이 서명한 계약서를 잽싸게 꺼내 보여줬다. 모건의 서명이 아닐 수도 있었지만 그때는 그런 의심조차 들지 않았다. 내가 서명한 계약서도 갖고 있지 않은가? 참으로 용한 사람이다 싶어서 이렇게 물었다.

"모건 씨의 개인 서재를 지키는 사서들이 있었을 텐데 어떻게 들어갔어요?"

"사서들은 못 봤는데요. 모건 씨를 바로 만났어요. 그분 서재에서요."

"거짓말도 정도껏 하시죠!"

내가 일침을 놓았다. 누구나 다 아는 사실이지만 알람 시계처럼 똑딱 소리가 나는 꾸러미를 들고 백악관에 들어가는 것보다 모건 씨의 개인 서재에 빈손으로 들어가는 게 더 힘들었다.

하지만 외판원은 단호하게 말했다.

"진짜라니까요."

"대체 어떻게 들어간 겁니까?"

"여기는 어떻게 들어왔을까요?"

외판원이 반문했다.

"전혀 모르겠으니 말해 봐요."

"여기나 모건 씨 서재나 들어가는 방법은 똑같아요. 그냥 문 앞에서 절 막아서는 사람들과 이야기 좀 하면 되죠. 모건 씨나 고객님한테서 계약을 따낸 방법도 똑같고요. 고객님은 전집 구매 계약서에 서명한 게 아니죠. 그냥 제가 건네는 만년필을 받아서 제가 부탁드린 대로 서명했을 뿐이에요. 모건 씨도 고객님과 다를 게 없죠."

"그럼 그게 진짜 모건 씨 서명입니까?"

나는 3분이나 지난 그때야 의심이 들어서 물어봤다.

"물론이죠! 어렸을 때 쓰는 법을 배웠을 텐데 모건 씨가 자기 이름도 제대로 못 쓰겠습니까?"

"그 밖에 다른 비결은 없다고요?"

"네, 그게 전부입니다. 전 제가 뭘 하는지 정확하게 알고 있어요. 그게 비결이죠. 이렇게 시간 내주셔서 감사합니다. 안녕히 계세요, 리빙스턴 씨."

외판원이 그만 나가려고 했다.

"잠깐만요. 그래도 200달러는 꼭 채워서 벌 수 있게 해드려야겠네요."

나는 35달러를 건네주었지만 외판원은 고개를 가로저었다.

"아뇨, 이건 받을 수 없어요. 하지만 이렇게는 할 수 있죠!"

외판원이 주머니에서 계약서를 꺼내 반으로 찢고는 내게 건네주었다. 내가 200달러를 세어서 외판원에게 내밀었지만 외판원은 다시 고개를 가로저었다.

"이렇게 하자는 거 아니었나요?"

내가 물었다.

"아뇨."

"그럼 왜 계약서를 찢었죠?"

"고객님이 불평하지 않아서요. 제가 이런 일을 당했더라도 고객님처럼 그렇게 순순히 받아들였을 겁니다."

"그렇다고 해도 제가 200달러를 드리겠다고 했는데 왜 안 받으시죠?"

"돈이 전부는 아니니까요."

외판원의 목소리에 깃든 뭔가에 끌려서 나는 이렇게 말했다.

"맞아요. 돈이 전부는 아니죠. 그럼 이제 진짜 원하는 걸 말해보세요."

"정말 눈치 빠르신데요? 진짜 부탁 하나 드려도 될까요?"

"물론이죠. 말해보세요. 하지만 일단 듣고 나서 들어드릴지 말지 결정하겠습니다."

"에드 하딩 씨 사무실에 데려가주세요. 에드 하딩 씨에게 딱 3분만 제 이야기를 들어달라고 말씀해주시고 나가시면 돼요."

나는 고개를 가로저었다.

"에드 하딩은 제 친구예요."

"네, 알아요. 친구한테 의지할 필요 없는 쉰 살의 주식 중개인이기도 하고요."

그 말도 맞았기에 나는 외판원을 에디의 사무실로 데려갔다. 이후로는 그의 소식을 듣지 못했다. 몇 주 후 어느 날 밤, 도시 외곽지로 가다가 6번가 L호선에서 그를 만났다. 외판원은 아주 정중하게 모자를 들어 올려 인사했고, 나도 답례를 했다. 외판원이 다가와서는 이렇게 물었다.

"잘 지내셨어요, 리빙스턴 씨? 에드 하딩 씨도 잘 지내시죠?"

"그럼요. 근데 하딩 씨 안부는 왜 묻는 겁니까?"

외판원은 뭔가 할 얘기가 있는 것 같았다.

"절 에드 하딩 씨에게 데려다주신 날, 하딩 씨에게 2,000달러어치 책을 팔았거든요."

"그런 얘기는 못 들었는데요."

"당연하죠. 그런 얘기를 하실 분이 아니니까요."

"어떤 사람이 그렇다는 거죠?"

"실수하면 수지가 안 맞으니까 절대 실수하지 않는 사람이요. 자기가 뭘 원하는지 항상 잘 알고 있어서 다른 사람들 말은 안 듣는 부류죠. 그런 분들이 있어서 제가 자식들을 교육시키고, 아내 기분을 북돋워 줄 수 있답니다. 리빙스턴 씨가 절 정말 크게 도와주셨어요. 저한테 꼭 주고 싶어 하셨던 200달러를 거절할 때 그런 좋은 일이 있을 줄 알았죠."

"하딩 씨가 책을 사지 않았다면요?

"아, 반드시 사주실 거라고 확신했어요. 하딩 씨가 어떤 분인지 잘 알거든요. 뭐, 아주 쉬웠죠."

"그래도 만약 하딩 씨가 책을 사지 않았다면요?"

내가 끈질기게 물었다.

"리빙스턴 씨한테 다시 와서 뭔가를 팔았겠죠. 그럼 안녕히 계세요. 전, 시장님을 만나 뵈러 가야 해서요."

열차가 파크플레이스(Park Place)에 정차했을 때 그가 일어섰다.

"시장님한테 열 세트 팔길 바랍니다."

시장은 민주공화당을 지지했던 태머니(Tammany)파[2] 일원이었다.

"저도 공화당원입니다."

외판원은 서두르는 기색 없이 천천히 내렸다. 자기가 내릴 때까지 열차가 기다려 줄 거라고 확신하는 눈치였고, 실제로도 그랬다.

---

[2] 태머니(Tammany)파. 뉴욕시 태머니 홀을 본거지로 했던 민주당 단체. 여기서 태머니 홀은 19세기부터 20세기 초까지 뉴욕에 강력한 영향력을 행사했던 부정한 정치 조직을 말한다.

외판원 이야기를 자세하게 늘어놓는 데는 다 그만한 이유가 있다. 그 외판원이 내가 사고 싶어 하지도 않는 물건을 나한테 팔아넘긴 놀라운 사람이었기 때문이다. 그렇게 말로 날 홀린 사람은 그 외판원이 처음이었다. 한 번 당해봤으니 다시는 그런 실수를 하지 말았어야 했는데 그러지 못했다. 이 세상에서 그렇게 뛰어난 영업사원이 단 한 사람뿐이라고 확신할 수는 없다. 사람을 홀리는 재주가 있는 사람에게 완벽하게 면역될 수도 없다.

퍼시 토머스도 그 도서 외판원 못지않은 사람이었다. 협동 작업을 하자는 퍼시 토머스의 제안은 기분 나쁘지 않게 확실히 거절했다. 그렇게 퍼시 토머스가 내 사무실을 떠난 후 그와는 사업을 같이 하지 않겠다고 다짐했다. 다시 만날 일이 있을 것 같지도 않았다. 그런데 다음 날 퍼시 토머스가 도와주겠다고 해서 고맙다며 자기를 한번 만나러 오라고 편지를 써서 보냈다. 나는 그러겠다고 답장했다. 그런데 또다시 초대 편지가 와서 그를 만나러 갔다.

그때부터 퍼시 토머스를 자주 만났다. 아는 게 많을 뿐 아니라 어찌나 재미있게 이야기하는지 듣고 있으면 정말 즐거웠다. 지금껏 만난 사람 중에서 퍼시 토머스만큼 끌어당기는 매력이 있는 사람은 없었다.

우리는 많은 이야기를 나누었다. 토머스는 책을 다양하게 읽어서 많은 주제를 섭렵했고, 흥미로운 결론을 도출해내는 남다른 재주가 있었다. 그의 이야기에서 배어 나오는 지혜는 끝없이 깊었고, 그럴듯하게 말하는 재주는 따라올 자가 없었다. 진실하지 못하다느니 하면서 토머스를 비난하는 사람들도 많았다. 토머스가 자기 자신부터 설득시켰기에 다른 사람들을 설득시킬 수 있는 뛰어난 말주변을 갖게 된 것이 아닌가 하는 생각이 가끔 들었다.

시장에 관한 이야기도 당연히 많이 나누었다. 나는 면화시장의 강세를 예상하지 않았는데 토머스는 강세론자였다. 내 눈에는 가격이 오를 기미가 보이지 않았지만 토머스의 생각은 달랐다. 어찌나 많은 사실과 수치를 들이대는지 혼이 빠질 것 같았지만 내 생각을 굽히지 않았다. 토머스의 주장에 신빙성이 없는 건 아니어서 반박할 수 없었지만 내가 직접 쌓아 올린 믿음을 흔들지는 못했다. 그런데 토머스가 계속 자신의 증거를 들이밀자 내가 업계 신문과 일간지에서 수집한 정보가 정말로 정확한지 의심스러워졌다. 말하자면 내 시각으로 시장을 볼 수 없었다. 자신의 신념에 반하는 일을 할 정도로 설득당하지는 않더라도 불안에 사로잡혀 망설이게 될 수는 있다. 사실 이 편이 훨씬 더 나쁘다. 자신감 있게 편안히 거래할 수 없기 때문이다.

213

머릿속이 완전 어지럽지는 않았지만 평정을 잃은 것만은 분명했다. 아니 스스로 사고하지 못했다. 급기야 토머스는 자신만의 정보라서 자신의 수치가 정확하다고 믿은 반면 나는 내 정보가 대중이 다 아는 것이라 믿지 못하겠다고 생각하는 지경에 이르렀다. 큰 대가를 불러올 생각이 분명한데 어쩌다 그런 생각에 사로잡혔는지 순차적으로 자세하게 설명하지는 못하겠다. 토머스는 자신의 소식통 1만 명이 남부 지역 전역에 깔려 있는데 다들 믿을 만하다고 수차례 증명된 사람들이라고 거듭 말했다. 결국 나는 토머스의 시각으로 시장 상황을 바라보게 되었다. 토머스가 내 앞에 펼쳐놓은 책을 토머스와 함께 읽는 것과 같았다. 게다가 토머스는 논리적 사고의 소유자였다. 그가 제시한 사실에 바탕을 두었기 때문에 내가 도출한 결론과 토머스의 결론이 동일했다.

처음 토머스가 면화시장 상황에 대해 이야기했을 때 나는 약세론을 펼쳤을 뿐만 아니라 공매도도 했다. 그런데 내가 토머스의 사실과 수치를 받아들이자 잘못된 정보를 토대로 약세론을 취한 것 같아서 두려워졌다. 그렇다고 확신하지도 못해서 환매하지 않았다. 하지만 결국에는 토머스의 설득에 넘어가 내가 틀렸다는 생각에 환매했다. 일단 환매하면 다음 수순은 매수였다. 그것이 내 거래 방식이었다. 알다시피 나는 주식과 상품 거래로 평생을 보냈다. 그런고로 약세론이 틀렸다면 답은 강세론이라고 생각하는 게 당연했다. 강세장을 예측했다면 반드시 매수해야 했고 말이다. 팜비치에 사는 오랜 친구가 팻 헌이 자주 들먹였다며 말해준 게 기억났다. "돈을 걸어봐야 안다!" 이 말처럼 나의 시장 예측이 옳은지 그른지 알려면 월말에 중개인들이 써준 정산서를 보는 수밖에 없었다.

나는 면화 매수를 시작했고, 순식간에 평상시 수준인 6만 베일까지 매수했다. 내 평생 가장 터무니없는 거래였다. 홍해도 망해도 내가 관찰하고 추론한 사실을 따랐어야 했는데 남의 정보대로 움직였으니 어리석은 짓이 거기서 끝나지 않은 게 당연했다. 강세로 볼 상황이 아니었는데도 매수했고, 경험대로였다면 물량을 축적해야 했는데도 그러지 않았다. 뭐 하나 제대로 한 것이 없었다. 남의 말을 듣다가 길을 잃어버렸다.

시장은 내 생각대로 흘러가지 않았다. 나는 포지션을 확신할 때 두려워하거나 초조해하지 않는다. 하지만 시장은 토머스가 예상했던 대로 움직이지 않았다. 첫발을 잘못 디딘 터라 두 번째, 세 번째도 헛디뎠고 결국에는 발이 꼬이고 말았다. 더 나아가 손절매도 하지 않고 하락하는 시장을 떠받치려고 했다. 내 본성은 물론이요, 거래 원칙, 이론과 거리가 먼 거래 방식이었다. 사설거래소에서 거래했던 풋내기 시절에도 그보다는 나았다. 이때는 내가, 내가 아니었다. 토머스의 혼이 내 몸을 차지한 상태였다고나 할까.

나는 면화를 매수했을 뿐만 아니라 밀도 대량으로 보유하고 있었다. 밀 거래는 아주 잘 풀려서 크게 수익이 났다. 그러나 어리석게도 면화 가격 하락을 막으려다가 15만 베일까지 면화를 매수해버렸다. 이때 몸 상태가 좋지 않았다. 내 실수에 핑계를 대려고 하는 소리가 아니라 실제 상황이 그랬다. 결국에는 베이쇼어(Bayshore)로 휴양을 떠났다.

휴양지에서 곰곰이 생각해보았다. 아무래도 투기 물량이 너무 많은 것 같았다. 원래 겁이 많지는 않았지만 마음이 불안해서 물량을 줄이기로 마음먹었다. 그러자면 면화나 밀을 정리해야 했다.

이 업계를 잘 알고 주식과 상품 투기 경력만 12에서 14년인데도 정확하게 틀린 짓만 골라 했다. 면화는 손실을 보면서도 계속 보유했고 밀은 수익이 나는데도 팔았다. 이 무슨 어리석은 짓이란 말인가. 하지만 내 거래가 아니라 토머스의 거래라서 그랬다고 위안할 수는 있겠다. 어찌 됐든 손실이 난다고 매입 단가를 평준화하려는 시도만큼 어리석은 짓은 또 없다. 내 면화 거래가 이 사실을 입증해주는 좋은 실례가 되었다. 언제나 손해가 나면 팔고, 수익이 나면 보유해야 한다. 이것이 가장 현명한 방법임을 잘 알면서도 반대로 했다. 지금도 그때 내가 한 짓을 생각하면 기가 찬다.

어쨌든 그렇게 밀을 팔아서 수익원을 날려버렸다. 그 직후에 밀 가격이 멈추지 않고 부셸 당 20센트씩 상승했다. 밀을 팔지 않았다면 800만 달러 정도 수익을 챙겼을 텐데. 한편 면화는 손해가 나는 데도 더 많이 매수하고 계속 보유했다!

매일 면화를 사고 또 샀던 기억이 선명하게 난다. 내가 왜 그랬다고 생각하는가? 면화의 가격 하락을 막으려고 그랬다! 그보다 더 어리석은 짓이 또 없었다. 나는 이미 진 판에다 계속 돈을 쏟아부었다. 당시에 중개인들과 친한 친구들은 내가 왜 그랬는지 이해하지 못했고, 지금도 모르겠다고 한다. 그 거래가 잘 풀렸다면 경외의 대상이 됐겠지만 말이다. 토머스의 뛰어난 분석에 너무 의지하지 말라는 충고도 수차례 들었다. 하지만 나는 다 무시한 채 면화 가격 하락을 막기 위해 면화를 계속 매수했다. 리버풀에서도 면화를 샀다. 44만 베일까지 면화를 축적하고 나서야 내가 무슨 짓을 하고 있는지 깨달았다. 하지만 때는 이미 늦었다. 결국은 보유 물량을 전량 매도했다.

그 바람에 다른 주식과 상품 거래로 벌었던 수익을 거의 다 날렸다. 완전히 파산하지는 않았지만 참으로 대단한 친구 퍼시 토머스를 만나기 전에 수백만 달러였던 돈이 수십만 달러로 줄어들었다. 성공하려면 반드시 지켜야 한다고 경험상 배웠던 모든 법칙을 내가 어겼으니 어리석다는 말로는 부족했다.

*

이 일로 누구나 아무 이유 없이 어리석은 짓을 할 수 있다는 귀한 교훈을 얻었다. 트레이더의 또 다른 적은 그럴듯한 말로 사람을 홀리는 뛰어난 두뇌의 소유자였다. 수백만 달러를 날리고서야 마음을 잡아끄는 매력이 있는 사람의 화술에 넘어가기 쉽다는 사실을 깨달았다. 그런 교훈을 얻는 대가로 100만 달러만 날렸다면 얼마나 좋았을까 언제나 그런 생각을 한다. 하지만 운명은 수업료를 우리 마음대로 정하도록 내버려두지 않는다. 참교육의 매를 들고는 직접 청구서를 작성해 보낸다. 그걸 받은 사람은 금액이 얼마든 지불하는 수밖에 없다. 나는 내가 얼마나 어리석은 짓을 할 수 있는지 깨닫고 나서야 그 사건에서 발을 뺐다. 퍼시 토머스도 내 인생에서 사라졌다.

악명 높은 주가 조작자 짐 피스크가 '넝쿨 속으로 사라졌다'고 말했던 것처럼 내 재산의 10분의 9가 흔적도 없이 사라졌다. 백만장자가 된 지 채 1년도 안 되어 곤경에 처하고 말았다. 운을 잘 탄데다 머리까지 써서 수백만 달러를 벌었는데 그 정반대로 해서 다 잃어버렸다. 나는 요트 두 척을 팔았고, 사치도 크게 줄였다.

그런데 그 한 번의 타격으로 충분하지 않았나 보다. 운이 날 빗겨 갔다. 먼저 몸이 안 좋아졌고, 다음에는 현금 20만 달러가 급하게 필요했다. 몇 달 전이었다면 그 정도 돈은 아무것도 아니었지만 쏜살같이 날아가 버리고 남은 전 재산이나 마찬가지였다. 어떻게든 그 돈을 마련해야 했는데 어디서 구할지가 문제였다. 증권사 계좌에서 빼 쓰고 싶지는 않았다. 그랬다가는 거래에 필요한 증거금이 부족해질 터였다. 수백만 달러를 빠르게 벌려면 주식 거래가 꼭 필요했다. 유일한 대안은 주식시장에서 돈을 빼내는 길밖에 없었다.

생각해보라! 거래소를 드나드는 일반 고객들이 어떤지 잘 안다면 내 말이 이해가 갈 것이다. 주식시장에서 번 돈으로 청구서를 지불하려다가 월가에서 손해를 보는 일이 가장 많다. 그러다가 결국에는 가진 돈을 다 까먹고 만다.

어느 겨울, 하딩의 사무실에서 잘 나가는 몇몇 사람들이 외투 한 벌을 장만하려고 3만에서 4만 달러를 쏟아부었다. 그런데 아무도 그 외투를 입어보지 못했다. 사건의 발단은 훗날 '연봉 1달러' 억만장자로 유명해진 유능한 장내 트레이더였다. 어느 날 이 장내 트레이더는 해달 안감을 댄 모피 코트를 입고 거래소에 나타났다. 당시에는 모피 가격이 하늘 높이 치솟기 전이라서 1만 달러밖에 하지 않았다. 이에 자극받은 하딩 사무실의 밥 키온(Bob Keown)은 러시아 흑담비 안감을 댄 코트를 장만하려고 했다. 가격을 알아봤더니 해달 가죽을 안감으로 쓴 모피와 똑같이 1만 달러 정도였다.

"너무 비싸."

그의 친구가 반대 의사를 밝혔다.

"아, 상당히 비싸지! 꽤 하는군!"

밥 키온이 유쾌하게 인정했다.

"일주일치 주급은 써야겠는데. 이 사무실에서 제일 훌륭한 나를 존경한다는 증표로 약소하나마 진심을 담아 모피코트 한 벌 선물해 줄 사람 없으려나? 증정식 연설을 들을 수 있을까? 없다고? 그럼 뭐, 주식시장한테 사달라고 해야지!"

"흑담비 모피코트는 왜 사려고 하나?"

에드 하딩이 물었다.

"나 정도 키가 되는 사람에게 잘 어울릴 테니까."

키온이 몸을 곧추세우면서 말했다.

"그 돈은 어떻게 구할 건데?"

사무실에서 정보를 쫓아다니는 데 일급인 짐 머피(Jim Murphy)가 물었다.

"단타를 잘 치면 돼."

키온은 정보를 얻어내려는 머피의 속마음을 알아채고 이렇게 말했다. 역시나 짐이 물었다.

"어떤 주식을 살 건데?"

"또 헛다리 짚는군. 지금은 매수 시기가 아냐. U.S. 스틸 5,000주를 팔 거야. 적어도 10포인트는 내려갈 테니까 순수익 2.5포인트만 챙기고 빠지려고. 그 정도면 양호한 거지?"

"무슨 소식 들었어?"

머피가 잔뜩 기대하는 표정으로 물었다. 검은 머리에 키가 크고 마른 머피는 언제나 굶주린 것처럼 보였다. 주가 시세표에서 한 시도 시선을 떼지 않으려고 점심도 먹으러 나가지 않기 때문이었다.

"내가 찜한 상품 중에서 그 모피코트가 제일 잘 맞을 것 같다는 소식은 들었지."

키온은 하딩을 돌아보고 이렇게 말했다.

"에드, U.S. 스틸 5,000주를 시장가로 팔아줘. 자기야, 오늘 해주라! 응?"

투기꾼 키온은 장난스러운 말투를 즐겨 쓰곤 했다. 그런 말투는 강철 같은 신경의 소유자라고 과시하는 하나의 수단이기도 했다. 하지만 키온이 U.S. 스틸 5,000주를 팔자마자 주가가 상승했다. 키온은 가볍게 말하는 겉모습과 달리 그렇게 멍청하지는 않아서 1.5 포인트 손실을 보고 빠져나왔다. 그러고는 모피코트를 걸치기에는 뉴욕이 너무 따뜻하다고 사무실 사람들에게 둘러댔다. 모피코트를 걸치는 건 건전하지도 않고 너무 사치스럽다고도 했다. 그 말에 다른 동료들은 냉소를 날렸다. 그런데 얼마 지나지 않아 또 다른 사람이 모피코트를 장만하겠다고 유니언퍼시픽 주식을 매수했다. 하지만 이 사람도 1,800달러를 잃고는 흑담비는 여성용 외투 겉감으로야 괜찮지만 점잖은 지성인 남성용 외투 안감으로는 적절하지 못하다고 했다.

그 이후에도 시장을 구슬려서 코트 살 돈을 빼내려는 사람들이 연이어 나섰다. 보다 못한 내가 어느 날 사무실 파산을 막으려고 모피코트를 하나 사주겠다고 했다. 그러자 다들 그건 정정당당하지 못하다면서 모피코트를 갖고 싶으면 시장에서 벌어서 사라고 했다. 하지만 에드 하딩은 내 제안에 전적으로 동의했고, 그날 오후에 나는 모피코트를 사러 갔다. 그런데 시카고에서 온 남자가 이미 일주일 전에 사갔다는 것이 아닌가.

이 일화는 하나의 실례에 불과하다. 월가에서는 시장에서 돈을 벌어서 자동차나 팔찌, 모터보트, 혹은 그림을 사려다가 돈을 잃은 사람이 한둘이 아니다. 주식시장이 주먹을 꽉 움켜쥔 채 내놓지 않은 생일선물 값을 합친다면 대형 병원 하나를 지을 수 있었다. 사실 월가에서는 주식시장을 구슬려 요정(妖精) 대모로 삼겠다는 시도만큼 끊임없이 바쁘게 움직여서 불운을 부르는 것이 또 없다.

이와 같은 시도가 다른 모든 것들처럼 불운을 부르는 이유가 있다. 갑자기 필요한 게 있어서 주식시장에서 돈을 벌려는 사람은 요행을 바라기 때문이다. 이런 사람은 도박을 한다. 시장의 기저 상황까지 냉정하게 연구해서 논리적으로 도출해낸 의견이나 신념에 따라 지혜롭게 투기할 때보다 훨씬 큰 위험에 처한다. 게다가 즉각적인 수익을 우선하기에 기다리지 못한다. 가능한 시장이 자기 뜻대로 움직여주기를 바란다. 그러면서도 공정한 거래를 요구할 뿐이라고 으스댄다. 2포인트만 벌면 되니까 2포인트 손실이 나면 손절매하는 식으로 빠르게 대처할 거라 승률이 50퍼센트라고 착각한다. 이렇게 거래하다가 수천 달러를 잃는 사람들을 많이 봤다. 이들은 특히 강세장 정점에서 매수했다가 조정 국면을 맞아 손실을 보기 일쑤였다. 절대 해서는 안 될 거래 방법이다.

여하튼 나는 주식 투기 경력상 가장 어리석은 실수를 저지르면서 무너져 내리고 말았다. 면화 거래 이후 남아 있었던 돈까지 전부 다 날렸다. 거래를 계속하면서 손실을 입었기에 피해는 더욱 컸다. 끝까지 버티면 주식시장이 돈을 내놓을 거라고 미련스레 생각했지만 결국에는 깡통 계좌만 남았다. 급기야는 주로 거래하던 중개인들뿐만 아니라 적절한 증거금을 요구하지 않은 다른 거래소에도 빚을 졌다. 이때부터 빚을 갚기는커녕 빚더미에 올라앉았다.

13장

내 평생
가장 잊을 수 없는 일

*

또, 또 빈털터리가 됐다. 그렇지 않아도 끔찍한데 거래 방식까지 완전히 잘못돼서 더욱 꼴사나웠다. 몸은 아프고 짜증에 화까지 치밀어 마음을 차분하게 가라앉히기 어려웠다. 투기자가 절대 거래에 뛰어들지 말아야 하는 마음 상태였다. 모든 일이 어긋났다. 놓쳐버린 균형 감각을 다시는 되찾지 못할 것만 같았다. 10만 주 이상의 거래에 익숙했던 터라 소규모로 거래할 때는 제대로 판단하지 못할까봐 두려웠다. 100주 거래해서는 제대로 판단해봤자 별 값어치도 없는 것 같았다. 대량 거래로 크게 한탕 수익을 올리다가 소규모로 거래하니 언제 빠져서 차익을 실현해야 할지 잘 몰랐다. 얼마나 무기력한 느낌이었는지 이루 말할 수가 없었다.

다시 파산한 처지라 공격적으로 거래할 수도 없었다. 빚더미에 앉은 데다 잘못 판단하기까지 하다니! 오랜 세월 동안 실수를 딛고 더 큰 성공을 쟁취했는데 사설거래소를 전전하던 시절보다 훨씬 못한 상황이었다. 주식 투기라는 게임을 잘 알고 있었지만 인간적 약점이 어떤 사태를 불러오는지는 잘 알지 못했다. 기계처럼 항상 똑같이 효율적으로 움직이는 사람은 없다. 나 또한 다른 사람이나 불운에 영향을 받는 일이 절대 없을 거라고 자신하지 못한다는 사실을 깨달았다.

내게 금전적 손실은 걱정할 거리가 아니었다. 하지만 다른 문제들은 그렇지 않았다. 패인을 자세히 분석해보면 어디서 어리석은 짓을 했는지 쉽게 알아낼 수 있었다. 잘못을 저지른 정확한 시기와 장소까지도 알아냈다. 투기 시장에서 거래를 잘하려면 자기 자신을 완벽하게 꿰뚫고 있어야 한다. 나는 오랫동안 배움의 길을 걸은 끝

223

에야 내가 어떤 어리석은 짓을 할 수 있는지 깨달았다. 투기자가 자만하지 않는 법을 배울 수만 있다면 그 어떤 대가도 비싸지 않다는 생각이 종종 든다. 수많은 뛰어난 사람들이 파멸하는 이유도 자만심이다. 자만심은 누구나 어디서든 걸릴 수 있는 질병과 같다. 이 병에 걸리면 값비싼 대가를 치러야 하는데 월가의 투기자가 유독 이 병에 취약하다.

　뉴욕에서는 전혀 행복하지 않았다. 계좌는 말도 못 할 상태여서 거래하고 싶지도 않았다. 결국은 어디 다른 데 가서 자금을 마련하기로 했다. 장소가 달라지면 나 자신을 되찾기도 쉬워질 것 같았다. 그렇게 나는 또다시 투기라는 게임에서 패배를 맛보고 뉴욕을 떠났다. 빈털터리 신세인 것도 모자라 여러 중개인에게 10만 달러가 넘는 빚까지 지고 있어서 상황은 더욱 나빴다.

　나는 시카고에 가서 자금을 마련했다. 아주 많은 돈은 아니었지만 일단 돈이 모였으니 조금만 더 시간을 투자하면 원금을 되찾을 수 있을 듯했다. 한때 내가 이용했던 거래소는 나의 트레이더 자질을 믿고는 소규모로 거래할 수 있게 해주었다.

　처음에는 아주 적게 거래했다. 계속 시카고에 머물렀다면 어떻게 됐을지 모르겠지만 아쉽게도 오래 머물지 못했다. 내 평생 가장 놀라운 일이 끼어들었기 때문이다. 정말 믿기 어려운 일이었다.

*

　어느 날 루셔스 터커(Lucius Tucker)한테서 전보를 받았다. 터커는 내가 한때 이용했던 증권거래소 회원사 매니저라서 알고 지내다가 연락이 끊어진 사람이었다. 전보 내용은 이러했다.

「지금 바로 뉴욕에 와줘.」

- L. 터커.

터커는 내가 곤경에 처했다는 소식을 같이 아는 지인들한테서 들었고, 뭔가 꿍꿍이를 숨기고 있는 게 분명했다. 당시에는 쓸데없이 뉴욕에 가는 비용을 투자할 여력이 없었다. 그래서 터커의 요청을 들어주는 대신 장거리 전화를 걸었다.

"전보를 받았어. 갑자기 왜 오라는 거야?"

내가 물었다.

"뉴욕의 거물급 은행가가 만나고 싶대."

"그 거물이 누군데?"

나는 이렇게 물었지만 그 사람이 누군지 상상도 가지 않았다.

"뉴욕에 오면 말해줄게. 그전에는 말 못해."

"날 만나고 싶어 한다고?"

"그래."

"무슨 일로?"

"만나서 직접 말하겠대."

"편지로는 안 돼?"

"안 돼."

"좀 더 털어놔 봐."

"전화로는 싫어."

"그럼 하나만 말해줘. 갔는데 헛고생만 하는 건 아니겠지?"

"당연히 아니지. 너한테 득 되는 일일 거야."

"귀띔이라도 좀 해주면 안 돼?"

225

"안 돼. 그건 공평하지 못하니까. 그분이 널 얼마나 도와줄지도 잘 모르고. 하지만 충고 하나 하자면 빨리 오는 게 좋을 거야."

"정말 날 만나고 싶어 하는 거 확실해?

"그래, 너 맞으니까 빨리 오는 게 좋아. 무슨 기차를 타고 오는지 전보로 알려줘. 역으로 마중 나갈게."

"알았어."

나는 이렇게 대답하고 전화를 끊었다. 너무 비밀스럽게 굴어서 마음에 들지 않았지만 터커가 나 좋으라고 그런 말을 하는 게 분명했다. 떠나면 서운할 정도로 시카고에서 호화롭게 지내지도 않았다. 그때 속도로 거래했다면 대량 거래 자금을 모으기까지 오랜 시간이 걸렸을 것이다.

나는 앞으로 무슨 일이 벌어질지 전혀 모른 채 뉴욕에 도착했다. 사실 뉴욕으로 가는 동안 아무 일도 일어나지 않아 아까운 차비와 시간만 낭비하는 게 아닐까 하는 걱정이 머릿속에서 떠나지 않았다. 내 평생 가장 희한한 일을 겪으리라고는 상상도 하지 못했다.

터거가 기차역에 나와서는 곧장 이야기를 풀어놓았다. 유명한 증권거래소 회원사인 윌리엄슨 앤드 브라운(Williamson&Brown)의 대니얼 윌리엄슨(Daniel Williamson)이 날 만나고 싶다고 했다. 대니얼이 내가 수락할 게 분명한 수익성 높은 사업을 제안하겠다고 했는데 터커는 그게 뭔지 모른다고 했다. 윌리엄슨 앤드 브라운이라면 부적절한 요구를 할 회사는 아니었다.

대니얼 윌리엄슨은 에그버트 윌리엄슨(Egbert Williamson)이 1870년대에 설립한 회사의 고위 간부였다. 윌리엄슨 앤드 브라운은 오래전부터 브라운 가문 사람 없이 운영되었고, 대니얼의 아버지 시대에 유명했던 회사였다. 대니얼은 상당한 재산을 상속받았지만 다른 일은 크게 벌이지 않았다. 윌리엄슨 앤드 브라운에는 일반 고객 백 명의 값어치를 하는 고객이 있었다. 그 사람은 바로 윌리엄슨의 매부 앨빈 마퀀드(Alvin Marquand)로 여러 은행과 신탁회사 이사이자 체서피크 앤드 애틀랜틱 철도회사(Chesapeake&Atlantic Railroad) 사장이었다. 제임스 힐(James J. Hill)[1] 이후로 철도업계에서 가장 주목받는 인물이었고, 강력한 금융 집단인 포트 도슨(Fort Dawson gang)의 대변인이자 핵심 인물이었다. 마퀀드의 재산은 부르는 사람의 배짱에 따라 5000만 달러에서 5억 달러 사이를 오갔다. 마퀀드가 사망했을 때 밝혀진 재산은 총 2억 5000만 달러였다. 이 정도였으니 얼마나 대단한 고객이었겠는가?

터커는 윌리엄슨 앤드 브라운에서 마련해준 일자리를 받아들였는데 이리저리 돌아다니면서 일거리를 따오는 일이라고 했다. 당시에 윌리엄슨 앤드 브라운은 일반 위탁사업을 하려고 했고, 터커는 지점 두 곳을 개설하라고 윌리엄슨을 설득하는 중이었다. 그리하여 시내에 있는 큰 호텔과 시카고에 지점이 개설되었다. 나는 시카고 지점의 매니저 자리를 제안받지 않을까 짐작했지만 그런 제의를 수락할 생각은 없었다. 일단 제의부터 받아야 거절할 수 있었기에 기다려보기로 마음먹고 터커에게는 아무 말도 하지 않았다.

터커는 윌리엄슨의 개인 사무실로 날 데려가서 소개해주더니 급

---

1   제임스 힐(1838~1916): 일생을 미국 북서부를 가로지르는 철도 시스템을 건설하는 데 바친 그는 그레이트노던 레일웨이 컴퍼니의 최고 경영자였다. 그레이트노던의 운행 범위와 경제적 이득 때문에 철도 재벌로 유명해졌다.

하게 자리를 떴다. 마치 양쪽 당사자를 다 알고 있어서 증인이 되고 싶지 않은 사람 같았다. 나는 윌리엄슨의 이야기를 듣고 나서 그의 제안을 거절하려고 했다.

윌리엄슨은 아주 유쾌한 사람이었다. 정중한 태도에 친절한 미소를 띤 신사 중의 신사였다. 쉽게 친구를 만들어 오래 사귈 사람 같았다. 건전하고 유머 감각도 있는 사람이었으니 당연하지 않겠는가. 돈이 넘치게 많은 사람이라 탐욕스러운 동기를 숨기고 있을 것 같지도 않았다. 교육 수준이나 사회적 기술까지 남달랐으니 정중하고 친절하며, 유익한 사람이 되기는 쉬웠다.

나는 아무 말도 하지 않았다. 할 말도 없었을 뿐더러 언제나 다른 사람이 할 말을 다 할 때까지 기다렸다가 내 이야기를 했기 때문이다. 고인이 된 내셔널시티뱅크의 제임스 스틸먼도 뭔가를 제안하는 상대의 이야기를 무표정한 얼굴로 듣기만 했다고 한다. 윌리엄슨의 친한 친구였던 스틸먼은 상대가 이야기를 끝낸 후에도 아직 할 이야기가 더 있지 않느냐는 듯 상대의 얼굴을 빤히 쳐다보기만 했다. 그러면 상대는 뭔가를 더 말해야 할 것만 같아서 계속 이야기를 했다. 이렇게 스틸먼이 빤히 쳐다보고 이야기를 듣기만 해도 상대는 처음 제시하려고 했던 것보다 더 좋은 제안을 했다. 스틸먼은 이런 식으로 자신에게 더욱 유리하게 상황을 이끌어 냈다.

나는 더 나은 거래를 하려고 침묵하는 게 아니다. 상대가 제시하는 모든 사실을 다 듣고 싶어서 입을 다문다. 상대의 할 말을 다 듣고 나면 즉각 결정을 내릴 수 있어서 시간이 많이 절약된다. 답도 없는 논쟁과 지루한 토론도 피할 수 있다. 내가 관련된 거의 모든 사업적 제안은 완벽하게 파악한 경우에만 수락하거나 거절할 수 있다.

그래서 나는 대니얼 윌리엄슨이 이야기하는 동안 가만히 들었다. 윌리엄슨은 주식시장에서 내가 어떤 작전을 펼쳤는지 이야기를 많이 들었다고 했다. 내 전문 분야에서 벗어나 면화 거래에 손댔다가 실패했다는 소식에는 안타까운 마음을 금할 수 없었다고 했다. 하지만 내가 실패한 덕분에 이렇게 날 만날 수 있었다며 내 주력 분야가 주식시장인 것 같다고 의견을 냈다. 주식 거래를 하려고 태어난 사람 같으니 절대 딴 길로 새지 말라는 말과 함께.

"그래서 자네와 같이 일하고 싶다네."

윌리엄슨이 유쾌하게 말했다.

"같이 일하다니? 어떻게요?"

"우리가 자네 중개인이 되는 거지. 우리 회사에서 자네의 주식 거래를 중개해주는 거야."

"그러고 싶지만 불가능해요."

"왜지?"

"자금이 없거든요."

"그건 걱정할 거 없어."

"우리가 자금을 조달할 테니까."

윌리엄슨이 상냥한 미소를 지으며 수표첩을 꺼내고는 2만 5,000달러짜리 수표를 써주었다.

"이걸 어떡하라는 거죠?"

"자네 은행 계좌에 넣어두고 자네 이름으로 수표를 써서 사용하면 돼. 대신 우리 거래소에서 거래하는 거야. 돈을 벌든 잃든 그건 상관없어. 돈이 바닥나면 개인수표를 써줄 테니 걱정말고. 그러면 부담 없이 이 수표를 사용할 수 있겠지?"

윌리엄슨 앤드 브라운은 돈도 많은데다 잘 나가는 기업이라서 다른 누군가와 합작할 필요가 없었다. 나 같은 사람에게 증거금으로 걸 돈까지 줄 필요는 더더욱 없었다. 그런데도 아주 후하게 돈을 썼다! 회사 차원에서 신용대출을 해주는 게 아니라 개인적으로 현금을 줬으니 말이다. 현금이 어디서 나왔는지는 윌리엄슨만 알고 있었고, 나는 그의 회사에서 거래한다는 조건만 지키면 그만이었다. 게다가 돈이 바닥나면 더 주겠다고까지 했다! 아무런 이유도 없이 그렇게까지 할 리가 없었다.

"무슨 생각인 거죠?"

내가 물었다.

"그냥 자네 같은 대량 거래자를 우리 거래소에 모시고 싶어서야. 자네가 대량으로 공매도한다는 건 다들 알고 있지. 바로 그 점이 마음에 들어. 자네는 '몰빵 투기꾼 소년'으로 유명했잖아."

"그래도 이해가 가지 않는데요."

"좋아, 솔직하게 말하지. 우리 회사에서 대량으로 주식을 사고파는 고객들이 두세 분 정도 있어. 그렇다 보니 우리 쪽에서 주식을 2만에서 3만 주씩 매도할 때마다 우리 고객이 보유한 주식을 매도하는 게 아닌지 의심하는 사람들이 있단 말이지. 자네가 우리 거래소에서 거래한다는 걸 알면 자네가 공매도를 하는지, 아니면 다른 고객이 보유한 주식을 내놓는지 잘 모를 거야."

그제야 무슨 말인지 이해가 갔다. 몰빵 투기꾼 소년으로 알려진 내 명성을 이용해서 자기 매부의 거래를 숨기려는 수작이었다! 내가 1년 반 전에 약세장에서 큰돈을 번 후로 주가가 하락하기만 하면 내 탓으로 돌리는 소문은 들어서 알고 있었다. 지금도 약세장이 찾아왔다 하면 내가 공세를 취하고 있다고 말한다.

더 이상 생각할 것도 없었다. 대니얼 윌리엄슨이 예상보다 빨리 재기할 수 있는 기회를 제시하고 있음을 단번에 간파해냈다. 나는 수표를 받아 은행에 넣고 윌리엄슨의 증권사에서 계좌를 개설해 거래를 시작했다. 거래량이 많은 시기라서 한두 개 종목만 고집해서 거래할 필요가 없었다. 사실 앞서도 말했듯이 제대로 시장을 예측할 수 있을지 두려워지던 참이었는데 막상 거래해보니 그렇지 않아서 다행이었다. 윌리엄슨한테서 받은 2만 5,000달러를 밑천으로 삼아 3주 만에 11만 2,000달러 수익을 냈다.

나는 윌리엄슨에게 가서 이렇게 말했다.

"2만 5,000달러를 갚으려고요."

"아니, 그럴 필요 없어!"

윌리엄슨은 내가 피마자유 설사약을 탄 칵테일이라도 준 것처럼 손사래를 쳤다.

"자금이 더 불어날 때까지 기다려. 빚 갚을 생각은 말고. 아직 푼돈밖에 못 벌었잖아."

이때 그 돈을 되돌려주지 못한 것이 월가 경력을 통틀어 가장 후회하는 실수다. 이 실수 탓에 오랫동안 고통스러운 세월을 보내야 했다. 이때 윌리엄슨에게 돈을 갚고 그와의 관계를 끊었어야 했다. 잃었던 돈보다 더 많은 돈을 벌면서 빠르게 나아가는 중이었으니까. 3주 동안 주당 평균 수익률이 150퍼센트였기 때문에 거래량을 꾸준히 늘려나가면 되는 상황이었다. 그런데도 윌리엄슨이라는 족쇄를 끊어버리지 못한 채 그의 방식대로 거래했고, 2만 5,000달러는 갚지도 못했다. 윌리엄슨은 2만 5,000달러를 인출해가지 않았기 때문에 나도 내 수익금을 빼낼 수 없을 것 같았다. 윌리엄슨의 배려가 무척 고맙기는 했지만 빚지는 건 내 성격에 맞지 않았다. 빌린 돈은 돈으로 갚을 수 있지만 호의와 친절은 돈으로 갚지 못한다. 받은 만큼 호의와 친절을 베풀어야 한다는 도덕적 의무를 다하자면 더 큰 대가를 치러야 할 수도 있다. 게다가 어느 정도까지 해야 되는지 기준도 없다.

어쩔 수 없이 윌리엄슨의 돈은 건드리지 않은 채 거래를 다시 시작했다. 일이 잘 풀렸고, 균형감각도 되찾기 시작했다. 머지않아 1907년도 수준으로 복귀할 것 같았다. 그러자 내가 잃은 돈을 만회하고도 좀 더 벌 수 있을 때까지 시장이 받쳐주면 좋겠다는 생각이 들었다. 사실 돈을 벌든 잃든 그건 내 관심 밖의 일이었다. 무엇보다도 그릇된 판단을 내리고 나 자신을 믿지 못하는 버릇을 떨쳐내서 기뻤다. 그 나쁜 버릇 때문에 몇 달 동안 고생했으니까. 그래도 귀한 교훈을 건질 수 있었다.

*

바로 그 무렵, 시장은 약세론으로 돌아섰고 나는 철도 주식 몇 종목을 공매도하기 시작했다. 그중 하나가 체서피크 앤드 애틀랜틱이었다. 나는 체서피크 앤드 애틀랜틱을 8,000주 정도 공매도했다.

그런데 어느 날 아침, 시내에 갔다가 개장 전에 자기 개인 사무실로 오라는 대니얼 윌리엄슨의 연락을 받았다.

"래리, 체서피크 앤드 애틀랜틱은 지금 건드리지 마. 그걸 8,000주나 팔다니 잘못된 판단이었어. 내가 오늘 아침에 런던에서 모두 환매했어."

나는 체서피크 앤드 애틀랜틱 주가가 하락할 거라고 확신했다. 주가 시세표로 보아 명명백백한 사실이었다. 게다가 전체 시장도 하락할 거라고 내다봤다. 끝도 없이 폭락하지는 않겠지만 그래도 적당히 공매도하면 좋을 수준이었다.

　　"왜 그러셨어요? 시장 전체가 약세로 돌아서서 가격이 하락할 텐데요."

　　하지만 윌리엄슨은 고개를 가로저으며 이렇게 말했다.

　　"체서피크 앤드 애틀랜틱에 관한 자네가 모르는 정보를 알고 있거든. 내가 안전하다고 할 때까지는 그 주식을 팔지 않는 게 좋아."

　　그렇다는데 어떡하겠는가? 자기 매부인 체서피크 앤드 애틀랜틱 회장한테서 정보를 얻었을 테니 터무니 없는 말이 아니었다. 윌리엄슨은 앨빈 마퀀드의 친한 친구일 뿐 아니라 나한테도 너그럽고 친절했다. 나를 지지해주고 내가 하는 말을 믿어주었다. 고맙기 이루 말할 데 없는 사람이었다. 결국은 또다시 내 감정에 굴복하고 말았다. 내 판단보다 윌리엄슨의 바람을 우선시한 것이다. 제대로 된 사람이라면 감사하는 마음을 가지는 게 당연하지만 그 마음에 얽매여 마땅히 해야 할 일을 하지 못해서는 안 된다. 윌리엄슨의 말대로 하자 맨 먼저 수익금이 다 날아갔고, 다음에는 회사에 15만 달러 빚까지 지게 되었다. 나는 기분이 좋지 않았지만 윌리엄슨은 걱정하지 말라고 다독였다.

　　"내가 곤경에서 구해줄게. 하지만 자네가 협조해줘야 그렇게 해줄 수 있어. 자네가 직접 거래하는 건 그만두는 거야. 나한테 거래를 맡겨주지 않으면 자네를 위해 내가 한 일이 모두 수포로 돌아가. 잠시 시장을 떠나 있어 주겠나? 내가 자네 대신 돈을 벌어놓을게. 어때, 래리?"

윌리엄슨이 이렇게 날 구슬렸다.

다시 말하지만 그런 상황에서 내가 어떻게 해야 했을까. 나한테 크나큰 친절을 베풀어준 사람에게 감사할 줄 모른다는 소리를 들을 만한 일을 할 수가 없었다. 게다가 윌리엄슨이라는 사람도 점점 마음에 들었다. 유쾌하고 상냥한 사람이었으니 말이다. 윌리엄슨은 항상 날 격려해주었다. 모든 일이 잘될 거라고 날 다독여주었다. 그로부터 6개월쯤 지난 어느 날이었다. 윌리엄슨이 환한 미소를 짓고 다가와 입금 내역서를 건네주었다.

"내가 곤경에서 구해주겠다고 했지? 자, 내가 해냈어."

윌리엄슨은 내가 진 빚 전체를 갚았을 뿐만 아니라 잔고도 약간 채워주었다.

시장 상황이 좋았기 때문에 수월하게 돈을 불릴 수 있을 것 같았다. 그런데 윌리엄슨이 이렇게 말했다.

"서던애틀랜틱(Southern Atlantic) 1만 주도 매수해뒀어."

서던애틀랜틱은 윌리엄슨의 매부 앨빈 마퀀드가 장악해서 주식의 운명까지 주무르는 회사였다.

대니얼 윌리엄슨이 내게 해준 걸 받아본 사람이 또 있다면 시장에 대한 예측이 어떠하든 '감사합니다'라는 말밖에 할 수 없었을 것이다. 자신의 예측이 옳다고 확신하더라도 팻 헌의 말처럼 '돈을 걸어봐야 아는' 법이니까. 게다가 대니얼 윌리엄슨은 날 위해서 자기 돈을 걸었다.

결국 서던애틀랜틱 주가는 하락해서 상승할 기미가 없었고, 나는 1만 주를 손해 봤다. 손실액이 얼마였는지는 기억나지 않지만 윌리엄슨이 그 주식을 다 처분해주었다. 그 바람에 윌리엄슨에게 전보다 더 많은 빚을 지게 됐다. 하지만 윌리엄슨처럼 빚 갚으라고 재촉하지도 않는 상냥한 채권자는 또 없었다. 윌리엄슨은 앓는 소리 한 번 하지 않았다. 언제나 걱정하지 말라고 격려해주고 달래주었다. 너그러운 신사는 신비스러운 방식으로 내가 입은 손실을 메워주었다. 그러나 어떻게 했는지 자세히 말해주지 않았다. 예금주 이름도 없이 숫자와 문자로만 개설된 비밀계좌처럼 전부 다 베일에 싸여 있었다. 대니얼 윌리엄슨은 그냥 이렇게 말했다.

"다른 거래로 서던애틀랜틱 주에서 난 손실을 메웠어."

그러고는 몇몇 다른 주식 7,500주를 어떻게 팔아서 괜찮은 수익을 올렸는지 설명해주었다. 솔직히 말해서 나는 빚을 다 갚았다는 윌리엄슨의 말을 듣고 나서야 그런 기적 같은 일이 실제로 일어났다는 사실을 깨달았다.

그런 일이 몇 차례 더 일어나자 생각이 깊어져서 다른 각도에서 상황을 살펴보기 시작했다. 그러다 마침내 진상을 알아차렸다. 내가 대니얼 윌리엄슨에게 이용당한 게 분명했다. 그 생각을 하자 화가 치밀어 올랐지만 더 빨리 알아차리지 못한 나 자신에게 더욱 화가 났다. 나는 마음속으로 모든 전황을 되짚어보고 나서 대니얼 윌리엄슨을 찾아갔다. 그 자리에서 당신 회사에서는 더 이상 거래하지 않겠다고 선언하고는 윌리엄슨 앤드 브라운에서 나왔다. 윌리엄슨이나 다른 파트너들과 말을 섞지도 않았다. 그래봤자 무슨 이득이 있겠는가?

돈을 잃은 것은 정말 아무렇지도 않았다. 돈을 잃으면 언제나 뭔가를 배웠다고 생각했다. 잃은 돈은 내가 얻은 경험에 대한 수업료에 지나지 않았다. 누구나 경험을 하면 대가를 치러야 하는 법이다. 하지만 대니얼 윌리엄슨에게 당했던 경험은 엄청난 손실을 가져다주었다. 아주 좋은 기회를 앗아간 것이었다. 잃은 돈은 다시 메워 넣으면 그만이었지만 잃어버린 기회는 매일 찾아오는 것이 아니었다.

당시에 시장은 거래하기 좋은 상황이었다. 내 예상도 적중했다. 다시 말해 시장을 제대로 읽고 있는 게 맞았다. 수백만 달러를 벌 수 있는 기회가 눈앞에 있었다. 그런데도 누군가에게 감사를 표하려고 내 뜻대로 거래하지 않았다. 스스로 손을 묶어버리고는 친절한 대니얼 윌리엄슨이 원하는 대로 했다. 가족 사업을 하는 것보다 더 못한 짓이었다. 정말 형편없는 거래였다.

그런데 거기서 끝나지 않았다. 그 이후 큰돈을 벌 기회가 사실상 완전히 사라져버렸다. 시장이 지지부진해지면서 상황은 더욱 나쁘게 흘러갔다. 나는 가진 것을 모두 잃었을 뿐만 아니라 또다시 빚을 졌다. 빚은 전보다 더 크게 늘었다. 1911년에서 1912년, 1913년, 1914년까지 건질 게 없는 시간이 계속 이어졌다. 돈을 벌 기회가 없었기에 내 형편은 그 어느 때보다 여의치 않았다.

돈을 잃어도 '왜 그렇게밖에 못했을까' 하는 자괴감에 사로잡히지만 않는다면 괜찮다. 그런데 이번에는 그런 자괴감을 떨쳐낼 수가 없어서 더욱 불안했다. 하지만 결국에는 투기자가 공격당하기 쉬운 약점이 수없이 많다는 교훈을 얻었다. 보통 사람이라면 대니얼 윌리엄슨의 사무실에서 그렇게 행동해도 거리낄 것이 없지만 투기자가 뭔가에 영향을 받아 자기 판단에 반하는 행동을 하는 것은 부적절하고 현명하지 못한 짓이다. 주식시장에서는 노블레스 오블리주(Noblesse Oblige)를 운운하지 못한다. 주가 시세표가 기사도 정신을 발휘하지도 않거니와 충성하는 자에게 포상을 내리지도 않으니까. 돌이켜보니 그때는 그럴 수밖에 없었다. 주식시장에서 거래하고 싶은 마음에 달리 행동할 수가 없었다. 하지만 공적인 일에 사적인 감정을 끼워 넣어서는 안 된다. 투기자는 언제나 자기 판단에 따라 행동해야 한다.

다시 생각해봐도 참으로 희한한 경험이었다. 내가 추론해본 당시 상황을 이야기하자면 이렇다. 대니얼 윌리엄슨이 날 처음 만났을 때 했던 말은 모두 사실이었다. 윌리엄슨의 회사가 어떤 종목이든 몇천 주를 팔 때마다 월가는 앨빈 마퀸드가 매매한다고 섣불리 결론지었다. 앨빈 마퀸드는 확실히 거물급 트레이더였고, 윌리엄슨의 회사에서 모든 거래를 했다. 월가 트레이더들 중에서 단연 최고는 앨빈 마퀸드였다. 나는 마퀸드의 매도 거래를 숨기기 위한 연막으로 이용당했다.

내가 거래를 시작한 직후에 마퀸드가 병을 앓았다. 그것도 불치병 진단을 받았다. 대니얼 윌리엄슨은 마퀸드보다 먼저 그 사실을 알았다. 그래서 체서피크 앤드 애틀랜틱을 환매한 것이었다. 윌리엄슨은 매부가 투기 목적으로 보유한 체서피크 앤드 애틀랜틱과 다른 주식 몇 주를 청산하기 시작했다.

마퀸드가 사망했을 때 그의 투기 물량과 '준 투기 물량'을 청산해야 했고, 그 무렵에 시장은 약세로 돌아섰다. 대니얼 윌리엄슨은 상속 재산 처리를 도와주려고 날 묶어둔 것이었다. 내가 그렇게 경계할 정도로 위협적인 대량 거래자였고, 주식시장을 정확하게 예측했다고 자랑하는 소리가 아니다. 윌리엄슨은 1907년에 약세장에서 내가 펼쳤던 성공적인 작전을 잘 알고 있었기 때문에 날 그냥 내버려 둘 수 없다고 생각했다. 내 방식대로 거래했다면 윌리엄슨이 앨빈 마퀀드의 상속 재산을 처리할 때쯤에는 수십만 주를 거래했을지도 모르기 때문이었다. 나는 약세론을 적극적으로 펼쳐서 마퀀드의 상속자들에게 수백만 달러의 피해를 입혔을지도 모른다. 마퀀드가 남긴 상속재산은 2억 달러가 조금 넘었을 뿐이었다.

내가 다른 거래소에서 적극적으로 약세론을 펼치게 놔두는 것보다는 내게 빚을 지웠다가 갚아주는 편이 훨씬 저렴했다. 대니얼 윌리엄슨의 호의에 보답해야겠다고 생각하지 않았다면 그의 우려대로 약세장에서 크게 한탕 벌였을 것이다.

내가 주식 투기자로 활동하면서 그만큼 흥미진진하면서도 불운했던 경험은 또 없었다. 그 경험에 대한 대가도 터무니없이 컸다. 그 후로 몇 년 동안이나 재기의 기회를 잡지 못했으니 말이다. 그나마 젊었기에 놓쳐버린 수백만 달러를 되찾을 때까지 끈기 있게 기다릴 수 있었다. 하지만 5년이라는 세월은 가난하게 살기에는 참으로 긴 시간이다. 나이가 적든 많든 가난을 즐기는 사람은 없다. 재기를 꿈꿀 시장 없이 사느니 요트 없이 사는 게 훨씬 나았다. 내 평생 최고의 기회가 코앞에 지갑을 들이밀고 있었는데 놓쳐버렸다. 손을 뻗어 잡을 수가 없었다. 교활한 대니얼 윌리엄슨은 아주 말주변이 좋고, 멀리 내다볼 줄 아는 대담하고 천재적인 인물이었다. 사고력과 상상력이 뛰어났고, 사람의 약점을 간파해서 무자비하게 공략했다. 윌리엄슨은 스스로 내가 시장에 해를 끼치지 못하게 만들 방법을 생각해냈다. 윌리엄슨이 내 돈을 빼앗지는 않았다. 그와는 반대로 돈 문제에 있어서는 아주 너그러웠다. 윌리엄슨은 누이 마퀀드 부인을 사랑했고, 그런 누이를 위해 마땅히 해야 한다고 생각하는 일을 했을 뿐이었다.

14장

내리는 돈 비를
그저 맞을 수밖에

*

내가 윌리엄슨 앤드 브라운 증권사를 떠난 후로 시장이 푹 가라 앉아버려서 항상 마음이 괴로웠다. 돈을 벌지 못하는 상태가 4년이나 이어졌다. 단 한 푼도 벌 수가 없는 상황이었다. 빌리 엔리케즈 (Billy Henriquez)의 말을 빌리자면 "스컹크도 냄새 맡지 못할 정도로 고약한" 시장이었다.

나는 곤경에서 빠져나올 수 없는 운명에 처한 것 같았다. 내게 시련을 주고 단련시키기 위한 어떤 의도였는지는 모르겠다. 하지만 그런 고난을 겪어야 할 정도로 자만했던 적은 없었다. 속죄의 의미로 빚더미에 올라앉아야 할 만한 투기 범죄를 저지르지도 않았다. 전형적인 호구 짓도 하지 않았다. 내가 했던 일, 아니 하지 않았던 일은 브로드웨이 42번가에서라면 비난이 아니라 칭찬받아 마땅했다. 하지만 월가에서는 비싼 대가를 치러야 하는 터무니없는 짓이었다. 주가 시세표가 지배하는 월가에서는 가능한 인간적 감정에 휩쓸리지 않으려고 노력해야 한다는 게 단점이다.

나는 윌리엄슨의 거래소를 떠나 다른 거래소들을 전전했다. 하지만 가는 곳마다 돈을 잃었다. 시장이 주지 않으려고 하는 것, 정확하게 말하자면 돈 벌 기회를 억지로 얻어내려고 했으니 당연한 결과였다. 신뢰를 쌓아두었던 터라 돈은 쉽게 빌릴 수 있었다. 어찌나 신용이 좋았던지 신용대출 거래를 중단했을 때는 빚이 100만 달러를 넘어섰다.

판단력을 잃은 탓은 아니었다. 그 끔찍했던 4년 동안 돈 벌 기회가 아예 없었기 때문이었다. 돈을 벌려고 애썼지만 빚이 늘어갔다. 더 이상 친구들에게 빚을 질 수가 없어서 거래를 그만두고, 지지부진한 시장에서도 돈을 벌 수 있다고 날 믿어주는 사람들의 계좌를 관리하고 거기에서 수익이 나면 일부를 받아 생계를 이어나갔다. 그렇게 살았다. 그렇게 버티는 게 고작이었다.

물론 항상 잃기만 하지는 않았다. 하지만 빚을 상당 부분 줄일 수 있을 정도로 돈을 벌지 못했다. 상황이 점점 나빠지면서 급기야는 내 평생 처음으로 좌절감에 빠져들었다.

모든 일이 다 잘못되는 것 같았다. 수백만 달러를 벌어들이고 요트를 사서 즐기다가 빚더미에 올라앉아 검소하게 사는 신세가 됐다고 한탄하는 게 아니었다. 그 상황을 즐기지는 않았지만 자기 연민에 빠져 허우적거리지도 않았다. 그러나 시간이 흐르고 운명이 정해 놓은 것을 따라 불편한 상황이 끝나기만을 끈기 있게 기다릴 생각은 없었다. 내가 처한 문제 상황을 파헤쳐보았다. 탈출구는 돈을 버는 것뿐이었고, 돈을 벌려면 거래를 잘해야 했다. 예전에 그랬듯이 거래에서 성공해야 했다. 과거에 푼돈만 갖고도 수십만 달러를 벌었던 경험이 몇 차례 있었다. 머지않아 시장이 기회를 안겨줄 것이라 믿었다.

뭐가 잘못됐든 시장이 아니라 내게 잘못된 점이 있다고 생각했다. 대체 뭘 잘못한 걸까? 거래를 하다가 생기는 다양한 문제들을 살펴볼 때처럼 자문해보았다. 차분하게 생각하자 빚 걱정을 너무 많이 하는 게 문제라는 결론이 나왔다. 그 걱정에 사로잡혀 한시도 마음이 편치 않았다. 단순히 빚을 져서 불안한 게 아니었다. 일반적으로 사업을 하다 보면 어쩔 수 없이 빚을 지기 마련이었다. 그러나 내 빚은 대부분 좋지 않은 시장 여건에서 거래하다가 생긴 것이었다. 이는 상인이 계절에 맞지 않는 날씨 때문에 고생하는 것과 다를 바 없었다.

　시간은 흘러가는데 빚을 갚지 못하자 초연하기로 마음먹은 게 점점 흔들렸다. 갚을 빚이 100만 달러가 넘는데 그게 전부 다 주식 시장에서 잃은 돈이었다. 내 채권자들은 대부분 아주 상냥해서 빚 독촉을 하지 않았다. 하지만 그중에서 고약하게 구는 사람이 둘 있었다. 이들은 내가 가는 곳마다 쫓아오고 돈을 딸 때마다 어디선가 튀어나와서는 꼬치꼬치 캐묻고 돈을 갚으라고 재촉했다. 그중 한 사람한테는 800달러를 빚졌는데 고소하겠다느니, 가구를 압류하겠다느니 하는 위협에 시달렸다. 대체 왜 내가 자산을 숨기고 있을 거라 생각했는지 모르겠다. 당시 내 꼴은 숨이 넘어가기 직전의 역전 부랑자 같았는데 말이다.

　문제를 분석해보자 주가 시세표를 읽는 게 아니라 나 자신을 읽어야 한다는 사실을 깨달았다. 냉정하게 판단한 결론은 이러했다. 걱정에 시달리는 한은 뭔가 유익한 일을 해내지 못하고, 빚을 지고 있는 한은 걱정을 할 수밖에 없다. 내가 돈 좀 쥐어보기도 전에 빚 갚으라고 재촉하며 성가시게 굴면서 재기를 방해하는 채권자가 있는데 어찌 마음이 편하겠는가? 너무나도 명명백백한 사실에 나는 이렇게 혼잣말을 했다. "파산신청을 해야겠어." 마음 편히 지내려면 그것 말고는 달리 방법이 없었다.

　아주 손쉽고 합리적인 방법이었지만 찜찜하기 짝이 없어서 죽어도 그렇게 하기 싫었다. 그런 일로 오해를 사거나 남들이 잘못 판단하는 게 싫었다. 사실 나는 돈에는 별로 관심이 없었다. 거짓말까지 할 정도로 돈이 중요하다고 생각하지도 않았다. 하지만 타인이 그런 내 마음을 알아줄 리는 없었다. 내 발로 일어서기만 하면 당연히 모두에게 빚진 돈을 다 갚을 작정이었다. 하지만 과거 방식대로 거래하지 못한다면 100만 달러를 갚을 길이 없었다.

나는 마음을 단단히 먹고 채권자들을 만나러 갔다. 채권자들이 대부분 친구거나 오랜 지인들이라서 말을 꺼내기가 더욱 어려웠다. 하지만 솔직하게 내 상황을 설명했다.

"돈을 갚기 싫어서 파산신고를 하려는 게 아닙니다. 제가 돈을 벌 수 있는 상태가 되어야 양쪽 모두에게 득이 될 것 같아 그럽니다. 지난 2년 동안 이런 해결책을 틈틈이 생각해봤지만 솔직하게 말씀 드리기가 힘들었어요. 진작 말씀드렸다면 더 좋았을 텐데 말이죠. 차분하게 설명하자면 이렇습니다. 지금처럼 빚에 시달려서는 예전의 저를 되찾을 수가 없어요. 1년 전에 이렇게 했어야 했지만 지금도 늦지 않았다고 생각합니다. 이 외에 다른 이유는 없으니까 오해하지 않으시면 좋겠습니다."

처음 찾아간 채권자나 그 이후 채권자들이나 모두 거의 똑같은 이야기를 했다. 가장 먼저 만난 채권자는 이렇게 말했다.

"네, 이해합니다. 무슨 말씀인지 잘 알겠어요. 저희 입장은 이렇습니다. 구제책을 마련해드리려고요. 변호사를 통해 원하는 서류를 준비해오면 서명해드리겠습니다."

고액 채권자들은 한결같이 이렇게 말했다. 월가의 단면이 이러했다. 마음만 좋아서 경솔하게 대처하는 것도, 공정하게 대하려고 그러는 것도 아니었다. 단지 사업에 득이 될 게 분명해서 재치 있게 그런 결정을 내린 것이다. 나는 채권자들의 그러한 선의와 진취성에 감사했다.

채권자들은 100만 달러가 넘는 빚을 탕감해주었다. 하지만 소액 채권자 두 명은 서명을 해주지 않았다. 그중 한 사람이 앞서도 이야기했던 800달러를 빌려준 사람이었다. 파산한 중개업체에도 6만 달러를 빚졌는데 날 전혀 모르는 사람들이 그 회사를 인수해서 밤낮으로 빚 독촉을 했다. 설령 고액 채권자들의 선례를 따르고 싶었다고 해도 법원에서 허락하지 않았을 것이다. 그렇게 파산절차를 거치자 100만 달러였던 빚이 10만 달러 정도로 감소했다.

그런데 그 소식이 신문에 실려서 속이 많이 상했다. 나는 항상 빚을 다 갚았는데 파산신청이라니. 더없이 수치스러운 경험이었다. 살아만 있다면 언젠가는 빚을 모두 갚을 작정이었지만 신문 기사를 읽는 사람들은 그런 내 마음을 모를 것이었다. 신문에 난 기사를 읽고 나서는 부끄러워서 밖에 나다니기가 힘들었다. 하지만 머지않아 그런 마음도 옅어졌다. 주식 투기에 성공하고 싶다면 온 정신을 쏟아부어야 한다는 사실을 이해하지 못하는 사람들에게 더 이상 괴롭힘당하지 않아서 얼마나 마음이 편했는지 모른다.

*

이제 빚더미에 신경 쓰지 않고 성공을 바라보며 거래할 수 있을 정도로 마음이 홀가분해졌다. 다음 목표는 판돈을 모으는 것이었다. 하지만 제1차 세계대전이 발발하면서 증권거래소는 1914년 7월 31일부터 12월 중순까지 휴장에 들어갔고, 월가는 침울한 분위기에 휩싸였다. 그렇게 오랫동안 어떤 거래도 이루어지지 않았다. 나는 이미 모든 친구에게 빚을 졌다. 친절하고 우호적인 친구들이었지만 또다시 도와달라고 할 수는 없었다. 서로서로가 도와줄 수 있는 시절도 아니었고 말이다.

증권거래소가 문을 닫는 바람에 중개인에게 부탁할 수도 없어서 판돈을 넉넉하게 모으기가 쉽지 않았다. 몇 군데를 찾아가 봤지만 소용없었다.

결국에는 대니얼 윌리엄슨을 떠올릴 수밖에 없었다. 그때가 1915년 2월이었다. 윌리엄슨은 내가 요구하지도 않았는데 자기가 필요해서 내게 2만 5,000달러를 쥐어준 사람이었다. 이제는 내가 필요해서 그를 찾아갔다. 나는 채무라는 마음속 짐 덩어리를 치워버렸다면서 예전처럼 거래할 수 있다고 전했다. 윌리엄슨은 이렇게 말했다.

"괜찮아 보이는 게 있으면 500주는 사도 괜찮네."

나는 고맙다고 인사하고는 나왔다. 일전에 윌리엄슨은 내가 큰 돈을 벌지 못하게 막았고, 내 덕에 엄청난 수수료를 벌었다. 그런데도 윌리엄슨 앤드 브라운에서 넉넉하게 자금을 챙겨주지 않자 속이 약간 쓰렸다. 처음에는 소량으로 거래하려고 했다. 500주보다 많이 거래했다면 더욱 쉽게 재기할 수 있었을 테지만 그만해도 복귀할 기회는 잡은 셈이었다.

나는 대니얼 윌리엄슨의 사무실을 떠나 일반적인 시장 여건을 살펴보고, 특히 나 자신의 문제를 중점적으로 분석해보았다. 시장은 강세장이었다. 다른 수천 명의 트레이더뿐만 아니라 내 눈에도 빤히 보이는 사실이었다. 하지만 내가 거래할 수 있는 물량은 500주뿐이었다. 뭔가를 마음껏 할 수가 없었다. 거래 초창기에 나오는 사소한 실수도 견딜 수 없었다. 처음 500주 거래에서 판돈을 불려야 했다. 진짜 돈을 손에 쥐고 싶었다. 사실 나는 거래 자금이 충분하지 않으면 제대로 판단을 내릴 수 없는 사람이었다. 증거금이 넉넉하지 못하면 큰돈을 걸기 전에 시장을 시험하다가 소액 손실을 입었을 때 냉철한 태도를 유지하기가 어려웠다.

그때 나는 투기자로서 생존하느냐 마느냐 하는 갈림길에 서 있었던 것 같다. 또다시 실패한다면 언제, 어디서 또 다른 기회를 얻을 수 있을지 기약할 수 없었다. 절호의 기회가 나타날 때까지 기다렸다가 정확하게 낚아채야 했다.

윌리엄슨 앤드 브라운 증권사 근처에는 가지도 않았다. 일부러 6주 동안 거리를 두고 주가 시세표만 꾸준하게 읽었다. 괜히 거래소에 갔다가 엉뚱한 시기에 엉뚱한 주식 500주를 살 것만 같아 두려웠기 때문이다. 트레이더는 기본적인 시장 상황을 보고, 시장의 선례를 파악해야 한다. 그 밖에도 중개인들의 한계와 일반 대중의 심리를 염두에 두면서 자기 자신이 누구인지, 약점은 무엇인지도 잘 알고 있어야 한다. 인간적인 약점이 있다고 억울해할 필요는 없다. 주가 시세표 읽는 법을 배우는 것처럼 자신을 읽는 법도 배우면 된다. 나는 작황 상태나 수익 보고서를 분석할 때처럼 거래가 활발한 시장에서 문득문득 솟아나는 충동이나 피할 수 없는 유혹에 내가 어떻게 반응하는지를 분석하고 숙고했다.

파산한 상태에서도 다시 거래를 시작하고 싶어 조바심이 났지만 매일 단 1주도 매매할 수 없는 다른 거래소 주가 시세판 앞에 앉아 시장만 분석했다. 주가 시세표에 찍혀 나오는 모든 것을 놓치지 않고 살피며 전력 질주 신호탄이 쏘아지는 타이밍만 노렸다.

결정적 시기였던 1915년 초반, 전 세계에 알려진 시장 상황을 보며 나는 베들레헴철강(Bethlehem Steel)의 강세를 확신했다. 베들레헴 주가가 상승할 거라고 자신했지만 첫 거래부터 반드시 수익을 내야 했기 때문에 주가가 기준가격을 넘어설 때까지 기다리기로 했다.

앞서도 했지만 주가가 처음으로 100, 200, 300을 넘어서면 거의 언제나 30에서 50포인트 상승한다. 특히 100, 200보다 300을 넘어섰을 때 주가가 더욱 빠르게 상승한다. 내가 초창기에 성공적으로 거래했던 주식은 아나콘다였다. 아나콘다가 200을 넘어섰을 때 매수해서 다음 날 260에 매도했다. 기준가격을 넘어선 주식을 매수하는 거래 방식은 초창기 사설거래소 시절에 터득한 오래된 원칙이었다.

내가 옛날처럼 대량 매매하는 순간을 얼마나 간절하게 기다렸는지 아무도 몰랐다. 그 마음이 너무나 간절해서 다른 생각은 할 수조차 없었다. 그럼에도 꾹 참고 기다렸다. 베들레헴 주가는 예상했던 대로 매일 조금씩 상승했다. 나는 당장 윌리엄슨 앤드 브라운 증권사 거래소로 달려가 500주를 사고 싶은 충동을 억눌렀다. 가능한 한도 내에서 가장 확실한 작전을 펼쳐야 했기 때문이다.

베들레헴 주가가 1포인트 올라갈 때마다 500달러가 날아가는 것 같았다. 처음에 10포인트 상승했을 때 피라미딩 기법으로 매매했다면 지금쯤은 500주가 아니라 1,000주를 보유해서 포인트당 1,000달러 수익을 올렸을 것이다. 하지만 나는 시끄럽게 떠들어대는 희망이나 믿음의 목소리를 외면한 채 내 경험의 목소리와 상식의 조언에만 귀를 기울였다. 넉넉한 판돈이 없는 상황에서는 아주 작은 모험이라도 내가 감당할 수 없는 사치에 불과했다. 6주 동안 인내한 끝에 마침내 탐욕과 희망을 꺾고 상식이 승기를 잡았다!

주가가 90까지 오르자 마음이 흔들리고 땀까지 흘렀다. 내가 강세장을 확신했을 때 주식을 매수하지 않아 놓친 돈이 얼마였는지 생각해보면 당연한 반응이었다. 주가가 98까지 올랐을 때는 이렇게 혼잣말을 했다. "베들레헴은 100까지 오를 거야. 거기까지만 가면 천장도 뚫고 올라갈 게 분명해!" 주가 시세표도 나와 똑같은 이야기를 했다. 아니, 아예 확성기에 대고 떠들어댔다. 주가 시세표가 98이라고 말할 때 나는 100을 내다보고 있었다. 희망의 목소리나 내 시각에 소망이 덧씌워진 것이 아니라 주가 시세표 해독 능력으로 간파한 미래였다. 그래서 이렇게 혼잣말을 했다. "100을 돌파할 때까지 못 기다리겠어. 지금 당장 사야 해. 이 정도면 기준가격을 넘어선 거나 마찬가지야."

나는 윌리엄슨 앤드 브라운 증권사 거래소로 달려가 베들레헴철강 500주 매수 주문을 넣었다. 그때 시장가는 98이었다. 나는 500주를 98, 99에 매수했다. 그 직후 베들레헴 주가가 치솟았고, 그날 종가는 114나 115였던 것 같다. 나는 500주를 추가 매수했다.

다음 날 베들레헴철강이 145까지 상승하면서 판돈 마련에 성공했다. 내 평생 가장 힘들고 지루했던 6주간의 기다림 끝에 얻어낸 것이었다. 덕분에 이제는 상당히 큰 규모로 거래할 수 있는 자본이 생겼다. 500주만 갖고는 아무것도 못했을 것이다.

무슨 일이든 시작이 아주 중요하다. 베들레헴 거래에 성공한 이후로는 아주 성과가 좋았다. 예전과 같은 사람이 거래한 것이 맞나 싶을 정도였다. 실상은 같은 사람이 아니었다. 예전에는 괴로움에 시달리다 잘못된 판단을 내렸다면 이제는 편안한 마음으로 제대로 판단을 내렸다. 빚 독촉하는 채권자들도 없었고, 내 생각을 방해하거나 경험의 진실한 목소리를 차단해버리는 자금 부족 문제도 없어서 나는 연신 승리를 거두었다.

한 재산 거머쥘 게 확실했던 때, 갑자기 '루시타니아(Lusitania)호

침몰 사건[1]이 터지면서 시장이 폭락했다. 태양계에서 살아가는 사람들은 가끔 슬픈 현실을 마주하게 된다. 한결같이 제대로 시장을 예측해서 손실을 가져다주는 사건을 쏙쏙 피하는 일이 불가능하다는 의미다. 그런데 루시타니아호가 공격당했다는 소식에도 수익률이 크게 영향을 받지 않았다고 이야기하는 사람들이 있었다. 그들이 어떻게 월가보다 먼저 소식을 입수했는가 하는 이야기도 나돌았다. 나는 그런 사전 정보를 입수해서 재앙을 피할 정도로 재주가 좋지 않았다. 결국 루시타니아호 사건으로 돈을 잃은 데다 그 밖에도 한두 차례 미래를 예측하는 데 실패한 바람에 1915년도 내 증권계좌 잔고는 14만 달러 정도였다. 그 한 해 동안 대부분 시장을 제대로 예측했는데도 실제로 번 돈은 그 정도에 불과했다.

*

다음 해에는 훨씬 더 나았고, 운도 아주 좋았다. 강한 강세장에서 적극적으로 강세론을 취했다. 모든 일이 순조롭게 풀려서 돈만 벌면 그만이었다. 고인이 된 스탠더드오일 컴퍼니(Standard Oil Company)의 헨리 로저스(Henry H. Rogers)[2]가 말했던 것처럼 '우산 없이 폭우 속으로 나가면 흠뻑 젖듯이 돈 비를 맞을 수밖에 없는 상황'

---

1 루시타니아호 침몰 사건(1915): 1915년 5월 7일 북대서양을 횡단하던 가장 빠른 선박 루시타니아호가 출항한 지 6일 만에 독일 잠수함의 공격을 받고 침몰했다. 1,257명의 승객과 702명의 승무원을 태운 여객선에서 1,198명이 목숨을 잃었다. 독일은 루시타니아호가 군수품을 싣고 있었다고 주장했지만 윌슨 당시 미국 대통령이 시도한 협상에 합의하며 의문점을 남겼다.

2 헨리 로저스(1840~1909): '지옥문을 지키는 개' 로저스는 추악한 기질에 사업을 할 때는 영악했고, 단호하고 무자비한 것으로 유명했다. 정유공장의 관리자로 있다가 록펠러와 인연을 맺고 뒷일을 봐주면서 스탠더드오일의 회장까지 되었다. 가스, 구리, 철도, 철강 등 분야를 넘나들며 활발하게 여러 사업을 이어갔다.

이었다. 그 어느 때보다 강세가 확실한 장이었다. 미국에서 생산한 온갖 물건들을 연합군이 구매하면서 미국이 세계에서 가장 부유한 국가가 됐다는 건 자명한 사실이었다. 미국은 어디서도 구할 수 없는 상품을 판매했고, 전 세계 어느 곳보다도 빠르게 현금을 쓸어 담고 있었다. 전 세계의 금이 미국으로 물밀듯 밀려드는 형국에 인플레이션은 필연이었고, 모든 물가가 오르는 게 당연한 결과였다.

이러한 형세가 펼쳐질 것은 처음부터 자명했던 지라 상승세를 조작할 필요가 조금도, 아니 전혀 없었다. 바로 이 때문에 다른 강세장에 비해서 사전 작업이 훨씬 적었다. 전쟁으로 호황을 맞이한 분야는 자연히 다른 분야보다 더욱 크게 발전했지만 전쟁은 일반 대중에게도 이례적으로 큰 수익을 안겨주었다. 1915년에 주식시장에서 발생한 수익금이 월가 역사상 그 어느 때보다 광범위하게 분배된 것이다. 모든 수익을 현금으로 전환하지 못했다거나 수익금을 오래 보유하지 못했다는 문제는 되풀이되는 역사에 불과했다. 월가만큼 그렇게 자주, 또는 한결같이 역사가 되풀이되는 곳은 또 찾아보기 힘들다. 역사상 더없이 극심했던 호황이나 공황에 관한 기사를 읽어보면 알겠지만 오늘이나 어제나 주식 투기나 주식 투기자는 거의 다를 게 없다. 주식이라는 게임은 변하지 않고, 인간의 본성도 변하지 않는다.

나는 1916년 상승장에 올라탔다. 누구 못지않게 강세를 예상했지만 그래도 눈을 부릅뜨고 상황을 주시했다. 다른 모든 사람처럼 나도 언젠가는 강세장이 끝난다는 사실을 알고 있었기에 경고 신호를 놓치지 않으려고 애썼다. 비밀정보가 어디서 나오는지 별로 관심이 없어서 한 곳만 주시하지 않았다. 강세장이나 약세장 중 어느 한쪽만 고집하지도 않았다. 강세장에서 잔고가 불어났거나 약세장이 아주 너그러웠어도 일단 탈출 신호를 포착하고 나면 그 어느 쪽도 고집스럽게 고수할 이유가 없다. 강세장이나 약세장 중 어느 하나에 영원한 충성을 맹세해서는 안 된다. 오직 시장을 제대로 예측하는 데만 승부를 걸어야 한다.

또 하나 염두에 두어야 하는 것이 있다. 시장은 단번에 치솟아 최고조에 이르지 않고, 갑작스럽게 반전하지도 않는다. 전반적인 가격 하락이 시작되기 한참 전에 강세가 멈출 수 있고, 실제로도 자주 그런다. 선도주였던 주식들이 수개월 만에 처음으로 연달아 정점에서 몇 포인트 하락해 더 이상 오르지 않았다. 내가 오랫동안 기다렸던 경고 신호였다. 장장 몇 개월 동안 내달렸던 대장주가 멈춰선 게 분명했다. 이제는 거래 전략을 바꿔야 할 때였다.

방법은 간단했다. 강세장에서는 주가 추세가 당연히 상승세를 유지한다. 그런데 여기서 하락하는 주식은 뭔가 잘못됐다고 봐도 무방하다. 노련한 트레이더라면 이 신호를 충분히 감지할 수 있다. 주가 시세표가 일일이 설명해줄 것이라 기대해서는 안 된다. 주가 시세표가 '탈출해!'라고 외치는 승인서 발급이 완료되기를 기다릴 필요 없이 바로 나와야 한다.

앞서도 말했듯이 상승세를 선도하는 주식들이 상승을 멈췄다. 6, 7포인트 하락하더니 그 자리에서 꼼짝도 하지 않았다. 그와 동시에 새로운 종목들이 등장해 나머지 종목의 상승을 이끌어 냈다. 기업에는 문제가 없었기 때문에 다른 곳에서 원인을 찾아야 했다. 선도주들은 몇 달 동안 시장 흐름을 따라 움직였다. 그런데 여전히 상승세가 강한 시장 상황에서 움직임을 멈춘 것이다. 이는 선도주들의 상승세가 끝났다는 의미였다. 이에 비해 나머지 종목들은 여전히 상승하고 있었다.

아직 장세가 반전되지는 않았기 때문에 아무것도 못한 채 우왕좌왕할 필요는 없다. 나도 약세론으로 전환하지 않았다. 주가 시세표가 그렇게 하라고 하지 않았기 때문이다. 강세장 종료 시기는 손짓해서 부를 거리에 있었지만 아직은 오지 않았다. 그때까지는 여전히 강세장에서 돈을 벌 수 있었다. 상황이 이러했기에 나는 상승을 멈춘 주식들에 한하여 약세론을 펼쳐 매도했고, 나머지 종목들은 여전히 상승할 거라고 보고 매수했다.

상승세를 주도하다 멈춘 선도주들은 매도하고, 추가로 각각 5,000주씩 공매도했다. 새로 등장한 선도주들은 매수했다. 공매도한 주식들은 크게 움직이지 않았지만 매수한 주식들은 계속 상승했다. 마침내 매수한 주식들도 상승을 멈추자 보유 물량을 모두 매도하고 추가로 각각 5,000주씩 공매도했다. 이쯤 되자 나는 강세론보다는 약세론에 가까워졌다. 약세장에서 큰돈을 벌 기회가 올 게 분명했기 때문이었다. 강세장이 완전히 끝나기 전에 약세장이 시작됐다고 확신했지만 본격적인 하락세는 아직 오지 않았음을 알고 있었다. 시작할 기미가 보이지 않는데 일찍부터 설쳐봤자 소용없었다. 주가 시세표는 약세장 주력군의 순찰대가 서둘러 지나갔다고 말했을 뿐이었다. 지금은 준비해야 할 때였다.

나는 매도와 매수를 계속하다가 그해 초에 강세장의 선도주라서 인기를 누렸던 주식 12종목을 각각 5,000주씩 공매도했다. 그렇게 한 달 동안 공매도한 물량은 총 6만 주에 달했지만 그다지 많은 편은 아니었다. 아직 약세장이 본격적으로 시작되지 않았기 때문이었다.

그러던 어느 날 전체 시장이 완전히 약세로 돌아서 모든 주가가 하락하기 시작했다. 나는 공매도했던 12종목 주식에서 각각 최소 4포인트 수익을 실현했다. 그렇게 내 예상이 적중했다. 주가 시세표가 이제 하락에 걸어도 안전하다고 말했기에 나는 즉시 물량을 두 배로 늘렸다.

나는 포지션을 확정했다. 약세가 분명한 시장에서 주식을 공매도한 것이다. 하락세를 더 밀어붙일 필요도 없었다. 시장은 내가 원하는 방향으로 움직이게 되어 있었으니까. 나는 느긋하게 기다릴 수 있었다. 거래 물량을 두 배로 늘린 후 한참이나 거래하지 않았다. 전체 물량을 공매도한 지 약 7주 만에 그 이름 높은 '정보 유출' 사건이 터지면서 주가가 폭락했다. 듣기로는 윌슨(Woodrow Wilson) 대통령이 유럽에 평화를 되찾아줄 메시지를 서둘러 발표할 예정이라는 워싱턴 소식을 누군가가 사전에 입수했다는 내용이었다. 제1차 세계대전으로 전쟁 호황이 지속되는 상황에서 평화의 징조는 약세를 부르는 요인이었다. 발 빠른 트레이더가 그 정보를 입수해서 수익을 챙겼다는 비난을 받았지만 강세장이 지나치게 무르익었다고 판단해서 주식을 매도했다고 반박했다. 나도 7주 전에 공매도 물량을 두 배로 늘려놓았다.

여하튼 이 소식에 주가가 급락했고, 당연히 나는 환매에 나섰다. 그 외에 다른 방법이 없었다. 처음 계획을 세울 때 계산하지 못했던 일이 발생하며 운명이 친히 기회를 제공한다면 마다할 이유가 없다. 이와 같은 폭락장에서는 거래량이 많은 시장이 형성된다. 이때가 바로 수익을 현금으로 바꿀 시점이다. 약세장이라 해도 주가를 끌어올리지 않으면서 12만 주를 환매할 수 있다고 항상 보장할 수는 없다. 수익을 잃지 않으면서 그 정도로 많은 주식을 환매할 수 있는 시장이 형성되기를 기다려야 한다.

바로 그 시기에 그런 이유로 폭락장이 오리라고는 전혀 예상하지 못했다고 말해두고 싶다. 하지만 앞서도 말했듯이 30년 트레이더 경험에서 그런 사건들은 보통 최소 저항선을 따라 움직인다는 사실을 잘 알고 있었다. 나 또한 최소 저항선을 따라 포지션을 정했다. 또 하나 명심할 점은 꼭대기에서는 절대 매도하지 말라는 것이다. 이보다 현명하지 못한 짓이 없다. 조정 이후 반등이 없을 때 매도해야 한다.

1916년에는 300만 달러 정도의 수익을 올렸다. 강세장에서는 강세론을, 약세장에서는 약세론을 취한 것이 비결이었다. 앞서도 말했듯이 무슨 결혼 서약이라도 하는 양 죽음이 갈라놓을 때까지 강세장이나 약세장 중 어느 한쪽과 함께한다고 맹세할 필요가 없다.

그해 겨울 나는 남쪽의 팜비치로 향했다. 바다낚시에 푹 빠져서 휴가 때마다 찾는 곳이었다. 공매도한 주식과 밀에서는 상당히 큰 수익이 났다. 신경 쓸 거리가 없어서 즐거운 시간을 보내고 있었다. 물론 유럽으로 떠나지 않는 한 주식이나 상품시장에서 완전히 벗어날 수 없었다. 뉴욕의 애디론댁스(Adirondacks)에 있는 집에만 가도 거래소와 연결된 직통 전화가 있었기 때문이다.

팜비치에서는 거래소 지점에 정기적으로 드나들었다. 그런데 전혀 관심을 가지지 않았던 면화가 강하게 상승하고 있었다. 때는 1917년, 윌슨 대통령이 평화를 도모하기 위해 애쓴다는 소식이 많이 들렸다. 이런 소식은 워싱턴에서 급보로 날아들기도 하고, 팜비치의 친구들로부터 은밀하게 전해 듣기도 했다. 그러던 어느 날 다양한 시장 움직임으로 보아 윌슨 대통령의 평화 도모 노력이 성공을 거두었다는 확신이 시장 전반에 깔려있는 것 같았다. 평화가 목전에 닥치면 주식과 밀은 하락하고 면화는 상승한다. 주식과 밀은 이미 손을 써두어서 하락해도 문제가 없었지만 면화는 한동안 거래하지 않았다.

그날 오후 2시 20분, 나는 면화를 1베일도 보유하고 있지 않았다. 그런데 2시 25분에 평화가 임박했다고 판단하고는 처음에는 면화 1만 5,000베일을 매수했다. 앞서 설명했던 옛날 거래 방식으로 매수할 작정이었다.

그날 오후, 장 마감 이후에 무제한 잠수함 작전 소식이 날아들었다. 하지만 다음 날 장이 열릴 때까지 기다리는 수밖에 없었다. 그날 밤, 그리들리스(Gridley's)에서 산업계 거물이 U.S.스틸을 그날 오후 종가보다 5포인트 낮은 가격에 팔겠다고 제안했다. 피츠버그의 백만장자 몇 사람들이 그 제안을 들었지만 아무도 받아들이지 않았다. 다음 날 장 개장 즉시 대폭락이 있으리라 다들 예상했기 때문이었다.

예상대로 다음 날 주식과 상품시장은 무섭게 요동쳤다. 몇몇 주식은 전날 종가보다 8포인트 하락했다. 내게는 공매도 물량을 환매해서 수익을 내라고 하늘이 주신 기회였다. 앞서도 말했지만 약세장에서는 주가가 갑자기 폭락할 때 환매하는 것이 언제나 현명한 행동이다. 대량 거래 시 고액의 수익을 후회할 정도로 크게 잃지 않고 현금으로 재빨리 전환할 수 있는 유일한 방법이기 때문이다. 나는

U.S.스틸을 5만 주 공매도했고, 당연히 다른 주식들도 공매도했다. 그러다가 환매가 가능한 시장 여건이 마련되자마자 환매에 나섰다. 그렇게 번 내 수익금은 총 150만 달러였다. 절대 놓쳐서는 안 되는 기회를 잡은 것이었다.

반면 전날 오후 장 마감 30분 전에 1만 5,000베일을 매수했던 면화는 장 개장과 동시에 500포인트 하락했다. 낙폭이 어마어마했다! 하룻밤 사이에 37만 5,000달러가 날아간 셈이었다. 주식과 밀은 더 생각해볼 것도 없이 급락장에서 환매하는 게 현명했다. 하지만 면화는 어떻게 해야 할지 판단이 서지 않았다. 고려해야 할 요소가 많았다. 보통은 잘못 판단하면 항상 손실을 받아들였다. 하지만 그날 아침에는 그러고 싶지 않았다. 그런데 달리 생각하면 낚시를 즐기려고 팜비치에 와놓고 면화시장 때문에 골머리를 앓기는 싫었다. 결국 밀과 주식에서는 크게 수익이 났으니 면화 손실은 그냥 받아들이기로 마음먹었다. 내 수익금이 150만 달러가 넘는 게 아니라 100만 달러가 좀 넘는다고 생각하면 그만이었다. 주식 기획자가 지나치게 많은 질문에 시달릴 때 장부에 기록하기 나름이라고 하듯 내 수익금도 기록하기 나름 아니겠는가.

전날 장 마감 직전에 면화를 매수하지 않았다면 40만 달러를 날리지 않았을 텐데 아쉬울 따름이었다. 많지 않은 물량을 거래해도 순식간에 큰돈을 잃을 수 있음을 깨닫게 해준 사건이었다. 나의 시장 예측은 정확했다. 게다가 주식과 밀을 공매도할 때 고려했던 상황과 정반대 상황이 터졌는데도 오히려 큰 이득을 봤다. 최소 저항선을 따라가는 것이 트레이더에게 얼마나 큰 이득이 되는지 알 만하지 않은가. 독일의 무제한 잠수함 작전이라는 뜻밖의 요소가 끼어들었는데도 주가는 예상대로 움직였다. 내 예상이 100퍼센트 적중했더라면 주식과 밀 가격은 하락하고, 면화 가격은 상승했을 테니 모든 거래에서 수익을 올렸을 것이다. 평화가 정착하든 전쟁이 계속되든 상관없었다. 나는 주식과 밀 시장에서 포지션을 제대로 잡았기 때문에 뜻밖의 사건이 터져도 이득을 봤다. 반면 면화 거래에서는 시장 외부에서 발생할지도 모르는 사건을 고려해서 포지션을 잡았다. 윌슨이 평화 협상에 성공한다에 돈을 걸었다가 독일군 지도자들의 무제한 잠수함 작전 선포로 돈을 잃었다.

1917년 초에 뉴욕으로 돌아와 100만 달러가 넘는 빚을 모두 갚았다. 빚을 다 청산하니 그렇게 기쁠 수가 없었다. 사실 몇 달 전에 빚을 다 갚을 수도 있었지만 그러지 않았다. 아주 단순한 이유였다. 활발하게 성공적으로 거래하던 중이라서 보유 자금을 모두 투자해야 했기 때문이다. 채권자들뿐만 아니라 나 자신을 생각해서라도 1915년과 1916년에 더없이 좋았던 시장을 최대한 이용해야 했다. 나는 큰돈을 벌 수 있다고 자신했다. 채권자들에게 빚을 갚을 날이 몇 달 더 지체될지 모른다며 조급해하지도 않았다. 채권자들은 대부분 내가 빚을 갚을 거라는 기대조차 하지 않았으니까. 나는 빚을 소액으로 나눠 갚거나 한 번에 한 사람 빚만 갚고 싶지는 않았다. 한꺼번에 빚을 청산하고 싶었다. 그래서 시장 상황이 허락하는 한 투자 가능한 모든 자금을 쏟아부어 대량으로 거래했다.

이자도 지불하고 싶었지만 채무 구제책에 서명해준 모든 채권자가 단호하게 이자를 마다했다. 고작 800달러를 빌려줘 놓고 거래도 못하게 내 마음에 짐을 지웠던 인간의 빚은 제일 마지막에 갚았다. 내가 다른 채권자들의 빚을 모두 갚았다는 소문이 그 인간 귀에 들어갈 때까지 기다렸다. 다음번에 누군가에게 몇백 달러를 빌려준다면 좀 너그럽게 굴라고 교육을 시켜주고 싶어서였다.

이렇게 나는 재기에 성공했다.

빚을 모두 갚은 후, 상당 금액을 연금에 넣었다. 돈에 쪼들려서 불편한 생활을 다시는 겪고 싶지 않았기 때문이다. 마이너스 생활도 사절이었다. 물론 결혼하고 나서는 아내를 위해 상당히 큰돈을 신탁에 넣어두었고, 아들을 위해서도 자금을 마련해두었다. 그 돈마저 주식시장에 갖다 바칠까 봐 두렵기도 했거니와 수중에 들어온 돈이 언제 어디로 나가는지도 모르게 사라지기 때문이기도 했다. 나는 아내와 아이를 위해 내 손이 닿지 않는 곳에다 안전하게 숨겨두었다.

나처럼 이렇게 가족을 위해 자금을 마련해둔 지인이 한둘이 아니었다. 결국에는 아내를 구슬려서 그것까지 모조리 투자했다가 다 날렸다고 했다. 나는 나나 아내가 아무리 신탁자금을 빼내고 싶어도 건드리지 못하게 해두었다. 누가 수작을 부려도 절대 가질 수 없었다. 내가 주식시장에 투자하고 싶어도, 헌신적인 아내가 갖고 싶다고 애원해도 그 어떤 변수도 용납하지 않았다!

15장

성공했지만 실패한 거래

주식 투기의 위험요인 중에서 최악은 '예기치 못한 사건'이다. 아니, '예상할 수 없는 사건'이라고 해야 할지도 모르겠다. 유난스레 신중한 사람이 경계를 벗어나고 싶다면 위험을 무릅쓰고 모험해야 한다. 사업상 생기는 위험요인은 길을 가다가, 기차여행을 하다가 마주하는 위험과 다를 바가 없다. 아무도 예상하지 못한 사건으로 돈을 잃었을 때는 때아니게 불어 닥친 태풍으로 피해를 입은 것과 같다고 무던하게 넘겨버린다. 요람에서 무덤까지 살아가는 인생 자체가 도박이요, 미래를 내다보는 천부적 능력을 타고난 것도 아니니 무슨 일이 닥치든 의연하게 받아들이는 수밖에 없다. 하지만 투기자로 살아오면서 제대로 예측하고 정정당당하게 거래했음에도 비열한 인간들의 부당한 수작에 속아 수익을 날린 적이 종종 있었다.

빠르게 판단하거나 멀리 내다보는 사업가는 사기꾼들과 비겁한 인간들, 무리 지어 다니는 인간의 만행에도 자신을 보호할 수 있다. 나는 사설거래소에서 활동하던 시절에 한두 곳을 제외하면 부당한 일을 당한 적이 없었다. 사설거래소에서도 정직이 최고였기 때문이다. 큰돈은 정정당당하게 거래해서 버는 것이다. 남의 돈을 떼먹고는 큰돈을 벌지 못한다. 속임수를 당할까 항상 경계해야 하는 곳에서는 무슨 일이든 제대로 하지 못한다. 어떻게든 돈을 떼먹으려고 우는소리를 하는 사람도 경계해야 한다. 괜히 마음 약해져서 봐주다가는 험한 꼴을 당한다. 공정하게 하는 것이 최선이다. 실제로 나는 맹세의 말이나 신의로 맺은 협정을 믿었다가 피해를 입은 게 여러 번이었다. 이런 이야기는 해봤자 별 쓸모도 없기 때문에 여기서 거론하지 않겠다.

소설가와 성직자, 여성들은 증권거래소 객장을 뇌물공여자들의 전쟁터로, 월가의 일상적 업무를 전투로 묘사하기 좋아한다. 상당히 극적인 비유요, 실상은 완전히 잘못된 비유다. 나는 내가 하는 일이 투쟁이나 경쟁이라고 생각하지 않는다. 주식시장에서 투기자 개개인이나 투기 집단과 싸우지 않기 때문이다. 말하자면 기본적인 시장 여건에 대한 시각이 서로 다르기에 그에 관한 각자의 해석을 제시할 뿐이다. 극작가들이 말하는 주식시장의 전투는 사람들이 서로 치고받는 싸움이 아니다. 단지 서로의 사업적 의견을 시험하는 것이다. 나는 사실에 근거를 두고 행동하려고 한다. 이는 버나드 바루크(Bernard M. Baruch)[1]가 부를 얻는 데 성공한 비결이기도 하다. 사실을 분명하게 보지 못하거나 일찍 포착하지 못하는 경우가 있다. 혹은 논리적으로 판단하지 못하기도 한다. 이럴 때는 언제나 금전적 손실을 입는다. 이렇게 잘못 판단하면 그 대가는 언제나 돈으로 치른다.

사리를 아는 사람은 실수에 대한 대가를 기꺼이 치른다. 그 대가를 누가 먼저 받아 가는지에 우선순위가 정해져 있는 것은 아니지만 예외나 면제는 있을 수 없다. 그러나 내 예상이 적중했는데도 돈을 잃는 건 피하고 싶다. 몇몇 거래소의 규정이 갑작스럽게 달라져서 손해를 보는 거래를 말하는 게 아니다. 은행 계좌에 입금될 때까지는 어떤 수익도 안전하게 보장받지 못한다고 상기시켜주는 투기

---

1 버나드 바루크(1870~1965): '월가의 고독한 늑대'. 세계 금융의 중심인 뉴욕과 세계 정치의 중심인 워싱턴 D.C.를 두루 정복했던 사람이다. 바루크는 시장을 움직이는 요인은 인간의 본성이라는 것을 깨닫고 시장에서 큰돈을 벌었다. 제1차 세계대전과 제2차 세계대전에서 대통령을 보좌했고, '냉전(Cold War)'이란 단어를 처음 사용했다.

의 위험요인들에 굴복하고 싶지 않다는 말이다.

유럽에서 세계대전이 발발한 후, 예상대로 상품 가격이 상승하기 시작했다. 전쟁 인플레이션만큼이나 예측하기 쉬운 상황이었다. 전쟁이 장기화되면서 전반적인 상승세도 계속되었다. 게다가 나는 앞서 이야기했듯이 '재기'하느라 1915년을 정신없이 보냈다. 주식시장은 호황이었고, 그 시기를 이용하는 것이 내 의무였다. 가장 안전하고 쉽고 빠르게 큰돈을 벌 수 있는 곳은 주식시장이었다. 게다가 나는 운이 좋았다.

1917년 7월쯤에는 빚을 다 갚고도 돈이 상당히 많이 남았다. 주식뿐만 아니라 상품도 거래할 만한 자금이 준비되었고 마음도 편안했다. 오랜 시간 동안 모든 시장을 연구했다. 상품 가격은 전쟁 전에 비해서 100에서 400퍼센트 상승했다. 커피 가격만 상승하지 않았다. 전쟁 발발로 유럽 시장이 막혀 대형 화물들이 거대 시장인 미국으로 들어왔기 때문이다. 그러자 미국에 커피가 엄청나게 쌓여서 가격이 낮아졌다. 내가 커피에 투기할 생각을 할 무렵, 커피 가격은 전쟁 전보다도 낮아졌다. 이처럼 커피 가격이 이례적으로 낮아진 이유는 명백했다. 독일과 호주의 잠수함 작전이 점점 더 활발하게 진행되어 효과가 나타나면 상업용 선박의 수가 줄어들고 결국에는 커피 수입이 감소할 게 분명했다. 그런데 소비량이 변하지 않는다면 남아도는 커피 재고도 소진되어 가격이 다른 상품들 가격과 마찬가지로 상승할 것이다.

셜록 홈스가 아니라도 이 정도는 예측 가능했다. 그런데도 왜 다들 커피를 매수하지 않았는지 모르겠다. 내가 커피를 매수하기로 결심했을 때는 투기보다는 투자에 가까웠다. 현금이 들어오려면 시간이 걸리겠지만 수익금은 상당히 클 게 분명했기 때문에 도박꾼의 도박이라기보다는 은행가의 보수적인 투자와 같았다.

1917년 겨울에 아이디어를 실행하기 시작했다. 상당량의 커피를 매수했다. 하지만 시장은 아무런 변화가 없었다. 여전히 커피 거래가 부진했고, 가격은 내 예상과 달리 오르지 않았다. 그 바람에 9개월 동안 물량을 쓸데없이 쥐고만 있었다. 결국은 계약 만기로 모든 물량을 처분했고 엄청난 손실을 입었다. 그럼에도 나는 생각을 바꾸지 않았다. 아직 때가 되지 않았을 뿐이지 다른 모든 상품 가격처럼 반드시 오를 거라고 자신했다. 그래서 물량을 처분하자마자 다시 매수에 나섰다. 9개월 동안 커피 물량을 끌어안은 채 낙심해놓고도 그때보다 세 배 더 많이 매수했다. 물론 가능한 만기가 먼 커피 선물을 매수했다.

이번에는 내 예상이 어느 정도 적중했다. 내가 전보다 세 배나 되는 커피 물량을 매수하자마자 커피 가격이 상승했다. 사람들도 커피시장에서 무슨 일이 일어날지 갑자기 깨달은 것 같았다. 커피 투자로 상당액의 수익이 생길 것 같았다.

나한테 커피 선물계약을 판 사람들은 독일 원두 가공업자들이나 이들의 제휴업체였다. 이들은 미국에 팔려고 브라질에서 커피를 사들였지만 운송할 배가 없었다. 결국 끝도 없이 많은 물량이 쌓이자 나한테 대량으로 공매도해야 하는 불편한 상황에 처한 것이었다.

내가 처음으로 커피 강세론을 펼쳤을 때 커피 가격은 전쟁 전보다 낮았다. 커피를 매수해서 거의 한 해의 절반 이상을 보유했다가 큰 손실을 보고 팔기도 했다. 이렇게 예상이 어긋났을 때는 돈으로 대가를 치렀다. 반면 예상이 적중하면 돈을 벌었다. 마침내 커피 가격이 오르면서 내 예상은 맞아떨어졌고 커피 물량도 대량으로 보유 중이었으니 큰 수익을 기대할 만했다. 커피를 수십만 포대 보유하고 있어서 가격이 많이 상승하지 않아도 만족스러운 수익을 올릴 수 있었다. 내 매매 규모를 정확하게 밝히지는 않겠다. 내 매매 규모가 너무 커 보여서인지 수치를 늘어놓으면 과시한다고 생각하는 사람들이 더러 있었다. 나는 항상 내 자금력 한도 내에서 거래하고, 증거금도 여유 있게 남겨둔다. 이번에도 적게 거래한 편이었다. 돈을 잃을 것 같지 않아서 매수했고 상황은 내게 유리하게 돌아갔다. 1년을 기다린 만큼 제대로 예측하고 인내한 보상을 받아야 했다. 수익을 실현할 순간이 다가오는 게 보였다. 그렇게 똑똑하지 않더라도 빤히 보이는 미래였다.

*

수백만 달러 수익이 빠르고 확실하게 다가오고 있었다! 그런데 내 손에 들어오지 않았다. 갑자기 상황이 달라져서 다른 길로 샌 것도 아니었다. 시장이 갑자기 반전되지도 않았다. 커피가 미국으로 쏟아져 들어오지도 않았다. 대체 무슨 일이 일어난 걸까? 예측 불가능한 일이 터졌다! 누구도 경험해본 적이 없어서 대비책을 마련해둘 생각도 하지 못했던 일이었다. 항상 눈앞에 보관해두는 투기 위험요인 목록에다 새로운 요인을 하나 더 추가해야 했다. 그것은 바로 나한테 커피를 공매도했던 사람들이 손해를 구제받으려고 생각해낸 새로운 방법이었다. 그들은 커피시장이 어떻게 될지 예측하고는 매도 포지션에서 빠져나오려고 워싱턴에 도움을 요청했다. 그리고 요청이 받아들여졌다.

당시에는 정부가 생필품 폭리를 막으려고 다양한 조치를 취했다. 그러한 조치들이 대부분 어떻게 시행되었는지 기억하는가. 커피 공매도 집단은 어찌나 박애주의가 넘쳤던지 공식 명칭 전시산업국 산하 물가안정위원회를 찾아가 미국인들의 아침 식사 권리를 지켜달라고 애국심 넘치는 호소를 했다. 그들의 주장은 이러했다. 로런스 리빙스턴이라는 전문 투기꾼이 커피를 매집했거나 매집하려고 한다. 그 계획대로라면 리빙스턴은 전쟁으로 형성된 현재 상황을 이용해 사익을 채웠고, 앞으로 미국인들은 매일 커피를 마시기 위해 과하게 비싼 돈을 지불해야 한다. 운송 선박을 구하지 못해 나한테 커피를 팔았던 애국자들은 1억 명의 미국인들이 양심도 없는 투기꾼에게 조공을 바치는 꼴을 두고 볼 수 없으며 자기들은 커피 도박꾼들이 아니라 커피 무역을 대변하여 정부를 도와서 현재나 미래의 폭리를 막겠다고 했다.

투덜대는 소리를 들으면 진저리가 났다. 물가안정위원회가 폭리와 낭비를 막는 데 공정하지 않았다는 소리는 아니다. 하지만 물가안정위원회가 커피시장의 특정 문제에 그토록 깊이 관여할 필요는 없었다는 말은 꼭 하고 싶다. 물가안정위원회는 커피 생두의 상한가를 정했고, 기존의 모든 커피 계약을 기한 내에 청산하라고 했다. 그렇게 되면 커피 거래소는 문을 닫아야 했다. 나도 모든 커피 선물계약을 매도하는 수밖에 없었다. 확실하게 내 손에 들어오리라고 기대했던 수익금이 형체를 갖추지 못한 채 사라졌다. 예전부터 나는 생필품 폭리에 누구 못지않게 반대하는 입장이었고, 지금도 마찬가지다. 하지만 물가안정위원회가 커피 가격에 제동을 걸었을 때 커피 가격은 전쟁이 발발하기 몇 년 전의 평균보다도 낮은 가격이었다. 다른 상품들은 전쟁 전보다 250에서 400퍼센트 높은 가격에 판매되고 있었는데 말이다. 커피를 누가 보유하고 있었든 달라질 게 없었다. 커피 가격은 상승할 수밖에 없는 상황이었다. 양심 없는 투기꾼의 작전이 아니라 커피 수입 감소로 남아돌던 재고가 소진되었기 때문이다. 독일 잠수함들이 전 세계 선박들을 무차별 공격하면서 당연하게도 커피 수입이 줄어들었다. 물가안정위원회는 커피 가격이 상승하기도 전에 제동을 건 셈이었다.

정책상으로 보나 편의상으로 보나 그때 커피 거래소를 강제로 닫은 것은 실수였다. 물가안정위원회가 문제에 관여하지 않았더라도 내가 앞서 말했던 원인 때문에 틀림없이 가격은 상승했을 것이다. 공매도자들이 매집이라고 주장하는 내 거래와는 전혀 상관없이 말이다. 터무니없이 비싼 게 아니라 적당히 상승한 커피 가격은 커피 공급을 장려하는 요인이 됐을 것이다. 버나드 바루크는 전시산업국이 공급을 보장해주면서 상한가를 정했기 때문에 특정 상품의 상한가 설정에 불만을 제기하는 것은 부당하다고 말했다. 나중에 커피 거래소가 다시 문을 열었을 때 커피는 23센트에 팔렸다. 미국인들은 공급량 부족으로 그 가격에 커피를 사야 했다. 박애주의가 넘치는 공매도자들의 요청으로 커피 가격이 너무 낮게 책정되는 바람에 높은 선박 운임을 지불하면서까지 지속적으로 커피를 수입하기가 힘들어 공급량이 부족해진 탓이다.

내가 했던 모든 상품 거래 중에서 커피 거래가 가장 합법적이었다고 생각한다. 1년 넘게 물량을 보유했으니 투기보다는 투자에 가까웠다. 도박이라고 할 만한 것이 있었다면 독일 이름과 조상을 내건 애국적인 원두 가공업자(로스터)들이 한 짓이었다. 그들은 브라질에서 커피를 사서 뉴욕에 있는 내게 팔았다. 물가안정위원회는 유일하게 상승하지 않은 커피 가격을 동결시켰다. 아직 일어나지도 않은 폭리를 막겠다고 가격을 동결했으면서 그 이후의 피할 수 없는 가격 상승은 막지 않았다. 게다가 볶지 않은 커피 열매(생두)가 파운드당 9센트에 머물 때 볶은 커피(원두)는 다른 상품들과 마찬가지로 가격이 올랐다. 결국 이득을 본 사람은 커피 로스터들이었다. 커피 생두 가격이 파운드당 2, 3센트 올랐다면 수백만 달러가 내 손에 굴러들어왔을 것이다. 대중도 이후 커피 가격 상승으로 치러야 했던 대가만큼 비싼 대가를 치르지 않아도 되었다.

투기에서 사후분석은 시간 낭비에 불과하다. 사후분석을 해도 달라지는 게 없기 때문이다. 하지만 이번 거래는 달랐다. 지금껏 내가 했던 어떤 거래보다도 좋았던 만큼 분석해서 배울 점이 있었다. 가격 상승이 논리적으로 확실한 상황이었기 때문에 나는 수백만 달러를 벌 수밖에 없었다. 그런데 한 푼도 벌지 못했다.

거래소의 위원회가 경고도 없이 매매 규정을 바꾸는 바람에 고생했던 경우가 두 번 더 있었다. 하지만 그때는 내 포지션이 이론적으로는 정확했지만 이번 커피 거래만큼 확실한 수익을 보장해주지는 않았다. 물론 투기에서는 무엇도 100퍼센트 확신할 수 없다. 앞서도 말했지만 이번 커피 거래 사건을 사후분석한 덕분에 투기 위험 요인 목록에다 새로운 요인을 하나 더 추가할 수 있었다.

커피 거래 이후 다른 상품들은 아주 성공적으로 거래했다. 그런데 주식시장에서 공매도로 성공을 거두자 터무니없는 비난에 시달렸다. 월가의 전문가들과 신문 기자들이 나와 상관없이 필연적으로 일어나는 가격 폭락도 내 탓으로 돌리며 나의 공매도 거래를 비난했다. 내가 실제로 매도하든 안 하든 상관하지 않고 무조건 애국심도 없는 인간이라고 날 깎아내렸다. 가격 변동의 이유를 꼬치꼬치 캐묻는 대중을 달래려고 내 거래의 규모와 효과를 과장해서 말하는 것 같았다.

*

수천 번도 넘게 말했지만 주가를 조작해서 끌어내렸다 해도 상승을 막을 수는 없다. 무슨 풀리지 않는 수수께끼라고 할 것도 없다. 한 30분만 생각해보면 누구나 그 이유를 알 수 있다. 어떤 트레이더가 어느 주식을 공략해서 주가를 실제 가격보다 낮추었다고 가정해보자. 어떤 일이 벌어질까? 당장 내부자 매수에 부딪힌다. 주식의 가치를 아는 사람들은 언제나 싼값에 팔리는 주식을 매수하기 때문이다. 그리고 내부자가 매수할 수 없다면 전반적인 시장 여건상 자유롭게 자금을 사용하지 못하기 때문이다. 이러한 상황은 강세장이 아니다. 매도 공세에 대해 이러쿵저러쿵하는 사람들은 이게 정당하지 못하고 거의 범죄에 가깝다고 생각한다. 사실 주식을 팔아서 주가를 실제 가치보다 낮게 떨어뜨리는 일은 굉장히 위험하다. 매도로 하락한 주식이 반등하지 못한다면 내부자 매수가 별로 없었다는 뜻이다. 반면 부당한 공매도가 있었다면 보통은 내부자 매수가 일어나고, 가격은 더 이상 하락하지 않는다. 소위 매도 공세로 가격이 하락했다는 사건 100건 중 99건은 정당한 시장 흐름에 따라 하락한 경우다. 전문 트레이더가 하락세를 가속화시킬 수는 있지만 아무리 대규모 작전을 펼쳐도 온전히 자기 혼자만의 힘으로 가격을 끌어내릴 수는 없다.

갑작스럽게 폭락장이 닥치면 대체로 공매도 꾼들의 작전 탓이라고 한다. 이런 소리는 스스로 생각하지 않고 남의 말만 믿는 맹목적인 도박꾼들에게 가격이 폭락한 이유를 쉽게 변명하기 위해 지어낸 것이다. 한편 운 나쁜 투기자들은 종종 중개인들과 금융가 험담꾼들한테서 매도 공세로 손실이 났다는 소문을 듣는다. 그런데 이런 이야기는 역으로 해석해야 한다. 확실하게 약세를 점쳐주는 정보는 공매도하라는 긍정적인 조언인 반면 역으로 해석해야 하는 정보는 아무것도 설명해주지 않기 때문에 현명한 공매도에 방해만 된다. 주가가 급락하면 당연히 매도해야 한다. 알려지지 않았을 뿐 타당한 이유가 있어서 하락하는 것이기 때문에 바로 빠져나와야 한다. 하지만 트레이더의 매도 공세로 주가가 하락했다면 빠져나가지 않는 것이 현명하다. 매도 공세가 멈추는 순간 주가가 반등하기 때문이다. 이런 정보는 역으로 해석해야 한다!

월가나 주식 투기에는 새로운 것이 없다.
오늘 시장에서 일어난 일은 과거에도 일어났고, 미래에도 일어난다.
인간의 본성은 변하지 않으며 본성에 새겨진 감정이
이성적인 판단을 방해하기 때문이다.

비밀정보는
어떻게 해야 할까?

비밀정보! 그만큼 탐나는 게 또 있을까! 사람들은 비밀정보를 어떻게든 얻으려고 할 뿐만 아니라 주고 싶어 한다. 탐욕과 허영심 때문이다. 가끔 아주 똑똑한 사람들도 정보를 찾아다니는 모습을 보면 참 재미있다 싶은 생각이 든다. 비밀정보를 제공하는 사람은 정보의 질에 신경을 쓰지 않는다. 찾는 사람들이 좋은 정보만 골라가는 것이 아니라 아무거나 마구잡이로 낚아채기 때문이다. 그러다 운 좋게 양질의 정보를 손에 쥐면 대박이요, 그게 아니면 다음 기회를 노린다. 거래소의 일반 고객들이 그런 사람들인 것 같다. 한편 처음부터 끝까지 비밀정보만을 믿는 주식 기획자나 주가 조작자도 있다. 이들은 비밀정보망 구축이 홍보 작업을 승화시킨 것의 일종이라든가 세계 최고의 판매 전략이라고 생각한다. 제공하는 사람이나 받는 사람이나 모두 비밀정보 보급자가 되면서 끝없는 연쇄 홍보 작전을 펼치는 형상이 되기 때문이다. 비밀정보를 이용하는 주식 기획자는 제대로 보급되기만 하면 아무도 거부하지 못한다는 환상에 사로잡혀 비밀정보를 예술적으로 유포하는 기술을 연구한다.

273

나도 온갖 사람들한테서 매일 수백 건의 비밀정보를 전해 듣는다. 그중에는 보르네오 틴(Borneo Tin)이라는 회사에 관한 이야기도 있었다. 이 회사 주식이 언제 나왔는지 기억하는가? 주식 기획자 세력은 인수단에 맡기면 시간이 좀 걸리기 때문에 유능한 은행가의 조언을 받아들여 공개시장에서 신생기업의 주식을 팔기로 했다. 아주 좋은 충고였다. 하지만 경험 부족으로 실수를 저질렀다. 미친 듯 들끓는 호황기에 주식시장이 무슨 짓을 할 수 있는지 몰랐고, 유연하게 생각하지도 못했다. 가격을 올려야 주식을 팔 수 있다고 합의해서 트레이더들과 투기 모험가들이 안심하고 살 수 있는 수준보다 너무 높은 가격을 제시하고 말았다.

이 바람에 원칙적으로는 주식 기획자들이 궁지에 몰릴 수밖에 없는 상황이었는데 강세장의 힘이 어찌나 세던지 그토록 탐욕스러운 행보도 무난한 조치로 여겨졌다. 대중은 괜찮은 정보가 들린다 싶은 주식은 무조건 매수했다. 투자를 하려는 것이 아니었다. 손쉽게 돈을 벌려고 했다. 도박으로 수익을 올리려고 했다. 전 세계에서 미국산 전쟁 물품을 대량 구매하면서 미국으로 금이 쏟아져 들어왔다. 주식 기획자들은 보르네오 틴의 주식 판매 계획을 세우는 동안 첫 거래 전에 시초가를 세 차례나 올렸다고 한다.

보르네오 틴 주식 기획자 세력은 나한테도 접근해왔다. 나는 그들의 계획을 살펴보고는 참여하지 않겠다고 거절했다. 시장을 조작해야 한다면 내가 직접 하고 싶었기 때문이었다. 내 조사 자료를 이용해 내 방식대로 거래하고 싶었다. 마침내 보르네오 틴이 상장됐을 때였다. 나는 보르네오 틴 주식 기획자 세력의 자원과 계획뿐만 아니라 대중의 향후 움직임까지 파악하고 있었기 때문에 보르네오 틴의 상장 첫날 한 시간 만에 1만 주를 매수했다. 그 정도면 화려하게 데뷔한 편이었다. 보르네오 틴 주식 기획자 세력은 적극적인 매수세에 주식을 너무 빨리 팔지 않는 편이 낫겠다고 생각했다. 25에서 30포인트만 올리면 보유 물량을 다 팔 수 있겠다 싶던 차에 내가 1만 주를 매수했다는 사실을 알아냈다. 이미 자기들 통장에 들어온 거나 마찬가지라고 생각했던 수백만 달러에서, 내가 매수한 1만 주의 수익이 빠져나간다니 그건 너무 큰 손실이라고 여겼는지 주가 상승 작전을 중단하고 날 떨쳐내려고 했다. 하지만 나는 꿈쩍도 하지 않았다. 결국 그들은 날 몰아내려는 시도를 중단했다. 잘못하다가다 잡은 시장을 놓치고 싶지는 않았기 때문이었다. 그 이후부터는 어쩔 수 없는 경우가 아닌 이상 주식을 더 이상 내놓지 않으면서 주가를 계속 끌어올렸다.

다른 주식들이 미친 듯이 상승하자 보르네오 틴 주식 기획자들은 수백억 달러 수익을 바라보기 시작했다. 나는 보르네오 틴이 120까지 올랐을 때 1만 주를 그들에게 넘겨주었다. 그러자 상승세가 멈췄고, 그들 또한 자신들의 상승 작전에 제동을 걸었다. 그런데 그 이후 주가가 다시 상승하자 보르네오 틴 주식 기획자 세력은 자신의 주식 거래량을 늘리려고 애썼고, 상당량을 처분하기까지 했다. 그 과정에서 판촉 비용이 상당히 많이 들어갔다. 마침내 보르네오 틴이 150까지 상승했다. 하지만 상승세를 지속하던 호황이 끝났기 때문에 조정을 거친 주식을 매수하려는 사람들에게 보르네오 틴 주식을 팔아야 했다. 한때 150이었던 주식이 130이면 싼 편이고, 120이면 완전 거저라고 생각하는 사람들을 겨냥한 판매 전략이었다. 처음에는 일시적으로 시장을 조작할 수 있는 장내 트레이더에게 다음에는 거래소에 정보를 흘려 시장을 움직이려고 했다. 이렇게 보르네오 틴 주식 기획자 세력은 티끌 모아 태산이라는 심정으로 모든 수단을 동원했다. 하지만 강세장은 이미 끝났고, 호구들도 다른 곳으로 몰려가버렸다. 그런데도 상황을 보지 못했다. 아니 보려고도 하지 않았다는 편이 맞다.

그때 나는 아내와 팜비치에 있었다. 하루는 그리들리스 카지노에서 돈을 좀 딴 터라 집에 가서 아내에게 500달러짜리 지폐를 건넸다. 그런데 우연찮게 그날 밤 아내가 보르네오 틴의 비센슈타인

(Wisenstein) 사장과 저녁 식사를 같이 했다. 비센슈타인 사장은 보르네오 틴 주식 기획자 세력의 관리자이기도 했다. 나중에야 알게 됐지만 비센슈타인은 그날 밤 저녁 식사 자리에서 아내 옆자리에 앉으려고 사전에 계획해두었다.

비센슈타인은 아내에게 유난히 친절하게 굴었고, 더없이 즐겁게 대화를 이어나갔다. 그러다 마침내 아주 자신만만하게 이런 이야기를 꺼냈다.

"리빙스턴 부인, 제가 지금껏 이런 적이 한 번도 없었거든요. 하지만 부인한테는 꼭 말씀드리고 싶어요. 제가 왜 이러는지 아실 겁니다."

비센슈타인은 말을 멈추고 애타는 표정으로 아내를 바라봤다.
아내가 현명하고 신중한 사람이 맞는지 확인하고 싶다는 표정이었다. 아내는 인쇄물처럼 찍혀 나온 표정을 읽고서 이렇게 대답했다.

"네, 그럼요."

"그럼요, 잘 아시겠죠. 부인과 남편 분을 만나서 정말 영광입니다. 두 분을 앞으로 더 자주 만나 뵙고 싶어요. 이런 제 마음이 진심이라는 걸 증명해 보여드리고 싶고요. 그래서 드리는 말씀인데 이게 극비 정보라는 건 잘 아시리라 믿습니다."

비센슈타인은 이제 속삭이는 목소리로 말했다.

"보르네오 틴 주식을 좀 사면 큰돈을 벌 수 있어요."

"정말인가요?" 아내가 물었다.

"제가 호텔에서 나오기 직전에 전보로 받은 소식인데 적어도 며칠 동안은 대중에게 알려지지 않을 겁니다. 저도 보르네오 틴 주식을 최대한 많이 사려고 한답니다. 내일 개장할 때 매수하시면 저와 똑같은 가격에 사실 수 있어요. 장담하는데 보르네오 틴 주가는 분명히 오를 겁니다. 부인한테만 알려드리는 거예요. 진짜 아무한테도 말 안 한 정보예요."

아내는 고맙다고 인사하고는 주기 투기에 관해서는 아무것도 모른다고 말했다. 그런데도 비센슈타인은 자기가 말해준 것만 알면 된다고 아내를 꼬드겼다. 그러고는 아내가 제대로 이해했는지 확인하려고 다시 이렇게 충고했다.

"원하는 만큼 보르네오 틴 주식을 사기만 하면 됩니다. 단 한 푼도 잃지 않을 거라고 장담하니까 걱정 마세요. 제 평생 이런 얘기는 아무한테도 한 적이 없어요. 주가가 200까지 멈추지 않고 오를 게 확실하니까 이번 기회에 돈 좀 버셨으면 좋겠네요. 제가 그 주식을 다 살 수는 없거든요. 저 말고도 다른 사람이 돈을 번다면 낯선 사람이 아니라 부인이었으면 좋겠고요. 그 편이 훨씬 낫죠! 부인한테만 얘기해드리는 겁니다. 부인은 이런 이야기를 떠들고 다닐 분이 아니니까요. 제 말 믿고 보르네오 틴 주식을 사세요!"

*

비센슈타인이 아주 진지하게 말해서 아내의 마음을 돌려놓았다. 아내는 그날 오후에 나한테서 받은 500달러를 유용하게 쓸 데를 찾았다고 생각했다. 그 돈은 내가 힘들게 일해서 번 것도 아니었고, 아내 용돈으로 준 것도 아니었으므로 운이 나빠서 잃어도 그만이었다. 하지만 비센슈타인은 아내한테 반드시 돈을 벌 거라고 자신 있게 말했다. 아내는 자기 힘으로 직접 돈을 벌면 멋질 거라면서 나중에 나한테 이야기하면 된다고 생각했다.

다음 날 장이 열리기 전에 아내는 하딩의 사무실로 들어가 매니저에게 말했다.

"헤일리 씨, 주식을 좀 사고 싶은데 일반 계좌는 사용하기 싫어요. 돈을 좀 벌 때까지는 남편 모르게 하고 싶거든요. 어떻게 하면 좋을까요?"

"그럼 특별 계좌를 만들어드릴게요. 무슨 주식을 얼마나 사고 싶으신가요?" 매니저 헤일리가 말했다.

아내는 헤일리에게 500달러를 건네주며 말했다.

"부탁이 있어요, 이 돈 이상은 잃고 싶지 않아요. 이 돈을 다 잃었다고 빚을 지고 싶지도 않고요. 남편은 절대 모르게 해주세요. 개장하면 살 수 있는 만큼만 보르네오 틴 주식을 사주시고요."

헤일리는 그 돈을 받고 아무한테도 말하지 않겠다고 했다. 장이 열렸을 때는 보르네오 틴 주식 100주를 매수했는데 108에 샀던 것 같다. 그날 보르네오 틴 주식은 매우 활발하게 거래되었고, 3포인트 상승한 가격으로 장을 마감했다. 아내는 성공적인 결과에 무척 기뻐했고, 용케도 그 모든 일을 나한테 말하지 않았다.

한편 나는 시장의 약세를 점치고 있었다. 그런데 보르네오 틴이 이상하게 움직이자 눈에 들어왔다. 보르네오 틴은 둘째 치고 어떤 주식이든 오를 때가 아니라고 생각했기 때문이었다. 바로 그날 약세 작전을 펼치기로 마음먹고 보르네오 틴 주식을 1만 주 정도 공매도했다. 내가 보르네오 틴을 공매도하지 않았다면 보르네오 틴은 3포인트가 아니라 5, 6포인트 정도 상승했을 것이다.

다음 날에도 개장 시에 2,000주, 마감 직전에 2,000주를 공매도했다. 그러자 주가는 102로 떨어졌다

셋째 날, 하딩 브러더스의 팜비치 지점 매니저 헤일리는 아내를 기다리고 있었다. 아내는 보통 내가 일하고 있을 경우에는 11시쯤에 거래소를 둘러보러 들어왔다. 헤일리는 아내를 한쪽으로 데려가서 이렇게 말했다.

"리빙스턴 부인, 보르네오 틴 100주를 계속 보유하고 싶다면 증거금을 더 주셔야 합니다."

"하지만 돈이 없는 걸요."

"일반 계좌로 옮겨드릴 수 있어요."

"그건 안 돼요. 그럼 남편이 알 거예요."

"하지만 이미 손해가……."

"500달러 이상은 잃고 싶지 않다고 분명히 말씀드렸잖아요. 당연히 500달러도 잃고 싶지 않았고요."

"그 마음 잘 압니다, 리빙스턴 부인. 하지만 부인께 상의도 하지 않고 팔기는 싫어서요. 보유하실 게 아니라면 지금 팔아야 합니다."

"하지만 매수했던 첫날에는 괜찮았잖아요. 이렇게 빨리 손해가 나다니 믿을 수가 없어요. 안 그래요?"

"그러게요. 저도 이해가 안 가네요."

거래소에서 일하려면 이렇게 알면서도 모르는 척 재치 있게 넘어갈 필요가 있다.

"뭐가 잘못된 거죠, 헤일리 씨?"

헤일리는 어떻게 된 일인지 알고 있었지만 나한테 상의도 없이 아내에게 다 말해줄 수는 없었다. 고객의 거래 내역은 소중하게 다루어야 했으니까 말이다. 그래서 헤일리는 이렇게 말했다.

"뭔가 특별한 소식은 못 들었어요. 저기 보세요! 주가가 하락하고 있어요!"

헤일리가 주가 시세판을 가리켰다. 아내는 하락하는 주가를 쳐다보고는 울음을 터뜨렸다.

"헤일리 씨! 500달러를 잃고 싶지 않아요! 어떡하면 좋죠?"

"저도 모르겠어요, 리빙스턴 부인. 저라면 리빙스턴 씨에게 물어보겠어요."

"아, 그건 안 돼요! 남편은 제가 혼자서 투기하는 걸 싫어해요. 제가 부탁하면 저 대신 주식을 사거나 팔아주죠. 남편 몰래 거래한 적은 한 번도 없었다고요. 남편한테는 절대 말 못해요."

"괜찮을 거예요."

헤일리가 아내를 달랬다.

"리빙스턴 씨는 뛰어난 트레이더니 어떻게 해야 하는지 잘 아실 겁니다."

아내가 세차게 고개를 가로젓자 헤일리는 단호하게 말했다.

"아니면 1,000에서 2,000달러를 더 거서야 보르네오 틴 주식을 보유할 수 있어요."

결국 아내는 그 자리에서 마음을 정했다. 거래소를 돌아다니다가 주가가 점점 더 하락하자 주가 시세판을 보고 있던 내게 다가와 할 이야기가 있다고 했다. 우리는 내 개인 사무실로 들어갔다. 거기서 아내가 모든 이야기를 다 털어놓았다. 나는 그냥 아내에게 이렇게 말했다.

"어리석기는! 당신은 이 거래에 더 이상 손대지 않는 게 좋겠어."

아내는 그러겠다고 약속했다. 내가 아내에게 500달러를 건네주자 아내는 환한 얼굴로 돌아갔다. 그때 보르네오 틴의 주가는 액면가와 동일했다.

나는 어떻게 된 일인지 알아차렸다. 비센슈타인은 영악한 인간이었다. 아내한테 보르네오 틴 주식 이야기를 하면 내가 전해 듣고 보르네오 틴을 살펴보리라고 생각했다. 내가 거래량이 많은 주식에 관심을 갖는다는 사실도 알고 있었다. 게다가 대량 거래로 유명했기 때문에 그 주식을 1만, 2만 주쯤 매수할 거라 예상한 모양이었다.

터무니없는 정보를 그토록 그럴싸하게 포장해서 퍼트리다니 지금껏 들어본 적 없는 솜씨였다. 하지만 성공하지는 못했다. 그럴 수밖에 없었다. 그날 아내는 500달러를 공으로 얻었고, 그 바람에 평소라면 하지 않았을 모험을 강행했다. 자기 힘으로 돈을 좀 벌고 싶던 차에 그토록 유혹적인 제안을 받았으니 거부할 수 없던 것이다. 하지만 아내는 문외한이 주식 투기하는 걸 내가 어떻게 생각하는지 잘 알았기 때문에 나한테 보르네오 틴에 관한 이야기를 하지 못했다. 결국 비센슈타인은 그런 아내의 마음을 전혀 예측하지 못한 탓에 실패하고 말았다. 게다가 내가 어떤 트레이더인지도 제대로 알지 못했다. 나는 비밀정보를 듣고 거래하지 않는 데다 전체 시장의 약세론을 점치고 있었다. 비센슈타인은 거래량 증가와 3포인트 상승이라는 미끼를 내걸면 내가 보르네오 틴 주식을 매수할 거라고 점쳤을 테지만 나는 전체 시장을 약세로 봤기 때문에 눈에 띄는 보르네오 틴을 제일 먼저 공매도했다.

그러던 차에 아내의 이야기까지 듣고 나자 더욱더 보르네오 틴을 팔고 싶어졌다. 매일 아침 개장 직후와 매일 오후 장 마감 직전에 보르네오 틴 주식을 일정량 매도했다. 그러다가 기회를 봐서 공매도 물량을 모두 환매해 상당한 수익을 챙겼다.

*

언제나 그랬지만 비밀정보를 듣고 거래하는 것보다 더 어리석은 짓은 또 없어 보였다. 나는 비밀정보를 받아 움직이는 사람이 되기는 글러 먹은 것 같았다. 가끔 보면 그런 사람들은 알코올 중독자 같다. 술의 유혹에 저항하지 못하고, 술을 마셔야 행복해진다며 항상 술을 달고 산다. 귀를 열어놓고 비밀정보를 듣기는 쉽다. 행복해지는 방법을 들었는데 실천하기도 쉽다면 어떻겠는가? 당장 행복해진 건 아니더라도 그런 정보는 듣기만 해도 기분이 좋아진다. 마음속의 갈망을 실현시킬 수 있는 힘찬 첫걸음을 뗀 것 같으니까 말이다. 탐욕에 눈이 멀어서 비밀정보에 홀리는 게 아니라 아무것도 생각하기 싫어서 비밀정보에 희망을 거는 것이다.

282

일반 대중만 비밀정보에 목을 매는 게 아니다. 뉴욕증권거래소의 전문 트레이더도 다를 게 없다. 게다가 나는 비밀정보를 제공하지 않기 때문에 오해를 사기 쉽다. 내가 "스틸 5,000주를 매도하세요."라고 구체적으로 말하면 상대는 당장 그렇게 한다. 하지만 내가 전체 시장을 약세로 본다면서 이유를 자세하게 설명하면 상대는 내 이야기에 집중하지 못한다. 마침내 내가 설명을 끝내면 구체적이고 직접적인 정보는 주지 않고 일반적인 시장 상황만 쓸데없이 늘어놓았다고 날 째려본다. 친구들과 지인들, 안면조차 없는 낯선 사람들의 주머니에 수백만 달러를 집어넣어 주려고 안달하는 월가의 수많은 자선 사업가들처럼 구체적인 정보를 제공해주기를 바랐기 때문이다.

모두가 소중히 여기는 '기적을 믿는 마음'은 사실 과도한 희망에서 나온다. 자주 희망에 빠져 사는 사람들이 있다. 알코올 중독자처럼 희망에 중독된 이들을 전형적인 낙관주의자라고 한다. 비밀정보를 받는 사람들이 바로 그런 낙관주의자들이다.

　내가 아는 사람 중에 뉴욕증권거래소 회원이 있었다. 내가 비밀정보를 주지 않고, 친구들을 쏙 빼고 혼자 거래한다고 이기적이고 냉정한 돼지 같은 인간이라고 생각하는 사람이었다. 몇 년 전 어느 날이었다. 그 사람이 기자를 만났는데 기자가 확실한 소식통한테서 G.O.H. 주식이 오를 거라는 이야기를 들었다고 했다. 내 중개인이었던 그 사람은 즉시 1,000주를 매수했다. 그런데 주가가 빠르게 하락해서 손절하기 전에 이미 3,500달러를 잃었다. 하루인가 이틀 후 그 기자를 다시 만났을 때 여전히 속이 부글부글 끓어서 이렇게 말했다.

　"저번에 왜 그딴 정보를 준 거야?"

　뉴욕증권거래소 회원이 말했다.

　"무슨 정보 말이야?"

　기자가 기억이 안 나는지 이렇게 물었다.

　"G.O.H. 정보 말이야. 확실한 소식통한테서 들었다며."

　"그랬지. 금융위원회 위원인 그 회사 임원한테서 들었거든."

　"정확하게 누구?"

　뉴욕증권거래소 회원이 사납게 물었다.

　"정 알고 싶다면야 뭐, 네 장인인 웨스트레이크(Westlake) 씨야."

　"왜 진작 말 안 해줬어!"

　뉴욕증권거래소 회원이 소리쳤다.

　"그 바람에 3,500달러나 날렸잖아!"

　뉴욕증권거래소 회원은 자기 가족한테서 나오는 정보를 믿지 않았다. 거리가 먼 소식통한테서 나온 정보일수록 훨씬 더 확실하다고 여겼다.

웨스트레이크 씨는 부자이자 성공한 은행가요, 주식 기획자였다. 하루는 존 게이츠를 우연히 만났다. 게이츠는 웨스트레이크에게 뭔가 아는 게 있는지 물었다. 그러자 웨스트레이크는 이렇게 툴툴거렸다.

"내가 준 정보를 이용할 거면 주고. 아니면 말 안 해."

"당연히 이용할 거지."

게이츠가 들뜬 목소리로 말했다.

"그럼 레딩(Reading)을 팔아! 25포인트는 확실하게 건질 수 있어. 더 많을 수도 있고. 적어도 25포인트는 확실해."

웨스트레이크가 자신 있게 말했다.

"이거 신세 톡톡히 지는군."

100만 달러를 걸어 유명해진 게이츠는 웨스트레이크와 훈훈한 악수를 나누고 자기 중개인 사무실로 향했다.

웨스트레이크는 레딩 전문가였다. 레딩에 관해서라면 모르는 게 없었고, 내부자들과도 한패나 마찬가지라서 레딩 주식은 펼쳐놓은 책과 같았다. 이런 사실을 모르는 사람도 없었다. 그런 웨스트레이크가 서부인 투기꾼 게이츠에게 레딩을 공매도하라고 했다.

레딩 주식은 멈추지 않고 상승했다. 몇 주 만에 100포인트쯤 올랐다. 어느 날 웨스트레이크는 월가에서 게이츠와 마주쳤는데도 알아보지 못하고 지나쳐버렸다. 게이츠가 그를 알아보고 쫓아가서 환한 미소를 지으며 악수를 청했다. 웨스트레이크는 멍하니 악수를 나누었다.

"저번에 레딩 정보를 줘서 정말 고마웠어."

게이츠가 말했다.

"정보라니? 그런 건 준 적이 없는데."

웨스트레이크가 인상을 찌푸리며 말했다.

"무슨 소리야? 아주 최고의 정보를 받았는데. 덕분에 6만 달러를 벌었어."

"6만 달러를 벌었다고?"

"그래! 기억 안 나? 레딩을 팔라고 했잖아. 그래서 난 매수했지! 자네가 하라는 대로 하지 않고 반대로 하면 항상 돈을 번다니까. 항상 말이야!"

게이츠가 즐겁게 말했다.

웨스트레이크는 솔직한 서부인 게이츠를 쳐다보고는 존경스럽다는 듯 이렇게 말했다.

"게이츠, 자네처럼 똑똑했다면 난 부자가 됐을 거야!"

*

얼마 전 나는 유명한 만화가 W. A. 로저스(Rogers)를 만났다. 로저스의 월가 만화는 중개인들한테서 큰 인기를 끌었다. 수년 동안 《뉴욕 헤럴드(New York Herald)》에 매일 연재해서 수많은 사람에게 즐거움을 안겨주었다. 한 번은 로저스한테서 이런 이야기를 들었다. 미국과 스페인의 전쟁이 터지기 직전이었다. 로저스는 한 중개인 친구와 저녁 시간을 보내고 있었다. 로저스가 옷걸이에서 중절모를 집어 들었다. 모양이 자기 것과 똑같고 머리에도 딱 맞아서 자기 모자라고 생각했다.

당시 월가에는 스페인과의 전쟁 이야기만 떠돌았다. 정말 전쟁이 일어날까 하는 이야기들이었다. 전쟁이 일어난다면 시장은 하락한다. 미국인들이 주식을 팔기도 했지만 유럽인들이 보유한 주식을 매도한 탓이 더 컸다. 전쟁이 일어나지 않는다면 당연히 매수해야 했다. 황색언론의 선동적인 쓰레기 기사들로 주가가 크게 하락하기 때문이다. 로저스의 이후 이야기는 이러했다.

"전날 밤에 전 중개인 친구 집에 갔다 왔어요. 그 친구는 다음 날 거래소에 나가서 시장이 상승할지 하락할지 쉽게 판단하지 못하고 고민에 빠졌어요. 그에 관한 양쪽 의견을 전부 살펴봤지만 뭐가 소문이고 뭐가 사실인지 구분하기가 어려웠죠. 진짜 믿을 만한 정보는 없었거든요. 전쟁이 반드시 일어날 거라고 확신했다가도 다음 순간에는 전쟁 같은 건 없을 거라고 자신했어요. 그렇게 오락가락하다 보니 열이 올랐는지 이마의 땀을 닦으려고 모자를 벗었어요. 매수해야 할지 매도해야 할지 도무지 몰랐던 그 순간, 친구는 모자 안을 들여다봤다가 안쪽에 금색 실로 새겨진 '전쟁'이라는 글자를 발견했어요. '이게 바로 하늘이 내 모자를 통해 내리신 계시 아니겠어?' 하는 생각이 들면서 바로 감을 잡은 거죠. 그 친구는 주식을 대량으로 팔았고, 때마침 선전 포고를 하면서 주가가 하락했어요. 그 친구는 폭락장에서 환매해 큰돈을 벌었고요."

로저스는 마지막에 한 마디를 더했다.

"내 모자는 돌려받지 못했어요!"

내가 아는 비밀정보에 관한 이야기 중에서도 최상급은 따로 있다. 뉴욕증권거래소에서 한 몸에 인기를 받은 회원 J. T. 후드(Hood)의 이야기다. 어느 날 후드는 장내 트레이더 버트 워커(Bert Walker)한테 이런 이야기를 들었다. 애틀랜틱 앤드 서던(Atlantic&Southern)의 유능한 중역을 크게 도와준 감사 표시로 자신의 회사 주식을 가능한 많이 매수하라는 정보를 얻었다는 것이다. 그 내부자는 회사 중역들이 주가를 적어도 25포인트 끌어올리려고 하는데 모두가 그 계획에 동의한 것은 아니지만 대다수가 찬성할 거라고 했다.

버트 워커는 배당률이 인상될 거라는 생각에 친구인 후드를 끌어들여 애틀랜틱 앤드 서던 주식을 각각 2,000주를 매수했다. 이들이 애틀랜틱 앤드 서던 주식을 사기 전이나 후나 주가는 여전히 낮았다. 그럼에도 후드는 버트에게 신세 진 중역 친구의 주도로 내부자들이 주식을 매집하려고 주가를 낮춰 놓은 거라고 말했다.

다음 날 목요일, 장 마감 이후 애틀랜틱 앤드 서던의 중역진들이 만나 배당금 안건을 처리했다. 그런데 금요일 아침 개장 6분 만에 주가가 6포인트 하락했다.

버트 워커는 기분이 꽉 상해서 정보를 제공해준 중역을 찾아갔다. 그는 자신 역시도 마음이 찢어질 듯 아프다면서 정말 미안하다고 했다. 자기가 애틀랜틱 앤드 서던 주식을 매수하라고 해놓고는 이사회 주도층의 계획이 바뀌었다는 사실을 깜빡하고 전하지 못했다는 것이었다. 정보 제공자는 너무 죄스러운 마음에 다른 정보를 주겠다고 했다. 그리고 나서 친절하게 설명해준 내용은 이러했다. '동료 두 명이 주식을 저가에 매수하려고 자신의 판단을 무시한 채 비열한 수작을 부렸다. 하지만 그들의 표를 얻으려면 뭐라고 할 수가 없었다. 결국 그 두 사람이 목표 물량을 확보했기 때문에 주가 상승을 막을 길이 없었다. 지금 애틀랜틱 앤드 서던을 사면 확실하게 돈을 벌 수 있다.'

이에 버트는 고귀하신 정보 제공자를 용서했을 뿐만 아니라 그와 훈훈하게 악수까지 나누었다. 그리고는 당연히 친구이자 같은 피해자인 후드에게 서둘러 달려가 그 기쁜 소식을 전했다. 이제야말로 큰돈을 벌 수 있었다. 이전에 주가가 오를 거라는 정보를 듣고 매수한 주식이었다. 하지만 지금은 주가가 15포인트나 더 떨어진 상황이었다. 그렇다면 확실했다. 두 사람은 공동으로 5,000주를 매수했다.

그런데 그들이 출발 종소리라도 울린 것처럼 주가가 급락했다. 내부자 매도 탓이 분명했다. 두 전문가 버트와 후드는 자기들 의심대로 내부자 짓이 분명했다고 확신했다. 결국 후드가 5,000주를 매도했다. 그러자 버트가 말했다.

"그 망할 녀석이 그저께 플로리다로 떠나지 않았다면 두들겨 패줬을 텐데. 진짜 그러고도 남았지. 이대로는 못 참아. 나랑 같이 가자."

"어디 가려고?"

후드가 물었다.

"전신국. 그 비열한 자식한테 절대 잊지 못할 전보를 한 통 보내야겠어. 가자."

버트가 전신국으로 앞장서 갔고 후드가 따라갔다. 5,000주를 샀다가 손해를 본 터라 격한 감정에 사로잡힌 버트는 최고의 독설로 전보 한 통을 가득 채웠다. 그러고는 후드에게 읽어주고 이렇게 말했다.

"이 정도면 내가 자기를 어떻게 생각하는지 알고도 남겠지."

버트가 기다리고 있는 직원에게 전보를 건네주려던 순간, 후드가 말했다.

"잠깐만, 버트!"

"왜 그래?"

"나라면 안 보내겠어."

후드가 진지하게 충고했다.

"뭐?"

버트가 날카롭게 소리쳤다.

"그걸 받으면 미친 듯이 화를 낼걸."

"그러라고 보내는 거잖아. 아냐?"

버트가 놀란 표정으로 후드를 쳐다보며 말했다. 하지만 후드는 마땅찮다는 듯 고개를 가로젓고 진지하게 말했다.

"그 전보를 보내면 다시는 정보를 얻지 못할 거야!"

전문 트레이더도 이런 소리를 한다. 그러니 정보를 쫓아다니는 호구들은 어떻겠는가? 사람들이 말도 못할 멍청이라서가 아니다. 앞서 말했던 희망이라는 칵테일에 취해서 정보를 받아들인다. 로스차일드 남작이 제시하는 부의 비결은 그 무엇보다 투기에서 더 큰 위력을 발휘한다. 증권거래소에서 돈 버는 게 어렵지 않으냐는 질문에 남작은 그와 반대로 아주 쉽다고 대답했다.

"남작 님이 부자니까 그렇게 말씀하시는 거겠죠."

인터뷰 진행자가 반론을 제기했다.

"전혀 그렇지 않습니다. 전 쉬운 방법을 찾아서 그 방법만 고집하고 있죠. 돈을 벌 수밖에 없는 방법입니다. 절대 바닥에서 사지 않고 언제나 너무 이르다 싶을 때 파는 거죠."

투자자는 일반인과 완전히 다른 부류다. 대부분이 재고조사와 수익 통계, 그 밖에 다른 온갖 수치 자료를 사실이자 확실한 것이라고 믿고 파헤친다. 하지만 인간적인 요소는 대체로 과소평가한다. 게다가 1인 기업의 주식을 매수하려는 사람은 거의 없다. 내가 아는 현명한 투자자 한 명은 독일계 펜실베이니아 주민으로 월가에 진출해서 러셀 세이지와 자주 만난 사람이었다.

이 사람은 뛰어난 조사관이자 지칠 줄 모르는 성격이었다. 무엇이든 직접 물어보았고, 자기 눈으로 본 것만 믿었다. 다른 사람의 시각으로 보고 싶어 하지 않았다. 몇 년 전에는 애치슨 주식을 상당량 보유했던 것 같다. 그런데 애치슨 사와 경영진에 관한 불안한 소식들이 들렸다. 경이로운 사람이라고 평가받는 라인하트(Reinhart) 사장이 실은 낭비가 심하고 무모해서 회사를 망치고 있고, 언젠가는 혹독한 대가를 치를 날이 오고야 말 것이라는 소문이었다.

이런 소식은 독일계 펜실베이니아 주민에게 생명의 숨결과도 같았다. 그는 보스턴으로 서둘러 가서 라인하트 사장에게 몇 가지 질문을 던졌다. 애치슨 토페카 앤드 산타페(Atchison, Topeka&Santa Fe) 사장에게 어떤 소문을 들었는지 이야기해주고는 그게 사실인지 물어본 것이었다.

라인하트 사장은 그건 전부 다 사실무근일 뿐만 아니라 악의적인 거짓말이라고 주장하며 수치로 증명해 보여주겠다고 했다. 독일계 펜실베이니아 주민이 정확한 정보를 요구해서 회사 운영 실태뿐만 아니라 재정 상태도 1센트까지 정확하게 보여주는 자료를 제시했다.

독일계 펜실베이니아 사람은 라인하트 사장에게 고맙다고 말하고 뉴욕으로 돌아가자마자 애치슨 주식을 전부 다 매도했다. 그로부터 한 일주일쯤 후에는 여윳돈으로 델라웨어 래커와너 앤드 웨스턴(Delaware, Lackawanna&Western)을 대량 매수했다. 몇 년 후, 운 좋았던 주식 갈아타기에 대해 이야기를 나누었을 때 남자는 자신의 경험을 말해줬다. 자신이 그때 왜 애치슨에서 델라웨어 래커와너 앤드 웨스턴으로 갈아탔는지 말이다.

　"라인하트 사장이 수치를 적으려고 덮개형 마호가니 책상 위에 세워진 칸막이 정리함에서 편지지를 꺼냈어. 회사 명칭과 주소가 두 가지 색깔로 아름답게 찍힌 도톰하고 질 좋은 린넨 종이였지. 비싼 종이였어. 비싸도 너무 쓸데없이 비쌌지. 라인하트 사장은 그 종이에 숫자 몇 개를 적었어. 몇몇 부서의 수입이 정확하게 얼마인지, 지출이나 운영비를 어떻게 삭감하는지를 수치로 증명해 보여주려는 거였지. 그러고는 그 비싼 종이를 구겨서 쓰레기통에 던져 넣더라고. 그래놓고는 또 계획 중인 경제 절감 방법을 제시해서 좋은 인상을 남기고 싶었는지 종이를 새로 한 장 더 꺼냈어. 이번에도 역시나 숫자 몇 개를 적더니 쓰레기통으로 슛, 골인하는 거야! 아무 생각도 없이 돈을 더욱더 많이 낭비하는 꼴이었지. 사장이 그런 사람이라면 절약하는 직원을 곁에 두지도 않거니와 그런 직원에게 보상을 주지도 않겠다 싶었어. 그래서 라인하트 사장의 말이 아니라 경영진이 사치스럽다는 소문을 믿기로 하고 애치슨 주식을 판 거야.

　며칠 후에는 일이 있어서 델라웨어 래커와너 앤드 웨스턴 사무실에 들렀어. 나이 지긋한 샘 슬론(Sam Sloan)이 사장이었지. 사장실은 입구에서 제일 가까웠고 문이 활짝 열려 있었어. 사장실 문은 항상 열려 있다고 하더군. 당시에 그 회사 직원들은 사무실에 들어가는 길에 사장실의 책상 앞에 앉아 있는 사장을 어김없이 볼 수 있었대. 누구나 볼 일이 있으면 사장실에 들어가 바로 일을 처리할 수 있었고. 경제부 기자들은 샘 슬론과 이야기할 때 돌려 말할 필요가 없어서 곧장 질문을 던져 바로 답을 들었다고 했어. 다른 임원진들이 주식시장의 긴급사태라고 생각할 만한 사안을 물어도 마찬가지였지.

내가 들어갔을 때 사장은 아주 바빠 보였어. 처음에는 우편물을 열어보는 중인가 했지. 그런데 안으로 들어가서 책상으로 가까이 다가가니 뭘 하는지 알겠더군. 나중에 알았지만 그게 매일 하는 일이었더라고. 사장은 우편물을 분류해서 열어보고는 빈 봉투를 버리지 않고 모아서 자기 사무실로 가져간대. 그러고는 남는 시간에 빈 봉투를 펼쳐서 반으로 찢어 쌓아둔다는 거야. 라인하트의 회사 이름이 박힌 종이처럼 메모지로 사용하라고 직원들에게 나눠줬다더군. 그렇게 빈 봉투 한 장 낭비하지 않고 여유 시간도 알뜰하게 쓰는 거야. 모든 걸 다 이용한 거지.

이런 사람이 사장이라면 회사의 모든 부서가 아주 알뜰살뜰하게 운영되겠구나 싶더군. 사장이 절약에 신경을 쓰니까 말이야! 정기적으로 배당금을 지불하고 자산도 상당히 많은 회사라는 사실도 당연히 알고 있었지. 그래서 델라웨어 래커와너 앤드 웨스턴 주식을 살 수 있는 만큼 다 샀어. 그때 이후로 주가가 두 배에서 네 배까지 올랐지. 내 연간 배당금이 투자 원금과 맞먹는다니까. 아직도 그 회사 주식을 갖고 있어. 애치슨은 파산관재인 손에 넘어갔지. 사장이라는 사람이 사치스럽지 않다고 증명할 요량으로 회사 명칭이 두 가지 색깔로 아름답게 찍힌 린넨 종이에 수치를 적고, 바로 구겨 쓰레기통에 던져 넣더니 몇 달 후에는 회사가 그 꼴이 되고 말았어."

　이 이야기가 유독 기억에 남는 이유는 한 치의 거짓도 섞이지 않았기 때문이다. 이 사람이 다른 어떤 주식을 샀어도 델라웨어 래커와너 앤드 웨스턴만큼 좋지는 못했을 거라는 사실도 이야기에 매력을 더해준다.

17장

전문가는 직감으로
거래하지 않는다

*

　내 직감이 거의 백발백중이라고 신나게 떠들어대는 절친한 친구가 있다. 이 친구는 항상 '분석력에 도전장을 내미는 직감의 소유자'라며 날 추켜세운다. 내가 신비한 충동을 맹목적으로 따르기만 하면 적시에 시장에서 빠져나온다고 딱 잘라 말한다. 특히 검은 고양이 이야기를 즐겨했다. 내가 아침 식탁에서 보유한 주식을 매도하라는 검은 고양이의 충고를 들으면 보유 물량을 다 팔 때까지 초조함을 금치 못하며 투덜댄다는 이야기였다. 실제로 나는 꼭대기에서 매도하기도 했다. 그러자 이 친구는 내 직감 능력을 더욱 철석같이 믿었다.

　내가 워싱턴에 갔을 때였다. 몇몇 하원의원들을 만나서 우리한테 죽어라 세금을 부과하는 건 현명하지 못한 처사라고 설득하느라 주식시장에는 별로 신경을 쓰지 못했다. 그런 상황에서 갑자기 매도를 결정했으니 내 친구가 그런 이야기를 지어낼 만했다.

　가끔 주식시장에서 뭔가 해야 할 것 같다는 저항할 수 없는 충동에 사로잡힌다. 이때는 매수 포지션이든 매도 포지션이든 상관없이 무조건 시장에서 빠져나와야 한다. 그러지 않으면 불안해서 어쩔 줄 모른다. 경고 신호가 많아 보여도 무엇이든 해야 한다고 뚜렷하게, 강력하게 경고해주는 신호는 없는 것 같다. 어쩌면 그냥 '주가 시세 표시기 판독 감각'이라는 것이 존재하는지도 모르겠다. 제임스 킨과 그 이전의 다른 트레이더들이 그런 감각을 발전시켰다고 들었는데, 솔직히 말해서 내가 읽어낸 경고는 확실할 뿐만 아니라 시기도 1분 1초까지 정확하게 맞았다. 하지만 이번에는 내 직감이 힘을 발휘하지 못했다. 검은 고양이가 수를 쓰지도 않았다. 친구는 그날 아침에 내가 상당히 퉁명스러웠다고 했다. 아마 실망감에 젖어 있어서 그랬을 것이다. 하원의원들을 설득하지 못한 탓이었다. 하원의원들은 월가에 세금을 부과하는 문제를 나와 다르게 생각했다. 나는 증권거래세를 폐지하거나 회피하려는 게 아니었다. 경험 많은 주식 트레이더로서 불공평하지 않고 어리석지 않다고 생각하는 과세 방법을 제안하려고 했을 뿐이었다. 미국 정부가 공정한 대우를 통해 황금알을 무수히 많이 낳아줄 수 있는 거위를 죽이지 않기를 바랐다. 하원의원들을 설득하지 못한 데다 부당한 과세 조치를 감내해야 하는 암울한 미래를 생각하자 짜증이 났던 것 같다. 정확하게 무슨 일이 있었는지 설명하자면 이러하다.

강세장 초기였다. 철강과 구리 시장의 전망이 모두 좋은 것 같았다. 그래서 두 개 종목 모두 상승할 거라고 판단해 매수하기 시작했다. 유타코퍼(Utah Copper)는 5,000주까지 매수했다가 조짐이 좋지 않아서 중단했다. 매수하는 게 현명하겠다 싶은 생각이 들 정도로 주가가 움직여줬어야 했는데 그러지 못했기 때문이다. 그때 주가는 114 정도였던 것 같다. U.S.스틸도 그와 비슷한 가격에 매수하기 시작했다. 첫날 주가 움직임이 좋아서 2만 주를 매수했다. 그러고는 앞서 설명했던 방식대로 거래했다.

스틸의 주가 움직임이 계속 좋아서 스틸은 7만 2,000주까지 매수했다. 하지만 유타코퍼는 처음 매수했던 5,000주밖에 없었다. 더 매수하고 싶지 않을 만큼 주가 움직임이 좋지 않아서 5,000주에서 매수를 중단했기 때문이다.

그 이후 무슨 일이 일어났는지 이미 잘 알고 있듯이 엄청난 강세장이 찾아왔다. 상승장을 점쳤던 내 예상이 적중했다. 일반적인 시장 여건도 무척 좋았다. 주가가 크게 상승하고 내 수익이 콧방귀 뀔 수준을 넘어섰는데도 주가 시세표는 '아직 아냐! 아직 아냐!'라고 계속 소리쳤다. 내가 워싱턴에 도착했을 때도 주가 시세표는 여전히 같은 소리를 했다. 나도 여전히 강세론을 유지하고 있기는 했지만 늦은 시기에 물량을 부풀릴 생각은 없었다. 시장은 의심의 여지 없이 내 예상대로 움직였다. 그런 상황에서는 후퇴 신호가 나오기를 기다리며 주가 시세판 앞에 죽치고 앉아 있을 필요가 없었다. 시장은 전혀 예기치 못한 재앙이 닥치지 않는 한, 후퇴를 알리는 나팔을 불기 전에 주춤하거나 장세 반전에 준비할 수 있는 시간을 준다. 그래서 내가 하원의원들을 만나러 가는 여유를 부린 것이었다.

한편 주가는 계속 상승했고, 이는 강세장이 거의 끝나간다는 징조이기도 했다. 나는 강세장이 끝나는 날짜를 정확하게 예측하려고 하지 않았다. 그것은 내 능력 밖의 일이었다. 대신 후퇴 신호가 떨어지기를 기다리고 있었다. 언제나 그랬기 때문에 습관처럼 굳어진 행동이었다.

후퇴 신호를 명확하게 봤다고 단언하지는 못하겠다. 그보다는 의심이 싹트기 시작했던 것 같다. 보유 물량을 매도하기 전날이었다. 높이 치솟은 주가를 보자 내 수익이 엄청난데다 보유 물량도 지나치게 많다는 생각이 들었다. 나중에는 월가에서 공정하고 지혜로운 거래가 가능하게 애써달라고 입법자들을 설득하려던 노력도 수포로 돌아갔다는 데 생각이 미쳤다. 아마도 그런 식으로 내 마음속에 의심의 씨앗이 심어졌고, 잠재의식이 밤새도록 바쁘게 움직인 모양이었다. 다음 날 아침, 오늘은 시장이 어떻게 될지 궁금해졌다. 서둘러 사무실에 가서 살펴보니 주가는 여전히 상승 중이었고, 내 수익도 만족스러운 수준이었다. 좀 더 자세히 살피자 엄청난 물량을 소화할 수 있는 거대한 시장이 형성되어 있었다. 그런 시장에서는 아무리 많은 물량도 팔아치울 수 있었다. 목표 물량을 다 채운 사람이라면 수익을 현금으로 바꿀 수 있는 그런 기회를 놓쳐서는 안 된다. 이때 가능한 한 수익을 잃지 않으려고 애써야 한다. 내가 경험을 통해 알아낸 바로는 수익을 현금으로 바꿀 기회는 누구에게나 있고, 그 기회는 보통 장세 막바지에 찾아온다. 주가 시세표 판독 능력이나 직감으로 찾을 수 있는 기회가 아니다.

그날 아침, 나도 내 보유 물량을 다 매도할 수 있는 시장을 포착하자마자 그 기회를 놓치지 않고 전량 매도했다. 매도할 때는 50주나 5만 주나 다르지 않다. 더 현명하거나 더 대담한 방법 따위는 없다. 하지만 둔화된 시장에서 매도는 완전히 다른 문제다. 50주는 가격 하락 없이 팔 수 있지만 5만 주는 아니다. 나는 U.S.스틸 7만 2,000주를 갖고 있었다. 엄청나게 많은 물량은 아니었지만 언제든지 수익을 잃지 않고 팔 수 있는 수준은 아니었다. 은행에 안전하게 넣어둔 거나 마찬가지라고 생각했던 수익이 줄어든다 생각하니 마음이 쓰렸다.

내 수익은 총 150만 달러 정도였다. 챙길 수 있을 때 현금화해서 챙겨 넣은 덕분이었다. 하지만 수익금을 보고 적시에 매도했다고 생각한 것은 아니었다. 내 판단이 옳았음을 시장이 증명해 보여주었기 때문에 만족스러웠다. 자세하게 설명하자면 이러하다. 나는 그날 고점 주가보다 평균적으로 1포인트 낮은 가격에 U.S.스틸 7만 2,000주를 전량 매도했다. 이는 내가 1분까지 정확하게 딱 들어맞는 시기에 매도했다는 뜻이었다. 하지만 바로 그날 같은 시각에 유타코퍼 5,000주를 매도하자 주가가 5포인트 하락했다. 기억하겠지만 둘은 동시에 매수하기 시작한 종목이었다. U.S.스틸은 2만 주에서 7만 2,000주까지 꾸준히 매수했고, 유타코퍼는 5,000주에서 매수를 중단했다. 그나마 구리 시장의 강세를 예측한데다 주식시장도 강세를 보였기 때문에 유타코퍼를 더 일찍 매도하지 않고 보유했던 것이다. 유타 코퍼로 큰돈을 벌지는 못해도 큰 손해를 보지도 않을 거라고 판단했다. 직감과는 전혀 상관없는 결론이었다.

주식 트레이더는 의사와 비슷한 훈련 과정을 거친다. 의사는 몇 년 동안 해부학과 생리학, 약물학 그 밖에 다른 부수적 과목들까지 10여 개 분야를 공부해야 한다. 그렇게 이론을 배우고 나서야 의료 현장에서 평생을 바쳐 일한다. 의사는 온갖 병리학적 현상들을 관찰하고 분류한다. 병을 진단하는 법도 배운다. 정확한 관찰을 토대로 병을 정확하게 진단하고 예후도 정확하게 제시해야 한다. 하지만 인간은 언제나 실수를 범할 수 있고 전혀 예기치 못한 사태가 벌어질 수 있기 때문에 100퍼센트 정확한 예후는 불가능하다는 사실을 명심해야 한다. 의사는 경험을 쌓아나가면서 즉각적으로 올바르게 대처하는 법을 배운다. 모르는 사람들 눈에는 반사적으로 행동하는 것처럼 보이기 쉽지만 반사적으로 나오는 행동과는 거리가 멀다. 의사는 오랜 세월 많은 사례를 관찰한 결과를 토대로 진단하는 것이다. 일단 진단이 끝나면 경험을 통해 배운 대로 적절한 치료법이 자연스럽게 나온다. 지식은 색인 카드로 정리해서 전달할 수 있지만 경험은 전수할 수 없다. 그렇기 때문에 어떻게 해야 돈을 잃지 않는지 알면서 빠르게 대처하지 못해 돈을 잃는다.

관찰력과 경험, 기억력, 연산 능력은 트레이더가 성공하기 위해 갖춰야 하는 요인이다. 트레이더는 정확하게 관찰할 뿐만 아니라 관찰한 사실을 항상 기억해야 한다. 합리적이지 못하거나 예기치 못한 것에 돈을 걸 수는 없다. 인간이 얼마나 비합리적이라고 생각하든 예기치 못한 일이 얼마나 자주 일어난다고 생각하든 상관없이 언제나 가망 있는 쪽에 걸어야 한다. 가망성을 예측하려고 애써야 한다. 몇 년 동안 지속적으로 연습하고 연구하고 암기하다 보면 예기치 못한 일이 터져도 예상한 일이 일어난 것처럼 즉각 대처할 수 있다.

뛰어난 연산 능력과 남다르게 정확한 관찰력을 갖추어도 경험과 기억력이 없으면 투기에 실패할 수 있다. 현명한 트레이더는 과학의 발전에 발맞추어 나가는 의사들처럼 일반적인 시장 상황을 쉼 없이 연구하면서 다양한 시장의 방향에 영향을 미치거나 그런 가능성이 있는 모든 분야의 발전 상황을 주시한다. 이렇게 몇 년 동안 주식시장에서 활동하고 나면 정보를 흡수하는 습관이 생긴다. 이처럼 귀중한 전문가의 태도를 갖추고 나면 주식시장에서 승리할 수 있다. 언제나 그러지는 못하더라도 가끔은 가능하다! 아마추어 트레이더나 가끔 매매하는 트레이더가 아니라 전문성을 갖춘 트레이더가 되는 것이다. 이 두 부류를 가르는 태도의 차이는 아무리 강조해도 지나치지 않다. 나도 기억력과 연산 능력의 덕을 크게 보았다. 월가는 기본적인 연산 능력으로 돈을 번다. 사실과 수치를 갖고 놀면서 돈을 버는 곳이다.

다시 말하지만 트레이더는 최신 정보를 흡수하고 모든 시장과 발달 상황을 전문가의 태도로 주시해야 한다. 직감과 신비로운 주가 시세 표시기 판독 감각은 주식시장에서의 성공과 별 상관이 없다. 이 사실을 거듭 강조하고 싶다. 물론 노련한 트레이더는 이유를 구구절절 제시할 틈도 없이 빠르게 행동한다. 그럼에도 불구하고 그 행동들은 하나 같이 타당하고 적절하다. 오랜 세월 동안 전문가의 관점에서 보고 생각하고 연구하며 수집한 사실에 근거해서 나온 행동이기 때문이다. 전문가는 손에 잡히는 모든 것을 유용하게 이용할 줄 안다.

전문가임을 보여주는 구체적인 실례가 하나 있다. 나는 오랜 세월 몸에 밴 습관대로 언제나 상품시장의 흐름을 주시한다. 한 번은 정부보고서에서 겨울 밀 작황이 작년과 비슷하고 봄밀 작황이 1921년보다 좋다는 정보를 얻었다. 그렇다면 여건이 좋아진 만큼 수확 시기도 평년보다 빨라질 것 같았다. 여기서 작황에 관한 수치를 파악하고 수확량을 예측하는 것은 연산이다. 이때 광부들과 철도회사 직원들의 파업 사태도 떠올랐다. 시장에 관련된 모든 상황을 항상 주시했기 때문에 저절로 난 생각이었다. 파업 사태로 이미 화물 운송에 지장이 생겨서 밀 가격도 영향을 받을 게 분명했다.

내가 내린 결론은 이러했다. 파업 사태로 운송에 차질이 생겨 겨울 밀이 상당히 늦게 시장에 유입되고, 운송 상황이 개선되는 봄 무렵에는 봄 밀이 나온다. 다시 말해 철도를 이용하여 대량 운송이 가능해질 때 운송이 지연된 겨울 밀과 일찍 수확한 봄 밀이 동시에 들어온다.

결국에는 대량의 밀이 한 번에 시장에 쏟아져 들어온다는 의미였다. 나처럼 정보와 수치를 분석하는 트레이더라면 그러한 사실들을 토대로 가망성 높은 미래를 내다보고 한동안은 밀 강세를 예측하지 않는다. 따라서 밀 매수가 상당히 괜찮은 투자가 될 정도로 가격이 하락할 때까지는 밀을 매수하지 않는다. 시장에 매수세가 없으면 주가가 하락한다. 이렇게 결론이 나자 내 판단이 옳은지 시험해 봐야 했다. 팻 헌의 말처럼 '돈을 걸어봐야 아는 법'이니까. 약세를 예측했다면 시간 낭비하지 말고 팔아봐야 안다.

경험으로 터득한 바에 따르면 시장의 움직임은 가장 뛰어난 안내자다. 의사가 환자의 체온과 맥박, 혹은 눈동자 색깔과 혓바닥의 백태를 보고 진료하듯 트레이더는 시장의 움직임을 따라 거래해야 한다.

일반적인 상황이라면 밀 100만 부셸을 매도하거나 매수할 때 가격 변동폭이 0.25센트를 넘지 않는다. 나는 매도 시기를 점쳐보려고 25만 부셸을 팔았다. 그러자 가격이 0.25센트 하락했다. 하지만 그 정도로는 내가 알고 싶은 답이 확실하게 나오지 않아서 25만 부셸을 더 팔았다. 그러자 매수 주문이 1만 부셸이나 1만 5,000부셸 단위로 들어와 내가 매도한 물량이 조금씩 팔려나갔다. 보통 때였다면 두세 번에 걸쳐 다 팔려나갈 물량이었다. 이처럼 맥 빠지는 매수세에다 가격도 1.25센트나 하락했다. 시장이 내 매도 물량을 받아내는 형세와 크게 하락한 가격을 보니 매수세가 없는 것이 확실했다. 상황이 이렇다면 어떻게 해야 할까? 당연히 더 많이 파는 수밖에 없다. 경험을 믿고 따르다가 폭삭 망할 수도 있다.

하지만 경험을 믿고 따르지 않으면 언제나 망한다는 결과뿐이다. 그래서 나는 200만 부셸을 팔았고, 가격은 더욱 하락했다. 며칠 후 시장의 움직임을 보니 200만 부셸을 추가로 더 팔 수밖에 없었다. 가격은 여전히 하락했다. 그로부터 며칠 후 밀 가격이 폭락해 부셸당 6센트씩 내려앉았다. 급락세는 거기서 멈추지 않았다. 일시적으로 반등하기도 했지만 전반적으로는 계속 하락했다.

*

나는 직감에 따라 거래한 것이 아니었다. 정보를 듣고 거래하지도 않았다. 상품시장을 대하는 습관적인 태도나 전문가의 정신으로 거래에 임했을 뿐이었다. 오랜 세월 주식시장에서 익힌 전문가 정신과 태도 덕분에 수익을 올렸다. 내 사업이 바로 주식 거래이기 때문에 나는 주식 거래에 대해 연구한다. 주가 시세표가 내 판단이 옳다고 말해주는 순간, 매도든 매수든 물량을 늘리는 것이 내가 할 일이다. 나는 내가 할 일을 했을 뿐이었다.

주식시장에서의 경험은 꾸준하게 배당금을 만들어주고, 관찰력은 최고의 정보를 제공해준다. 가끔은 특정 종목의 움직임만 관찰해도 전체 시장을 읽을 수 있다. 그렇게 관찰하다 보면 일반적인 움직임, 즉 가장 일어날 가망성이 높은 움직임과 다른 움직임을 포착해 수익을 올리는 방법을 경험하게 된다. 예를 들어서 모든 주식이 같은 방향으로 움직이지는 않아도 강세장에서 같이 상승하고, 약세장에서 같이 하락하는 주식이 있다. 주식 투기 세계에서는 흔히 일어나는 현상이다. 이런 주식 정보는 직접 구할 수 있는 정보 중에서도 가장 흔하다. 거래소에서도 아주 잘 아는 정보라서 직접 알아내지 못한 고객들에게 알려준다. 그러니까 동일한 업종의 종목 중에서 뒤처지는 종목을 거래하라고 충고해주는 것이다. 예컨대 U.S.스틸 주가가 상승하면 크루서블(Crucible), 리퍼블릭(Republic), 베들레햄(Bethlehem) 할 것 없이 모든 철강 주식이 바로 뒤따라 상승한다는 게 논리적인 추론이다. 동종 업계 주식들은 무역 여건과 전망이 비슷하고, 업계 호황의 혜택도 다 함께 누리기 때문이다. 경험을 통해 수차례 증명된 이론에 따르면 누구에게나 전성기가 있듯 어떤 주식이든 뜰 때가 있다. 그렇기 때문에 대중은 CD스틸과 XY스틸이 상승하는 동안 AB스틸이 상승하지 않는다면 AB스틸을 매수한다. AB스틸도 곧 뒤따라 상승할 거라고 생각하기 때문이다.

강세장이라도 강세장에 걸맞게 움직이지 않는 주식은 매수하지 않는다. 가끔은 의심의 여지없이 확실한 강세장에서 주식을 샀다가 동종 업계의 다른 주식들이 상승하지 않아서 팔아버리기도 한다. 왜냐고? 내가 이름 붙인 명백한 '군집 성향' 현상에 맞서는 것은 현명하지 못하다고 경험이 일러주기 때문이다. 확실한 것만 기대할 수는 없다. 가망성을 보고 예측해야 한다. 한때 나이 많은 중개인 한 명이 이런 이야기를 했다.

"철도 선로를 따라 걷다가 시속 100킬로미터로 달려오는 기차를 봤어. 그런데도 내가 계속 선로를 걸어갈까? 당연히 옆으로 비켜서겠지. 그렇다고 내가 참 현명하고 신중하게 행동했다고 뿌듯해하지는 않아."

작년이었다. 전반적으로 강세장이 기승을 부릴 때 특정 업종의 한 종목만 나머지 종목들과 다르게 움직였다. 나머지 종목들은 시장의 흐름을 따라 상승하고 있었다. 당시에 나는 블랙우드모터스(Blackwood Motors)를 상당량 매수해두었다. 블랙우드모터스 사업 규모가 크다는 사실은 모두가 다 알고 있었다. 주가는 하루에 1에서 3포인트까지 올랐다. 그러자 점점 더 많은 사람이 블랙우드모터스를 매수했다. 당연히 동종 업계로 관심이 쏠렸고, 다양한 자동차 주식들이 따라 상승하기 시작했다. 그런데 단 하나, 체스터(Chester) 주식만 끈질기게 오르지 않았다. 체스터가 자꾸 뒤처지자 머지않아 사람들의 화젯거리가 되었다. 블랙우드와 다른 자동차 주식들이 강세를 보이며 활발하게 거래되는 동안 체스터는 대조적으로 낮은 가격에 다른 관심을 받지 못했다. 대중은 정보 제공자와 주가를 예측한다고 떠들어대는 사람들, 알은체하는 사람들의 이야기를 듣고는 체스터를 매수하기 시작했다. 체스터가 나머지 종목들을 따라 상승할거라는 추론이 타당하다고 생각했기 때문이었다.

하지만 이들의 은근한 매수에도 체스터 주가는 사실상 하락했다. 동종 업계의 블랙우드가 돌풍을 일으키며 전반적인 시장 상승을 주도했고, 차종 상관없이 자동차 수요 급증과 생산량 기록 경신 소식밖에 들리지 않는 상황이었는데도 말이다. 이런 강세장에서 체스터 주가 상승은 그리 어려운 일이 아닌데 오르지 않다니 뭔가 이상했다.

체스터의 내부자들이 강세장에서 으레 취하는 행동을 하지 않는 게 분명했다. 그 이유는 두 가지로 분석해볼 수 있었다. 첫 번째는 내부자들이 가격 상승 전에 자사주를 더욱 많이 매수하고 싶어서 자사 주가를 끌어올리지 않는 것이다. 하지만 체스터 주식 거래량과 거래 양상을 봐서는 그런 것 같지 않았다. 두 번째는 내부자들이 자사주를 매수하기 싫어서 주가를 끌어올리지 않는 것이다.

마땅히 갖고 싶어 해야 하는 사람들도 꺼리는 주식을 내가 사야할 이유가 없었다. 다른 자동차 회사들이 아무리 좋은 실적을 올려도 체스터는 반드시 공매도해야 했다. 동종 업계 선도주를 따라가지 않는 주식 매수는 경계하라고 경험이 알려줬으니까 말이다.

나는 체스터 주식이 내부자 매수는 없고 오히려 내부자 매도가 있다는 사실을 쉽게 추론해냈다. 매수를 경고하는 다른 징조들도 있었지만 시장 전반의 움직임과 일치하지 않는 주가 움직임만 봐도 충분했다. 이번에도 주가 시세표가 경고 신호를 보냈고, 나는 그 신호가 떨어지자마자 즉시 체스터를 공매도했다. 그로부터 얼마 지나지 않은 어느 날, 체스터 주가가 폭락했다. 나중에 공식적으로 발표돼서야 알았지만 체스터 내부자들은 실제로 자사주를 매도하고 있었다. 회사 상태가 좋지 않다는 사실을 잘 알고 있었기 때문이었다. 항상 그렇듯이 주가 폭락 이후에야 그 원인이 밝혀졌다. 하지만 경고 신호는 급락 전에 나온다. 나는 주가 폭락 이전의 경고 신호를 기다렸다. 체스터에 무슨 문제가 있는지는 몰랐다. 직감을 따르지도 않았다. 단지 뭔가가 잘못됐다는 것만 알았다.

*

며칠 전에 기아나골드(Guiana Gold)의 놀라운 주가 변동을 보도한 신문 기사가 났다. 기아나골드는 장외시장에서 50이나 그 비슷한 가격에 팔리다가 증권거래소에 상장된 주식이었다. 시초가는 35정도였는데 하락하다가 20까지 폭락했다.

사실 나는 예상하였기 때문에 주가 변동이 놀랍지 않았다. 주변에 슬쩍 물어만 봐도 그 회사 내력을 알아낼 수 있었다. 아는 사람이 한둘이 아니었으니까. 내가 들은 회사 내력은 이러했다. 매우 유명한 자본가 여섯 명과 명망 있는 은행 한 곳이 기아나골드의 주식을 인수하는 인수단을 구성했다. 그중 한 명은 벨아일 익스플로레이션(Belle Isle Exploration) 대표였다. 벨아일 익스플로레이션은 기아나골드에 1000만 달러가 넘는 현금을 선불로 건네주고, 기아나골드 주식 100만 주 중에서 25만 주와 채권을 받았다. 기본적으로 배당금이 나오는 주식이었고, 그 사실도 널리 알려져 있었다. 벨아일 측은 주식을 현금화하는 게 좋겠다 싶어서 은행가들에게 25만 주를 정해진 가격에 매수할 수 있는 콜옵션[1]을 팔았다. 그러자 은행가들은 콜옵션으로 매수한 주식에다 기존의 보유 주식도 매도하려고 했다. 이 때 시장 조작은 전문가에게 맡기려고 했다. 시장 조작 전문가는 25만 주를 36달러 넘는 가격에 매도해서 나오는 수익 중 3분의 1을 수수료로 달라고 했다. 내가 알기로 계약서가 작성돼서 서명만 하면 끝나는 상황이었는데 마지막 순간에 은행가들이 수수료를 아끼려고 직접 시장 조작에 나서기로 결정했다. 그래서 내부자 작전 세력을 조직했다. 은행가들은 벨아일이 보유한 기아나골드 25만 주를 36달러에 살 수 있는 콜옵션을 41달러에 매도했다. 시작부터 은행 동료들에게 5포인트 수익을 안겨준 셈이었다. 이 사실을 알고 그랬는지는 잘 모르겠다.

은행가들은 아주 손쉬운 작전이라고 생각했던 게 분명하다. 시장은 강세장이었고, 기아나골드를 비롯한 동종 업계 주식들이 시장을 선도하고 있었으니 말이다. 기아나골드는 큰 수익을 냈고 정기적으로 배당금을 지급했다. 게다가 후원자들도 명망 높은 인물들이어서 사람들은 기아나골드를 투자용 주식으로 취급하다시피 했다.

---

1   옵션(option)은 상품이나 증권의 가격을 미리 정해서 어떤 시점에 사거나 팔 수 있는 '권리'를 말한다. 여기에는 사지 않거나 팔지 않을 권리도 포함되어 있다. 콜옵션은 살 수 있는 권리를 가진 것으로 만기일에 상품이나 증권의 시장 가격이 미리 정한 가격보다 높을 때 콜옵션을 행사하여 그 차액만큼 이익을 볼 수 있다.

약 40만 주가 대중에게 팔려나갔고, 주가는 47달러까지 상승했다고 들었다.

금광 업종은 초강세를 유지했다. 하지만 기아나골드는 곧 하락해서 10포인트나 떨어졌다. 내부자 세력이 시장을 조작하고 있다면 그래도 괜찮았다. 하지만 머지않아 전체 상황이 만족스럽지 못하고 회사 자산도 주식 기획자들의 높은 기대에 미치지 못한다는 소문이 월가에 돌았다. 주가 하락의 원인이 분명하게 밝혀진 것이었다. 하지만 나는 그 전에 이미 경고 신호를 포착하고 시험적으로 기아나골드 주식을 거래해보기 시작했다. 기아나골드는 체스터와 거의 비슷하게 움직였다. 내가 기아나골드를 팔자 주가가 하락했다. 좀 더 팔자 주가가 더욱 낮아졌다. 기아나골드는 체스터를 포함한 10여 개의 다른 주식들이 그랬듯이 선도주와 다른 움직임을 보이고 있었다. 주가 시세표는 뭔가가 잘못됐다고 말했다. 내부자 매수를 가로막는 뭔가가 있다고 외쳤다. 내부자들은 분명 그럴 만한 이유가 있어서 강세장인데도 자사주를 매입하지 않았다. 아무것도 모르는 외부인들만 기아나골드를 매수하고 있었다. 45달러 이상에서 거래됐던 주식이 35달러 이하로 떨어지자 저가 매수에 나선 것이었다. 배당금은 여전히 지급되고 있었으니 그 정도 가격이면 완전 저렴했다.

그때 또 다른 소식이 들어왔다. 나는 종종 일반 대중보다 먼저 중요한 시장 소식을 전해 듣는데 이번에도 그런 경우였다. 무슨 소식이냐면 기아나골드 광산에 값비싼 광석이 아니라 황량한 바위밖에 없다는 것이었다. 하지만 나는 내부자 매도의 원인이 드디어 밝혀졌다고 생각했을 뿐 전혀 놀라지 않았다. 나는 그 소식을 듣고 공매도한 것이 아니었다. 이미 한참 전에 주가 움직임을 보고 공매도

했다. 무슨 철학적 통달을 얻어서 그렇게 한 것이 아니었다. 그냥 트레이더로서 단 하나의 신호만 기다렸다. 내부자 매수를 주시한 것이다. 그런데 내부자 매수가 없었다. 내부자들이 왜 하락세에도 자사주를 매수하지 않는지 몰라도 상관없었다. 주가 상승 조작 계획이 더 이상 없다는 사실만 확인해도 공매도할 이유는 충분했다. 사람들은 기아나골드를 거의 50만 주나 매수했다. 이제는 무지한 외부인들이 손절하려고 매도한 주식을 또 다른 무지한 외부인들이 돈을 벌 수 있을까 해서 매수하는 거래밖에 없었다.

기아나골드를 매수했다가 손실을 본 사람들에게 설교하거나 내가 기아나골드를 매도해서 돈을 벌었으니 본받으라고 이런 이야기를 꺼낸 게 아니다. 그보다는 집단행동을 연구하는 게 얼마나 중요한지, 실력이 부족한 트레이더들이 자금 규모와 상관없이 집단행동에 관한 교훈을 얼마나 과소평가하는지 강조하고 싶어서다. 주식시장에서만 주가 시세표가 경고해주는 것은 아니다. 상품시장에서도 주가 시세표는 경고 신호를 시끄럽게 울린다.

면화 거래에서도 흥미로운 경험을 했다. 시장을 약세로 점치고 적당량의 주식을 공매도했을 때였다. 면화도 5만 베일을 공매도했다. 주식에서 수익이 나서 면화에는 신경을 쓰지 않았다. 그러다가 처음으로 면화 5만 베일에서 25만 달러 손실이 났다는 사실을 알아차렸다. 좀 전에도 말했지만 주식 거래에서 쏠쏠하게 재미를 보고 있던 참이라 다른 데 신경을 쓰기가 싫었다. 면화 생각이 날 때마다 이렇게 혼잣말을 중얼거렸다. '조정을 기다렸다가 환매하면 돼.' 이후 면화 가격이 조금 떨어졌지만 손절하고 환매하려고 하자 다시 상승해서 이전보다 더 높아졌다. 그래서 조금 더 기다리기로 마음먹고는 다시 주식으로 관심을 돌렸다. 마침내 상당한 수익을 챙기고 주식을 정리했을 때였다. 휴가 겸 휴식을 취하려고 핫스프링스(Hot Springs)로 향했다.

그제야 면화 손실 문제를 처리할 여유가 생겼다. 면화 거래는 내 예상을 빗나가고 있었다. 내가 승리할 것처럼 보였던 적도 있었다. 면화시장을 살펴보니 누군가가 대량으로 공매도하면 큰 폭의 조정이 찾아왔다. 하지만 거의 즉각적으로 반등이 따라왔고 신고가가 갱신되었다.

내가 핫스프링스에 머문 지 며칠이 지났을 때였다. 면화 손실액이 100만 달러에 달했고, 가격 상승세는 꺾일 기미가 없었다. 내가 무슨 일을 했는지, 또 무엇을 하지 않았는지 생각해보고는 이렇게 중얼거렸다. '내가 틀린 게 분명해!' 나는 내가 틀렸다고 깨닫자마자 시장에서 빠져나오기로 마음먹는다. 그래서 약 100만 달러의 손실을 보고 면화를 환매했다.

다음 날 아침 다른 생각은 하지 않고 골프에 열중했다. 면화 거래를 했다가 내 예상이 빗나가서 대가를 지불하고 영수증까지 주머니에 챙겨 넣었다. 그런 만큼 더 이상 면화에 신경 쓰지 않았다. 점심을 먹으러 호텔로 돌아가다가 거래소에 들러 주가 시세판을 살펴보았다. 면화 가격이 50포인트 하락해 있었다. 주가 하락 자체는 큰일이 아니었다. 몇 주 동안 그랬던 것처럼 특정한 매도 압력이 사라지자마자 반등해야 했는데 반등이 없었다. 최소 저항선이 위쪽으로 움직인다는 뜻이었다. 나는 이 사실을 파악하지 못해서 100만 달러를 잃었다.

즉각적이고 거센 반등이 사라졌으니 내가 큰 손실을 보고 환매한 이유도 사라져버렸다. 그래서 1만 베일을 공매도하고 기다렸다. 머지않아 면화 주가가 50포인트 하락했다. 나는 좀 더 기다렸다. 더 이상 반등이 없었다. 마침 배가 너무 고파서 식당에 들어가 점심을 주문했다. 하지만 종업원이 식사를 가져오기도 전에 벌떡 일어나서 거래소로 달려 들어갔다. 반등이 없다는 걸 확인하고는 1만 베일을 추가로 공매도했다. 좀 더 기다리자 반갑게도 가격이 40포인트 더 하락했다. 내가 제대로 거래했다는 증거였기 때문에 식당으로 돌아가 점심을 먹고는 다시 거래소로 들어갔다. 그날 하루 종일 면화는 더 이상 반등하지 않았다. 그날 밤 나는 핫스프링스를 떠났다.

골프가 재미있기는 했지만 면화 매도와 환매에서 모두 실패했다. 내 예상이 틀렸기 때문에 편하게 거래할 수 있는 곳에서 다시 거래를 시작해야 했다. 처음에 면화 1만 베일을 매도하고 난 후 시장 반응을 보고는 1만 베일을 추가로 공매도했다. 두 번째 공매도에서 시장 반응으로 보아 장세가 전환될 것 같았다. 시장의 움직임이 달라졌다.

워싱턴에 도착해 오랜 친구 터커가 책임자로 근무하는 거래소에 들렀다. 그곳에 머무는 동안 가격은 좀 더 하락했다. 일전에 내가 틀렸다고 확신했지만 이번에는 내가 옳았다는 확신이 더욱 강하게 들었다. 그래서 4만 베일을 공매도했고, 면화 가격은 75포인트 하락했다. 가격 하락을 지지해줄 세력이 없다는 뜻이었다. 그날 밤 종가는 더욱 하락했다. 기존의 매수세는 완전히 사라졌다. 매수세가 어느 시점에서 다시 살아날지는 알 수 없었다. 그저 내가 포지션을 제대로 잡았다는 확신이 들었다. 그리고 다음 날 아침 워싱턴에서 차를 몰고 출발해 뉴욕으로 향했다. 서두를 이유가 전혀 없었다.

필라델피아에 도착해서는 중개인 사무실로 향했다. 면화시장에 주의를 끄는 큰일이 터진 상황이었다. 가격이 폭락해서 소규모 공황 사태가 벌어진 것이다. 나는 뉴욕에 도착할 때까지 기다리지 않고 즉시 내 중개인들에게 장거리전화로 연락해서 공매도 물량을 환매하라고 지시했다. 체결 내역서를 받아보니 이전의 손실을 모두 만회한 상태였다. 이제는 주가 시세판을 확인하려고 중간에 멈추지 않고 뉴욕으로 곧장 달려갔다.

핫스프링스에서 함께 지냈던 몇몇 친구들은 지금까지도 내가 점심을 먹으려다가 벌떡 일어나서 1만 베일을 두 번째로 공매도하러 나간 것에 관해 떠들어댄다. 다시 말하지만 직감에 따라 행동한 것은 절대 아니었다. 이전에 크게 실패했음에도 면화 매도 시기가 됐다는 확신이 들어서 행동했다. 반드시 이용해야 하는 기회를 잡았다. 어쩌면 잠재의식이 작용해서 그런 결론이 나왔는지도 모르겠다. 워싱턴에서는 관찰을 토대로 공매도 결정을 내렸다. 오랜 거래 경험이 속삭이길 최소 저항선이 아래로 향한다고 했다.

나는 100만 달러를 잃었다고 앙심을 품지도 않았고, 그런 실수를 했다고 자책하지도 않았다. 이와 마찬가지로 필라델피아에서 환매해 손실을 만회했다고 으스대지도 않았다. 주식 거래에서 문제가 생기면 문제를 해결하는 데만 집중했다. 첫 번째 손실도 오랜 경험과 기억 능력 덕분에 만회할 수 있었다.

주식시장에서 왕도란 없다.
성공하기 위해서는 먼저 조사하고 연구해야만 한다.
시장에 뛰어들기 전 기본에 충실하라.
다른 모든 걸 무시하기로 다짐하라.

18장

눈앞에 놓인 사실만을 따른다

*

월가에서는 언제나 역사가 반복된다. 스트래턴이 옥수수를 매집했을 때 내가 공매도 물량을 어떻게 환매했는지 기억나는가? 주식시장에서도 그와 똑같은 수법을 사용한 적이 있었다. 트로피컬 트레이딩(TT, Tropical Trading)이라는 주식을 거래할 때였다. 나는 트로피컬 트레이딩을 사고팔면서 돈을 벌었다. 트로피컬 트레이딩은 언제나 거래량이 많은 주식이었고, 모험심 많은 트레이더들에게 인기있는 종목이었다. 트로피컬 트레이딩의 내부자 집단은 장기투자를 장려하기보다 주가 변동성에 신경을 더 많이 쓴다는 언론의 비난을 수차례 받았다.

며칠 전에 내가 아는 한 중개인한테서 이런 이야기를 들었다. 이리(Erie) 철도의 대니얼 드루(Daniel Drew)[1]나 슈거(Sugar)의 헤이브마이어도 주식시장 조작에 있어서는 완벽하기 그지없는 트로피컬 트레이딩의 멀리건(Mulligan) 사장과 그의 친구들을 따라잡지 못한다는 이야기였다. 멀리건 일당은 약세론자들에게 TT 주식을 공매도하라고 수차례 권유해놓고 주가를 끌어올려 인정사정없이 공매도 쥐어짜기로 이득을 취했다. 더도 덜도 말고 딱 유압 프레스로 찍어 누르는 것처럼 공매도자를 쥐어짰다.

TT 주식과 관련된 '불미스러운 사건들'에 대해 떠들어대는 사람들도 물론 있었다. 단언컨대 그렇게 비판하는 사람들은 공매도 쥐

315

---

1   대니얼 드루(1797~1879): 악덕 금융가로도 유명했던 사업가. 1834년 주식 투기를 시작했다. 시장에서 최초로 내부자 거래를 시도했다. 한도 초과 주식을 불법으로 발행하거나 시장에 소문을 퍼뜨려 주가를 떨어뜨린 다음 대량으로 주식을 구매하는 등 상대를 배신하기를 밥 먹듯이 했다. 말년에는 함정에 빠져 전 재산을 잃고 고독하게 살다가 생을 마감했다.

어짜기로 낭패를 본 이들이다. 장내 트레이더들은 내부자들의 교활한 수법에 당하면서도 왜 계속 도전하는 걸까? 우선 활발한 움직임을 좋아하는데 트로피컬 트레이딩이 활발하게 움직였다. TT는 둔하게 움직이는 법이 없는 주식이었다. 아무도 이유를 묻지 않거니와 이유를 댈 필요도 없었다. 시간 낭비할 틈도 없었다. 사전에 입수한 정보대로 주가가 움직일 때까지 끈기 있게 기다릴 필요도 없었다. 공매도 잔량이 많아서 주식의 희소가치가 높을 때를 제외하면 언제나 물량이 충분했다. 뭣도 모르고 주식 거래에 뛰어들 얼간이는 차고 넘쳤다!

얼마 전 플로리다에서 여느 때처럼 겨울 휴가를 보내고 있었다. 낚시에 빠져 시장 생각은 저 멀리 날려버린 즐거운 시간이었다. 그러던 어느 날 아침, 일주일에 두 번 배달되는 우편물 사이에서 신문 한 묶음을 발견했다. 신문에 실린 주식 호가를 살펴봤더니 트로피컬 트레이딩이 155달러에 팔리고 있었다. 내가 마지막으로 확인했던 트로피컬 트레이딩 가격은 140달러 정도였다. 나는 약세장을 점쳤던 터라 공매도 시기만 노리고 있었다. 하지만 서두를 일은 아니라서 주가 시세 표시기의 목소리가 들리지 않는 곳에서 낚시를 즐기고 있었다. 진짜 출발 신호가 떨어지면 돌아갈 생각이었다. 그동안은 무슨 일을 벌여놨든 무슨 일을 하지 못했든 상관없이 전혀 서두를 필요가 없었다.

그날 아침 신문 기사 내용으로 봐서 트로피컬 트레이딩의 움직임이 단연 눈에 확 들어왔다. 다른 주식들은 무겁게 가라앉아 있는데 TT 내부자들이 주가를 끌어올리고 있었다. 그 터무니없어 보이는 짓거리에 나는 약세론을 더욱 단단하게 굳혔다. 주가 조작도 삼가야 하는 때가 있다. 트레이더가 계산한 비정상적인 움직임이 사실은 바람직한 요소였다고 밝혀지는 일은 좀처럼 없다. 내게도 TT의 주가 상승 조작은 크나큰 실수처럼 보였다. 주식시장에서 그 정도로 엄청난 실수를 저지르고도 대가를 치르지 않을 사람은 없다.

나는 신문을 다 읽고 나서 낚시를 하러 갔지만 트로피컬 트레이딩의 내부자들이 대체 뭘 하려는 걸까 하는 생각이 계속 머릿속에 맴돌았다. 20층짜리 건물 옥상에서 낙하산도 없이 뛰어내렸다가 박살 나는 것처럼 트로피컬 트레이딩의 내부자들도 실패할 게 분명했다. 이 외에 다른 생각은 할 수가 없어서 결국 낚시를 그만두고 중개인들에게 TT 2,000주를 시장가로 매도하라는 전보를 보냈다. 그러고 나서야 다시 낚시를 하며 꽤 즐거운 시간을 보낼 수 있었다.

그날 오후, 속달로 도착한 전보를 받았다. 중개인들이 트로피컬 트레이딩 2,000주를 153에 팔았다는 내용이었다. 그 정도면 괜찮은 편이었다. 하락장에서 공매도했으니 그럴 만했다. 더 이상 낚시나 하고 있을 수 없었다. 주가 시세판에서 너무 멀리 떨어져 있었다. 트로피컬 트레이딩이 내부 주가 조작으로 상승하는 게 아니라 나머지 주식들과 함께 하락해야 하는 이유가 자꾸 생각나서 낚시를 그만두고 팜비치로 돌아갔다. 아니, 뉴욕과 직통 전화가 연결된 곳으로 갔다는 게 더 정확하겠다.

팜비치에 도착했을 때 TT 내부자들은 여전히 제대로 판단하지 못한 채 주가 상승을 조작하려고 했다. 나는 두 번째로 TT 2,000주를 매도했다. 체결 내역서를 받고는 2,000주를 더 팔았다. 시장의 움직임이 아주 좋았다. 내가 공매도할 때마다 주가가 하락했으니 말이다. 모든 게 만족스러워서 나는 밖으로 나가 관광용 인력거에 앉았다. 그런데 어딘지 모르게 찜찜했다. 생각하면 할수록 더 많이 팔지 않는 게 마음에 걸렸다. 결국은 다시 중개인 사무실로 돌아가 2,000주를 더 팔았다.

그제야 마음이 편해졌다. 이제 1만 주를 공매도한 셈이었다. 나는 뉴욕으로 돌아가기로 마음먹었다. 당장 할 일이 있었다. 낚시는 다음으로 미뤄도 괜찮았다.

뉴욕에 도착해서 TT의 사업 현황과 전망에 관한 정보를 수집했다. 전반적인 시장 분위기나 회사 수익 면을 봤을 때 주가 상승은 턱도 없는 상황이었다. 그런데도 내부자들은 주가 상승 조작에 열을 올렸으니 무모하다 못해 최악의 수를 두고 있었다. 나는 더욱더 확신했다.

그런데 시기도 맞지 않은 비정상적인 오름세에도 매수하는 사람들이 몇몇 있었고, TT 내부자들은 이에 기운을 얻어 현명하지 못한 전략을 계속 고수했다. 나는 TT 주식을 더욱 많이 매도했다. 그러다 드디어 내부자들이 어리석은 짓을 그만두었다. 나는 나만의 거래 방식대로 몇 차례 시장을 시험했고, 트로피컬 트레이딩 공매도 물량은 3만 주까지 늘어났다. 이때 주가는 133이었다.

TT 내부자들이 월가에 나오는 모든 주식의 행방을 다 알고 있다느니, 전략적으로 중요한 다른 요소들뿐만 아니라 공매도 잔량까지 다 파악하고 있다느니 하는 경고도 들었다. TT 내부자들은 유능하고 약삭빠른 트레이더들이었다. 종합적으로 생각해보면 그들에게 맞서는 것은 위험했다. 하지만 사실은 달라지지 않았고, 나의 동맹군은 가장 강력하다는 시장 상황이었다.

TT 주가가 153에서 133까지 떨어지면서 공매도 잔량은 늘어났고, 조정기에 매수하는 사람들은 언제나처럼 이렇게 떠들어댔다. 153 이상일 때도 매수할 만한 주식이었는데 이제는 20포인트나 하락했으니 매수 조건이 훨씬 더 좋아졌다고 말이다. 배당률도 같고, 경영진도 같고, 사업도 같은데 가격이 낮아졌다니! 완전 저렴한 주식이었다.

사람들이 매수해서 유통 물량이 줄어들자 TT 내부자들은 공매도한 다수의 장내 트레이더들을 쥐어짜기 좋은 시기라고 생각했다. 때마침 주가가 150까지 상승했다. 환매하는 사람들이 많았지만 나는 흔들리지 않았다. 흔들릴 이유가 뭐가 있겠는가? TT 내부자들이 3만 주를 아직 거둬들이지 못했다는 사실을 안다 해도 내가 겁먹을 이유가 없었다. 153에 공매도를 시작해서 133까지 계속 밀어붙인 데는 다 이유가 있어서였다. 그런데 그 이유가 여전히 남아 있을 뿐만 아니라 전보다 더욱 강해졌다. TT 내부자들은 내가 환매하도록 부추기고 싶었는지도 모르겠다.

하지만 날 설득할 만한 주장을 펼치지는 못했다. 근본적인 시장 여건이 내 편에서 싸우고 있었다. 두려움 없이 인내하는 건 어려운 일이 아니었다. 투기자는 자신과 자신의 판단을 믿어야 한다. 고인이 된 딕슨 와츠는 뉴욕면화거래소 사장을 역임한데다『예술로서의 투기(Speculation as a Fine Art)』를 저술한 유명한 작가로 이런 말을 했다. "투기자에게 용기란 자신의 결심대로 행동할 수 있는 자신감이다. 나는 증거를 봐야 내가 틀렸다고 믿기 때문에 그 전까지는 틀렸을까봐 두려워하지 않는다. 사실 내 경험을 제대로 이용하지 못하면 마음이 불안해진다. 특정 시기의 시장 상황만으로는 내가 틀렸다고 볼 수 없다. 내 포지션이 옳은지 그른지는 상승세나 하락세의 특성으로 판단할 수 있다. 그 특성만 잘 파악하면 성공한다. 실패한 다면 그건 전적으로 내 실수 탓이다."

TT 주가가 133에서 155까지 상승하는 동안 내가 두려워서 환매 해야 할 만한 특성이 나타나지 않았다. 지금은 주가가 내 예상대로 하락하기 시작했다. 140을 뚫고 하락하자 내부자들이 매수에 나서 주가를 떠받치기 시작했다. 내부자 매수와 동시에 TT 주식 상승 조 짐이 있다는 소문이 돌았다. TT가 엄청난 수익을 올렸고, 정기 배당 금도 당연히 증가할 거라는 소문이었다. 게다가 공매도 잔량이 엄 청나게 많아서 세기의 공매도 쥐어짜기가 발생해 약세론자들이 큰 타격을 입을 거라고 했다. 특히 과하다 싶게 오래 버틴 사람은 더 큰 일이 났다고 했다. TT 내부자들이 주가를 10포인트 끌어올리는 동 안 얼마나 많은 소문을 들었는지 다 말할 수도 없다.

TT의 주가 조작이 특별히 위험해 보이지는 않았다. 하지만 주 가가 149까지 오르자 월가에 떠도는 온갖 주가 상승 소문들이 진실 로 둔갑하도록 놔두는 건 현명하지 못한 처사였다. 하지만 나나 영 향력이 없는 외부자가 뭐라고 해봤자 겁에 질린 공매도자들이나 떠 도는 소문을 듣고 거래하는 팔랑귀 고객들은 꿈쩍하지도 않을 거였 다. 가장 효과적으로 점잖게 대응하는 방법은 주가 시세표에 찍혀 나오는 주가를 보여주는 것이었다. 3만 주를 공매도한 사람의 말은 커녕 살아 있는 사람의 말이라면 아예 믿지 않아도 주가 시세표는 믿기 때문이다. 그래서 나는 스트래턴의 옥수수 매집에 맞서 옥수 수 매도를 유도하려고 귀리를 매도했던 것과 똑같은 전략을 사용했다. 과거의 경험과 기억이 또 한 번 큰 힘을 발휘했다.

TT 내부자들이 공매도자들을 겁주려고 TT 주가를 끌어올렸을 때 나는 매도로 주가 상승을 저지하려고 하지 않았다. 이미 3만 주를 공매도해서 현명한 공매도 물량이라 할 정도로 적절했을 뿐만 아니라 유통 물량 중 큰 비중을 차지했기 때문이었다. 날 잡으려고 던져놓은 올가미에 머리를 들이밀 생각은 없었다. 두 번째 반등은 사실상 다급하게 내미는 미끼와 같았다. TT 주가가 149에 도달했을 때 나는 이쿼토리얼 커머셜 코퍼레이션(Equatorial Commercial Corporation)을 1만 주 정도 공매도했다. 이쿼토리얼 커머셜 코퍼레이션은 트로피컬 트레이딩 지분을 대량 보유한 기업이었다.

이쿼토리얼 커머셜은 TT만큼 활발하게 거래되는 주식이 아니라서 예상대로 내가 공매도하자 주가가 폭락했다. 이렇게 나는 목적한 바를 이루었다. TT의 주가 상승에 발맞춰 이쿼토리얼의 대규모 공매도와 주가 급락이 발생하자 트레이더들과 TT 주가 상승 소문만 듣고 있던 거래소 고객들은 자연스럽게 TT의 주가 상승이 연막에 불과하다고 결론 내렸다. TT 주식을 대량 보유한 이쿼토리얼 커머셜이 내부 지분을 정리하려고 TT 주가 상승을 조작했다고 생각한 것이다. 트로피컬 트레이딩이 초강세를 보이는 상황에서는 내부자가 아니면 그렇게 많은 주식을 공매도할 수 없기 때문이었다. 마침내 트로피컬 트레이딩 매도가 시작됐고 TT 상승세가 꺾였다. 내부자들은 모든 매도 물량을 다 매수하려고 하지 않았다. 주가 하락을 떠받치던 내부자가 사라지자 TT 주식은 하락하기 시작했다. 이제는 트레이더들과 주요 거래소도 이쿼토리얼을 일부 매도했다. 나는 소액의 수익만 챙기고 공매도 물량을 처분했다. 돈을 버는 게 목적이 아니라 TT 주가 상승 저지가 목적이었기 때문이다.

　TT 내부자들과 성실한 홍보부 직원들은 온갖 상승 소문으로 월가를 도배해서 주가를 끌어올리려고 했다. 나는 그때마다 이퀴토리얼 커머셜을 공매도했다가 TT가 조정에 들어가면 환매했다. 그러자 TT 주가 조작 세력의 노력은 수포로 돌아갔다. 마침내 TT 주가는 125까지 하락했고, 공매도 잔량이 크게 늘어서 내부자들은 20이나 25포인트까지 주가를 끌어올릴 수 있었다. 이번에는 지나치게 오랫동안 환매하지 않는 공매도 세력에 정당하게 맞설 수 있었다. 하지만 나는 공매도 포지션을 잃기 싫어서 반등을 예상하고도 환매하지 않았다. 이퀴토리얼 커머셜이 TT와 발맞추어 동반 상승하기 전, 나는 이퀴토리얼 커머셜을 대량 공매도했다. 그러자 예전과 마찬가지로 이퀴토리얼 커머셜 주가가 하락했다. 최근 기록적인 상승세를 보이며 상당히 시끄럽게 떠돌았던 TT 강세 소문은 이렇게 거짓으로 판명되었다.

　시장 전반은 약세로 돌아섰다. 앞서 말했지만 플로리다에서 낚시를 하다가 TT를 공매도하기 시작했던 이유는 시장의 약세를 예상했기 때문이었다. 다른 주식들도 공매도했지만 그중 TT를 가장 선호했다. 마침내 내부자들도 거스를 수 없는 시장 여건이 형성되면서 TT는 썰매를 타고 미끄러지듯 곤두박질쳤다. 몇 년 만에 처음으로 120 아래로 떨어졌고, 110에 이어서 100까지도 뚫고 내려갔다. 그럼에도 나는 환매하지 않았다. 시장이 초약세를 보이던 어느 날, TT는 90 아래로 떨어져 폭삭 주저앉고 말았다. 그제야 나는 환매했다. 이유는 똑같다. 기회가 와서 잡았다. 거래량이 많은데다 약세가 확실했고, 매도자가 매수자보다 많은 시장이었다. 내가 똑똑하다고 자랑하는 소리처럼 들릴지도 모르지만 나는 사실상 최저가에서 TT 3만 주를 환매했다. 바닥에서 환매하려고 작정했던 것은 아니고, 단지 수익을 크게 잃지 않고 현금화하려고 애썼을 뿐이다.

내 포지션이 확실하다고 믿었기 때문에 끝까지 버텼다. 시장의 추세에 맞서거나 기본적인 여건을 거스른 게 아니라 그 반대였다. 시장의 추세를 읽었기 때문에 지나치게 자신만만한 내부자 집단의 실패를 확신했다. 그들의 주가 조작 시도는 예전에도 있었지만 항상 실패했다. 나는 잦은 반등에도 겁먹지 않았다. 반등이 따라오는 건 당연했다. 누구 못지않게 이 사실을 잘 알았다. 더 높은 가격에 다시 공매도하려고 환매하기보다는 끝까지 버티는 게 더 낫다는 사실도 잘 알았다. 내가 옳다고 확신한 포지션을 고수해서 100만 달러가 넘는 수익을 올렸다. 직감이나 주가 시세표 판독 기술, 혹은 고집스러운 용기 덕분이 아니었다. 뛰어난 머리나 배포 덕분도 아니었다. 내 판단을 믿어서 얻은 배당금이었다. 지식이 바로 힘이요, 힘은 거짓말을 두려워하지 않는다. 주가 시세표에 찍혀 나온 거짓말에도 흔들리지 않는다. 거짓말은 재빨리 꼬리를 감추고 사라진다.

그로부터 1년 후, TT는 150까지 상승했다가 2주 동안 그 수준을 유지했다. 전체 시장은 쉬지 않고 상승한 터라 크게 조정 받을 만했는데 더 이상 강세를 보이지 않았다. 내가 이미 시험해봐서 알고 있는 사실이었다. 이제 TT가 속한 동종 업계는 부진한 사업 실적으로 고난을 면치 못하고 있었다. 설령 나머지 시장이 상승세를 보인다 해도 TT 동종 업계 주식의 강세를 점칠만한 거리가 보이지 않았다. 게다가 나머지 시장도 상승장이 아니어서 나는 트로피컬 트레이딩을 팔기 시작했다. 총 1만 주를 공매도하려고 했다. 내가 공매도하자 TT 주가가 하락했다. 가격 하락을 지지해주는 세력도 보이지 않았다. 그때 갑자기 매수세의 특성이 달라졌다.

나는 지지 세력이 들어오는 순간을 감지할 수 있다. 그렇다고 내가 무슨 마법사라도 된다는 소리는 아니다. 어쨌든 도덕적 양심도 없이 주가 상승을 조작했던 TT 내부자들이 자사주를 매수한다는 사실을 알아챈 순간 이런 생각이 들었다. 지금 같은 하락장에서 매수라니 타당한 이유가 있을 거야. TT 내부자들은 무지한 멍청이도 자선 사업가도 아니었고, 장외시장에서 주식을 더 많이 팔려고 주가 상승에 주력하는 은행가들도 아니었다. 나뿐만 아니라 다른 사람들까지 TT 주식을 공매도했는데도 TT 주가가 상승했다. 주가가 153까지 올랐을 때 나는 1만 주를 환매했고 156에서 매수로 돌아섰다.

그때쯤에는 최소 저항선이 위쪽을 향한다고 주가 시세표가 말했기 때문이었다. 나는 전체 시장을 약세로 봤지만 일반적인 투기 이론이 아니라 특정 종목의 거래 여건을 주시했다. TT 주가가 아득히 높은 곳까지 치솟아 200선을 넘었다.

이 해에 이만큼 떠들썩했던 사건은 또 없었다. 내가 공매도 쥐어짜기로 800만, 900만 달러를 잃었다는 보도가 나왔지만 나는 오히려 우쭐해졌다. 그동안 TT를 공매도하는 게 아니라 매수했기 때문이었다. 사실 좀 오래 보유하고 있다가 수익을 다소 깎아 먹었다. 왜 그랬냐고? TT 내부자들이 내가 그 자리에 있었다면 했던 일을 당연히 할 거라고 생각했기 때문이었다. 하지만 그런 생각은 할 필요가 없었다. 내가 할 일은 주식 거래였기 때문에 내 앞에 놓인 사실들만 봐야 했다. 다른 사람들이 뭘 해야 하는지는 생각할 필요가 없었다.

Reminiscences
of a Stock Operator

19장

주가 조작의 역사

누가 언제부터 그랬는지는 모르겠지만 증권거래소에서 대량의 주식을 판매할 때 흔히 사용하는 전략 또한 '조작'이라고 부른다. 그리고 본래 조작이란 매집하려는 주식을 저가에 매수하려고 시장 여건을 바꾸는 것이다. 이 둘은 엄연히 다르다. 불법 행위에 동조하지는 않더라도 몇몇 사람들의 눈에는 불법으로 보일 행동을 완전히 피하기는 어렵다. 강세장에서 주식을 대량으로 매수하는데 어떻게 주가를 끌어올리지 않을 수 있겠는가? 이것이 바로 문제다. 이 문제를 어떻게 풀 수 있을까? 아주 많은 요소가 관련된 문제라서 한 가지의 일반적인 해결책을 제시할 수 없다. 다만 아주 교묘한 조작이 해결책이 될지도 모르겠다. 구체적으로 예를 들 수 있을까? 그건 상황에 따라서 달라진다. 이보다 더 구체적으로 설명할 방법은 없다.

327

나는 내 사업의 모든 측면에 지대한 관심을 갖고 있었다. 물론 나의 경험뿐만 아니라 다른 사람들의 경험에서도 교훈을 얻었다. 하지만 장 마감 이후 중개인 사무실에서 들은 장황한 이야기 속에서 오늘 주가를 조작하는 방법을 찾아내기는 어렵다. 지나간 시절의 수법과 수단, 방편은 대부분 쓸모가 없어지거나 불법적이고 실행 불가능한 것이 되기 때문이다. 증권거래 규칙과 여건은 변하기 마련이다. 대니얼 드루나 제이콥 리틀(Jacob Little), 혹은 제이 굴드(Jay Gould)[1] 가 50년이나 75년 전에 어떠했다는 이야기는 아무리 정확하

---

1   제이 굴드(1836~1892): '월가의 악령'. 주식 매매 사기로 기소되는 등 남을 속여 재산을 불리는 데 아주 능했다. 철도 분야에서는 유니언퍼시픽을 매입하고 운영권을 얻어 1881년까지 미국 철도의 15% 지분을 차지하는 철도 황제로서 군림했다. 1896년 금을 매집하며 '암흑의 금요일'이라 불리는 9월 24일 공황의 원인을 제공했다.

고 구체적이라도 들어볼 가치가 없다. 현재의 주가 조작자는 과거에 그들이 무엇을 어떻게 했는지 고려할 필요가 없다. 미국육군사관학교 사관생도가 탄도학 지식을 쌓기 위해 고대의 궁술을 연구할 필요가 없는 것처럼.

반면 인간의 본성을 분석하는 것은 도움이 된다. 인간은 기분 좋아지는 것은 아주 쉽게 믿어버린다. 게다가 탐욕에는 또 얼마나 쉽게 사로잡히는지, 혹은 보통 인간의 경솔함에 돈으로 대가를 치르는 경우가 얼마나 잦은지 그러한 약점을 알면서도 방관한다. 아니 오히려 그렇게 하라고 부추긴다. 두려움과 희망이라는 인간 심리의 속성은 달라지지 않았다. 그러므로 투기자의 심리 연구는 여전히 가치가 높다. 뉴욕증권거래소는 전쟁터와 마찬가지로 무기는 달라지지만 전략은 변함이 없다. 토머스 우드록(Thomas F. Woodlock)[2]은 이러한 진리를 아주 명쾌하게 요약해서 이렇게 말했다. "주식 투기의 성공 원칙은 사람들이 과거에 저질렀던 실수를 앞으로도 저지른다는 전제하에 수립된다."

호황기에는 일반 대중이 주식시장에 많이 참여하기 때문에 교묘한 술수를 부릴 필요가 없다. 조작인지 투기인지 하는 논의도 의미 없는 시간 낭비에 불과하다. 마치 길 건너편 지붕 위에 떨어지는 수많은 빗방울을 하나하나 구분해내려는 것과 같다. 호구는 언제나 공짜로 뭔가를 얻으려고 한다. 호황이 닥치기만 하면 탐욕에 자

---

2 토머스 우드록(1866~1945): 런던증권거래소 회원이었던 우드록은 미국으로 이주한 이후 뉴욕증권거래소에서 근무했다. 뉴욕증권거래소에서 근무하는 동안은 찰스 다우와 같이 일하기도 했다. 찰스 다우가 세상을 떠난 뒤 임시로 《WSJ》 편집을 진행하다가 정식 편집자로 임명되었다. 주간통상위원회(Interstate Commerce Commission) 위원으로도 활동했다.

극 받은 도박 본능이 깨어나 넘쳐나는 번영을 먹어치우며 쑥쑥 자라난다. 쉽게 돈 벌 방법을 찾는 사람들은 이 추악한 지구에 쉬운 돈은 없다는 것을 친히 증명하는 특권을 누린다. 특권의 대가는 결코 피할 수 없다. 옛 시절의 거래와 수법이 어떠했는지 처음 들었을 때는 1900년대 사람들보다 1860, 1870년대 사람들이 잘 속아 넘어가서 그런 일이 많았던 것이라 생각했다. 하지만 바로 그 날인가 그다음 날인가 신문에서 '폰지사기(Ponzi Scheme)'[3] 소식이나 불법 중개인 일망타진 소식 등 호구들의 수백만 달러가 대다수의 저축금 대열에 들어가며 조용히 사라졌다는 소식을 읽었다.

내가 뉴욕에 처음 도착했을 당시에는 증권거래소에서 금지된 가장매매(한 사람이 동일한 종목의 매도와 매수 주문을 동시에 넣는 행위-옮긴이)나 담합매매(두 명 이상이 사전에 합의하여 한 명이 매도하면 다른 사람이 매수하는 행위-옮긴이)로 시끄러웠다. 가끔은 가장매매가 너무 어설퍼서 아무도 속아 넘어가지 않았다. 중개인들은 누군가가 주식을 세탁하려고 가장매매를 할 때마다 서슴없이 이렇게 말했다. "아주 바쁘게 세탁하네." 앞서 말했던 '사설거래소의 한탕 털기'도 몇 번이나 했다. 이는 주가 시세표상의 가격을 끌어내리기 위해 주식을 2, 3포인트 낮은 가격에 매도해서 주식을 매수한 수많은 소액 투자자들을 파산시키는 수작이었다. 담합매매는 중개인들끼리 손발을 맞추기가 어려워서 어딘가가 틀어질까 항상 불안했다. 이 모든 방식은 증권거래

---

3   폰지사기. 신규 투자자를 모집하여 돈을 모으고 그 돈을 기존 투자자에게 이자나 배당으로 지급하는 다단계 금융 사기 방법이다. 투자 명목으로 받은 총금액에서 투자자에게 지급한 배당금을 제외한 나머지 돈을 빼돌리는 수법이다. 1920년 미국의 찰스 폰지가 국제우편 쿠폰을 가지고 일을 벌였던 것에서 이름을 따왔다.

소 규정에 어긋나는 것이었다. 몇 년 전에 한 유명한 트레이더가 담합매매를 하면서 매도 주문을 취소해놓고 매수 주문을 취소하지 않았다. 그 바람에 몇 분 만에 주가가 25포인트 정도 상승했다. 하지만 매수가 중단되자마자 주가는 상승할 때만큼이나 빠르게 하락했다. 원래는 거래가 활발한 주식인 것처럼 꾸미려고 담합매매를 시도한 것이었다. 믿을 수 없는 무기를 휘두른 결과는 처참했다. 이런 거래는 본인의 우수한 중개인들에게 솔직하게 털어놓을 수 없다. 괜히 그들까지 연루되었다가는 뉴욕증권거래소 회원으로 남지도 못할 테니 말이다. 또한 허위 거래를 비롯한 모든 거래에 세금이 붙기 때문에 비용 부담이 예전보다 훨씬 커졌다.

조작의 사전적 정의에 따르면 매집도 조작이다. 매집은 조작이나 경쟁적 매수로 발생할 수 있다. 예컨대 1901년 5월 9일에 노던퍼시픽 매집이 있었지만 조작은 절대 아니었다. 스투츠(Stutz) 매집 사건에서는 관련자들이 돈과 명예를 잃는 비싼 대가를 치렀다. 하지만 이 또한 고의적인 조작은 아니었다.

사실 대량 매집 주도자가 큰돈을 버는 경우는 별로 없었다. 코모도어 밴더빌트("Commodore" Cornelius Vanderbilt)[4]가 할렘철도(Harlem)주식을 매집해서 큰돈을 벌기는 했다. 하지만 그는 대규모 공매도 세력과 부정적인 입법가들, 배신할 궁리만 하는 시의회 의원들과 대적해 수백만 달러를 벌 자격이 있었다. 한편 제이 굴드는 노스웨스

---

4   코르넬리우스 밴더빌트(1794~1877): 철도왕. 해운산업과 철도산업으로 재산을 축적한 미국 역사상 가장 부유한 사람 중 한 명이다. 뉴욕 그랜드 센트럴역을 세웠다. 현재는 불법으로 분류된 주식 매집을 처음으로 시도했고 권력을 이용하여 법망을 피하기도 했다. 1억 달러의 자산을 모은 것으로 알려져 있다. '코모도어(제독)'는 그의 별명이다.

턴을 매집했다가 손실을 입었다. '집사' 화이트는 래커와너를 매집해 100만 달러를 벌었고, 짐 킨은 한니발 앤드 세인트조(Hannibal&St. Joe) 거래에서 100만 달러를 잃었다. 매집으로 한몫 잡으려면 지속적으로 매수한 보유 물량을 매수 단가보다 높은 가격에 팔아야 한다. 공매도 잔량도 상당히 많아야 일이 수월하게 진행된다.

*

반세기 전 거물급 트레이더들은 왜 그렇게 매집을 좋아했을까? 능력 있고 경험 많고 정신상태 또렷한 사람들이라 동료 트레이더들의 자선을 기대할 정도로 순진하지도 않았는데 말이다. 그런데도 놀랄 정도로 자주 쓴맛을 보았다. 현명하고 나이 지긋한 중개인은 1860, 1870년대 거물들이 매집에 성공해서 돈을 벌려는 야망을 품었다고 했다. 대부분은 허영심을 채우려고 매집에 열을 올렸다. 하지만 복수심에 타올라 매집하는 경우도 있었다. 이유야 어쨌든 매집에 성공하면 영리하고 대담하고 돈 많다는 명성을 얻었다. 이렇다 보니 거들먹거릴 만도 했다. 동료들의 칭찬도 당연하다는 듯 받아들였다. 돈 한 가지만 보고 매집에 열과 성을 다하지는 않았다. 냉철한 트레이더들도 허영심을 채우려고 매집에 뛰어들었다.

당시에는 서로 먹고 먹히는 일을 아주 편하게 즐겼다. 나도 공매도했다가 주가 상승으로 궁지에 몰린 적이 여러 번이었다. 이때 위기를 모면할 수 있었던 것은 신비스러운 주가 시세표 판독 능력 덕분이 아니라 매수 특성을 보고 공매도하기 적절하지 못한 시점임을 파악했기 때문이다. 나는 상식적인 시험 거래를 통해 그러한 시기를 파악했는데 예전에도 그렇게 했던 사람이 있었던 모양이다. 대니얼 드루는 공매도 쥐어짜기로 이리철도 공매도자들을 곤경에 몰아넣기 일쑤였는데 코모도어 밴더빌트의 공매도 쥐어짜기에 당한 적도 있었다. 이때 드루가 자비를 간청하자 코모도어는 약세장(bear market)에서 활약하는 공매도꾼이라 '큰곰(The Great Bear)'으로 불리던 드루 본인이 남긴 불후의 명언으로 답했다.

"자기 것이 아닌 것을 팔면 반드시 되사야 한다. 아니면 감옥에 가는 수밖에 없다."

대니얼 드루는 한 세대 이상 활약했던 거물 트레이더였지만 월가에서는 별로 기억되지 않는 인물이다. 그나마 그가 남긴 불후의 기법 중 최고는 '주식에 물타기(매수 단가를 낮추려고 계속 매수하는 오늘날의 물타기와 다르다. 소에 물을 먹여 체중을 불린 것처럼 자사주를 공매도한 후 신주를 발행해 비싼 가격에 팔아치우는 수법을 말한다-옮긴이)' 작전이다.

한편 애디슨 제롬(Addison G. Jerome)은 1863년 봄에 장외시장의 제왕으로 군림했다. 그가 주는 정보는 현금이나 마찬가지라고 했다. 어디로 보나 제롬은 뛰어난 트레이더였고 수백만 달러를 벌었다. 게다가 인심이 후하다 못해 넘쳐흘렀기에 월가에는 그를 따르는 추종자들이 많았다. 하지만 올드서던(Old Southern)철도를 매집했다가 '침묵의 사나이'로 유명한 헨리 킵(Henry Keep)[5]에게 당해 수백

---

5 헨리 킵(1818~1869): 자신의 계획에 대해 말해주지 않아서 '침묵의 사나이'로 불렸다. 약속어음을 저렴하게 구입하고 어음 가치가 더 높은 곳으로 가서 교환하는 어음 투기로 돈을 불렸다. 미국 남북전쟁 시기 철도 주식에 투자하여 큰돈을 벌었다. 록우드컴퍼니 공동설립자인 르그랑 록우드(LeGrand Lockwood)와 파트너십을 맺고 미시건남부북부인디애나 철도 주식을 조작하여 낮은 가격에 대량 구매한 뒤 회사 지배권을 얻었다. 당시 회사 주식을 장악하고 있던 애디슨 제롬을 파산시키며 지배력을 넓혔다.

만 달러를 잃었다. 킵은 로즈웰 플라워(Roswell P. Flower)[6] 주지사와 형님, 동서하는 사이였다.

예전에는 다양한 방법으로 공매도를 유도해 놓고 아무도 모르게 매집에 들어갔다. 일반 대중은 공매도를 좋게 생각하지 않기 때문에 주로 매집자의 동료 트레이더들이 피해를 입었다. 현명한 트레이더들이 공매도하는 이유는 오늘날과 다르지 않다. 코모도어가 할렘을 매집했을 때 정치인들이 배신하고 공매도했다는 이야기 기억하는가? 그때 전문 트레이더들은 주가가 너무 높아서 할렘을 공매도했다. 할렘이 그렇게 높은 가격에 팔린 적이 없었기 때문에 주가가 많이 올랐다고 생각했고 그래서 매수하지 않고 매도한 것이었다. 상당히 현대적인 생각이었다. 트레이더들은 주가를 고려했고, 코모도어는 가치를 고려했다! 그 이후 몇 년 동안 지독하게 가난한 사람을 보면 "할렘을 공매도했군!"이라고 빗대어 말했다고 한다.

오래전에 제이 굴드 밑에서 오랫동안 일했던 중개인한테서 이런 이야기를 들었다. 이 중개인은 굴드가 진짜 남다른 사람이라면서 운을 뗐다. 굴드는 바로 대니얼 드루가 벌벌 떨면서 말했던 "죽음의 손!"의 주인이었다. 그 정도로 주가 조작 분야에서는 현재와 과거를 통틀어 따라올 자가 없었다. 굴드가 무엇을 하든 하는 족족 성공했으니 금융계의 마법사가 분명했다. 의심의 여지가 없는 사실이었다. 지금의 시각에서 봐도 굴드는 새로운 환경에 놀랍도록 능숙하

333

---

6 로즈웰 플라워(1835~1899): 미국 정치인. 1892~1894년까지 30대 뉴욕주지사를 지냈다. 주지사 임기 동안 투자자로 명성을 얻었다. 덕분에 월스트리스의 관심을 끌었고 시장 심리에 영향을 미쳐 주가를 움직이기도 했다.

게 적응했는데 이 능력은 트레이더에게는 아주 귀중한 자산이었다. 게다가 공격과 방어 수법들을 서슴없이 바꿔 사용했다. 주식 투기보다는 자산 조작에 관심이 많았기 때문이다. 굴드의 시장 조작 목적은 장세 전환이 아니라 투자였다. 그는 일찍부터 증권거래소에서 주가를 조작하는 것보다 철도 주식을 소유하면 크게 한몫 잡을 수 있다고 생각했다. 물론 주식시장도 이용했다. 아마도 손쉽고 빠르게 큰돈을 벌 수 있어서 그랬던 것 같다. 은행에서 대출해준 자금보다 2000만에서 3000만 달러가 더 필요해서 항상 돈에 쪼들렸던 콜리스 헌팅턴(Collis P. Huntington)[7]처럼 굴드도 많은 돈이 필요했다. 앞날이 빤히 보이는데 돈이 없으면 속이 타들어 가기 마련이다. 하지만 돈이 있으면 성공이 보장된다. 성공하면 힘이 생기고, 힘이 생기면 돈이 들어온다. 무한반복이다.

거물들만 주가 조작을 하는 것은 아니었다. 소규모 주가 조작 세력도 여럿 있었다. 나이 많은 한 중개인은 1860년대 초반의 풍습과 윤리 의식에 대해 이렇게 설명했다.

"월가를 처음 방문했을 때가 제일 먼저 생각나는군. 아버지가 월가에 갈 일이 있었는데 무슨 이유에서인지 나도 데려갔어. 우리는 브로드웨이(Broadway)를 따라가다가 월가로 들어섰지. 거기서 브로드, 아니 나소가(Nassau Street)까지 가서는 현재의 뱅커스 트러스트 컴퍼니(Bankers' Trust Company)가 있는 모퉁이에 도착했어. 그때 두 남

334

---

7   콜리스 헌팅턴(1821~1900): 철도 거물. 최초로 미국 동부와 서부 대륙을 횡단한 센트럴퍼시픽 철도 건설에 투자했던 사람 중 하나이며 서던퍼시픽 설립에도 참여했다. 최초의 기관차 C.P. 헌팅턴이 그의 이름에서 유래됐다. 미국 웨스트버지니아주 제2의 도시 헌팅턴 또한 서쪽에 기차 종착역을 세우기 위해 개발되면서 그의 이름을 따서 지어졌다.

자를 따라가는 사람들이 보이더라고. 맨 앞의 남자는 동쪽으로 걸어가고 있었는데 무심한 표정이었어. 얼굴이 불그스름한 남자가 그 뒤를 따라가면서 한 손에 모자를 들고 흔들어댔지. 다른 한 손은 주먹 쥔 채 허공에 휘둘러댔고. 그러면서 힘차게 소리를 지르는 거야. '샤일록(Shylock)! 샤일록! 얼마를 주면 돼? 샤일록! 샤일록!' 건물 창밖으로 고개를 내미는 사람들이 보였어. 당시에는 고층빌딩이 없었으니 2, 3층 건물에서 고개를 쑥 내밀었지. 아버지가 누군가에게 무슨 일인지 물어봤지만 나는 답을 제대로 듣지 못했어. 소란스러운 사이에 아버지랑 헤어질까봐 손잡는 데만 집중했거든. 사람들이 점점 몰려들어서 불안했어. 나소가, 브로드가, 월가 동쪽과 서쪽에서 미친 듯이 화난 눈빛의 사람들이 달려오는 거야. 그 난리 통에서 빠져나왔을 때 아버지가 '샤일록!'이라고 『베니스의 상인』의 등장인물 이름을 불러댔던 남자 이야기를 해줬어. 그 남자 이름은 잊어버렸는데 주식 거래 분야에서 뉴욕 최고의 거물이고, 제이콥 리틀을 빼면 그 사람만큼 많은 돈을 벌기도 하고 잃기도 했던 거물은 없다고 하셨지. 제이콥 리틀이라는 이름은 생생하게 기억나. 좀 웃긴 이름 같았거든. 샤일록이라 불린 다른 남자는 돈을 꽉 움켜쥐고 놓지 않는 사람으로 악명이 높았어. 이름은 전혀 기억 안 나. 키가 크고 마른데다 창백한 남자였어. 당시에 샤일록 같은 사람들은 돈을 빌려서 묶어놓거나 증권거래소 차용자들에게 들어가는 돈을 줄여서 자금을 묶었어. 차용계약서를 쓰고 확인증도 받았지만 실제로는 돈을 빌려 쓰지도 않았지. 다 꾸며낸 짓이었어. 일종의 조작이었던 것 같아."

내 생각도 그렇다. 요즘에는 없는 주가 조작의 일종이었다.

20장

투기자가 주식의 시장성을 높이는 방법

*

　여전히 월가에서 언급될 정도로 대단한 주가 조작자들을 한 명도 만나보지 못했다. 지도자가 아니라 주가 조작자말이다. 유명한 주자 조작자들은 모두 이전 세대에서 활약했다. 다만 내가 뉴욕에 처음 도착했을 때는 제임스 킨이 최고의 주가 조작자로 이름을 날리고 있었다. 하지만 당시에 나는 아직 새파란 햇병아리였다. 고향의 사설거래소에서 거두었던 성공을 명망 높은 거래소에서도 재현해 보겠다는 생각밖에 없었다. 그때 킨은 U.S.스틸 주식 거래로 정신이 없었다. U.S.스틸 거래는 킨의 조작 작전 중에서도 최고의 작품이었다. 나는 조작 경험이 전혀 없었고, 그에 관한 지식이나 가치, 의미도 전혀 몰랐다. 사실 알 필요도 없다고 생각했다. '조작'이란 겉만 거창할 뿐, 내가 사설거래소에서 당했던 저속한 속임수나 다름없다고 생각했기 때문이다. 조작에 관해서 들은 이야기들은 대부분 추측과 의혹으로 점철되어 있었다. 지적인 분석이라기보다는 추론에 불과했다.

　월가에서 가장 대담하고 뛰어난 트레이더는 킨이라고 말하는 사람들이 많았다. 뛰어난 트레이더들을 제치고 그런 소리를 들었으니 대단한 사람임이 분명했다. 당시에 대단하다고 칭송받았던 트레이더들은 모두 기억 속으로 사라졌지만 전성기 시절에는 다들 단 하루뿐이더라도 제왕으로 군림했다. 이들은 주가 시세표 덕분에 무명의 그늘에서 찬란한 태양 아래로 걸어 나와 금융계에서 명성을 날렸다. 하지만 그들이 역사적 인물로 남을 때까지 버텨주기에는 그 작은 종이테이프가 너무 약했던 모양이다. 하지만 킨은 전성기 시절에 최고의 주가 조작자였고, 흥미진진한 그의 전성기는 상당히 오랫동안 지속되었다.

한때 킨은 주식시장에 관한 지식과 트레이더로 쌓아 올린 경험에다 자신의 재능까지 헤이브마이어 형제들에게 제공했다. 헤이브마이어 형제들은 킨이 설탕 주식을 팔아주기를 바랐다. 당시에 킨이 파산 상태만 아니었다면 계속 혼자서 거래했을 것이다. 여하튼 킨은 대단한 실력자였다! 설탕을 잘 팔리는 인기주로 만드는 데 성공했다. 그 이후에도 작전 세력을 맡아달라는 요청을 수차례 받았다. 킨은 작전 세력을 운영하면서도 대가를 요구하거나 받은 적이 없었다. 다른 구성원들과 마찬가지로 자기 몫의 지분을 받았을 뿐이었다. 주식을 요리하는 문제는 전적으로 킨이 담당했다. 간혹 배신자가 있다는 소문이 들렸다. 킨은 휘트니-라이언(Whitney-Ryan)과도 그런 소문 때문에 틀어졌다. 주가 조작자는 동료들에게 오해 받기 쉽다. 자신의 요구가 의도한 대로 받아들여지지 않기 때문이다. 나도 경험해봐서 잘 안다.

유감스럽게도 킨은 1901년 봄에 U.S. 스틸을 성공적으로 조작한 공적을 정확하게 기록해두지 않았다. 킨은 J.P. 모건과 그에 관하여 이야기한 적이 없었다. 모건은 모건의 회사를 통하거나 탤벗 테일러(Talbot J. Taylor&Co.)사를 통해 거래했는데, 탤벗 테일러사에 킨의 사무실이 있었다. 탤벗 테일러(Talbot Taylor)는 킨의 사위였다. 킨은 자기 일을 즐겼던 게 분명했다. 킨이 그해 봄에 인기주로 만들었던 주식을 거래해서 수백만 달러를 번 일화는 아주 잘 알려져 있다. 킨은 내 친구에게 증권인수단을 도우려고 공개시장에서 75만 주 이상을 몇 주 만에 팔아치웠다고 말했다. U.S. 스틸은 당시 미국의 부채 총액보다 자본금이 큰 검증되지 않은 신주였다. 게다가 대니얼 리드와 윌리엄 리즈, 무어 형제, 헨리 핍스, 프릭 그 밖에 다른 철강업계 거물들도 킨이 만들어놓은 시장에서 수십만 주를 일반 대중에게 매도했다. 이 두 가지 사실을 감안한다면 킨이 해낸 것이 그다지 나쁜 결과는 아니었다.

전반적인 시장 여건은 킨에게 호의적인 편이었다. 실제 사업 상황과 사람들의 감정 상태, 킨 자신의 무한한 자금력은 그에게 성공을 안겨주었다. 당시 시장은 초강세장일뿐만 아니라 엄청난 호황을 누리고 있었고, 대중의 심리도 다시 찾아보기 힘들 정도로 우호적이었다. 시장에서 받아 주지 못한 주식들 때문에 공황이 찾아온 것은 그 이후였다. 킨은 1901년에 스틸 보통주 주가를 55까지 끌어올렸지만 그 이후 주가는 1903년에 10, 1904년에 8.875까지 하락했다.

킨의 이러한 주가 조작 작전은 분석할 수가 없다. 그가 남긴 책도 없고, 자세한 기록도 없기 때문이다. 그나마 킨이 아말가메이티드 코퍼(Amalgamated Copper)를 요리했던 흥미진진한 과정은 살펴볼 수 있다. 헨리 로저스와 윌리엄 록펠러는 남아도는 주식을 매도하려다가 실패했다. 결국은 킨에게 팔아달라고 부탁했고, 킨은 흔쾌히 수락했다. 로저스와 록펠러가 누구인가. 로저스는 월가 최고의 사업가였고, 록펠러는 스탠더드오일 제국에서 가장 대담한 투기자였다. 이 두 사람은 사실상 무한한 자원을 보유했고, 주식시장에서 쌓은 오랜 경험의 세월만큼이나 대단한 명성의 소유자였다. 그럼에도 킨을 찾아갔다. 전문가가 처리해야 하는 일이 있다는 사실을 나만큼이나 잘 알기 때문이었다. 미국 최고의 자본가들이 후원하는 널리 알려진 주식은 돈과 명성을 크게 잃을 각오를 하지 않는 한 팔 수 없었다. 로저스와 록펠러는 자신들을 도와줄 수 있는 사람은 킨

뿐이라는 현명한 결론을 내렸다.

킨은 즉각 일을 시작했다. 강세장에서 아말가메이티드 코퍼 22만 주를 100 정도에서 매도했다. 킨이 내부자 보유 물량을 모두 팔고 난 후에도 일반 대중의 매수가 이어져 주가가 10포인트 상승했다. 내부자들은 대중의 거센 매수세를 보고는 자기들이 주식을 팔아놓고도 주가가 오를 거라고 예상했다. 로저스도 킨에게 아말가메이티드를 매수하라고 충고했다는 이야기가 있다. 로저스가 킨에게 물량을 떠넘기려고 그런 소리를 했을 리는 없다. 킨이 그런 수에 당하고 훌쩍거릴 사람이 아니라는 걸 모를 정도로 멍청하지 않았으니까. 킨은 항상 하던 대로 작업했다. 대폭 상승 이후 하락세에 대량 매도한 것이다. 물론 전략을 실행하기 위한 구체적인 전술은 킨 자신의 필요와 그날그날 달라지는 미미한 흐름에 맞추어 수시로 바꾸었다. 주식시장에서는 전쟁터와 마찬가지로 전략과 전술이 다르다는 사실을 명심해야 한다.

킨과 친밀한 사람 중에 내가 아는 최고의 플라이 낚시꾼이 있다. 얼마 전에 그 사람한테서 이런 이야기를 들었다. 킨이 아말가메이티드 주식을 조작하다가 어느 날인가 보유 물량을 다 팔아버렸다는 사실을 깨달았다. 주가를 끌어올려야 하는데 물량이 수중에 하나도 없었던 것이다. 킨은 바로 다음 날 수천 주를 매수했고, 그 다음 날에는 모두 팔아버렸다. 그러고는 시장을 완전히 떠나 시장이 어떻게 움직이는지 지켜보면서 상황이 자연스럽게 정리될 때까지 기다렸다. 킨은 보유 물량을 매도할 때 내가 말했던 방식으로 했다. 하락장에서 매도한 것이다. 하락장에서는 일반 대중이 항상 반등을 기대하며 매수하고, 공매도자들은 환매에 나서기 때문에 매도 물량을 충분히 소화할 수 있다. 이 거래 당시에 킨과 가까웠던 사람한테 들었는데 킨이 로저스와 록펠러의 보유 물량을 팔아서 2000만에서 2500만 달러 정도를 현금으로 챙겨줬을 때 로저스가 수고비로 20만 달러짜리 수표를 보냈다고 한다. 메트로폴리탄 오페라 하우스(Metropolitan Opera House)에서 10만 달러짜리 진주 목걸이를 찾아준 청소부에게 고맙다며 사례금 50센트를 줬다는 어느 백만장자의 아내가 떠올랐다. 킨은 자신은 주식 중개인이 아니라 돈을 받을 수 없고 그저 돕고 싶어서 기쁘게 일했다는 편지를 정중하게 써서 수표와 함께 보냈다. 그러자 수표를 잘 받았다면서 다음에도 함께 일하고 싶다는 답장이 왔다. 그 직후 로저스는 킨에게 아말가메이티드를 130 정도에 매수하라는 정보를 친절하게 전해주었다.

제임스 킨. 참으로 대단한 트레이더다! 킨의 개인 비서는 킨이 특이하게도 시장이 뜻대로 움직일 때 화를 잘 냈다고 했다. 킨을 잘 아는 사람들은 킨이 화가 나서 내뱉는 냉소적인 말들이 마음에 콕콕 박혀 오랫동안 사라지지 않았다고 했다. 그런데 돈을 잃을 때 킨은 더없이 재미있고 정중하고 호의적인데다 재치 있는 말도 신나게 늘어놓았다.

킨의 마인드는 성공한 투기자 중에서도 최고였다. 주가 시세표에 반박하는 일은 절대 없었다. 두려움도 없을뿐더러 무모하게 행동하지도 않았다. 자신이 틀렸다 싶으면 순식간에 진로를 수정할 수 있었고, 실제로도 그렇게 했다.

킨의 전성기 이후로 증권거래소 규칙들이 많이 달라졌다. 기존의 규칙들도 더욱 엄격하게 적용되었고, 주식 거래와 수익금에 붙은 세금도 많아졌다. 그 밖에도 많은 것이 달라져서 주식 투기라는 게임도 달라져야 했다. 킨이 능숙하게 사용해서 수익을 올렸던 방법들은 더 이상 써먹을 수 없다. 월가의 기업 윤리 또한 크게 향상되었다. 그럼에도 금융 역사상 최고의 주가 조작자는 킨이라고 말할 수 있다. 킨은 위대한 주식 트레이더이자 주식 투기라는 게임을 바닥부터 낱낱이 파악하고 있는 사람이었으니 말이다. 당시 상황이 허락해주었기에 그 모든 일을 해낼 수 있었지만 킨은 1901년이나 1876년이 아니라 1922년에 활약했더라도 능히 성공을 거두었을 것이다. 킨은 캘리포니아에서 뉴욕으로 온 지 2년 만에 900만 달러를 벌었다. 이런 사람들은 세상 사람들이 어떻게 변하든 앞장서 갈 수밖에 없다. 사실 생각만큼 그렇게 급진전인 변화가 일어나지는 않았다. 더 이상 개척자가 나올 업계가 아니라 보상도 그렇게 크지 않았다. 개척자가 큰돈을 버는 시대는 지나갔다. 하지만 어떤 면에서는 주가 조작이 훨씬 쉬워졌다. 또 다른 면에서 킨의 전성기 시절보다 더욱 어려워지기도 했다.

홍보는 기술이요, 조작은 주가 시세표를 이용한 홍보 기술이다. 이는 의심할 여지가 없는 사실이다. 주가 조작자는 사람들에게 들려주고 싶은 이야기를 주가 시세표에 찍어내야 한다. 그 이야기가 그럴듯하게 들릴수록 설득력이 커지고 홍보 효과도 높아진다. 오늘날의 주가 조작자는 주식이 강세를 타는 것처럼 꾸며야 할 뿐만 아니라 실제로 주식의 강세를 이끌어 내야 한다. 그러므로 조작을 하더라도 건전한 거래 원칙을 지켜야 한다. 킨이 바로 그렇게 행동한 위대한 주가 조작자였다. 킨은 처음부터 최정상급 트레이더였다.

*

'조작'이라는 말이 다소 귀에 거슬리는 만큼 다른 명칭이 필요한 것 같다. 대량 매도 과정 그 자체는 뭔가 수상하거나 부정적인 게 아니다. 사실 왜곡이 동반된 작전이라면 사정이 달라지겠지만 말이다. 주가 조작자는 언제나 투기자 중에서 매수자를 물색한다. 일상적 수준의 위험보다 더 큰 위험을 감수하고서라도 대박을 노리는 사람들을 목표로 삼는다. 그런 사람들은 동정할 가치도 없다고 생각한다. 자기가 무슨 짓을 하는지 알면서도 손쉽게 돈을 벌지 못하면 남 탓만 하는 사람들이다. 그래놓고는 자기가 이기면 자기보다 똑똑한 사람이 없다고 으스댄다. 자기가 돈을 잃으면 사기꾼에게 속았다느니, 주가 조작자에게 당했다느니 하고 떠들어댄다! 이런 상황에서 이런 사람들의 입에 오르내리는 '조작'은 표시된 카드를 갖고 도박을 한다는 의미 같지만 실상은 그렇지 않다.

조작의 원래 목적은 주식의 시장성을 높이는 것이다. 다시 말해 상당량의 주식을 어느 정도 가격에 언제든지 팔 수 있도록 만드는 것이다. 일반적인 시장 여건이 뒤바뀌면서 큰 희생을 치르지 않고 주식을 팔 수 없을 때도 물론 있다. 그때는 전문가를 고용하기도 한다. 전문가의 기술과 경험을 빌려서 처참한 패배를 모면하고 질서 정연하게 후퇴할 수 있다고 믿기 때문이다.

지금쯤이면 눈치챘겠지만 가능한 낮은 가격에 주식을 매집해 경영권을 얻으려고 주가를 조작하는 사례는 여기서 언급하지 않는다. 요즘에는 그런 일이 별로 없기 때문이다.

제이 굴드가 웨스턴유니언을 장악하려고 그 회사 주식을 대량 매수하려고 했던 적이 있다. 그때 몇 년 동안 증권거래소에 나타나

343

지 않았던 워싱턴 코너(Washington E. Connor)가 난데없이 등장해 웨스턴유니언을 매수했다. 다른 트레이더들은 누굴 뭐로 보고 그런 어리석은 짓을 하는지 모르겠다고 비웃었다. 그러면서 코너가 사고 싶어 하는 주식을 신이 나서 넘겨주었다. 마치 굴드가 웨스턴유니언을 사고 싶어 하는 것처럼 행세해서 주가를 끌어올리려고 하다니 너무 어설픈 수작이었다. 이게 조작일까? 나는 이렇게 답할 수밖에 없을 것 같다. "아니기도 하고, 맞기도 하다!"

앞서도 말했지만 조작의 목적은 대부분 최고가에 주식을 파는 것이다. 조작은 매도가 아니라 분배의 문제다. 주식이 단 한 명보다는 1,000명에게 돌아가는 편이 여러모로 좋고, 시장에도 훨씬 좋다. 그러므로 주가 조작자는 주식의 판매가격만이 아니라 분배의 문제도 고려해야 한다.

판매가격을 너무 높게 끌어올려서 후에 당신의 수중에서 주식을 살 사람들을 유치하지 못한다면 아무 소용이 없다. 미숙한 주가 조작자들이 정점에서 매도하려다 실패하면 지혜로운 노(老) 선배들은 이렇게 말한다. '말을 물가로 끌고 갈 순 있어도 물을 먹일 수는 없다' 정말 맞는 말이다. 주가 조작의 원칙을 잘 기억해둬야 한다. 킨과 그보다 앞선 세대의 유능한 사람들이 잘 알고 있었던 원칙이다. "주식은 가능한 최고가로 끌어올리고 하락세에 대중에게 매도한다."

처음부터 순서대로 설명하자면 이렇다. 인수단이나 작전 세력, 혹은 개인이 가능한 최고가에 주식을 팔고 싶어 한다고 가정해보자. 이 주식은 적절한 절차에 따라 뉴욕증권거래소에 상장되어 있고, 공개시장에서 일반 대중에게 파는 것이 가장 좋다. 이러한 주식 판매 작전은 한 사람이 책임지고 진행한다. 그런데 이 책임자나 이 사람의 현재 혹은 옛날 동료가 증권거래소에서 그 주식을 팔려다가 실패했다. 이 사람은 주식시장의 작전들을 적지 않게 경험했거나 머지않아 경험해볼 게 분명하다. 그러다 결국은 자기보다 더욱 뛰어난 경험과 작전 능력을 갖춘 사람이 필요하다는 사실을 깨닫는다. 그와 비슷한 거래를 성공적으로 성사시켰다고 들었거나 개인적으로 아는 사람을 떠올리고는 그런 사람들의 전문 기술을 이용하기로 마음먹는다. 그러고는 몸이 아파서 의사를 찾거나 전문 기술이 필요해서 전문기술자를 찾듯이 주가 조작 전문가를 찾아 나선다.

그러다가 주식 투기를 잘 안다는 내 소문을 들었다고 치자. 아마 그 사람은 나에 관한 모든 사실을 알아내려고 할 것이다. 그러고는 만남을 요청하고 약속된 시간에 내 사무실을 찾아온다.

내가 이미 그 주식과 회사에 대해 잘 알고 있을 수도 있다. 그런 정보가 내 밥벌이 수단이니 말이다. 나를 찾아온 사람은 자신과 동료들이 무엇을 원하는지 설명하고 내게 일을 맡아달라고 한다.

이제는 내가 이야기를 꺼낸다. 무슨 일을 해야 하는지 정확하게 파악하려고 필요하다 싶은 정보를 모두 요청한다. 주식의 가치와 시장성을 가늠해본다. 거기다가 현재 시장 여건을 고려하면 상대가 제시하는 작전의 성공 가능성을 점치기가 쉬워진다.

계산한 결과가 괜찮겠다 싶으면 제안을 받아들이고 내가 원하는 조건을 제시한다. 상대가 사례비와 그 밖에 다른 조건들을 수락하면 즉시 일을 시작한다.

보통은 정해진 가격에 주식을 매수할 수 있는 콜옵션을 요구해서 받아낸다. 이때 모든 관련자에게 공평하게 주가 변동에 따라 점

진적으로 행사가격을 올려달라고 한다. 이런 조건 아래에서 첫 행사가격은 시장가보다 약간 낮지만 점차 올라간다. 예컨대 시장가가 40인 주식 10만 주에 대한 콜옵션을 받았다고 해보자. 이때 처음 몇 천 주는 행사가격 35에 매수한다. 하지만 그다음부터는 37에서 40, 45, 50까지 올리고, 급기야는 75에서 80까지 끌어올린다.

나의 전문적인 주가 조작 솜씨 덕분에 주가가 상승하고, 정점에서 주식 매수 수요가 상당히 커진다면 어떨까? 나는 콜옵션을 행사해 매수했던 주식의 상당량을 매도할 수 있다. 그렇게 돈을 버는 것이다. 나뿐만 아니라 내 고객들도 돈을 번다. 이것이 바람직한 결과다. 내 실력을 믿고 돈을 지불한 만큼 내 고객들도 가져가는 게 있어야 한다. 물론 작전 세력이 손해를 보는 경우도 있지만 흔치는 않다. 나는 수익이 날 것 같은 일만 맡는다. 올해는 운이 나빠서 한두 차례 거래에서 손해를 봤다. 거기에는 다 그만한 이유가 있었지만 이 이야기는 기회가 된다면 나중에 하겠다.

*

주식의 강세를 조작하는 방법의 처음 단계는 주가가 상승한다고 홍보하는 것이다. 이 무슨 실없는 소리냐고? 다시 한 번 잘 생각해 보면 그렇게 실없는 소리는 아니다. 주가가 상승한다는 고귀한 뜻을 가장 잘 알릴 수 있는 방법은 무엇이겠는가? 활발하게 거래되는 인기 주식으로 만들어 보여주면 된다. 모든 것을 다 따져봤을 때 세계 최고의 홍보요원은 주가 시세 표시기요, 최고의 판촉 매체도 단연 주가 시세 표시기다. 주가 상승 요인을 논문으로 작성해서 고객들에게 제시할 필요는 없다. 해당 주식의 가치를 알리거나 회사 전망을 평가하는 평론을 일간지에 낼 필요도 없다. 추종자를 물색하려고 애쓰지 않아도 좋다. 해당 주식을 거래량이 많은 인기주로 만들기만 하면 그 모든 일이 해결된다. 일단 거래량이 많아지면 뭐가 어떻게 됐는지 물어보는 사람들이 자연스럽게 생겨난다. 다시 말해 내가 나서지 않아도 관련 기사가 알아서 쏟아져 나온다.

장내 트레이더가 요구하는 것은 활발한 거래량뿐이다. 장내 트레이더는 자유롭게 사고파는 시장만 형성되면 가격이나 종목 상관없이 주식을 사고판다. 거래량이 활발한 주식이라면 수천 주씩 거래하니 그들의 거래량을 다 합치면 그 규모가 어마어마하다. 이렇다 보니 주가 조작자가 제일 먼저 노리는 먹잇감은 무조건 장내 트레이더다. 장내 트레이더들이 계속 매수해주면 주가 상승 작전 내내 큰 도움이 된다. 제임스 킨도 활발하게 거래하는 장내 트레이더들을 고용했다고 들었다. 조작의 진원지를 가릴 수 있을 뿐만 아니라 장내 트레이더야말로 최고의 정보 보급자이자 사업 확장의 귀재였기 때문이다. 킨은 종종 장내 트레이더들에게 구두로 시장가보다 높은 행사가격의 콜옵션을 제공하기도 했다. 그러면 이들이 주가 상승을 도왔고, 이후에 콜옵션으로 매수해 현금 수익을 챙길 수 있었다. 나 또한 거래량이 많은 인기주만 만들어내면 전문 트레이더들이 알아서 따라왔다. 트레이더들은 그 이상을 요구하지 않았다. 거래소의 전문 트레이더들이 수익을 내고 매도하려고 주식을 매수한다는 사실도 잊지 말아야 한다. 이들은 수익이 큰 것만 바라지 않는다. 빠르게 수익을 얻으려고 한다.

나는 투기자들의 관심을 끌려고 거래량이 많은 인기주를 만들어낸다. 일단 투기자들의 관심만 끌어내면 앞서 설명했듯이 내가 사고파는 대로 트레이더들이 따라온다. 내가 콜옵션을 요구했듯이 누군가가 투기 목적의 콜옵션 행사 주식을 많이 보유하고 있으면 매도 압력이 그렇게 강하지 않다. 그러므로 매도세보다 매수세가 강해진다. 결국은 일반 대중이 주가 조작자가 아니라 장내 트레이더를 따라서 매수에 뛰어든다. 이러한 매수 수요는 바람직하므로 나는 주식을 매도해서 대중의 매수 수요를 채워준다. 매수 수요가 이만하면 됐다 싶을 만큼 올라왔을 때 내가 조작 초기 단계에서 매수해야 했던 물량 이상을 매도한다. 다시 말해서 보유 물량을 다 처분하고 공매도에 나서는 것이다. 콜옵션을 갖고 있기 때문에 주가가 상승해도 전혀 위험하지 않다. 물론 대중의 매수 수요가 줄어들면 주가가 더 이상 상승하지 않는다. 이때는 기다린다.

　　주가 상승세가 멈췄다고 가정해보자. 약세장은 찾아오기 마련이다. 전체 시장이 조정에 들어갈 수도 있다. 아니면 눈치 빠른 트레이더가 내 작전주를 매수하는 주문이 없음을 알아차리고 매도해서 다른 동료들도 뒤따라 매도할지도 모른다. 이유가 뭐든 내 작전주가 하락하기 시작한다. 그럼 나는 매수에 나선다. 후원자들에게 인기 있는 주식이 그러하듯 주가가 하락하지 않게 떠받치는 것이다. 더 나아가서 매집하지 않고도 주가 하락을 떠받칠 수 있다. 다시 말해 나중에 매도해야 할 물량을 늘리지 않는 것이다. 이 과정에서 내 자금은 전혀 줄어들지 않는다. 매수한다고 했지만 실상은 대중이나 트레이더, 혹은 양쪽 모두의 매수 수요가 있어서 더 높은 가격에 공매도했던 주식을 환매하는 것이기 때문이다. 이처럼 하락세에는 매수 수요가 있음을 트레이더뿐만 아니라 일반 대중에게 분명하게 보여주는 것이 좋다. 이럴 경우 전문 트레이더는 무모하게 공매도하지 못한다. 또한 지지 세력이 없어서 주가가 바닥을 모르고 떨어질 때처럼 일반 대중이 잔뜩 겁먹고 주식을 청산하는 일도 없어진다. 나는 이러한 환매 과정을 일컬어 '안정화 작전(stabilising process)'이라고 한다.

그렇게 안정화를 거쳐 시장이 살아나면 상승세에 공매도한다. 하지만 상승세를 꺾을 정도로 공매도하지는 않는다. 이 또한 안정화 작전에 발맞추어 진행한다. 적당히 차곡차곡 상승하는 가격에 매도하면 할수록 무모한 장내 트레이더보다는 안전하게 투자하는 성향의 보수적인 트레이더들이 자극을 받아 매도에 나선다. 그러다가 필연적으로 약세장이 찾아올 때는 앞서 말한 환매 작전, 즉 안정화 작전을 펼쳐 주가 하락을 더욱 강하게 떠받칠 수 있다. 나는 항상 이런 식으로 공매도 포지션을 확보해서 손해 볼 위험 없이 주가를 떠받쳤다. 물론 원칙적으로는 수익이 나는 가격에 매도한다. 하지만 가끔은 수익이 나지 않아도 공매도한다. 이는 일명 '손실 없는 매수세 조작(riskless buying power)'으로 매수를 창출하거나 증가시키는 것이 목적이다. 나는 고객의 의뢰를 받아 주가를 끌어올리거나 대량의 주식을 팔기도 하지만 나 혼자 거래해서 돈을 번다. 그렇기 때문에 어떤 고객에게도 작전 자금을 후원해달라고 하지 않는다. 그러므로 내 수익은 내 작전의 성공 여부에 달려 있다.

물론 항상 이런 식으로 거래하는 것은 아니다. 불변의 거래 방식을 갖고 있거나 고수하지는 않는다. 상황에 맞게 조건들을 수정한다.

분배하고자 하는 주식은 가능한 최고가까지 주가를 끌어올렸다가 매도해야 한다. 이렇게 거듭 말하는 이유는 이것이 기본적인 원칙이기 때문이다. 또한 일반 대중은 정점에서 매도가 일어난다고 믿을 게 분명하기 때문이다. 가끔은 주가가 침체되어 오르지 않는다. 이때가 바로 매도 시기다. 물론 매도하면 원했던 것보다 훨씬 더 주가가 하락하겠지만 대개는 주가를 다시 끌어올릴 수 있다. 내가 작전주를 매수할 때마다 작전주 주가가 오른다면 아주 잘하고 있다는 소리다. 필요하다면 두려워하지 않고 내 돈으로 매수하기도 한다. 이와 똑같이 움직이는 다른 주식을 매수하는 것처럼 말이다. 다시 말해서 최소 저항선을 따라간다면 말이다. 내 거래 원칙은 이 때에도 변함없다. 나는 최소 저항선이 나타나면 그 길을 따라간다. 특정한 순간에 특정한 종목을 조작하는 사람이라서가 아니라 트레이더이기 때문이다.

이와는 반대로 매수해도 주가가 오르지 않는 주식은 더 이상 매수하지 않고 매도한다. 주가 조작을 하지 않을 때도 언제나 이렇게 한다. 알다시피 최고의 매도 시기는 하락장이다. 하락장에서 얼마나 많은 주식을 매도할 수 있는지 알면 깜짝 놀랄 것이다.

거듭 말하지만 나는 주가 조작 중에도 내가 트레이더임을 절대 잊지 않는다. 주가 조작자로 활동할 때나 주식 트레이더로 활약할 때나 직면하는 문제는 언제는 같다. 모든 조작은 주가 조작자가 작전주를 자기 뜻대로 움직이지 못할 때 끝이 난다. 작전주가 계획대로 움직이지 않으면 그만둬야 한다. 주가 시세표에 반박하려고 하지 마라. 놓쳐버린 수익금을 되찾으려고도 하지 마라. 바로 그만두는 것이 좋고 비용도 저렴하다.

경험 많은 사람은 어디에서나 수익을 창출하고,
기회를 늘릴 수 있다면 무엇이든 소홀히 하지 않는다.
반면 경험이 부족한 사람은 사소한 기회를 무시해서
모든 것을 잃어버린다.

21장

월가에서는
누구나 호구가 된다

이런 일반론은 내가 아무리 자세히 늘어놔봤자 멋들어진 소리처럼 들리지 않을 것이다. 일반론이라는 게 원래 그렇다. 구체적인 예를 들어 설명하면 좀 더 마음에 들지도 모르겠다. 여기서는 내가 주가를 30포인트 끌어올렸던 방법을 이야기해보겠다. 나는 겨우 7,000주를 매집해서 물량 상관없이 거의 다 팔 수 있는 시장을 조성했다.

내 작전주는 임페리얼 스틸(Imperial Steel)이었다. 유명한 사람들이 상장시킨 임페리얼 스틸은 가치주로 널리 알려졌다. 총주식의 약 30퍼센트가 월가의 다양한 거래소를 통해 대중에게 팔려나갔다. 하지만 상장 이후 눈에 띄는 거래가 거의 없었다. 가끔 누군가가 어떤 주식이냐고 물어보면 인수단 구성원이었던 내부자들은 회사 수익이 예상보다 좋고, 전망도 더없이 밝다고 말했다. 전부 다 사실인데다 아주 좋은 소리였지만 딱히 흥미를 끄는 소리는 아니었다. 투기 매력이 없는 주식이었다. 투자자의 관점에서 봐도 가격 안정성과 영구적인 배당금 지급이 보장된 주식이 아니었다. 세상을 놀라게 할 만한 움직임을 보인 적도 없는 주식이었다. 참으로 진득해서 내부자들이 믿을 만한 보고서를 제시해도 주가가 펄쩍 뛰어오르는 법이 없었다. 주가가 떨어지지도 않았다.

임페리얼 스틸은 누가 찬사하지도, 감탄하지도, 정보를 흘리지도 않는 주식이었다. 아무도 팔지 않아 가격이 하락하지 않는 것만으로도 감지덕지했다. 제대로 배분되지 않은 주식이라서 아무도 공매도하려고 하지 않아 매도자가 없었다. 내부자들이 워낙 많은 지분을 보유한 터라 매도자가 내부자들에게 쉽게 휘둘릴 수 있었다.

353

매수하고 싶은 구석도 없기는 마찬가지였다. 임페리얼 스틸은 투자자에게는 투기 대상이요, 투기자에게는 죽은 종목이었다. 이런 종목을 매수하는 순간 죽은 듯 꼼짝도 못하기 때문에 투기자는 투자자가 되는 수밖에 없다. 그렇게 한두 해를 버티다보면 원래 투자금보다 더 많은 돈을 잃는다. 진짜 좋은 기회가 와도 자금이 묶여 있어서 그 기회를 잡지 못하기 때문이다.

어느 날 임페리얼 스틸 인수단 구성원의 대표급 위원이 날 찾아와서는 동료들과 함께 보유한 제대로 배분되지 않은 자사주 70퍼센트 물량을 시장에 팔고 싶다고 했다. 자신들이 생각하는 공개시장 매도 가격보다 더 좋은 가격을 받고 싶어 했다. 그러면서 수락 조건이 있다면 말해보라고 했다. 나는 며칠 후에 답해주겠다고 했다. 그러고는 임페리얼 스틸 자산을 살펴보았다. 산업계와 상업계, 금융계 등 다양한 분야의 전문가들에게 조사를 맡겨 편견 없는 보고서를 받았다. 좋거나 나쁜 점을 찾으려는 게 아니라 사실 그대로를 알기 위해서였다.

보고서에 따르면 임페리얼 스틸은 가치 있는 자산이었다. 전망도 좋아서 투자자가 조금만 더 기다려준다면 시장가로 매수할 만했다. 이런 상황에서 가장 적합하고 흔한 시장 움직임은 가격 상승이었다. 다시 말해 불확실한 미래에 가치가 상승하기를 기다리기보다 현재 가치로 거래되는 것이 나았다. 그러므로 임페리얼 스틸 주가 상승 조작은 거리낌 없이 자신 있게 맡아서 할 만한 일이었다.

내가 그 일을 하겠다고 하자 임페리얼 스틸 임원이 자세한 이야기를 나누러 찾아왔다. 나는 현금 대신에 임페리얼 스틸 10만 주에 대한 콜옵션을 받고 싶다는 조건을 이야기했다. 콜옵션 가격은 70

에서 100까지 올랐다. 그 정도면 수수료가 상당히 커 보일지 모르지만 내부자들이 10만 주는커녕 5만 주도 70에 팔지 못한다는 점을 고려하면 그렇지도 않았다. 당시에는 임페리얼 스틸을 사고팔 수 있는 시장이 없었다. 수익도, 전망도 좋다고 다들 떠들었지만 매수자가 크게 늘어나지 않았다. 게다가 임페리얼 내부자들이 먼저 몇백만 달러를 벌지 않는 한은 나도 수수료를 현금으로 받을 수가 없었다. 그러므로 내가 요구한 것은 터무니없이 비싼 수수료가 아니라 정당한 대가였다.

임페리얼 스틸은 가치 있는 주식이었고, 전반적으로 시장도 강세라서 모든 주가가 상승할 가능성이 컸다. 그래서 나는 일이 술술 잘 풀리겠다 싶었다. 임페리얼 스틸의 의뢰인들도 내 이야기에 희망을 품고는 내 조건을 단박에 받아들였다. 그렇게 순조롭게 거래가 진행되었다.

나는 가능한 한 철저하게 보호책을 강구했다. 임페리얼 스틸 인수단은 총주식의 70퍼센트가 넘는 주식을 보유하거나 통제하고 있었다. 그래서 나는 그들의 70퍼센트 보유 물량을 신탁으로 묶어놓았다. 대주주들이 던져버리는 주식을 다 받아주는 쓰레기장이 될 생각은 없었기 때문이다. 다수의 주식은 묶어놨지만 아직 30퍼센트의 주식이 여기저기에 흩어져 있었다. 하지만 그 정도 위험은 감수하는 수밖에 없었다. 노련한 투기자는 일말의 위험도 없는 모험 따위는 기대하지 않는다. 생명보험 회사의 보험 계약자들이 같은 날같은 시간에 사망할 리가 없는 것처럼 신탁에 묶이지 않은 주식들이한꺼번에 주식시장에 쏟아져 나올 리는 없었다. 연간 총사망자 수를 계산한 사망률 통계표가 있듯이 주식시장에도 문서로 기록되지 않았다 뿐이지 위험률 통계표가 있었다.

일단 위험 대비책을 마련하고 나자 작전을 시작할 준비가 끝났다. 이번 작전의 목적은 내가 보유한 콜옵션을 값어치 있게 만드는 것이었다. 그러자면 주가를 끌어올려서 내가 콜옵션을 보유한 주식 10만 주를 팔 수 있는 시장을 조성해야 했다.

제일 먼저 주가가 상승할 때 얼마나 많은 주식이 시장에 나올지 알아내야 했다. 이는 중개인들에게 물어보면 쉽게 알 수 있었다. 중개인들은 시장가나 시장가보다 높게 시장에 나올 주식을 손쉽게 알아냈다. 전문가들한테서 장부에 기록된 주문 물량을 들어서 아는 건지는 잘 모르겠다. 어쨌든 시장가는 70이었다. 하지만 그 가격에는 1,000주도 팔 수 없었다. 그 가격은 고사하고 그보다 낮은 가격에 매수하려는 수요가 어느 정도 있다는 확증도 없었다. 일단은 중개인들한테서 알아낸 사실을 고려해야 했다. 그것만 봐도 매도 주문이 얼마나 나올지, 또 매수 주문은 얼마나 적을지 알아낼 수 있었다.

이렇게 주문 물량을 파악하자마자 70 이상에 나와 있는 임페리얼 스틸 주식을 모두 사들였다. 보다 더 정확하게 말하자면 내가 아니라 내 중개인들이 매수했다. 이렇게 매수한 물량은 소액 주주들의 것이었다. 내 의뢰인들은 보유 주식을 신탁에 맡기면서 전에 했던 매도 주문을 모두 취소했기 때문이다.

나는 주식을 많이 매수할 필요가 없었다. 주가 상승으로 매수 주문이 늘어날 거라고 확신했기 때문이다. 물론 매도 주문도 덩달아 생겨났고 말이다.

*

임페리얼 스틸이 상승할 거라는 정보는 아무에게도 흘리지 않았다. 사실 그럴 필요가 없었다. 최고의 홍보 수단을 이용해 시장 분위기를 띄우는 게 내 목적이었다. 그렇다고 상승장을 홍보해서는 안 된다는 소리는 아니다. 모직물이나 신발, 자동차 같은 신상품 홍보처럼 주식 홍보도 합법적이고 바람직하다. 정확하고 믿을 만한 정보를 대중에게 제공하기만 하면 된다. 다만 여기서 내가 말하는 최고의 홍보 수단은 주가 시세표였고, 주가 시세표가 내 목적 달성에 필요한 모든 일을 다 해주었다. 앞서도 말했지만 유명한 신문들은 언제나 시장 움직임을 설명하는 기사를 내려고 한다. 그것이 바로 독자들이 듣고 싶어 하는 소식이다. 독자들은 주식시장에서 무슨 일이 왜 일어나는지 알고 싶어 한다. 그러므로 주가 조작자가 애써 노력하지 않아도 금융 전문 기자들이 알아서 정보와 소문을 수집해서 기사로 내고, 수익과 업계 상황, 전망을 분석해서 보도한다. 간단히 말하자면 주가 상승 원인을 설명해준다. 신문기자나 지인이 어떤 주식에 관한 의견을 물어보면 나는 언제나 망설이지 않고 내 의견을 말해준다. 내가 먼저 나서서 조언해주고 정보를 알려주지는 않지만 일부러 비밀을 유지해서 얻는 것도 없기 때문이다. 그러면서 최고의 정보 제공자이자 가장 실력 좋은 영업사원은 바로 주가 시세표라는 사실을 깨달았다.

내가 70과 70보다 약간 높은 가격에 나온 임페리얼 스틸 주식을 모두 매수하자 매도 압력이 사라졌다. 그러자 자연스럽게 최소 저항선이 나타났다. 임페리얼 스틸의 최소 저항선은 두말할 것도 없이 위쪽을 향했다. 그 사실을 알아챈 장내 트레이더들은 임페리얼 스틸이 어디까지 상승할지는 몰라도 상승할 게 분명하다고 추론했다. 이 사실만 알아도 매수하기에는 충분했다. 주가 상승 경향이 또렷해지자 임페리얼 스틸 수요가 생겨났다. 주가 시세표가 실수 없이 강세장 정보를 흘린 결과였다! 나는 그 즉시 매수 수요를 채워주었다. 주식을 못 팔아서 지친 주주들로부터 매수했던 주식까지 매도한 것이다. 물론 이번에는 신중하게 매도해 수요를 채워주는 정도에서 만족했다. 내 보유 물량을 강압적으로 팔려고 하지 않았고, 지나치게 빠른 주가 상승도 원치 않았다. 이 단계에서 내가 보유한 10만 주 중 절반만 매도하는 건 좋지 않았다. 내 보유 물량 전체를 매도할 수 있는 시장을 조성해야 했다.

이렇게 장내 트레이더들의 수요를 채워주는 수준까지만 매도했음에도 그동안 꾸준히 매수했던 내가 매수를 중단했기 때문에 일시적으로 매수세가 그만큼 줄어들었다. 그러자 장내 트레이더들의 매수가 중단되고 가격 상승이 멈췄다. 곧이어 실망한 강세론자들이나 가격 상승 중단으로 매수 의욕을 잃어버린 트레이더들이 매도로 돌아섰다. 하지만 나는 이러한 매도에도 대비책을 마련해두었다. 일전에 몇 포인트 높은 가격에 장내 트레이더들에게 매도했던 주식을 하락세에 매수하는 것이었다. 이렇게 매수한 주식은 나중에 하락세를 저지하기 위해 다시 매도할 작정이었다. 여하튼 내가 매수로 돌아서자 가격 하락이 멈췄고 매도 주문도 더 이상 들어오지 않았다.

이렇게 다시 처음으로 돌아갔다. 상승세에 나온 많지 않은 매도 물량을 매수하자 두 번째로 가격이 상승했다. 이번에는 70보다 높은 가격에서 상승하기 시작했다. 하락세에는 많은 주식 보유자들이 진작 팔았으면 좋았을 거라고 지독하게 후회한다. 하지만 정점에서

3, 4포인트 떨어진 가격에는 절대 팔지 않는다는 사실을 명심해야 한다. 이런 투기자들은 언제나 반등이 올 때 팔겠다고 마음을 다진다. 상승세에 매도 주문을 넣고, 주가 추세가 바뀌면 마음도 바뀌 먹는다. 물론 항상 안전하고 빠르게 수익을 챙겨 넣는 사람들도 있다. 수익은 실제로 수중에 들어와야 수익이라고 생각하기 때문이다.

이후부터는 매수하고 매도하는 과정을 되풀이했다. 이 과정에서 주가를 계속 끌어올렸다.

가끔은 매도 물량을 모두 매수하며 주가를 갑자기 끌어올렸다. 단기로 작전주의 주가가 확 오르도록 유도하는 것이다. 초급등주로 널리 알려지면 전문 트레이더들뿐만 아니라 급등주를 선호하는 일반 투기자를 끌어들이는 광고 효과가 뛰어나기 때문이다. 이렇게 유입되는 매수자가 상당히 많았던 것 같다. 나는 임페리얼 스틸을 조작할 때도 그렇게 했고, 단기 초급등으로 치솟는 수요는 아무리 많아도 다 채워주었다. 게다가 언제나 매도를 통해 상승폭과 상승 속도를 일정 수준으로 유지했다. 하락세에 매수하고 상승세에 매도해서 주가 상승 이상의 결과를 거두었다. 임페리얼 스틸을 시장성 있는 주식으로 만든 것이다.

내가 임페리얼 스틸의 주가 상승을 조작한 이후로 누구나 언제든지 임페리얼 스틸을 자유롭게 사고팔 수 있었다. 다시 말해 주가 급등을 초래하지 않고도 적정량의 주식을 사고팔 수 있었다. 매수했다가 팔지 못하면 어쩌나, 혹은 공매도했는데 주가가 급등하면 어쩌나 하는 두려움에 사로잡힐 일이 없어졌다. 전문 트레이더들과 일반 대중은 점차 임페리얼 스틸을 언제나 거래할 수 있다고 믿기 시작했다. 이는 임페리얼 스틸의 주가 안정성을 믿기 시작한 것과 큰 상관이 있었다. 물론 거래량도 많아져서 임페리얼 스틸에 관한 부정적인 견해도 많이 사라졌다. 나는 이렇게 임페리얼 스틸 수천 주를 반복적으로 매수하고 매도해서 액면가 100에 팔 수 있게 만들었다. 주당 100이면 누구나 임페리얼 스틸을 사려고 했다. 누가 마다하겠는가? 임페리얼 스틸이 좋은 종목이라는 사실은 이제 모두에게 널리 알려져 있었다. 예전에도 그랬지만 100이면 여전히 저렴한 수준이었다. 주가가 상승하는 주식이니 당연했다. 70에서 30포인트 상승할 수 있다면 액면가 100에서도 30포인트 상승할 수 있었다. 많은 사람이 이렇게 주장했다.

나는 겨우 7,000주만 매집해서 주가를 30포인트 끌어올렸다. 평균 매수 단가는 거의 85였기 때문에 15포인트 수익이 남는 셈이었다. 물론 전체 수익은 훨씬 더 많았다. 게다가 임페리얼 스틸을 얼마든지 매도할 수 있는 시장이 되었기 때문에 수익도 안전하게 현금화했다. 임페리얼 스틸을 신중하게 조작해서 더 높은 가격에 팔 수도 있었다. 게다가 70에서 100 사이 가격에 임페리얼 스틸 10만 주를 매수할 수 있는 콜옵션도 내 수중에 있었다.

하지만 상황이 나빠져서 수익을 현금으로 전환하려던 계획은 무산되고 말았다. 그럼에도 임페리얼 스틸 주가 조작은 철저하게 합법적으로 성공을 거둔 아름다운 걸작이었다. 임페리얼 스틸은 자산 가치가 높은 회사였고, 주가는 더 높아져도 여전히 괜찮은 가격이었다. 임페리얼 스틸의 초창기 인수단 일원 중에서 회사 지분을 장악하려는 유명 은행이 있었다. 임페리얼 스틸처럼 번창하며 주목받는 기업은 개인 투자자보다는 은행에게 더욱 가치 있는 자산이었다. 그래서인지 막대한 자본을 보유한 이 은행은 내가 보유한 임페리얼 주식의 콜옵션을 모두 사겠다고 제안했다. 나는 엄청난 수익을 챙길 수 있는 기회라서 즉각 수락했다. 상당한 수익을 남기고 대량 매도할 수 있는 기회는 언제나 환영이었다. 나는 이 거래로 아주 만족스러운 수익을 올렸다.

내가 보유한 콜옵션을 모두 매도하기 전이었다. 은행 측에서 임페리얼 스틸의 자산을 좀 더 철저하게 분석하려고 더욱 많은 전문가를 고용했다는 사실을 알아냈다. 은행 측은 그 보고서를 읽고 나에게 그런 제안을 한 것이다. 당시에 나는 임페리얼 스틸의 투자 가치를 믿었기 때문에 수천 주를 보유하고 있었다.

임페리얼 스틸 주가 조작 작전에서는 불법적이거나 건전하지 못한 거래가 전혀 없었다. 내가 매수해서 주가가 상승하는 주식은 괜찮다. 좀처럼 오르지 않는 주식도 있는데 임페리얼 스틸은 그런 적이 한 번도 없었다. 매수했는데도 적절한 반응이 나오지 않는다면 매도를 결정하는 데 그보다 더 나은 정보가 없다. 가치 있는 주식은 시장 여건만 좋다면 주가가 하락해도 언제든지 끌어올릴 수 있다. 20포인트가 하락해도 문제없다. 하지만 임페리얼 스틸은 그런 식으로 주가를 끌어올릴 필요도 없었다.

*

나는 주가 조작 시에도 절대 기본적인 거래 원칙을 잊지 않는다. 왜 이런 이야기를 되풀이하고, 주가 시세표에 반박하지 않는다거나 시장에서 성질을 부리지 않는다는 이야기를 반복하는 걸까? 자기 분야에서 수백만 달러를 벌고 가끔 월가에서도 큰돈을 버는 재주 좋은 사람들은 차분하게 마음을 다스리는 지혜를 터득했다고 생각하는가? 성공한 주식 기획자들이 시장이 자기 뜻대로 돌아가지 않는다고 얼마나 짜증을 내는지 알면 깜짝 놀랄 것이다. 이런 사람들은 개인적으로 모욕이라도 당한 것처럼 성질을 부리다가 결국은 돈을 잃고 만다.

한 번은 내가 존 프렌티스(John Prentiss)와 사이가 나빠졌다는 소문이 돌았다. 사람들은 주식 거래가 틀어졌다거나 우리 둘 중 누가 배신당해서 수백만 달러를 날렸다든가 하는 그런 극적인 이야기를 기대했다. 하지만 실상은 그런 게 아니었다.

나와 프렌티스는 오랫동안 친하게 지낸 사이였다. 나는 프렌티스한테서 수차례 정보를 얻어 유용하게 이용했고, 나도 이런저런 충고를 해주었다. 프렌티스는 내 조언을 따르기도 했고, 그러지 않기도 했는데 내 조언대로 하면 돈을 모았다.

프렌티스는 페트롤리움 프로덕트(Petroleum Products Company)를 조직하고 홍보하는 데 크게 기여했다. 그런데 이 회사 주식은 그럭저럭 성공적으로 시장에 데뷔했지만 전반적인 시장 여건이 나빠지면서 프렌티스와 그의 동료들이 기대한 만큼 잘 나가지 않았다. 그나마 기본적인 여건이 좀 나아졌을 때 프렌티스가 작전 세력을 구축해 프로덕트 주가 조작에 돌입했다.

프렌티스가 어떤 수법을 썼는지는 모르겠다. 프렌티스가 말해주지 않았고, 나도 물어보지 않았다. 그러나 프렌티스의 오랜 월가 경력과 남다른 영리함에도 불구하고 별 성과가 없었던 게 분명했다. 오래지 않아 프렌티스의 작전 세력도 주식을 대량으로 매도할 수 없음을 깨달았다. 프렌티스는 자기가 아는 모든 방법을 다 동원해본 게 분명했다. 작전 세력 관리자는 자기가 감당할 수 없는 일이라고 생각하지 않는 한 외부인에게 자기 자리를 넘기지 않는다. 이 세상에서 자신의 부족함을 남에게 드러내고 싶은 사람이 누가 있겠는가? 그럼에도 프렌티스는 날 찾아와서 서두를 늘어놓더니 페트롤리움 프로덕트 주식 판매를 맡아서 10만 주가 좀 넘는 작전 세력의 보유 주식을 팔아달라고 부탁했다. 당시 페트롤리움 프로덕트 매도 가격은 102에서 103 정도였다.

나는 뭔가 의심스러운 점이 있어서 그 부탁을 거절했다. 하지만 프렌티스가 제발 맡아달라고 사정했다. 급기야는 개인적인 친분까지 들먹이는 바람에 그의 부탁을 들어줄 수밖에 없었다. 나는 본래 성공을 자신할 수 없는 일에는 손대기 싫어하지만 친구와 지인에게 신세진 적 없는 사람이 누가 있겠나 싶어서 빚 갚는 기분으로 프렌티스의 제의를 받아들였다. 나는 최선을 다해보겠지만 자신은 없다고 말했다. 내가 맞서 싸워야 하는 불리한 조건들도 일일이 열거했다. 하지만 프렌티스는 작전 세력에게 수백만 달러 수익을 안겨달라는 게 아니라고 했다. 일단 내가 작전을 맡으면 이성적인 사람은 누구나 만족할 만한 결과를 만들어낼 거라고 확신한다고 했다.

어쨌든 나는 내 판단에 어긋나는 결정을 내렸다. 결국은 우려하던 대로 상당히 곤란한 상황에 처했다. 프렌티스가 작전 세력을 위해 주가를 조작하려다가 실수를 저질러서 벌어진 사태였다. 무엇보다도 시기가 좋지 않다는 게 가장 불리한 점이었다. 나는 강세장이 곧 끝난다고 확신했다. 그러므로 프렌티스가 시장이 나아지고 있다고 봤던 것은 희망만 안겨주었을 뿐, 단기 반등에 불과했다. 나는 내가 페트롤리움 프로덕트 주가 조작에 성공하기도 전에 시장이 완전히 약세로 돌아설까봐 두려웠다. 하지만 이미 일을 맡겠다고 했으니 하는 데까지 열심히 해보기로 마음먹었다.

나는 주가를 끌어올리기 시작했다. 어느 정도는 성공했다. 107 정도까지 주가를 끌어올렸던 것 같다. 그 정도면 상당히 괜찮은 가격이었고 주식을 조금씩이나마 매도할 수 있었다. 매도 가능한 물량이 많지는 않았지만 작전 세력의 보유 물량이 늘어나지 않은 것만으로도 기뻤다. 작전 세력 외에도 보유 주식을 매도하려고 소폭 반등을 기다리는 사람들이 많았다. 그들에게 나는 하늘이 내려주신 선물과도 같았다. 전반적인 여건이 더 나아졌다면 좋았을 것이다. 프렌티스가 좀 더 일찍 도움을 청하지 않은 게 아쉬웠다. 이제는 작전 세력의 손실을 최대한 줄이면서 시장에서 빠져나오는 수밖에 없었다.

나는 프렌티스를 불러서 내 생각을 말해주었다. 하지만 프렌티스는 결사반대했다. 나는 왜 그런 결정을 내렸는지 자세하게 설명했다.

"프렌티스, 난 시장의 흐름을 아주 확실하게 파악할 수 있어. 프로덕트 주가를 올려도 뒤따라서 추격 매수하는 사람이 없어. 내가 주가 조작에 나섰을 때 대중의 반응이 어떨지 안 봐도 알 것 같아. 내 말 잘 들어봐. 페트롤리움 프로덕트는 이미 트레이더들이 탐낼 정도로 근사하게 만들어놨어. 필요할 때마다 자네가 떠받쳐주기도 하고. 그런데도 대중은 관심이 없잖아. 그렇다는 건 뭔가가 잘못됐다는 거야. 주식이 아니라 시장이 잘못된 거지. 이럴 때는 억지로 한다고 되는 게 아냐. 그러다간 실패하고 말아. 작전 세력 관리자는 따라서 매수할 사람이 있을 때 자사주를 사야 해. 자사주를 살 사람이 자기 혼자뿐인데 자사주를 사는 건 바보짓이지. 내가 5,000주를 살 때마다 일반인도 5,000주 넘게 사려고 하거나 살 수 있어야 해. 나 혼자 모든 주식을 사는 짓은 안 해. 그랬다가는 원치 않는 물량만 대량으로 떠안게 되니까. 지금은 파는 수밖에 없어. 그냥 팔아야 해."

"지금 얻을 수 있는 것만 보고 팔아야 한다고?"

프렌티스가 물었다.

"그래, 그거야!"

프렌티스가 반박하려는 것 같아서 내가 덧붙여 말했다.

"내가 작전 세력의 물량을 모두 팔면 가격이 액면가 아래로 떨어질 거니까 각오 단단히 하고……."

"안 돼! 절대 안 돼."

프렌티스가 소리쳤다. 내가 무슨 자살 모임에라도 들라고 제안한 것처럼 격한 반응이었다.

"프렌티스, 주식을 팔려고 주가를 끌어올리는 게 주가 조작의 대원칙이야. 하지만 상승세에는 팔지 않아. 아니 그렇게는 팔 수 없어. 대량 매도는 주가가 정점에서 내려올 때 하는 거야. 일단 페트롤리움 프로덕트 주가는 125나 130까지 끌어올릴 수가 없어. 마음이야 그렇게 하고 싶지만 불가능한 일이야. 그러니까 이 정도 수준에서 팔기 시작해야 해. 모든 주식이 하락할 거야. 페트롤리움 프로덕트만 예외일 리 없으니까. 다음 달에 다른 사람이 팔아서 주가가 하락하는 것보다는 지금 작전 세력이 매도해서 가격을 떨어트리는 게 나아. 어떻게 하든 주가는 하락할 거니까."

내가 그렇게 충격적인 이야기를 하지도 않았는데 프렌티스가 어찌나 비통하게 울부짖는지 그 소리가 저 멀리 중국까지 들릴 것 같았다. 주가가 하락한다고 해도 프렌티스는 들으려고 하지 않았다.

절대 주가가 하락해서는 안 된다. 주가가 하락하면 주가 통계에도 좋지 않고, 주식을 담보로 은행 대출을 받았는데 은행과도 사이가 불편해진다. 프렌티스는 이런 이야기만 늘어놓았다.

나는 전체 시장이 하락세로 가고 있기 때문에 페트롤리움 프로덕트 주가가 15에서 20포인트 하락할 거라고, 이 세상 누구도 막을 수 없는 일이라고 다시 말했다. 프로덕트만 놀라운 예외가 될 리는 없다고 한 번 더 강조했다. 하지만 아무리 말해봤자 소용이 없었다. 프렌티스는 주가를 떠받쳐 달라고 고집스럽게 말했다.

프렌티스는 성공한 주식 기획자이자 영리한 사업가로 월가에서 수백만 달러를 벌었고, 투기라는 게임에 대해서도 알 만큼 아는 사람이었다. 그런데도 약세장이 막 시작되는 시기에 주가를 떠받쳐 올려달라고 고집을 부렸다. 물론 자신의 회사 주식이니 뜻대로 할 수 있겠지만 그래도 좋은 생각은 아니었다. 했던 소리를 또 하는 건 성격에 맞지 않았지만 그래도 한 번 더 프렌티스를 설득했다. 하지만 아무 소용이 없었다. 프렌티스는 주식을 매수해서 주가를 떠받쳐 올려달라고 고집스럽게 말했다.

내 예상대로 전체 시장이 약세로 돌아서면서 페트롤리움 프로덕트도 다른 주식들과 함께 하락하기 시작했다. 나는 매도하지 않고 프렌티스의 지시대로 프로덕트 작전 세력을 대신해 주식을 매수했다.

프렌티스가 약세장이 도래했다는 사실을 받아들이려고 하지 않았기 때문이었다. 나는 강세장이 끝났다고 자신했다. 나는 페트롤리움 프로덕트뿐만 아니라 다른 주식들도 시험적으로 거래해서 약세를 확인했다. 그래서 약세장이 본격적으로 시작되기 전에 공매도를 시작했다. 물론 페트롤리움 프로덕트는 단 1주도 팔지 않고 다른 주식들을 공매도했다.

내 예상대로 페트롤리움 프로덕트 작전 세력은 처음에 보유했던 물량에다 쓸데없이 주가를 끌어올리려고 매수한 물량까지 떠안는 신세가 됐다. 결국에는 보유 물량을 다 청산했다. 내 뜻대로 팔게 놔뒀다면 훨씬 더 높은 가격에 팔 수 있었을 텐데 말이다. 하지만 후회해도 어쩔 도리가 없었다. 이런 상황에서도 프렌티스는 여전히 자기가 옳다고 생각하는 것 같았다. 아니 그렇다고 말하고 다닌 모양이었다. 내가 다른 주식들을 공매도했는데 시장이 강세를 보여서 자기한테 주식을 팔라고 했나? 작전 세력의 보유 물량을 가격 상관없이 팔아서 페트롤리움 프로덕트 주가가 떨어졌고, 덕분에 다른 주식들을 공매도했던 내가 덕을 봤다는 소리였다.

다 헛소리였다. 나는 주식을 공매도했기 때문에 약세를 예상한 게 아니었다. 상황을 분석해보고 약세라고 판단했다. 그리고 나서야 주식을 공매도했다. 이 반대로 해서는 주식시장에서 절대 큰돈을 벌지 못한다. 20년간 쌓아 올린 경험으로 봐서 타당하고 현명한 조치라서 프로덕트 작전 세력의 주식을 매도하려고 했다. 프렌티스도 트레이더인 만큼 나처럼 정확하게 상황을 판단했어야 했다. 이미 일은 벌어졌고 돌이키기에는 너무 늦었다.

프렌티스도 수많은 외부인처럼 주가 조작자가 뭐든지 할 수 있다는 환상에 빠져 있었던 모양이다. 하지만 실상은 그렇지 않다. 물론 킨은 1901년 봄에 U.S.스틸 보통주와 우선주를 조작해서 크나큰 성공을 거두었다. 하지만 그가 영리하고 수완이 좋아서 성공한 것이 아니었다. 전국 각지의 부자들이 인수단을 맡아 지지해준 덕분도 아니었다. 물론 이 모든 것들이 도움이 되기는 했지만 가장 주된 성공 요인은 더할 나위 없이 좋은 전반적인 시장 여건과 대중의 심리였다.

경험과 상식의 가르침에 반하는 짓은 좋은 결과를 가져다주지 않는다. 월가에서는 외부인들만 호구가 되는 게 아니다. 앞서도 말했지만 프렌티스는 나한테 악감정을 품었다. 내가 내 뜻대로가 아니라 자기가 요구한 대로 조작을 했다고 화를 냈다.

*

대량의 주식을 팔려고 주가를 조작하는 행위는 허위사실을 고의로 유포한다면 모를까 원래는 부정적이거나 불법적이거나 은밀한 작업이 아니다. 건전한 조작은 건전한 거래 원칙을 지켜야 한다. 사람들은 가장매매 같은 과거의 기법들이 더 낫다고 하지만 장담컨대 그런 속임수 기법은 그다지 효과가 없다. 주식시장 조작은 주식과 채권의 장외 거래와 비교했을 때 고객의 관심을 끄는 방식이 다르다기보다는 고객의 유형이 다르다. 예컨대 J.P. 모건 사(社)는 일반적으로 투자자들에게 채권을 판다. 반면 주가 조작자는 일반적으로 투기자들에게 대량의 주식을 매도한다. 투자자는 투자금에 대한 이자를 영구적으로 받을 수 있는 안정성을 노린다. 반면 투기자는 빠르게 수익을 얻으려고 한다.

그러기 때문에 주가 조작자가 노리는 주요 대상은 투기자들이다. 투기자들은 큰돈을 벌 적당한 기회만 있다면 일반적인 수준보다 위험이 커도 마다하지 않는다. 나는 맹목적인 도박에 빠진 적이 없다. 100주를 공매도하거나 매수할지도 모르지만 다 이유가 있어서 그렇게 한다.

내가 어쩌다가 주가 조작을 시작했는지는 생생하게 기억하고 있다. 다른 사람들의 주식을 매도해주면서 주가 조작의 발단이 된 사건이 있었다. 월가의 전문가들이 주식시장의 주가 조작 작전을 어떻게 대하는지 아주 잘 보여주었던 사건이라는 점에서 지금도 생각하면 입가에 미소가 걸린다. 때는 내가 '재기'한 직후였다. 1915년에 베들레헴철강을 거래해서 재정 상태가 나아지던 참이었다.

상당히 꾸준하게 거래했고 운도 아주 좋았다. 신문 홍보로 나 자신을 알리려고 하지도 않았지만 그렇다고 숨지도 않았다. 잘 알겠지만 월가의 전문가들은 활발하게 활동하는 트레이더의 성공과 실패를 과장해서 떠벌린다. 그럼 당연히 신문기자들이 그 소문을 주워듣고 기사로 낸다. 그렇게 떠도는 소문이나 보도에 따르면 나는 수차례 파산했거나 수백만 달러를 벌었다. 나는 그런 이야기가 대체 어디서 어떻게 나왔는지 궁금할 따름이었다. 어떻게 그렇게 과장됐는지도 궁금했! 중개인 친구들이 똑같은 이야기를 전해줬는데 매번 이야기가 조금씩 달라지고 과장되고 살이 붙어서 점점 더 길어졌다.

주가 조작에 뛰어든 계기를 말하려다 보니 서론이 길어졌다. 내가 수백만 달러를 어떻게 다 갚았는지 보도한 기사들은 나름 쓸모가 있었다. 내 공매도 물량과 수익금이 신문에 과장 보도되자 월가에 사람들 입에도 오르내렸다. 트레이더 한 사람이 20만 주를 움직여서 시장을 지배하던 시절은 지나갔다. 하지만 알다시피 대중은 언제나 노장의 후계자를 찾으려고 한다. 킨은 혼자 힘으로 수백만 달러를 벌어들인 노련한 주식 트레이더로 명성을 얻었다. 주식 기획자들과 은행들은 그 명성을 듣고서 주식을 대량으로 팔아달라고 킨에게 부탁했다. 간단히 말해서 킨은 월가에 널리 퍼진 자신의 성공 담 덕분에 주가 조작 의뢰를 받았다.

하지만 킨은 떠났다. 자신이 아끼는 우승마 시손비(Sysonby)가 없다면 단 한 시도 머물지 않겠다고 했던 천국으로 떠났다. 몇 달 동안 주식시장의 역사를 다시 썼던 두어 사람도 한참이나 활동하지 않더니 사람들의 기억 속에 묻혔다. 그중에서 1901년에 월가에 왔던 서부 출신 투기꾼들이 있었다. 이들은 강철주 보유 물량으로 수백만 달러를 벌고는 월가에 터를 잡았다. 하지만 킨과 같은 주가 조작자라기보다는 뛰어난 주식 기획자였다. 실력도 뛰어났고 어마어마한 부자에다 친구들과 함께 장악한 회사 주식으로 크게 성공했다. 킨이나 플라워(Flower) 주지사 같은 뛰어난 주가 조작자는 아니었다.

그럼에도 월가에는 그들에 관한 소문이 많이 돌았고, 전문 트레이더와 괜찮은 거래소 중에도 그들을 따르는 추종세력이 있었다. 이들의 활동이 뜸해지자 월가에는 더 이상 주가 조작자가 나타나지 않았다. 적어도 신문에는 그들에 관한 기사가 실리지 않았다.

1915년 증권거래소가 다시 문을 열면서 어마어마한 강세장이 시작됐다. 시장이 커지고 연합국의 미국 물품 구매량이 수십억 달러에 이르면서 호황이 찾아왔다. 전쟁 특수주라면 손가락 하나 대지 않고도 무한한 시장을 조성할 수 있는 시기라 주가 조작이 아예 필요가 없었다. 계약만 몇 건 체결하거나 계약하겠다는 약속만 받아놓고 수백만 달러를 버는 사람들도 있었다. 이들은 우호적인 은행가들의 도움을 받거나 장외시장에 자사를 내놓고 주식 기획자로 성공했다. 일반 대중은 괜찮다는 주식은 무조건 매수했다.

호황이 점차 수그러들자 몇몇 주식 기획자들은 전문가들의 도움을 받아야 주식을 팔 수 있는 상황에 처했다. 대중도 온갖 주식들을 매수한 상태였고, 그중 몇몇은 고가에 주식을 매수했다. 이런 상황에서 검증되지 않는 신주를 팔기는 쉽지 않았다. 호황이 끝나자 대중은 아무것도 오르지 않을 거라고 생각했다. 매수자가 분별력을 좀 더 키운 것은 아니지만 맹목적인 매수는 끝났다. 대중의 심리 상태가 바뀐 것이다. 가격이 하락하지 않아도 대중은 비관적으로 변한다. 시장이 한동안 지지부진하게 움직이기만 해도 비관론이 싹튼다.

호황기에 대중은 온갖 주식을 다 가지려고 든다. 전적으로 이런 이유 때문만은 아니지만 대체로 이 기회를 틈타서 많은 기업이 생겨난다. 뒤늦게 시작되는 주식 홍보도 있다. 주식 기획자도 인간인지라 호황의 끝을 보려고 하지 않아 그런 실수를 저지른다. 큰돈을 벌 기회는 잡아야 좋지만 희망에 잠식당하면 정점이 보이지 않는다. 주당 12달러나 14달러에도 사려는 사람이 없던 주식이 갑자기 30달러까지 치솟았다. 그럼 누가 봐도 정점에 달한 것 같다. 그런데 주가가 50까지 오르더니 60을 지나 70, 75까지 질주한다. 몇 주 전만 해도 15달러도 못 됐던 주식이 이 정도로 올랐으면 더 이상 오르지 않을 것 같다. 그런데 80까지 오르더니 85를 찍는다. 가치가 아니라 가격만 생각하는 사람들은 상황을 보고 행동하는 게 아니라 두려움에 사로잡혀 움직인다. 그렇게 가장 쉬운 길을 택한다. 상승에도 한계가 있다는 생각을 접어버리는 것이다. 나름 현명하게 군다고 정점에서 매수하지 않은 사람들도 그런 생각에 사로잡혀 당장 차익을 실현하지 않고 더 큰 수익을 노린다. 호황기에 제일 먼저 큰돈을 버는 사람은 언제나 일반 대중이다. 하지만 이렇게 거둔 수익은 단지 수익으로만 남을 뿐이다.

22장

정보를 흘리고 다닌 대가

REMINISCENCES OF A STOCK OPERATOR

어느 날, 내 중개인이자 친한 친구인 짐 반스(Jim Barnes)가 찾아왔다. 짐은 자기를 좀 도와달라고 했다. 전에는 그런 이야기를 한 번도 한 적 없는 친구였다. 신세 진 것도 있어서 내가 도와줄 수 있는 일이라면 도와주려고 무슨 일인지 물어봤다. 그러자 짐은 자기 회사에서 관심을 가진 주식이 있다고 했다. 다른 주식 기획자들과 공동으로 판매하려는 주식인데 자기 회사가 크게 관여해서 보유 주식도 상당히 많아졌다고 했다. 짐이 나한테 판매를 맡기려는 주식은 콘솔리데이티드 스토브(Consolidated Stove)였다.

나는 여러 가지 이유가 있어서 그 일에 관여하고 싶지 않았다. 하지만 짐이 개인적으로 부탁하는 일이라고 거듭 말하자 빚을 졌던 일도 있었던지라 거절할 수가 없었다. 좋은 동료이자 친구의 부탁이니 어쩌겠는가. 좀 알아봤더니 짐의 회사는 그 작전에 상당히 깊이 관련되어 있었다. 결국 나는 있는 힘껏 해보겠다고 했다.

전쟁 호황기에는 다른 호황기와 달리 새로운 유형의 인물들이 등장하는 것 같다. 그즈음에는 청년 은행가가 활개를 쳤다.

엄청난 호황이 어디서 무엇 때문에 찾아들었는지 모두가 다 아는 사실이었다. 그와 동시에 전국에서 영향력 있는 은행들과 신탁회사들은 주식 기획자와 군수품 제조업자라면 가리지 않고 전부 다 하룻밤 사이에 백만장자로 만들어주려고 애썼다. 친구의 친구가 연합국위원회 위원이라고만 해도 아직 완료되지도 않은 계약을 실행하는 데 필요한 자금을 지원받을 수 있었다. 신용도를 보증하는 신탁회사에서 일단 수백만 달러를 빌려 사장이 됐다는 사원들의 믿기 어려운 이야기, 이 사람 저 사람한테 넘어가면서 수익이 났다는 계약 이야기도 심심찮게 들렸다. 엄청난 규모의 금이 유럽에서 미국으로 쏟아져 들어왔고, 은행은 그 자금을 처리할 방법을 찾아내야 했다.

노장들이 봤다면 우려의 목소리를 냈겠지만 노장들은 어디로 갔는지 거의 모습을 드러내지 않았다. 평화로운 시대에는 은행장들의 흰머리 패션이 잘 먹혔지만 지금처럼 활기 넘치는 시대에는 젊음이 최고의 자질이었다. 이 시대의 은행은 두말할 것도 없이 어마어마한 수익을 올렸다.

짐 반스와 그의 동료들도 마셜내셔널뱅크(Marshall National Bank)의 젊은 은행장과 허물없이 지냈다. 짐 일행은 유명한 스토브 회사세 개를 합병해서 신주를 발행해 대중에게 팔려고 했다. 당시 대중은 수개월 동안 증권이라고 찍혀 나오는 것은 무조건 매수했다.

그런데 문제가 있었다. 스토브 산업이 너무 잘 나가는 바람에 앞서 말한 세 개 회사가 역사상 최초로 보통주 배당 수익을 올렸다. 대주주들은 지배권을 포기하려고 하지 않았다. 장외시장에도 주식을 팔기 좋은 분위기가 형성되어 있었고, 게다가 이미 팔 만큼 팔아서현 상태에 만족하고 있었다. 각 회사의 자본금은 너무 적은 편이라서 시장의 큰 움직임을 끌어낼 만하다고 보기 어려웠다. 이런 상황에서 짐 반스의 회사가 끼어든 것이었다. 합병 기업을 증권거래소에 상장하려면 규모가 상당히 커야 했고, 신주 가격은 예전보다 훨씬 높아져야 했다.

월가에서는 가치를 높이려고 액면가에 따라 달라지는 증권의 색깔만 바꾸는 수법을 오래전부터 사용했다. 액면가 100에도 쉽게 팔리지 않는 주식을 예로 들어보겠다. 이런 주식은 4분의 1로 분할해서 신주를 30이나 35에 팔 수 있다. 그렇다면 분할하기 전 1주당 가격은 120에서 140에 달해 꿈도 꾸기 힘든 수준이 된다.

짐과 동료들은 상당히 큰 회사인 그레이 스토브(Gray Stove) 주식을 투기 목적으로 대량 보유한 친구들 몇 명을 합병에 성공적으로 끌어들인 모양이었다. 그레이 1주당 합병회사 주식 4주를 주겠다는 조건을 걸었다. 이어서 미들랜드(Midland)와 웨스턴(Western)도 1대 1 주식 교환을 조건으로 뒤따라 합병에 참여했다. 이 두 회사 주식은 장외시장에서 25에서 30에 거래되었고, 그보다 더 낮다고 알려진데다 배당금도 지급하는 그레이는 125 정도에 거래되었다.

주주 중에는 주식 매도 시에 현금밖에 안 받는다는 사람들이 있었다. 이런 사람들에게 지급할 자금에다 개선비용 및 홍보비용으로 들어갈 추가 비용을 마련하려면 몇백만 달러가 필요했다. 그래서 짐은 앞서 말한 은행장을 찾아가서 350만 달러를 수월하게 대출받았다. 담보는 새로 만든 합병회사의 주식 10만 주였다. 인수단은 은행장에게 주가가 50 아래로 하락하지 않았을 거라고 단언했다. 아니 그렇게 말했다고 들었다. 그 정도라면 아주 수익성 높은 거래였다.

주식 기획자들은 처음에 시기를 잘못 택하는 실수를 저질렀다. 시장은 이미 포화 상태라 신주를 받아들일 수 없는 상태였다. 그런데 그 사실을 알아차리지 못했다. 게다가 다른 주식 기획자들이 호황기 정점에서 그랬던 것처럼 떼돈을 벌어보려고 했다. 그러지만 않았어도 상당한 수익을 챙겼을지도 모른다.

짐 반스와 동료들이 얼간이였거나 풋내기였다고 생각하지는 말기 바란다. 하나같이 영악하기 짝이 없는 사람들이었다. 월가의 거래 방식에도 익숙했고, 그중 몇몇은 남다르게 뛰어난 주식 트레이더였다. 하지만 대중의 매수세를 지나치게 과대평가하는 실수를 저지르고 말았다. 대중의 매수세는 시험적으로 거래해봐야만 알아낼 수 있는 것이다. 게다가 강세장이 오랫동안 이어질 거라 예측하는 실수까지 저지르는 바람에 더욱 비싼 대가를 치렀다. 너무 빠르게 크나큰 성공을 거두었던 사람들이라 강세장이 끝나기 전에 거래를 마칠 수 있다고 자신했던 모양이다. 다들 유명한 사람들이었고, 전문 트레이더와 증권사 중에도 그들을 따르는 추종자가 꽤 있었다.

스토브 회사 합병 건 홍보는 아주 대대적이었다. 신문사들도 지면을 아끼지 않고 합병 건에 관해서 이런 기사들을 실었다. "합병하려는 회사들이 미국 스토브 산업 전체나 마찬가지요, 그 회사 상품들도 전 세계에 알려져 있다. 애국적인 합병이며, 세계 제패를 노릴 만한 기업이다." 이런 일간지 기사들만 보면 합병 기업은 아시아와 아프리카, 남아메리카 시장도 손쉽게 장악할 수 있을 것 같았다.

합병 기업의 이사진들은 모두 신문 경제면을 읽는 사람이라면 누구나 잘 아는 인물들이었다. 홍보 작업은 순조롭게 진행되었고, 익명의 내부자들은 가망성 높은 주가의 향방을 아주 정확하게 보장해주었다. 덕분에 신주에 대한 수요가 증가했다. 신주 청약을 마감하고 결과를 확인하자 주당 50달러에 청약한 일반 대중의 물량이 25퍼센트 초과됐다.

생각해보라! 주식 기획자들은 몇 주 동안 작업해서 주가를 75 이상으로 끌어올려 평균단가를 50으로 맞췄으니 그 가격에라도 성공적으로 파는 것이 최상의 방법이라고 판단했어야 한다. 그 정도 가격이면 예전 주식 가격에서 100퍼센트나 상승한 것이었다. 이 결정적인 순간에 주식 기획자들은 그에 걸맞게 대응하지 못했다. 이 사례만 봐도 알 수 있듯이 어떤 사업이든 그 사업의 필요에 맞게 조치해야 한다. 일반적인 지혜가 구체적인 지식보다 못할 때가 있다. 주식 기획자들은 예상치 못한 청약 초과 사태에서 대중이 가격과 수량 상관없이 무조건 주식을 매수할 거라고 결론 내렸다. 게다가 주식을 전부 다 배분하지 않는 어리석은 실수를 저질렀다. 주식 기획자들이 이기적으로 자기들 욕심을 채우려고 마음먹었다면 좀 더 지능적으로 생각했어야 했다.

당연히 주식을 전부 다 배분했어야 했다. 다시 말해 25퍼센트 초과된 물량을 공매도했어야 한다는 뜻이다. 그랬다면 필요할 때 추가비용 없이 주가를 떠받칠 수 있었다. 내가 주가를 조작할 때 항상 확보하려고 애쓰는 강력한 전략적 포지션을 힘들지 않고 취할 수 있었다. 주가 하락을 떠받쳐서 신주의 가격 안정성을 보여주고, 신주를 뒷받침해주는 인수단의 힘을 과시할 기회였다. 신주 청약 물량만 팔아치우면 끝나는 게 아니라는 사실을 명심했어야 했다. 신주 청약 물량은 주식 기획자가 팔아야 하는 물량의 일부에 불과했다.

합병 기업의 주식 기획자들은 크나큰 성공을 거두었다고 생각했지만 머지않아 두 가지 중대한 실수의 결과가 확연하게 드러났다. 전체 시장이 조정 국면으로 접어들자 대중은 더 이상 신주를 매수하지 않았다. 내부자들은 두려움에 사로잡혀 콘솔리데이티드 스토브의 주가 하락을 저지하지 않았다. 불황기에 내부자가 자사주를 사지 않는데 누가 그 주식을 사겠는가? 주가 하락을 지지하는 내부자 매수세가 없다는 것은 보통 주가가 하락할 거라는 신호와 같다.

*

통계 수치를 자세하게 살펴볼 필요도 없었다. 콘솔리데이티드 스토브 주가는 나머지 주식들과 마찬가지로 오르락내리락했지만 올라 봤자 시초가인 50을 살짝 넘는 수준이었다. 짐 일행은 주가를 40 이상으로 유지하기 위해 매수자로 시장에 뛰어들었다. 상장 초기에 주가를 끌어올리지 않은 것이 안타까웠다. 하지만 그보다 신주 청약 물량을 모두 배분하지 않은 것이 더 큰 패인이었다.

어쨌든 콘솔리데이티드 스토브 주식은 뉴욕증권거래소에 적법하게 상장되었고, 주가는 37까지 하락했다. 짐 반스와 동료들이 저지했기 때문에 그 정도 선에서 멈췄다. 이들은 10만 주를 담보로 삼아 주당 35달러를 은행에서 대출 받은 터라 주가 하락을 떠받칠 수밖에 없었다. 은행이 담보로 잡은 주식을 팔아 대출금을 회수하려고 했다면 주가가 어디까지 떨어졌을지 모를 노릇이었다. 대중이 50에 사려고 안달했던 주식이 이제는 37까지 가격이 떨어졌는데도 아무도 거들떠보지 않았다. 27에도 살 사람이 없을 것 같았다.

시간이 흐르면서 은행의 대출 상환기간이 과도하게 연장되자 많은 사람이 생각에 잠겼다. 젊은 은행가 시대는 끝이 났고 은행 업계는 위기 상황을 맞아 갑자기 보수주의로 회귀하는 것 같았다. 은행장과 친한 사람들도 언제 같이 골프를 쳤냐는 듯 외면당한 채 대출금 상환 요청을 받았다.

대출자가 위협을 가하거나 차용자가 시간을 좀 더 달라고 간청할 필요는 없었다. 양쪽 모두 마음이 불편하기 짝이 없었다. 예컨대 내 친구 짐 반스에게 대출해준 은행은 여전히 친절했다. 하지만 '대출금을 갚지 않으면 우리 둘 다 끝장나는 거야!'라는 무언의 절규가 터져나오는 상황이었다.

그렇게 끝장나고 폭발해버릴 것 같은 상황에서 짐이 날 찾아와서 10만 주를 팔아달라고 했다. 짐은 주식을 팔아서 은행 대출금 350만 달러를 갚아야만 했고 그 주식으로 수익을 벌려는 기대는 하지도 않았다. 인수단이 손실을 적게 보는 선에서 문제가 해결된다면 감사할 노릇이었다.

하지만 그게 가능할 것 같지 않았다. 전체 시장은 활발하게 움직이지 않았고, 강세를 보이지도 않았다. 가끔 주가가 반등하면 모두가 기운을 차리고 강세장이 다시 찾아올 거라고 애써 믿으려 했다.

나는 짐에게 일단 그 제안을 분석해보고 나서 수락 조건을 말해주겠다고 했다. 뭐, 분석을 하기는 했지만 회사의 최근 연간보고서를 분석하지는 않았다. 그보다는 주식시장 상황이 어떠한지를 분석했다. 회사 수익이나 전망으로 보아 주가가 상승할 거라고 홍보할 생각이 없었다. 공개시장에서 대량의 주식을 처분하는 것이 목적이었다. 그랬기 때문에 이러한 목적을 달성하기 위해 무엇을 해야 하는지, 도움이 되거나 방해가 되는 것은 무엇인지만 파악하려고 했다.

그러다 소수의 사람이 너무 많은 주식을 보유하고 있다는 문제점 하나를 찾아냈다. 마음 편히 안전하게 보유하기에는 위험한 주식이었다. 뉴욕증권거래소 회원사와 은행, 증권사를 망라한 클리프턴 케인(Clifton P. Kane&Co.)사의 케인이 7만 주를 보유했다. 케인의 회사는 짐과 친분이 깊었고, 오랫동안 스토브 업계 주식을 전문적으로 다룬 터라 합병에도 크나큰 영향을 미쳤다. 이 회사 고객들도 좋은 사업이라고 전해 듣고 참여한 상태였다. 전 상원의원 새뮤얼 고든(Samuel Gordon)도 조카들의 회사 고든 브러더스(Gordon Bros.)의 특별 파트너로서 7만 주를 보유했다. 유명한 조슈아 울프(Joshua Wolff)는 6만 주를 갖고 있었다. 콘솔리데이티드 스토브 주식 20만 주가 몇 안 되는 월가의 베테랑 전문가들 수중에 들어 있는 셈이었다. 이들에게는 주식 매도 시기를 알려줄 필요가 없었다. 내가 매수세를 끌어내리려고 주가를 조작한다면, 그러니까 주식 거래량을 늘리고 주가를 끌어올린다면 케인과 고든, 울프는 알아서 보유 물량을 내놓을 테니 말이다. 매도 물량은 조금씩 나오는 게 아니라 20만 주가 나이아가라 폭포처럼 쏟아져 나올 것이다. 솔직히 그 광경이 보기 좋은 장관이라고는 말 못하겠다. 강세장의 전성기는 이미 지났고, 내가 아무리 솜씨 좋게 주가를 조작해도 압도적인 수요를 창출할 수는 없었다. 짐 반스도 터무니없는 환상을 품지 않았기 때문에 내게 일을 맡겨놓고는 물러서 있었다. 좀처럼 오르지 않는 주식을 곧 숨넘어갈 것 같은 강세장 막바지에 팔아달라고 하지 않았는가. 강세장이 끝난다는 소식이 신문에 실리지는 않았지만 나도 알고 짐도 아는 사실이었다. 장담컨대 은행이 그 사실을 모를 리는 더더욱 없었다.

짐에게 어떻게든 해보겠다고 했으니 마냥 손 놓고 있을 수 없어서 케인과 고든, 울프에게 만나자는 전갈을 보냈다. 이들이 보유한 20만 주는 한 가닥 말갈기에 매달려 언제 다모클레스(Damocles)의 머리 위로 떨어질지 모르는 칼과 같았다. 나는 칼을 매달아 놓은 말갈기를 강철 사슬로 바꾸고 싶었다. 그들과 서로 돕자는 계약을 하는 게 가장 쉬운 방법 같았다. 내가 은행 보유 물량인 10만 주를 팔 때까지 매도를 미루는 식으로 소극적이나마 도와준다면 내가 적극적으로 나서서 모두가 물량을 처분할 수 있는 시장을 조성할 생각이었다. 현재 그들은 콘솔리데이티드 스토브 주가를 떨어뜨리지 않고서는 보유 물량의 10분의 1도 처분할 수 없었고, 그 사실을 잘 알기 때문에 매도할 생각도 하지 않았다. 나는 그들에게 매도 시기를 잘 판단하고, 어리석고 이기적으로 구는 대신 현명하게 이타심을 발휘해 달라고 부탁했다. 월가에서든 다른 곳에서든 자기 생각만 해서는 얻는 게 없는 법이다. 너무 일찍 매도하거나 깊이 생각하지 않고 매도했다가는 전체 물량을 다 처분하지 못할 수도 있다고 그들을 설득하고 싶었다. 하지만 시간이 촉박했다.

노련한 월가 사람들이라 콘솔리데이티드 스토브의 실제 수요를 모를 리도 없을 테니 내 제안을 흡족하게 받아들이기를 바랐다. 케인은 11개 도시에 지점을 둔 유망한 증권사 사장이었다. 증권사 고객 또한 수백에 달했다. 케인의 증권사는 과거에 수차례 작전 세력을 운영하기도 했다.

7만 주를 보유한 고든 상원의원은 엄청나게 돈이 많은 부자였다. 대도시 신문 독자라면 고든의 이름을 모르는 사람이 없을 정도였다. 마치 열여섯 살의 네일 아티스트가 5,000달러짜리 밍크코트와 132통의 편지를 보여주며 혼인 약속을 지키지 않았다고 고든을 고소하기라도 한 것처럼 고든의 이름이 떠들썩하게 사람들 입에 오르내렸다. 고든은 조카들에게 주식 중개사업을 시켜놓고는 그 회사의 특별 파트너가 되었다. 수십 개 작전 세력에도 참여했다. 미들랜드 스토브의 지분도 상당히 많이 상속받아서 콘솔리데이티드 스토브 주식 10만 주를 손에 쥐었다. 고든은 짐 반스의 강세를 암시하는 정보에도 꿈쩍도 하지 않다가 상승세가 수그러들기 전에 3만 주를 팔아 현금을 챙겼다. 이후 한 친구에게 더 팔려다가 오랜 지인이자 친구인 다른 대주주들이 더 이상 팔지 말라고 간청해서 그만두었다고 했다. 친구들을 생각해서 그랬다는데 앞서도 말했지만 매도 물량을 받아줄 시장이 없어서 그러기도 했다.

마지막으로 조슈아 울프는 가장 널리 알려진 트레이더라고 해도 과언이 아니다. 20년 동안 장내에서 활동하는 세기의 투기꾼으로 이름을 날렸다. 울프에게 주식 1만, 2만 주는 200, 300주를 거래하는 것이나 마찬가지였다. 내가 뉴욕에 도착하기 전부터 세기의 투기꾼이라는 울프의 명성을 들어서 알고 있었다. 당시 울프는 경마장이든 주식시장이든 상관하지 않고 투기꾼들과 함께 무제한 도박을 즐겼다.

그런 탓에 도박꾼에 불과하다는 비난도 들었지만 사실상 능력이 뛰어난 사람이었고, 투기 세계에 적합한 자질을 타고난 인물이었다. 게다가 교양과는 담을 쌓은 사람으로 유명해서 수많은 일화를 낳기도 했다. 널리 알려진 일화 중에서 하나를 소개하자면 이렇다. 한 번은 울프가 요란한 만찬이라고 부르는 자리에 초대받았다. 그런데 주최자가 잠시 소홀해진 틈을 타서 저지할 새도 없이 다른 손님들 몇 명이 문학 이야기를 꺼냈다.

울프 옆자리 여자는 입을 열심히 놀리지만 음식만 씹어댈 뿐 말 한마디 하지 않는 울프를 보고 위대한 금융가의 의견을 듣고 싶어서 이렇게 물었다.

"울프 씨, 발자크(Balzac)[1]를 어떻게 생각하세요?"

울프는 씹어대던 음식을 꿀꺽 삼키고는 예의 바르게 대답했다.

"전 장외 주식은 취급하지 않습니다!"

---

1 오노레 드 발자크(1799~1850): 19세기 전반 프랑스 소설가. 사실주의의 선구자로서 유럽 전체에서 인정받은 발자크의 글은 귀스타브 플로베르, 에밀 졸라, 마르셀 프루스트 등 당대와 후대 작가들에게 큰 영향을 끼쳤다. 『고리오 영감』 『외제니 그랑데』 『골짜기의 백합』 등 다수의 저서를 남겼다.

*

    콘솔리데이티드 스토브의 대주주는 이렇게 세 사람이었다. 이들이 찾아왔을 때 나는 인수단을 구성해 현금을 약간 마련하고 그들의 보유 주식을 시장가보다 약간 높은 가격에 매수할 수 있는 콜옵션을 주면 시장을 조성해보겠다고 했다. 그러자 대주주들은 자금이 얼마나 필요한지 물었다.

    "다들 그 주식을 오래 보유했지만 어떻게 할 수가 없을 겁니다. 세 분 주식을 합치면 20만 주나 되죠. 그 많은 물량을 받아낼 수 있는 시장이 형성되지 않는 한은 절대 매도할 수 없다는 사실도 잘 알고 계시죠. 우선 지금 가지고 있는 물량을 받아낼 시장을 조성해야 하는데 그러자면 처음에 주식을 매수할 자금이 넉넉해야 합니다. 자금이 부족해서 하다가 그만두면 아무 소용없으니까요. 그래서 드리는 말씀인데 작전 세력을 구성해서 현금 600만 달러를 마련해주세요. 그런 다음에 여러분의 20만 주 보유 물량을 40에 매수할 수 있는 콜옵션을 작전 세력에 넘겨주고 주식을 모두 제삼자에게 예탁하는 겁니다. 다 잘 되면 여러분은 애물단지를 치워버릴 수 있고, 작전 세력은 돈을 좀 벌겠죠."

    앞서도 말했지만 내가 주식시장에서 큰돈을 벌었다는 온갖 소문이 떠돌았다. 성공이 성공을 부르는 것처럼 그런 소문이 도움이 됐던 것 같다. 그런 소문 덕분인지는 몰라도 이 사람들에게는 많은 설명을 할 필요가 없었다. 그들은 단독으로 일을 처리했을 때 어느 정도의 결과가 나올지 잘 알고 있었다. 그러던 차에 내 계획을 듣고는 아주 흡족해하며 당장 작전 세력을 만들겠다고 말하고 떠났다.

    그들은 어렵지 않게 친구들을 끌어들여 작전 세력을 결성했다.

383

내가 작전 세력에 수익을 안겨줄 거라고 나보다 더 자신만만하게 떠벌렸는지도 모르겠다. 듣기로는 그들이 진짜로 그렇게 믿고서 한 이야기였다고 하니 양심도 없이 거짓 정보를 흘린 것은 아니었다.

작전 세력은 며칠 만에 만들어졌다. 케인과 고든, 울프는 40에 20만 주를 살 수 있는 콜옵션을 작전 세력에 넘겼다. 그들이 주식을 제삼자에게 맡기는 것도 내가 직접 확인했다. 이제 내가 주가를 끌어올려도 그들의 보유 물량은 시장에 나올 수 없었다. 그 밖에도 나 자신을 보호할 대비책을 마련해야 했다. 작전 세력이나 내부자가 배신하는 바람에 유망했던 거래가 틀어지는 일이 허다했기 때문이다. 월가에서는 같은 편끼리 물고 뜯는 짓도 마다하지 않았다. 아메리칸스틸 앤드 와이어(American Steel&Wire Company)가 상장됐을 때도 내부자들이 배신하고 주식을 매도하려고 했다며 서로를 비난했다. 존 게이츠와 그의 동료들, 셀리그먼 형제들과 이들의 은행 연합은 신사협정을 맺고 있었다. 한 번은 중개소에서 누군가가 존 게이츠가 지었다는 4행시를 암송하는 소리를 들었다.

384

"타란툴라 거미가 지네 등에 뛰어올라
악귀처럼 낄낄대며 말하네.
'흉악한 놈, 내 독 맛을 보여주마.
안 그러면 내가 당하고 말테니!'"

그렇다고 월가의 내 친구들이 날 배신할 기회만 엿보고 있다는 이야기는 아니다. 하지만 일반적으로 모든 비상사태에 대비해두는 것이 좋다. 누구나 아는 상식 아니겠는가.

울프와 케인, 고든이 600만 달러를 마련하기 위해 작전 세력을 만들었다고 했다. 이제는 돈이 들어오기를 기다리는 일만 남았다. 나는 서둘러 자금을 마련해달라고 재촉했다. 그런데도 자금은 조금씩 들어왔다. 네다섯 번에 걸쳐 들어왔던 것 같다. 이유는 모르겠지만 울프와 케인, 고든에게 구조요청을 보냈던 기억이 난다.

그날 오후, 수표가 들어와서 현금 400만 달러를 챙겼고, 나머지 금액은 하루 이틀 내로 마련해주겠다는 확답을 받았다. 드디어 작전 세력이 강세장이 끝나기 전에 뭔가를 하려는 모양이었다. 잘해도 쉬운 일은 아니었지만 빨리 시작할수록 좋았다. 거래량이 적은 주식은 새로운 움직임을 보여도 대중의 관심을 끌지 못한다. 하지만 현금 400만 달러만 쥐고 있으면 어떤 주식이든 인기주로 만들 수 있었다. 그럴듯한 매수세를 만들어내기에 충분한 자금이었다. 앞서 말했듯이 시간이 촉박해서 나머지 200만 달러가 들어올 때까지 기다릴 수 없었다. 주가를 빨리 50까지 끌어올릴수록 작전 세력에도 좋았다. 누가 봐도 명백한 사실이었다.

다음 날 아침, 장이 열렸을 때 나는 깜짝 놀랐다. 콘솔리데이티드 스토브 거래량이 유난히 많았기 때문이었다. 앞서도 말했지만 몇 달 동안 좀처럼 오르지 않았던 주식이었다. 짐 반스가 주당 35달러에 은행 대출을 받은 터라 주가 하락을 떠받쳤기 때문에 겨우 37에 머물러 있었던 주식이었다. 짐이 콘솔리데이티드 주가가 오르길 기대하느니 지브롤터의 바위가 바다를 건너길 바라는 게 낫겠다고 할 정도였다. 그랬던 주식이 수요가 상당히 많아져서 39까지 올라갔다. 개장 후 처음 몇 시간 동안 거래량이 지난 반년간의 거래량보다 많았다. 그날 콘솔리데이티드 스토브가 선풍적인 인기를 끌면서 전체 시장도 상승세를 보였다. 증권사 객장마다 콘솔리데이티드 스토브 이야기로 떠들썩했다고 나중에 들었다.

대체 어떻게 된 일인지 알 수 없었지만 콘솔리데이티드 스토브 주가가 살아나서 기분이 나쁘지는 않았다. 주가 움직임이 이상하기는 했지만 그 이유를 물어볼 필요는 없었다. 장내에서 거래를 맡아주는 중개인 친구들과 개인적으로 친분이 있는 장내 트레이더들이 소식을 전해주었기 때문이다. 그들은 내가 알고 싶어 할 것 같은 소문이나 소식을 입수하는 대로 내게 전화해서 알려주었다. 이날은 콘솔리데이티드 스토브 주식의 내부자 매수가 있다는 소식만 계속 들렸다. 가장매매가 아니라 모두 실제 매매였다. 매수자들은 매도 물량을 37에서 39에 모두 사들이면서 이유나 정보를 알려달라고 조르는 소리에도 절대 입을 열지 않았다. 이러한 사태를 주시하던 트레이더들은 뭔가가 있다고, 뭔가 큰일이 터질 거라고 결론 내렸다. 내부자 매수로 주가가 오르는데 추가 매수를 부추기는 움직임이 없다면 주가 시세표 사냥개들은 공식 발표가 언제 나올지 궁금해한다.

나는 아무것도 하지 않은 채 지켜보기만 했다. 어떻게 된 일인지 궁금해서 거래 추이를 주시했다. 그런데 다음날 매수세가 더욱 증가하면서 거세졌다. 37보다 살짝 높은 가격에 매도 주문을 걸어놓아 미체결 내역에서 빠질 줄 몰랐던 물량도 쑥쑥 다 팔렸다. 상승세를 저지할 정도로 많은 신규 매도 물량도 나오지 않았다. 당연히 주가가 상승했다. 40을 넘어 42까지 다다랐다.

그 순간 은행이 담보로 잡고 있는 주식을 팔아도 되겠다 싶었다. 물론 내가 매도하면 주가가 하락할 게 분명했지만 전체 물량의 평균 매도 단가를 37로만 맞춰도 괜찮은 편이라고 생각했다. 콘솔리데이티드 스토브 주식의 가치를 알고 있는 데다 수개월 동안 거래가 거의 없었던 주식의 매도 가능성을 충분히 파악하고 있었기 때문이다. 그렇게 나는 조심스럽게 팔기 시작해서 3만 주까지 매도했다. 상승세는 꺾이지 않았다!

그날 오후, 콘솔리데이티드 스토브 주가가 딱 좋은 시기에 신비스럽게 상승한 이유를 전해 들었다. 장내 트레이더들이 전날 밤 장마감 이후부터 다음날 개장 전까지 들은 소식이었다. 다름 아니라 내가 콘솔리데이티드 스토브의 강세를 예측하고 항상 그랬던 것처럼 주가를 조정 없이 15에서 20포인트 끌어올릴 거라는 소식이었다. 내가 항상 그래 왔다니, 내 장부를 보지도 못한 사람들이라 그렇게 말할 수 있었다. 이러한 정보의 진원지는 영락없이 조슈아 울프였다. 전날 주가 상승의 원인도 울프의 내부자 매수였다. 울프의 장내 트레이더 친구들은 울프가 잘못된 정보를 줄 사람이 아니라고 믿었기 때문에 거리낌 없이 그 정보대로 매수에 나섰다.

우려했던 매도 압력이 그렇게 크지 않았다. 내가 사전에 30만 주를 묶어뒀던 게 기억나는지 모르겠다. 그만큼 매도 압력이 두려웠기 때문에 그랬다. 그런데 이제는 주가 상승 작업이 일이라고 할 것도 없었다. 플라워 주지사의 말이 옳았다. 플라워 주지사는 시카고가스(Chicago Gas)와 페더럴스틸(Federal Steel), B.R.T. 등의 주가를 조작했다는 비난을 받을 때마다 이렇게 말하곤 했다. "내가 아는 주가 부양 방법은 매수뿐입니다." 장내 트레이더들도 그 방법만 사용했고, 주가가 그에 반응해 상승했다.

다음날 아침 식사 전에 조간신문을 읽다가 래리 리빙스턴이 콘솔리데이티드 스토브 주가 상승 작전에 본격적으로 돌입할 거라는 기사를 발견했다. 수많은 사람들이 읽고 수백 개 지점과 시외 증권 사 사무실에도 전해졌을 기사였다. 세세한 내용은 기사마다 조금씩 달랐다. 한 기사에서는 내가 내부자 작전세력을 구성해서 지나치게 오래 버티는 공매도자들을 공격할 거라고 했다. 또 다른 기사에서 는 가까운 미래에 배당금 지급 발표가 있을 거라고 했다. 내 주가 상 승 수법이 어떠했는지 기억하라고 경고하는 기사도 있었다. 또 어 떤 기사는 내부자들의 매집을 도와주려고 회사 자산을 숨겼다고 회 사를 비난했다. 모든 신문은 상승이 아직 본격적으로 시작되지도 않았다고 목소리를 높였다.

개장 전 사무실에 도착해 우편물을 열어봤을 때였다. 그 무렵 월 가는 콘솔리데이티드 스토브 주식을 당장 매수하라는 따끈따끈한 정보로 들끓고 있었다. 내 사무실 전화기가 계속 울렸고, 사무실 직 원은 토시만 다를 뿐 똑같은 질문을 그날 아침에만 수백 통 받았다. 콘솔리데이티드 스토브 주가가 오른다는 게 사실인가요? 조슈아 울 프와 케인, 고든, 어쩌면 짐 반스도 정보를 퍼뜨리는 데 한몫 톡톡히 했음이 분명했다.

나한테 그렇게 많은 추종자가 있는지 몰랐다. 그날 아침에 매수 주문은 전국에서 들어왔다. 사흘 전만 해도 가격이 얼마든 아무도 사려고 하지 않았던 주식을 사겠다고 수천 주 매수 주문이 들어왔 다. 일반 대중은 성공한 투기꾼이라고 신문에서 떠들어대는 내 명 성을 듣고 몰려들었다. 이 사실을 잊지 말기 바란다. 상상력 뛰어난 기자 한두 사람에게 감사 인사라도 해야 할 것 같았다.

상승세가 사흘째 지속되던 날, 나는 콘솔리데이티드 스토브를 매도했다. 넷째 날과 다섯째 날에도 계속 매도했다. 그러다보니 짐 반스가 350만 달러 은행 대출금을 갚기 위해 처분해야 하는 10만 주를 다 팔았다. 가장 성공적인 조작이 바라는 결과를 최소 비용으로 이끌어내는 것이라면 콘솔리데이티드 스토브 주가 상승 작전은 내 월가 경력상 최고의 성공작이었다. 내가 주식을 1주도 매수하지 않았기 때문이다. 나중에 좀 더 쉽게 매도하기 위해 처음에 매수하는 작업을 할 필요가 없었다. 주가를 최고점까지 끌어올리지 않고도 매도를 시작했다. 심지어는 하락세에 매도한다는 기본 원칙도 지키지 않고 상승세에 매도했다. 다급한 시기에 손가락 하나 까딱하지 않았는데도 적절한 매수세가 생겨났으니 마치 꿈을 꾸는 것만 같았다. 한 번은 플라워 주지사의 친구한테서 이런 이야기를 들었다. 플라워 주지사가 B.R.T. 작전 세력을 위해 역대급 주가 상승 작전을 펼쳤던 이야기였다. 이 작전으로 세력은 5만 주를 수익을 남기고 팔았고, 플라워 앤드 코(Flower&Co.)는 25만 주가 넘는 주식에 대한 수수료를 벌었다. 윌리엄 해밀턴은 제임스 킨이 아말가메이티드 코퍼 22만 주를 매도하기 위해서 주가 조작 작전을 펼치는 중에 최소 70만 주를 거래했다고 한다. 거래수수료만 해도 어마어마했을 것이다. 그런데 나는 짐 반스를 위해 매도했던 10만 주에 대한 수수료만 지불했다. 생각해보라! 이 얼마나 저렴한 가격인지를.

짐 대신 팔아주겠다고 했던 물량을 다 팔았다. 그런데도 작전 세력에서 마련해주겠다고 했던 돈은 아직 다 들어오지 않았다. 나는 내가 팔았던 주식을 다시 사들이고 싶지 않아서 짧은 휴가를 다녀왔던 것 같다. 정확하게 기억나지는 않지만 한동안 콘솔리데이티드 주식을 그냥 버려뒀고, 머지않아 주가가 하락했던 것만은 생생하게 기억한다. 어느 날인가 전체 시장이 약세로 돌아섰고, 실망한 강세론자가 콘솔리데이티드 스토브를 급하게 팔아치웠다. 그러자 주가가 콜옵션 행사 가격인 40 아래로 떨어졌다. 아무도 콘솔리데이티드 스토브를 사고 싶어 하지 않는 것 같았다. 앞서도 말했듯이 나는 전체 시장을 강세로 보지 않았다. 그런데도 친절한 정보 제공자들이 강세를 예언하고 다닌 덕분에 1주당 주가를 20에서 30포인트 끌어올리지 않고도 10만 주를 팔 수 있었다. 그 기적 같은 일에 감사하지 않을 수 없었다.

*

주가 하락을 떠받쳐주는 사람이 없자 주가는 습관처럼 주르륵 미끄러지다가 어느 날 급락하더니 32까지 떨어졌다. 콘솔리데이티드 스토브 역사상 최저가였다. 기억하겠지만 짐 반스와 초창기 인수단이 은행이 담보 주식 10만 주를 헐값에 팔지 못하게 주가를 37에 붙들어놓기도 했는데 그 선을 돌파한 것이었다.

사무실에서 평화롭게 주가 시세표를 살피고 있을 때였다. 조슈아 울프가 왔다고 해서 만나겠다고 했더니 울프가 뛰어 들어왔다. 울프는 덩치 큰 사람이 아니었는데 그날따라 비대해 보였다. 딱 봐도 화가 나서 그런 것 같았다.

울프는 주가 시세 표시기 옆에 서 있는 내게 달려와 소리쳤다.

"뭐 하는 거야? 대체 어떻게 된 거냐고?"

"일단 앉으세요, 울프 씨."

내가 정중하게 말하고는 먼저 자리에 앉았다. 그럼 울프가 좀 더 차분하게 말하지 않을까 해서였다.

"앉기는 뭘 앉아! 어떻게 된 일인지나 말해!"

울프가 고래고래 소리를 질렀다.

"뭐가 어떻게 됐냐는 거죠?"

"그걸 어떻게 했냐고?"

"그거라니요?"

"그 주식 말이야! 그 주식!"

"무슨 주식이요?"

내가 반문하자 울프는 얼굴이 벌게져서 다시 소리쳤다.

"콘솔리데이티드 주식 말이야! 그걸 어떻게 한 거야?"

"아무것도 안 했는데요. 그 주식에는 손도 안 댔어요. 뭐가 잘못됐나요?"

울프는 한 5초는 날 뚫어지게 쳐다보더니 고함을 질렀다.

"주가를 보라고! 주가를 좀 봐!"

울프는 화가 머리 꼭대기까지 치솟은 모양이었다. 나는 일어나서 주가 시세표를 살펴봤다.

"주가가 31.25네요."

내가 말했다.

"그래! 31.25라고. 내가 그 주식을 얼마나 많이 갖고 있는지 알아?"

"6만 주 갖고 계시죠. 보유한 지 오래됐고요. 원래 그레이 스토브(Gray Stove)를 살 때……."

내 말이 끝나기도 전에 울프가 끼어들었다.

"그보다 더 많이 샀다고. 40에 산 것도 있어! 그걸 아직도 갖고 있고!"

울프는 하도 사납게 노려봐서 나는 이렇게 말했다.

"제가 사라고 하지는 않았는데요."

"뭐라고?"

"제가 그 주식을 그렇게 많이 사라고 하지는 않았다고요."

"그건 알지만 자네가 주가를 끌어올린다고 해서……."

"제가 왜요?"

이번에는 내가 끼어들었다. 울프는 화가 나서 말을 잇지 못한 채 날 쳐다보기만 했다. 다시 말문이 트였을 때 이렇게 말했다.

"주가를 끌어올리려고 했잖아. 매수할 돈도 있었고."

"그랬죠. 하지만 1주도 사지 않았어요."

이 말이 울프를 마지막 한계까지 밀어붙인 모양이었다.

"1주도 사지 않았다고? 400만 달러를 손에 쥐고도 단 1주도 사지 않았다고?"

"네, 1주도 안 샀어요!"

내가 다시 한 번 말했다. 울프는 분에 차서 말도 제대로 못하다가 간신히 입을 열었다.

"대체 그게 뭐하는 수작이야?"

울프는 내가 입에 담을 수도 없는 온갖 범죄를 저지른 협잡꾼이라고 속으로 욕하는 것 같았다. 울프의 눈만 봐도 길고 긴 죄목들이 뭔지 알 수 있었다. 그래서 이렇게 말했다.

"울프 씨, 지금 당신은 자기가 40 아래에서 산 주식을 왜 50 넘는 가격에 사지 않았냐고 따지겠다는 거 아닙니까?"

"아니, 그게 아냐. 자네는 주가를 끌어올리려고 40에 살 수 있는 콜옵션에다 400만 달러까지 갖고 있었잖아."

"그랬죠. 하지만 전 그 돈에는 손도 대지 않았고, 작전 세력은 내 작전 덕분에 한 푼도 손해를 보지 않았어요."

"이봐, 리빙스턴……."

울프가 말을 꺼냈지만 내가 끼어들었다.

"잘 들어요, 울프 씨. 당신은 자신과 고든, 케인의 20만 주가 묶여 있다는 걸 알았죠. 제가 주가를 끌어올려도 시장에 유통되는 유동 주식이 많지 않을 거라는 사실도 알았고요. 제가 주가를 끌어올려야 하는 이유는 두 가지였죠. 하나는 주식을 팔 시장을 조성해야 했기 때문이고요. 나머지 하나는 40에 매수할 수 있는 콜옵션으로 수익을 내야 했기 때문이죠. 그런데 당신은 몇 달 동안 갖고 있었던 6만 주를 40에 팔기 아까웠던 겁니다. 아니면 작전 세력의 수익에서 나올 당신 몫에 만족하지 못했는지도 모르죠. 그래서 40 아래에서 많은 주식을 사들인 겁니다. 나중에 제가 작전 세력의 자금으로 주가를 끌어올리면 저한테 물량을 매도할 요량으로요. 제가 매수하기 전에 매수하고, 제가 매도하기 전에 매도하려고 했죠. 당신이 매도하면 제가 다 받아내야 했으니까요. 아마 제가 주가를 60까지 끌어올릴 거라고 확신했을 겁니다. 그래서 나중에 매도할 생각으로 1만 주를 더 매수했고요. 혹시라도 제가 매수하지 않으면 다른 누군가에게 짐을 지우려고 미국과 캐나다, 멕시코 전역에 소문을 퍼뜨렸죠. 제가 얼마나 힘들어질지는 생각도 안 하고요. 당신 친구들은 제가 뭘 해야 하는지 다 알고 있었어요.

당신 친구들과 제가 주식을 사는 동안 당신은 아주 좋아 죽겠죠. 당신 친구들은 당신 정보를 듣고 매수한 다음, 다른 친구들에게 정보를 전했어요. 세 번째로 정보를 받은 사람들은 네 번째 사람들에게 정보를 제공하려고 했고요. 다섯 번째, 어쩌면 여섯 번째 호구들까지 정보를 얻었을 겁니다. 결국 제가 매도할 때는 현명한 투기자들 수천 명을 상대해야겠죠. 친절하게도 당신이 그런 생각을 해준 덕분에 아주 일이 잘 풀렸어요. 제가 1주를 사기도 전에 콘솔리데이티드 스토브 주가가 오르더군요. 그걸 보고 제가 얼마나 놀랐는지 당신은 아마 상상도 못할 겁니다. 게다가 작전 세력 보유분 10만 주도 40 정도에 팔 수 있었죠. 나중에 저한테 50이나 60에 되팔려는 사람들이 다 사갔거든요. 이것도 다 당신이 정보를 흘려준 덕분이니 정말 고마울 따름입니다. 400만 달러를 써서 남 좋은 일을 했어야 했는데 그러지 않았으니 제가 바보죠. 아닌가요? 주식을 매수하려고 받은 돈이었지만 필요하다 싶을 때만 써야죠. 그런데 쓸 필요가 없더라고요."

　　울프는 월가에서 오래 굴렀던 사람인지라 분노에 사로잡혀 일을 망치는 짓은 하지 않았다. 내 이야기를 듣는 동안 화를 가라앉혔고, 내가 이야기를 끝내자 상냥한 목소리고 물었다.

　　"이봐, 래리, 이제 난 어떡하면 좋겠나?"

　　"마음 내키는 대로 하세요."

　　"에이, 속 좀 넓게 써봐. 자네라면 어떻게 하겠나?"

　　"저라면 어떻게 할 것 같나요?"

　　내가 진지하게 물었다.

　　"어떻게 할 거지?"

　　"전부 다 팔 겁니다!"

　　울프는 잠시 날 쳐다보더니 말 한마디 없이 돌아서서 사무실을 나갔다. 그 이후로 다시는 내 사무실에 오지 않았다.

　　머지않아 고든 상원의원도 찾아왔다. 상당히 짜증을 내면서 나 때문에 곤란해졌다고 했다. 곧이어 케인도 합세해 똑같이 투덜거렸다. 이들은 작전 세력을 만들 때만 해도 주식을 대량으로 팔 수 없었다는 사실을 잊어버렸다. 내가 작전 세력의 자금 수백만 달러를 갖고도 자기들 보유 주식을 안 팔았다는 사실만 기억했다. 주가가 44에서 활발하게 거래됐던 주식이 이제는 30까지 떨어져 구정물처럼 탁해졌다고 날 비난했다. 그들은 내가 상당히 큰 수익을 남기고 자기들 보유분을 팔았어야 했다고 생각했다.

물론 이내 마음을 가라앉히기는 했다. 작전 세력은 손해를 보지 않았지만 큰 문제는 그대로 남아 있었다. 그들의 보유 주식을 팔아야 했다. 하루나 이틀 후, 다시 찾아온 그들은 유난히 끈질기게 도와달라고 졸랐고, 결국은 25.50에 그들의 주식을 팔아주기로 했다. 그가격보다 높은 가격에 팔면 그 수익금의 절반을 수수료로 받겠다고 했다. 마지막 가격은 30 정도였다.

이제 그들의 주식을 청산해야 했다. 전반적인 시장 여건과 콘솔리데이티드 스토브의 개별적인 움직임을 고려하면 청산하는 방법은 먼저 주가를 끌어올리려고 하지 않고 하락세에 매도하는 것뿐이었다. 주가 상승을 끌어내리려면 주식을 대량으로 매수해야 한다. 하지만 하락세에는 언제나 최근 고점에서 15에서 20포인트 하락했으니 저가라고 생각하고 매수하는 사람들을 찾을 수 있다. 이들은 당연히 반등을 기대하고 매수한다. 콘솔리데이티드 스토브가 44까지 상승하는 걸 봤기 때문에 30 아래면 아주 저렴해 보이는 것이다.

언제나 그랬듯이 내 방식이 효과 있었다. 저가주 사냥개들이 물량을 충분히 사들여서 작전 세력 보유 주식을 청산할 수 있었다. 고든이나 울프, 케인이 고마워했을까? 전혀 아니다. 그들은 여전히 나한테 화가 나 있었다. 아니 그들의 친구들한테 듣기로는 그랬다. 그들은 종종 내가 무슨 짓을 했는지 이야기하고 다녔다. 내가 자기들 예상대로 주가를 끌어올리지 않아서 용서할 수 없었던 모양이다.

사실 울프와 나머지 사람들이 주가 상승 정보를 퍼뜨리지 않았다면 10만 주를 팔지 못했을 것이다. 보통 때처럼 일반적인 방식으로 작업했다면 가격이 얼마든 주식을 내놔야 했다. 앞서도 말했지만 하락세에 접어든 시기였다. 하락세에는 마구잡이로 팔지는 않더라도 가격 상관없이 파는 수밖에 없다. 다른 방법이 없었다. 그런데도 울프 일당은 그 사실을 받아들이지 못했고, 여전히 나한테 화가 나 있었다. 하지만 나는 화를 내지 않았다. 그래봤자 얻는 게 없으니까 말이다. 시장에서 성질부리는 투기자는 글러먹었다는 사실을 수차례 마음에 새겼다. 이번에도 불평해봤자 아무 소용이 없었다. 그런데 한 번은 별스러운 일을 겪었다. 어느 날 아내가 적극 추천을 받은 양장점을 찾아갔다. 양장점 재봉사는 솜씨가 좋고 친절해서 상당히 호감 가는 사람이었다. 서너 번의 만남이 있은 후 서로 친숙해졌을 때 양장점 재봉사가 이렇게 말했다.

"리빙스턴 씨가 어서 빨리 콘솔리데이티드 스토브 주가를 끌어올렸으면 좋겠어요. 리빙스턴 씨가 나섰다고 해서 그 주식을 좀 샀거든요. 무슨 거래든 그분이 나섰다 하면 성공한다고 들었죠."

아무것도 모르는 사람들이 그런 정보를 듣고 거래해서 돈을 잃을지도 모른다고 생각하니 기분이 좋지 않았다. 이래서 나는 정보를 흘리고 다니지 않는다. 양장점 재봉사를 생각하자 내가 울프에게 화를 내야 할 것 같았다.

Reminiscences of a Stock Operator

23장

치명적인 적:
무지, 탐욕, 두려움, 희망

주식 투기는 절대 사라지지 않는다. 사라져야 하는 것도 아니다. 위험하다는 경고로 저지할 수 있는 일도 아니다. 아무리 유능하고 경험 많은 사람도 예측을 잘못할 수 있다. 신중하게 계획한 일도 예기치 못한 일이나 예측할 수 없는 일을 만나면 틀어진다. 이처럼 예기치 못한 재앙에는 자연재해나 기후 재난만 있는 것이 아니다. 인간의 탐욕이나 허영심, 자제하지 못하는 희망이 초래하는 재앙도 있다. 자기 내면의 적이 무엇이든 투기자는 상업적으로나 도덕적으로 좀처럼 저지하기 어려운 관행이나 악습에도 맞서 싸워야 한다.

내가 처음으로 뉴욕에 도착했던 25년 전을 돌이켜보면 참으로 많은 관행이 존재했다. 그에 비하면 지금은 많이 좋아졌다고 인정할 수밖에 없다. 예전의 사설거래소는 사라졌다. 다만 손쉽게 빨리 큰돈을 벌려는 사람들을 속여먹는 '중개 사기꾼'은 여전히 존재한다. 증권거래소는 그런 사기꾼들을 끝까지 추적할 뿐 아니라 회원들에게도 더욱 엄격한 규칙을 적용한다. 많은 수의 건전한 규정과 규제가 엄격하게 시행되고 있지만 여전히 개선할 점이 있다. 월가가 도덕적으로 무심해서라기보다는 뿌리 깊은 보수주의 성향을 지니고 있어서 특정한 악습이 쉽사리 사라지지 않는다.

주식 투기로 수익을 올리기가 쉬웠던 적은 한 번도 없었지만 하루가 다르게 점점 어려워지고 있다. 얼마 전까지만 해도 진짜 트레이더라면 상장된 모든 주식에 관한 지식을 갖출 수 있었다. 1901년에 J.P. 모건이 창업한 지 2년도 안 된 작은 회사들을 합병해 U.S. 스틸을 상장했을 때 증권거래소에는 275 종목이 상장되어 있었다. '비상장 부문'에는 약 100 종목이 있었다. 이 중 많은 주식은 관심을 둘 필요조차 없었다. 발행주식수가 적은 주식이거나 소주주 주식, 혹은 보증주라서 거래량이 활발하지 못해 투기 매력이 적었기 때문이다. 사실 대다수가 몇 년 동안 1주도 거래되지 않은 주식이었다. 하지만 지금은 900여 개 주식이 상장되어 있고, 최근에 거래가 활발했을 때는 600여 종목이 거래되었다. 한편 과거에는 주식의 업종이나 종류를 파악하기가 훨씬 쉬웠다. 지금보다 그 수가 훨씬 적었을 뿐만 아니라 자본금도 훨씬 적었고, 트레이더가 주시해야 하는 뉴스도 그렇게 광범위하지 않았다. 하지만 오늘날에는 거의 모든 것을 거래한다. 전 세계 거의 모든 산업을 주식시장에서 찾아볼 수 있다. 그 모든 것을 파악하자면 더욱 많은 시간과 노력이 필요하다. 결국 지능형 트레이더는 주식 투기를 하기가 더욱 어려워졌다.

투기 목적으로 주식을 거래하는 사람은 많지만 수익을 올리는 사람은 적다. 대중은 항상 어느 정도 기간만 시장에서 활동하기 때문에 항상 돈을 잃는다. 투기자의 치명적인 적은 무지와 탐욕, 두려움, 희망이다. 이 세상의 모든 법령집과 모든 거래소의 규정집을 들이대도 인간이라는 동물의 그 네 가지 적군을 해치울 수 없다. 신중하게 세운 계획도 예기치 못한 사건으로 어그러진다. 냉철한 경제학자나 온정 넘치는 박애주의자 단체의 규정으로도 그러한 사건을 막지 못한다. 손해를 초래하는 또 다른 적군은 신뢰할 수 있는 정보 외에 고의로 퍼뜨리는 거짓 정보다. 위험하기 짝이 없는 거짓 정보는 다양한 형태로 둔갑해서 찾아오기 때문에 트레이더는 언제 당하는지도 모르게 거짓 정보에 넘어가고 만다.

물론 일반인은 말로 전해 듣거나 글로 읽은 간접적이거나 직접적인 정보, 그리고 소문을 듣고 거래한다. 일상생활에서 흘러들어오는 정보는 막을 수가 없다. 예컨대 오랜 친구가 부자로 만들어주고 싶다면서 무슨 주식을 사고팔았는지 이야기해준다. 의도야 좋다. 하지만 그 정보가 잘못된 것이라면 어떡할까? 가짜 금괴나 가짜 술에 속아 넘어가는 것처럼 일반 대중은 전문 정보 제공자나 부정직한 정보 제공자의 거짓 정보에 속절없이 당한다. 월가의 전형적인 소문에 당하지 않게 대중을 보호해주거나 그로 인한 피해를 보상을 제공해주는 장치도 없다. 대량 거래자와 주가 조작자, 작전 세력, 개인투자자는 보유 주식을 최고가에 매도하기 위해서 다양한 방법을 동원한다. 그중에서도 신문과 정보 제공자를 통해 강세를 암시하는 정보를 퍼뜨리는 방법이 가장 해롭다.

아무 때나 경제 기사를 살펴보면 반공식적인 발언들이 놀랄 정도로 많다. 그러한 발언의 주체는 '주요 내부자'나 '유망한 중역' '고위 간부' '책임자' 등 뭘 알고 말하는 권위자들이다. 오늘자 기사 하나를 읽어보겠다. 아무거나 하나 집어든 기사에 실린 발언은 이러했다. "한 유력 은행가가 하락세를 예측하기에는 너무 이르다고 했다."

유력 은행가가 진짜 그렇게 말했을까? 그렇다면 왜 그렇게 말했을까? 왜 자기 이름을 밝히지 않았을까? 이름을 밝히면 사람들이 자기 말을 믿을까봐 두려워서 그랬을까?

이번 주에 활발하게 거래됐던 한 회사 주식에 관한 기사도 있다. 정보의 출처는 '유망한 중역'이었다. 그 회사 중역 중 한 사람이라면 대체 그 사람은 누구일까? 이렇게 익명으로 정보를 흘리면 그 정보 때문에 피해를 입는 사람이 생겨도 비난받을 일이 없다.

트레이더는 투기에 대해서도 지적인 연구를 해야 하지만 어디서나 어떤 사실을 입수하든 주식시장의 투기 게임과 연관 지어 생각해야 한다. 돈 버는 방법도 알아내야 하지만 돈을 잃지 않게 노력해야 한다. 무엇을 해야 하는지도 알아야 하지만 무엇을 하지 말아야 하는지 아는 것도 그 못지않게 중요하다. 모든 개별 주식의 주가 상승은 사실상 주가 조작을 통해 이루어진다. 이러한 주가 부양 작전을 펼치는 내부자들의 목적은 단 하나, 주식을 최고가에 파는 것이다. 일반투자자는 무엇이든 의심하고 보는 사업가라고 자신하면서 주가 상승 이유를 알아내려고 애쓴다. 그럼 당연히 주가 조작자들은 주식을 팔아넘기려고 세워놓은 계획대로 주가 상승 이유를 '설명'해준다. 강세를 암시하는 익명의 발언만 언론매체에 보도되지 않는다면 일반 대중의 손실이 크게 줄어들 게 분명하다. 일반 대중의 주식 매수나 보유를 유도하는 발언 말이다.

강세를 보도하는 기사들은 대부분 익명의 중역이나 내부자의 권위를 내세우며 신뢰하기 어려운 잘못된 발언을 대중에게 전달한다. 일반 대중은 매년 그와 같은 발언들이 비공식적인 것이라 믿을 만하다고 판단하고는 수백만 달러를 날린다.

*

어떤 회사가 특정 부문에서 침체를 겪는다고 해보자. 이 회사 주식은 활발하게 거래되지 않는다. 시장가는 주식의 실제 가치를 비교적 정확하게 반영한다. 이 회사 주가가 실제 가치보다 너무 낮다면 누군가가 그 사실을 알아차리고 매수해서 주가가 오른다. 반면 주가가 너무 비싸다면 누군가가 매도해서 주가가 하락한다. 만약 싼 것도 비싼 것도 아니라면 아무도 관심을 갖지 않거나 거래하지 않는다.

그런데 이 회사의 지지부진한 사업 부문에 변화가 생긴다. 그럼 누가 제일 먼저 알까? 내부자일까? 일반 대중일까? 대중은 절대 아니라고 장담할 수 있다. 다음에는 어떻게 될까? 상황이 개선되어 회사 수익이 증가하고, 회사는 주식 배당금을 지급하려고 한다. 배당금을 꾸준히 지급해온 회사라면 배당금을 늘린다. 다시 말해 주식 가치가 증가하는 것이다.

이렇게 회사 상황이 계속 좋아진다고 해보자. 경영진이 이 기쁜 사실을 대중에게 알릴까? 사장이 주주들에게 말할까? 박애정신이 투철한 중역이 신문 경제면과 모든 언론매체 기사를 읽는 대중을 위해 자기 이름으로 그 사실을 공표할까? 익명으로 활동하는 겸손한 내부자가 회사의 미래가 유망하다는 익명의 발언을 할까? 절대 그럴 리 없다. 아무도 한마디 하지 않고, 어떤 발언도 신문에 실리지 않고, 주가 시세표도 입을 다문다.

주식 가치 증가에 관한 정보는 대중이 모르게 꼭꼭 숨겨놓는다. 그동안 말수가 적어진 '핵심 내부자들'이 시장에 진입해 값싼 주식을 손닿는 대로 사들인다. 소식에 정통한 내부자들이 요란 떨지 않고 매수하면서 주가가 상승한다. 경제 기자들은 알 만한 내부자들에게 주가 상승 이유를 캐묻는다. 내부자들은 하나같이 공표할 소식이 없다고 이구동성으로 말한다. 주가가 왜 오르는지 잘 모르겠다고 한다. 때로는 주식시장의 변동성이나 주식 투기자의 행동에 관심이 없다는 소리까지 한다.

상승세가 계속되면서 내부자들이 원하는 만큼, 혹은 보유할 수 있는 만큼 주식을 보유하는 행복한 날이 찾아온다. 그와 동시에 월가에는 온갖 강세 소문이 떠돌기 시작한다. 주가 시세표는 트레이더들에게 '믿을 만한 권위자'의 정보로 보아 회사가 위기를 넘겼다고 말한다. 일전에 익명으로 주가가 왜 오르는지 모르겠다고 한 겸손한 임원은 이제 주주들이 회사 전망을 좋게 보는 데는 다 이유가 있다고 말한다. 물론 자기 이름은 밝히지 않는다.

대중은 쏟아지는 주가 상승 소식에 자극받아 주식을 매수하기 시작한다. 대중의 매수세로 주가는 더욱 상승한다. 결국 익명의 권위자들이 내놓았던 예측이 실현되고, 회사는 배당금을 지급하거나 늘린다. 주가 상승 소문은 덩달아 더 거세진다. 수적으로도 증가할 뿐만 아니라 어조도 더욱 강렬해진다. '유망한 중역'은 상황을 단도직입적으로 말해달라는 요청에 회사 실적이 개선돼 현상 유지 수준을 뛰어넘었다고 말한다. '주요 내부자'는 언론매체의 끈질긴 설득에 넘어가 회사 수익금이 경이에 가까운 수준이라고 마침내 털어놓는다. 그 회사와 협력관계에 있는 '유명한 은행가'는 회사 매출이 역사상 유례를 찾아볼 수 없을 정도며, 추가 주문이 들어오지 않아도 몇 달 동안 밤낮으로 일해야 할 판이라고 말한다. 어느 '재정위원회 위원'은 대중이 주가 상승에 놀라는 게 놀랍다고 성명서를 발표했다. 행간을 두 배로 키운 성명서 내용은 이러했다. '놀랄 일은 주가 오름세가 완만하다는 것뿐이다. 누구라도 곧 나올 연간보고서를 분석해본다면 주식의 장부상 가치가 시장 가치보다 얼마나 큰지 쉽게 알 수 있다.' 역시 이 박애주의자 소식통의 이름은 밝혀지지 않았다.

수익이 계속 증가하고 회사의 성장이 둔화된 징조가 없는 한 내부자들은 저가에 매수한 주식을 내놓지 않는다. 주가가 내려갈 이유가 없는데 왜 주식을 팔겠는가? 반대로 회사 사정이 나빠진다면 어떻게 될까? 내부자들이 그 사실을 공표할까? 회사의 경영 악화를 경고하거나 어렴풋하게 암시할까? 어림없는 소리다. 주가는 이제

하향세로 바뀐다. 회사 사정이 좋아졌을 때 소리 소문 없이 주식을 매수했듯이 이번에도 말없이 매도에 나선다. 내부자 매도로 주가는 당연히 하락한다. 이어서 대중은 이번에도 앞서와 비슷하게 '설명'을 듣는다. '주요 내부자'는 아무런 문제도 없다, 약세론자들이 전체 시장을 주무르려고 매도하는 바람에 주가가 하락한 것뿐이라고 말한다. 조만간 폭락장이 찾아오면 '이유'나 '설명'을 요구하는 목소리가 커진다. 누군가가 답을 주지 않는 한, 대중은 최악의 사태를 두려워한다. 곧이어 이런 뉴스가 나온다. "핵심 간부에게 주가 하락 이유를 묻자 약세론자의 매도로 주가가 하락했다고 볼 수밖에 없다는 답이 나왔다. 근본적인 상황은 달라지지 않았다. 회사 사업은 지금보다 더 잘 된 적이 없다. 예기치 못한 일이 터지지 않는 한, 다음 회의에서 배당금 인상이 가결될 것이다. 현재 시장에서 약세론자들이 기승을 부리고 있다. 이들의 매도 공세는 시장 분위기에 쉽게 흔들리는 주식 보유자들을 노리는 게 분명하다." 여기서 더 나아가 정당한 근거를 제공하고 싶은 마음에 아마도 '믿을 만한 소식통'한테 전해 들었다며 이렇게 보도할 것이다. "주가가 하락한 날 대부분의 주식은 내부자가 사들였고, 약세론자들은 스스로를 덫에 몰아넣는 꼴이 됐음을 자각할 것이다. 언젠가는 그들이 대가를 치를 날이 온다."

대중은 주가 상승 정보를 믿고 주식을 매수했다가 손해를 보기도 하지만 매도하지 말라는 말대로 했다가 손실을 입기도 한다. '주요 내부자'는 무엇보다 자신의 매도 물량을 대중이 사주기를 바란다. 그다음으로는 자신이 떠받치거나 매집하지 않는 주식을 대중이 팔지 않기를 바란다. 독자가 매도하지 말라는 '유망한 중역'의 발언을 읽고 나면 무엇을 믿게 될까? 일반인이라면 어떻게 생각할까? 당연히 이렇게 생각할 것이다. 주가가 하락할 리 없다. 약세론자의 공세에 주가가 하락했을 뿐, 머지않아 약세론자의 공세가 멈추면 내부자들이 주가를 끌어올려 약세론자들을 응징할 것이다. 이에 공매도자들은 고가에 환매할 수밖에 없을 것이다. 실제로 주가가 약세론자의 매도 공세로 하락했다면 가능한 일이다. 그렇기에 대중은 이런 주장을 믿을 수밖에 없다.

그런데 문제의 이 주식은 오랫동안 환매하지 않은 공매도자들이 주가 상승으로 곤경에 처할 거라는 협박이나 예언에도 반등하지 않는다. 계속 하락하기만 한다. 하락세에서 벗어나지 못한다. 내부자들이 너무 많은 주식을 내놓아 시장이 소화해내지 못하기 때문이다.

'유망한 중역'과 '주요 내부자'가 매도한 주식은 전문 트레이더들이 이리 차고 저리 차서 넘기는 축구공 신세가 된다. 결국 주가는 계속 하락해 바닥을 모르고 떨어진다. 내부자들은 현재 업계 상황이 회사의 미래에 악영향을 미칠 정도라는 사실을 알고서 주가 하락을 떠받치지 않는다. 그러다가 다시 회사 사정이 좋아지면 말없이 내부자 매수에 나선다.

나는 상당히 오랜 세월 동안 주식 거래를 하면서 주식시장을 지켜봤다. 그럼에도 약세론자의 매도 공세로 주가가 급락하는 경우는 본 적이 없다. 약세론자의 매도 공세란 실제 시장 여건을 정확하게 파악해서 매도하는 것에 불과하다. 하지만 내부자 매도 때문에 혹은 내부자 매수가 없어서 주가가 하락했다고도 말할 수 없다. 모두가 서둘러 팔려고만 하고 아무도 사는 사람이 없을 때 지옥문이 열린다.

대중은 주가 하락이 오랫동안 지속되는 진짜 이유가 약세론자들의 매도 공세 때문이 아니라는 사실을 마음에 깊이 새겨야 한다. 주가가 하락할 때는 시장이나 회사에 문제가 있기 때문이다. 정당한 이유 없이 주가가 하락한다면 머지않아 매도가가 실제 가치보다 낮아지고, 주가 하락을 저지하려는 매수세가 유입된다. 사실 약세론자는 주가가 지나치게 높다 싶을 때 주식을 팔아야만 큰돈을 벌 수 있다. 하지만 내부자는 절대 그런 호재 정보를 세상에 알리지 않는다. 이 말이 사실이라는데 마지막 남은 동전 하나까지도 걸 수 있다.

대표적인 사례로 뉴헤이븐(New Haven) 철도가 있다. 오늘날에는 모두가 다 아는 사건이지만 당시에는 소수의 사람만 뭐가 어떻게 된 일인지 알았다. 뉴헤이븐 주식은 1902년에 255에 팔렸고, 뉴잉글랜드에서 최고의 투자 대상이었다. 뉴잉글랜드에서는 뉴헤이븐 주식의 보유량이 많은 사람을 존경하고 우대했다. 뉴헤이븐이 파산할 거라고 말했다가는 감옥에 갇히지 않아도 다른 미치광이들과 함께 정신병동에 갇힐 수는 있었다. 그러다가 모건이 공격적인 신임 사장을 앉히면서 모든 것이 무너져 내리기 시작했다. 신임 사장의 새로운 정책이 끝까지 술술 잘 풀릴지는 처음부터 의심스러웠다. 그런데 신임 사장 멜렌이 폭등한 가격에 자산을 계속 사들이자 명석한 몇몇 관찰자들은 멜렌 정책을 의심스러운 눈길로 쳐다보기 시작했다. 한 트롤리 전차 회사를 200만 달러에 사서 1000만 달러에 뉴헤이븐에 팔기도 했다. 그러자 대담한 한두 사람이 경영진이 무모하게 행동하고 있다고 비난하며 뉴헤이븐의 드높은 위상을 모욕하는 죄를 저질렀다. 뉴헤이븐이 그 정도 사치도 감당하지 못할 거라는 식으로 말하다니! 마치 그건 지브롤터의 바위가 단단한지 의심하는 것과 같았다.

무섭게 부서지며 달려드는 파도를 처음 발견한 사람은 당연히 내부자들이었다. 내부자들은 회사의 실상을 파악하고는 보유 물량을 줄였다. 내부자들이 매도하고 주가 하락을 지지하는 세력도 없자 뉴잉글랜드의 잘 나가던 철도주 가격이 하락하기 시작했다. 여느 때처럼 이유를 묻고 설명을 요구하는 목소리가 커졌다. 그러자 즉각적인 답변이 나왔다. '주요 내부자들'은 잘못된 것은 없고, 무모한 약세론자의 매도로 주가가 하락했다고 말했다. 그래서 뉴잉글랜드의 '투자자들'은 뉴욕 뉴헤이븐 앤드 하트포드(New York, New Haven&Hartford) 주식을 팔지 않고 계속 보유했다. 안 그럴 이유가 어디 있겠는가? 내부자들이 잘못된 게 없고 약세론자의 매도 탓이라고 했다. 배당금을 계속 지급하겠다고 했으며 실제로도 그렇게 했으니 말이다.

그럭저럭 시간이 흘렀지만 약세론자들이 곤경에 처할 거라는 예언은 실현되지 않았고, 주가는 신저가를 기록했다. 내부자 매도세가 더욱 노골적으로 거세졌다. 보스턴의 용기 있는 사람들은 안전한 투자와 꾸준한 배당금 지급을 바랐던 뉴잉글랜드의 모든 사람이 주가 폭락으로 끔찍한 손실을 입었다며 주가 하락의 이유를 설명해달라고 요구했다. 하지만 오히려 주식 투기꾼이자 선동가라는 비난만 받았다.

주당 255달러에서 12달러까지 주가가 하락한 이 역사적인 폭락 사건은 약세론자의 매도 공세 탓일 리가 없었다. 약세론자의 작전으로 주가가 하락하기 시작하여 하락세를 유지한 것이 아니었다.

내부자들이 진실을 밝혔거나 진실 규명을 가로막지 않았더라면 꿈도 꿀 수 없을 정도로 높게 상승한 가격에 주식을 매도하지 못했다. 주가가 250이든 200이든, 150이나 100, 50이나 25든 상관없었다. 주가는 언제나 실제 가치보다 높았다. 내부자들은 그 사실을 알았지만 대중은 몰랐다. 소수만이 진실을 아는 기업의 주식을 사고팔아 돈을 벌고자 한다면 자신이 얼마나 불리한 위치에 서 있는지를 감안해야 한다.

과거 20년을 통틀어 최악의 폭락이었던 이 사건은 약세론자의 매도 공세로 일어나지 않았다. 하지만 수백만 달러를 잃은 대중은 그러한 설명을 쉽게 받아들였다. 주가 움직임을 탐탁지 않아 했던 사람들은 그러한 설명에 납득하고 주식을 팔지 않았다. 약세론자의 매도 공세가 멈춘 다음 주가가 상승할 거라고 기대하지 않았다면 주식을 청산했을 사람들이었다. 과거에 킨을 비난하는 사람들이 많았다. 킨 이전에는 찰리 워리쇼퍼(Charley Woerishoffer)나 애디슨 캐맥이 비난 받았고, 나중에는 내가 주가 하락의 주범으로 몰렸다.

인터베일오일(Intervale Oil) 사건도 있었다. 작전 세력이 주가를 상승시키자 몇몇 매수자들이 상승세에 올라탔다. 주가 조작자는 주가를 50까지 끌어올렸다. 하지만 작전 세력이 매도하자 주가가 급락했다. 언제나 그렇듯 설명을 요구하는 목소리가 여기저기서 터져 나왔다. 인터베일오일 주가가 왜 그렇게 낮아졌는지 묻는 사람이 많아지자 이 답변의 중요성이 크게 부각되었다. 한 경제지에서 인터베일오일의 주가 상승에 대해 잘 아는 중개인들에게 연락했다. 주가 하락 이유도 알고 있을 거라 생각했기 때문이다. 강세조작 세력인 중개인들이 뭐라고 답했을까? 자신들의 발언이 전국 신문과 방송에 보도될 거라는 사실을 잘 알았을 텐데 바로 이렇게 말했다. "래리 리빙스턴이 시장을 공격했다!" 그러고도 충분하지 않았는지 "리빙스턴을 '처단'하겠다!"고 덧붙였다. 인터베일오일 작전 세력은 당연히 계속 매도했다. 주가는 주당 12달러 선에서 멈췄다. 작전 세력이 10 이하에 주식을 팔아도 평균 매도 단가가 여전히 매수가보다 높았다.

내부자는 하락세에 매도했어도 적절하고 현명한 조치였다. 하지만 35나 40에 매수한 사람들은 상황이 달랐다. 이들은 언론의 보도만 믿고서 주식을 보유한 채 분노한 내부자 작전 세력의 손에 래리 리빙스턴이 당하는 날만 기다렸다.

강세장, 특히 호황기 강세장에서는 언제나 대중이 제일 먼저 돈을 번다. 하지만 강세장에 지나치게 오래 머물다가 돈을 날린다. '약세론자의 매도 공세'라는 설명에 넘어간 탓도 있다. 대중은 익명의 내부자들이 믿어주기를 바라며 내놓는 설명을 경계해야 한다.

투자자의 치명적인 적은 무지와 탐욕, 두려움, 희망이다.
이 세상의 모든 법과 모든 거래소의 거래 규정을 들이대도
인간이라는 동물의 네 가지 적군을 해치울 수 없다.

24장

금지해야 마땅한 것들

*

대중은 언제나 이야기를 듣고 싶어 한다. 정보를 제공하고 받는 일이 허다하게 일어난다. 중개인들이 고객에게 증권 정보지를 보내거나 구두로 조언해주는 것은 괜찮다. 하지만 현재 시장 상황만 지나치게 고려해서는 안 된다. 언제나 6개월에서 9개월 정도 앞서 상황을 내다봐야 한다. 어떤 주식의 오늘 수익을 보고 그 주식을 매수하라고 조언해서는 안 된다. 6에서 9개월 후에도 그 주식의 수익률이 같을 거라 보장해주는 확실한 사업 전망이 나와 있다면 상관없다. 6에서 9개월 후에 현 세력을 바꿔놓을 여건이 형성되고 있다면 주가가 저평가됐다는 이야기는 사라지고 만다. 트레이더는 앞을 내다봐야 하지만 중개인은 현재의 수수료에만 관심을 갖는다. 일반적인 증권시장 정보지에 오류가 있을 수밖에 없는 이유다. 중개인은 대중한테서 수수료를 받아 생계를 유지한다. 그와 동시에 증권시장 정보지를 보여주거나 말로 구슬려서 내부자나 주가 조작자의 매도 물량을 대중에게 팔아치우기도 한다.

내부자가 증권사를 찾아가 이런 이야기를 속삭거리는 경우가 흔하다.

"내가 보유한 5만 주를 매도할 수 있게 시장을 조성해주면 좋겠군."

그럼 중개인이 더 자세하게 말해달라고 한다. 내부자가 말한 주식의 주가가 50이라고 해보자. 내부자는 이렇게 말한다.

"5,000주를 45에 매수할 수 있는 콜옵션을 주겠네. 주가가 1포인트 상승할 때마다 5,000주씩 사서 총 5만 주까지 살 수 있는 콜옵션도 주고. 거기다 시장가에 5만 주를 매도할 수 있는 풋옵션도 주지."

추종자가 많은 중개인이라면 이 조건으로 아주 쉽게 돈을 벌 수 있다. 내부자가 찾는 사람도 바로 이런 중개인이다. 전국 각지의 지점과 연결된 직통 전화가 있고 인맥이 넓은 중개소에서는 그런 작전을 도와줄 추종자들을 많이 찾을 수 있다. 이때 중개인은 풋옵션[1]이 있기 때문에 언제나 안전하게 거래할 수 있다. 자신을 따라줄 사람들만 있다면 전체 보유 물량을 매도해 큰 수익을 올릴 수 있다. 정규 수수료는 따로 받고 말이다.

월가에서 유명한 한 '내부자'가 남겼다는 공적이 기억난다. 그 사람은 대형증권사의 고객서비스 책임자에게 전화를 걸었다. 가끔은 협력사 직원에게도 전화했다. 그러고는 이런 이야기를 했다.

"이보게, 지금까지 일을 잘 해줘서 참 고맙네. 그래서 말인데 진짜 돈 좀 만질 수 있는 기회를 주고 싶어. 지금 우린 신생기업을 만들어서 우리 자회사 한 곳의 자산을 흡수하는 중이야. 그 회사 주식을 시장가보다 높은 가격에 인수하려는 거지. 자네한테 밴텀 숍스(Bantam Shops) 500주를 65달러에 주겠네. 지금 그 주식 주가는 72야."

감사 선물을 한 내부자는 다른 대형증권사 십여 곳에도 그런 제의를 한다. 자, 이제 이 내부자의 선물을 받은 월가 사람들은 이미 수익이 나고 있는 주식을 받아서 어떻게 할까? 당연히 연락할 수 있는 모든 사람에게 그 주식을 사라고 권한다. 감사 선물을 한 친절한

---

1   콜옵션의 반대 개념이다. 주식의 시장가에 상관없이 특정한 상품을 특정 시점과 특정 가격에 '매도'할 수 있는 권리를 말한다. 풋옵션에서 정한 가격이 시장가보다 낮으면 권리행사를 하지 않고 시장가로 매도하는 것이 유리하다. 반대로 옵션 가격이 시장가보다 높으면 권리를 행사하여 그 차액만큼 이득을 얻을 수 있다.

내부자도 예측한 일이다. 결국 이 사람들 덕분에 친절한 내부자는 가난한 대중에게 주식을 고가에 팔 수 있는 시장을 한층 쉽게 조성하게 된다.

금지해야 마땅한 또 다른 주식 판매 수법들이 있다. 증권거래소는 상장주를 분할 납입 방식으로 대중에게 판매하는 행위를 금지해야 한다. 공시된 주가는 그 주식을 공인해주는 증표와 같다. 게다가 자유시장을 상징하는 공식적인 증표이기도 하다. 때로는 주가가 변한다는 사실만으로도 대중의 관심을 끌 수 있다.

생각 없는 대중의 수백만 달러를 앗아가는 또 다른 판매 수법이 있다. 이 흔한 판매수법은 완전히 합법적이라 누가 사용해도 감옥에 가지 않는다. 이는 바로 시장에서 긴급하게 필요하다는 이유로 발행주식 총수를 늘리는 수법이다. 주식을 분할해 증권 색깔만 바꾸는 것과 다를 바가 없다.

기존의 주식 1주를 2주나 4주 심지어는 10주로 분할 발행하는 수법은 보통 기존의 상품을 좀 더 팔기 쉽게 만들려는 수작이다. 1파운드당 1달러인 기존의 패키지 상품이 잘 안 팔릴 때 4분의 1로 나눈 25센트짜리 개별 상품은 더 잘 팔릴 수도 있다. 어쩌면 27센트나 30센트에 팔 수도 있다.

대중은 왜 주식을 사기 쉽게 분할하는지 묻지 않는 걸까? 이 또한 박애정신 투철한 월가 사람들의 작전이다. 하지만 현명한 트레이더는 트로이의 목마를 가져왔던 그리스인처럼 선물을 들고 오는 그리스인을 경계하는 법이다. 이 경고만 명심해도 충분하다. 대중은 이 경고를 무시하고 매년 수백만 달러를 잃는다.

소문을 만들어 내거나 퍼뜨려서 개인이나 기업의 신용과 사업에

해를 끼치는 사람들, 다시 말해 대중의 매도를 유도해서 주식의 가치를 떨어뜨리려는 사람들을 처벌하는 법이 있다. 원래는 비상시에 은행의 지불 능력을 믿지 못하겠다며 떠들어대는 사람들을 처벌해서 공황이 발발할 위험을 줄이려고 만든 법이었다. 대중이 주식을 실제 가치보다 낮은 가격에 매도하지 못하게 막아주는 법이기도 하다. 다시 말해 약세를 암시하는 정보를 퍼트리는 사람을 벌하는 법이다.

*

대중이 주식을 실제 가치보다 낮은 가격에 사지 못하게 보호할 방법은 없을까? 터무니없는 호재 정보를 퍼트리는 사람은 누가 처벌할까? 아무도 없다. 대중은 약세론자들의 매도 '공세'에 주식을 원래 가치보다 낮은 가격에 팔 때보다 익명의 내부자 정보를 듣고 너무 비싼 가격에 주식을 매수할 때 더 많은 돈을 잃는다.

허위 악재를 퍼트리는 거짓말쟁이를 처벌하는 법처럼 허위 호재를 남발하는 거짓말쟁이들을 처벌하는 법이 통과된다면 대중은 수백만 달러를 절약할 수 있을 것이다.

주식 기획자와 주가 조작자, 낙관론 유포로 득을 보는 익명의 수혜자들은 소문과 익명의 발언을 믿고 거래했다가 손해 보는 건 다 본인 탓이라고 말한다. 그렇게 따지면 마약 중독자가 되는 것도 다 어리석은 본인 탓이니 마약 중독자는 보호해줄 필요가 없다는 소리 아닌가.

증권거래소가 나서서 도와줘야 한다. 증권거래소는 대중이 부당한 관행에 피해를 입지 않도록 보호하는 일에 큰 관심을 갖고 있다.

남들이 모르는 사실을 알 수 있는 지위에 있는 사람이 사실이나 자기 의견을 대중에게 전하고 싶다면 이름을 밝히라고 요구하자. 실명을 밝혔다고 해서 그 사람이 말한 정보가 반드시 진실이라고 장담할 수는 없다. 하지만 실명을 밝혀야 한다면 '내부자'와 '중역진'이 좀 더 신중하게 행동할 것이다.

대중은 언제나 주식 거래의 기본을 염두에 두어야 한다. 주가가 상승한다고 주가 상승 원인을 반드시 알아야 하는 것은 아니다. 지속적인 매수세만 있으면 주가는 계속 오른다. 가끔 소폭 조정이 있어도 매수세만 지속된다면 매수 포지션을 고수하는 게 안전하다. 하지만 주가가 오랫동안 꾸준히 상승하다가 점차 하락세로 돌아서면서 이따금 소폭 반등하기만 한다면 최소 저항선이 위쪽에서 아래쪽으로 방향을 틀었다는 소리다. 이런 상황에서 굳이 이유를 물어볼 필요가 없다. 그럴듯한 주가 하락 이유야 당연히 있겠지만 소수의 사람만 그 이유를 알고 있다. 이들은 그 이유를 알면서도 밝히지 않는다. 아니면 대중에게 주가가 저평가됐다고 둘러댄다. 이렇듯 진실을 아는 소수는 절대 진실을 밝히지 않는다. 주식 투기라는 게임이 이렇게 돌아간다는 사실을 대중은 깨달아야 한다.

'내부자'나 관계자가 했다는 발언은 대다수가 사실에 근거한 것이 아니다. 내부자들은 익명으로든 실명으로든 의견을 밝히라는 요구조차 받지 않을 때도 있다. 소위 내부자의 발언이라는 이야기들은 시장에 이해관계가 크게 얽혀 있는 누군가가 꾸며낸 것이다. 주가가 상승하다가 어느 정도 수준에 이르렀을 때 대규모 물량을 보유한 내부자들은 거리낌 없이 전문가의 도움을 받아서 주식을 거래한다. 내부자가 거물 투기꾼에게 매수 시기를 알려주기도 하지만 장담컨대 매도 시기는 절대 알려주지 않는다. 그렇다 보니 거물 투기꾼도 대중과 다를 바 없는 처지가 된다. 이때는 자신이 빠져나올 수 있을 정도로 시장을 키우는 수밖에 없다. 이 시기에 잘못된 '정보'에 홀리기 쉽다. 물론 시기 상관없이 언제나 믿을 수 없는 내부자들도 있다. 대체로 대기업 사장들은 내부자 정보에 따라 거래할 수도 있지만 거짓말은 하지 않는다. 그냥 입을 다물 뿐이다. 침묵이 금일 때가 있다는 사실을 알기 때문이다.

주식 투기자로 오랜 세월 경험을 쌓으면서 확신한 사실이 있다. 때때로 개별 종목에서 돈을 벌 수는 있을지언정 한결같이 지속적으로 주식시장을 이길 수 있는 사람은 아무도 없다는 사실이다. 수차례 말했지만 아무리 자주 말해도 지나치지 않은 사실이다. 아무리 경험 많은 트레이더도 돈을 잃을 수 있다. 투기란 100퍼센트 안전한 게임이 아니기 때문이다. 월가의 전문가들은 '내부' 정보가 기아와 전염병, 흉작, 정치적 격변, 혹은 일상적인 사고들보다 더 빨리 인간을 망가뜨릴 수 있다는 사실을 잘 알고 있다. 월가든 다른 어디든 거침없이 달릴 수 있는 성공 가도는 없다. 그렇지 않아도 더딘 길을 가는데 내부 정보로 길을 막을 필요는 없다.

(마침)

Reminiscences
of a Stock Operator

에드윈 르페브르의 연보

1871년 1월 23일 콜롬비아(현 파나마 공화국)의 콜론에서 태어남.

1877년 7월 26일 가난한 농부의 아들로 태어남.

1890년 19살,《뉴욕 선》경제부 소속으로 언론인 생활을 시작함.

1891년 15살, 페인웨버 증권사에서 보드보이로 일함.

1897년 사설거래소에서 뉴욕증권거래소로 진출. 거래 방식의 문제로 첫 번째 파산함.

1901년 첫 번째 저서 『월가 이야기』 출간.
1901년 '노던퍼시픽 매집사건'이 터지자 하락세를 예측하고 공매도했다가 두 번째 파산함.

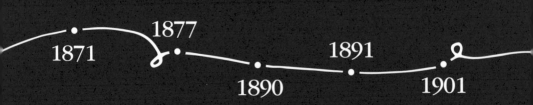

Edwin Lefèvre's Life Timeline

1905년 두 번째 저서 『금의 홍수』 출간.

1906년 유니온퍼시픽 주식 공매도로 26만 달러 수익을 올림.

1907년 세 번째 저서 『월가의 샘슨 록』 출간.
1907년 니커보커 패닉에서 공매도로 하루 만에 300만 달러 수익을 올림.

1908년 면화, 밀 선물시장에서 투자 실패로 100만 달러 손실. 세 번째 파산함.

1909년 스페인, 이탈리아의 파나마 대사로 임명되어 활동함.

1913년 파나마 대사 임기를 마침.

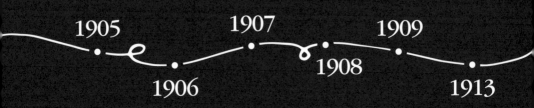

1905

1907

1909

1906

1908

1913

에드윈 르페브르의 연보

1914년 제1차 세계대전으로 인하여 7월 31일부터 12월 중순까지 뉴욕증권거래소가 폐쇄됨.

1915년 네 번째 저서 『H.R.』 출간.
1915년 루시타니아호 사건이 발생하여 주식시장이 폭락함.

1916년 다섯 번째 저서 『도박꾼들』 출간.
1916년 강세장에서는 선도주 매수, 약세장에서는 공매도로 300만 달러 수익을 올림.

1917년 여섯 번째 저서 『마지막 한 푼까지』 출간.

1919년 일곱 번째 저서 『시모네타』 출간.

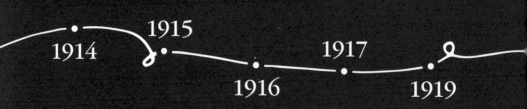

Edwin Lefèvre's Life Timeline

1922년 《새터데이 이브닝 포스트》에 「어느 투자자의 회상」 연재 시작.

1924년 밀 선물시장에서 300만 달러 수익 실현함.

1925년 주식 중개인 존 윙의 전기를 다룬 『주식중개인 되는 법』 출간.

1929년 시장이 대폭락하는 상황에서 공매도하여 1억 달러의 수익을 실현함. '월가의 큰 곰'
이라는 별명을 얻음.

1940년 생을 마침.

1943년 생을 마침.

제시 리버모어
어느 투자자의 회상

초판 1쇄 발행 2022년 12월 10일

지은이 에드윈 르페브르
옮긴이 이미정
펴낸이 김동환, 김선준

책임편집 정슬기　**편집팀장** 심미정
책임마케팅 권두리　**마케팅** 이진규, 신동빈
책임홍보 김재이　**홍보** 조아란, 이은정, 유채원, 권희, 유준상
디자인 김세민　**표지 일러스트** 그림요정더광렬

펴낸곳 페이지2북스　**출판등록** 2019년 4월 25일 제 2019-000129호
주소 서울시 영등포구 여의대로 108 파크원타워1. 28층
전화 02) 2668-5855　**팩스** 070) 4170-4865
이메일 page2books@naver.com
종이 ㈜월드페이퍼　**인쇄·제본** 한영문화사

ISBN 979-11-90977-92-0　04320
　　　979-11-90977-97-5　04320(세트)